胜在有道

民营企业的管理思考与行动

姚和平 著

中国经济出版社
CHINA ECONOMIC PUBLISHING HOUSE
·北京·

图书在版编目（CIP）数据

胜在有道：民营企业的管理思考与行动 / 姚和平著
. -- 北京：中国经济出版社，2022.8
ISBN 978-7-5136-7007-4

Ⅰ. ①胜… Ⅱ. ①姚… Ⅲ. ①民营企业 – 企业管理 – 研究 – 中国 Ⅳ. ① F279.245

中国版本图书馆 CIP 数据核字（2022）第 128716 号

责任编辑 贺 静
责任印制 马小宾
封面设计 任燕飞工作室

出版发行 中国经济出版社
印 刷 者 北京柏力行彩印有限公司
经 销 者 各地新华书店
开　　本 787mm × 1092mm 1/16
印　　张 26.5
字　　数 447 千字
版　　次 2022 年 8 月第 1 版
印　　次 2022 年 8 月第 1 次
定　　价 98.00 元
广告经营许可证 京西工商广字第 8179 号

中国经济出版社 网址 www. economyph. com 社址 北京市东城区安定门外大街 58 号 邮编 100011
本版图书如存在印装质量问题，请与本社销售中心联系调换（联系电话：010–57512564）

自 序

1985年大学毕业后，我由省委组织部选调到基层工作；1987年进入安利公司，从事企业经营管理工作，至今已30余年。

在安利公司，我经历了多岗位多部门的工作和磨砺。我大学学的是工科专业，工作后感到知识日新月异，只有不断学习，才能跟得上时代步伐。因此，在抓好业务和经营管理的同时，我一直不断学习新知识、新业务。其间，我与企业同呼吸、共命运，先后任公司部门经理、副总经理、总经理和董事长，是企业从小到大、从弱到强的亲历者、见证者和实践者。一路走来，经历了不为人知的酸甜苦辣，既有快乐和喜悦，也有迷茫与困惑，但“奋斗超越、追求卓越”的理念和决心始终坚定不移。

改革开放以来，我国民营经济高速发展，涌现出众多优秀的民营企业，这些企业规模大、效益好、品牌响，是中国经济高质量发展的重要力量。与众多优秀的民营企业相比，安利公司在经营管理水平、规模和效益上仍有较大差距，离成功还有很远距离，但是这并不影响企业见贤思齐，不断自我完善、自我革新、自我提高。

曾有人对我说：“你在企业工作30余年，一定有很多经验和感受，如果能总结和分享，那么一定是件很有意义的事情。”也有人说：“你既不是理论工作者，又不是管理专家，是否达到了思想有深度、知识有广度、能力有高度？汇编出版是否妥当？”然而，我的想法很简单，也很朴素：作为成长中的中小民营企业管理者，我期望与员工和社会分享企业经营管理中的所思所想、所作所为，分析企业经营管理之道，总结实际工作中的经验、教训和做法，抛砖引玉，以更好地促进企业经营管理实践和发展。同时，我也期望社会各界，特别是企业界的朋友一起“把脉会诊”，一起关注中小民营企业的发展。这既是一个总结和反思反省的过程，也是一个学习和成长升华的过程，更是一个开拓进取的过程。

为此，我利用业余时间，汇集了在企业中的讲话和文章，将企业工作实践中的思考和感受进行梳理总结，并提炼升华、汇编成册。可以说，这些心得体会来自企业、来自基层，从实践中来，到实践中去，是关于中小民营企业的思考与实践，没有专业的、高深的理论，有的只是朴素的心得和心声的流淌。

感谢家人、安利员工、安利合作伙伴和社会，是他们给了我持续奋斗和追求进步的力量。感谢陈丽婷同志以她的专业素养和高效认真的工作，为本书付出的辛勤劳动。

风风雨雨，坎坎坷坷，不停的是思考、是行动。民营企业发展任重而道远，征途漫漫，唯有奋斗。

是为序。

姚和平

2022 年 5 月 18 日

目 录

第三篇
品牌为旗 创新驱动

第四篇

管理为策 提质增效

第五篇

员工为本　团队制胜

第六篇

发展为要　因势作为

第七篇

理想为先　奋斗超越

第一篇

文化为魂　胜在有道

胜在有道

20 世纪 90 年代中后期，国内聚氨酯合成革行业快速发展，安利公司从意大利引进当时具有国际先进水平的生产设备和工艺技术，生产经营产销两旺，经常出现客户在公司里“排队等货”，甚至货物在销往浙江、福建、广东等地的途中被“拦车抢货”的现象，客户转手就得到一笔丰厚的利润回报，市场环境非常优越。

然而，随着意大利、韩国和中国台湾地区等掌握着全球领先的聚氨酯合成革工艺技术的国家和地区陆续在中国大陆投资办厂，以及浙江、江苏、广东、山东、福建等地的集体、民营、股份制企业纷纷投资聚氨酯合成革行业，短时间内，中国聚氨酯合成革生产企业的数量和规模迅速增加，竞争异常激烈。

1999 年，在全球行业高速发展时期，公司在产品短缺、需求旺盛、供不应求等外部市场环境优越，以及公司设备、工艺、技术、资金等“先天条件”显著优于一些民营企业的情况下，却没能跟上行业高速发展的步伐，公司内部人心涣散、脱离市场、管理混乱，经济效益严重滑坡，生产停滞，所有贷款逾期，甚至无力支付水电费、员工工资和银行利息，包括 2 位副总经理在内的 30 余名生产经营管理骨干先后离开，企业生产经营陷入了严重危机。

在公司内忧外患、濒临倒闭的时刻，1999 年 11 月 18 日，我临危受命，开始主持公司日常生产经营管理工作。这是我意想不到的事情。刚主持工作时，我始终在思考一个问题：公司实力雄厚、资源良好、技术领先、设备先进、产品需求旺盛，为什么会在内部资源良好、外部环境有利的情况下，却离心离德，没有向心力、凝聚力，陷入经营混乱、士气不振、效益滑坡的困境？到底是技术、产品、市场、设备工艺、资金等外部要素出了问题，还是公司使命、宗旨、核心价值观等内部管理出了问题？

随着经营管理工作的开展，我逐渐感悟到“无形胜有形”，企业拥有先进的理念和价值观，可能比产品、技术和设备更为重要。“为谁当兵，为谁打仗；举什么旗，走什么路，去往何处；干什么事，怎样干事，如何干成事”，是公司亟须解决的问题，也是必须长期梳理的问题，必须明确企业的使命、愿景与核心价值观，“举对旗、走对路、干对事”，这是企业经营管理最高层次的理念。或许公司在其他方面可以有所迁就，可以与其他企业有所差异，但是必须拥有先进的企业文化，必须拥有经营管理层和员工都高度认同的企业文化，必须拥有与企业文化保持高度一致的思想和行动。

我认为，成功者是时刻传播梦想的人。经营中最重要的事，是先让心灵纯净起来。领导人只有提高心性，具备高尚的人格和正确的理念，并与所有员工共有正确的理念，企业才能战无不胜。

企业发展的带头人，表面上是在经营企业，实际上是在经营人心，要打造一支具有高凝聚力、高执行力、高向心力、能征善战的队伍，首先要明确的是企业使命和愿景。使命是企业发展的内核和驱动力，是解决“为谁做”的问题，人生须知道“为什么”，而驱动力则来自愿景，愿景是解决“到什么地方去”“要到达什么样的目的地”的问题。其逻辑关系是，为了实现使命，为了达成愿景，需要确立核心价值观，以及设定关联性的阶段目标，并拟定正确的发展战略与经营策略，通过具体行动，不断修正调整，从而渐进达成公司愿景。

使命聚众，胜在有道。俗话说：“商战如兵战，商场如战场。”企业经营管理中充满了竞争，充满了道与术、谋略与智慧的较量。2500多年前的《孙子兵法》，蕴含着丰富高深的哲理，被广泛运用于军事、政治、经济等领域，是中国在世界上影响最大、流传最广泛的著作之一，对企业经营也具有指导作用。

《孙子兵法》共九篇，孙子在开篇《始计》中的第一条便指出“兵者，国家大事，死生之地，存亡之道，不可不察也”，并提出了“道、天、地、将、法”的“五事”。孙子将“道”放在兵法第一篇第一条进行阐述，可见“道”是成功的首位因素、最重要的因素，“道”是第一性、第一位的。用兵者，首要为“道”。“道”是自然规律、万物之源，是制约、主宰世界万事万物从“无”到“有”发展变化的基本规律和法则。

孙子所说的“道”，是先进的思想价值体系和政治主张，是正确的战略决策和审时度势的果断行动，就是让民众去认同君主，即领导层的意愿、意图和主张。那样的话，民众就可以为君为国而生死，不怕危险或不存任何疑心，对胜利充满信心。因此，所谓“道”，乃是一切事物发展的客观规律，这种规律体现出君臣上下或将士上下共识的意志。只有在这种前提条件下，才能万众齐心、同仇敌忾、众志成城。

从企业经营管理来看，“道”是企业经营理念、管理思想和管理方法。首先，“道”是企业使命、愿景与核心价值观，是企业发展的根基，是企业全体员工共同的意愿和追求。孟子说：“得道多助，失道寡助。”经营管理者与员工的理念、目标要高尚、远大和一致，才能“上下同欲者胜”。其次，“道”是企业经营管理法则、规则和方法、办法。

然而，孙子提出的“始计”，并非“三十六计”之“计”。这里的“计”是计划的“计”、计算的“计”，强调战前做周密的计划与运筹，计算、分析实力对比，而“三十六计”中的“计”是奇谋诡计的“计”。这是价值观的差异。

《水浒传》中，梁山先后经历了三任领导人，王伦无使命，无愿景，无战略，无规划，无领导才能，无杰出人才，满足于立小山头、打家劫舍；晁盖竖起“劫富济贫”的大旗，但事实上只“劫富”，未“济贫”；宋江领导下的梁山，打出“替天行道”的大旗，成为吸引江湖好汉一块响亮的金字招牌，人才济济，声势浩大，宋江领导下的梁山才是最有实力、最强大的。

历史上，中国共产党领导下的人民军队从来没有督战队，也没有高官厚禄，却最富有献身精神，是世界上最有凝聚力的军队。早在建军之初，共产党就确立了“全心全意为人民服务”的使命宗旨，产生了极大的凝聚力、向心力和战斗力。而国民党军队“为金钱服务”，政治孤立，失去民心，军队厌战，士气低下，贪官横行，统治腐败。败者自败，成者天成，我们党靠“全心全意为人民服务”的宗旨，凝聚了一支举世无双的“铁军”。

企业是人组成的，企业经营管理者要打造一支具有凝聚力、向心力和战斗力的队伍，首先要管好员工的心，统一员工的思想。“道”本质上是一种信仰的力量，是企业最重要的核心竞争力，是区别于竞争对手的独特资源，这是难以被竞争对手复制和超越的。志同，才能道合；心往一处想，劲儿才能往一处使。要想巩固组织，凝聚人心，集中众智，汇聚众力，最重要的就是确立明确的使命、愿景与核心价值观，并使之深入人心。

使命告诉我们“企业为什么而存在”。“为谁当兵，为谁打仗”是企业存在首先需要解决的问题。使命，是企业存在的理由，是企业的价值取向和事业定位。使命指明了企业对利益相关方和社会应做出什么贡献，代表着企业的发展目的、发展方向、奋斗目标、基本任务和指导原则。使命不清晰，企业就会迷失方向、左右摇摆。

安利公司的使命内涵包括两个层面：首先是“为员工创造机会，为客户创造价值，为股东创造回报，为社会创造财富”的“四为”使命；其次是“美好材料，造福社会”，综合了客户使命、经济使命和社会使命三个方面。公司始终致力于为员工、客户、股东和社会服务，以满足“美好材料、造福社会”的需求为宗旨，公司使命光荣而神圣。

一是为员工创造机会，对所有员工负责。优秀的企业必然拥有满意的员工。要做到管理公正、工时合理，工作环境整洁有序、工资分配公平适当，在效率和效益增长的同时工资福利有所增长。努力为员工提供舒适的工作环境和宽带、多元、复合的薪酬福利保障，致力于员工“脑袋”和“口袋”的同步增长，打造“知识、金钱、精神”三个方面的“小富翁”，让员工既有“面子”又有“里子”。坚持员工与企业共成长、共命运的理念，优化发展平台，推进员工职业生涯设计和职业发展规划，让每一个员工都能共享企业发展的成果，让员工充满自豪感与价值感。

二是为客户创造价值，对客户负责。市场是最高领导，客户是最高标准。坚持以市场为导向，以客户为中心，生产经营必须始终坚持品质好、品种多、产品新、生态环保，持续开发创新，提高效率，提高响应速度，适应瞬息万变的市场变化和客户需求，不断致力于降低产品成本，改进工艺技术，提高产品的技术含量、竞争力和附加值；必须敏捷反应，高速高效，迅速而精确地为客户服务，为客户提供有价值的产品和服务，与客户实现互利共赢。

三是为股东创造回报，对公司的投资股东负责。公司必须赚取适当合理的利润，提取保障准备金，研究、开发有发展后劲的项目。公司必须未雨绸缪，支付工资奖金，缴纳税款，积极更新设备和开展技术革新改造，积极开发新品种和新产品以及应用新工艺、新技术、新装备，提出新的销售和企业增长发展计划，用持续的变革和创新来发展，努力实现新的更大构想和更高目标。尽到这些责任后，投资的股东应该得到公平的回报。

四是为社会创造财富，对社会尽责。公司必须依法经营、诚实守信、规范运作、依法纳税，积极促进技术进步，在企业不断发展的同时，为社会创造财富。在创造利润、追求企业价值最大化、营造健康和谐企业文化的同时，还应当承担更广泛的社会责任，坚持环保至上、绿色发展，坚持生态、低碳发展，注重保护生态环境、降低资源耗费和减少废弃物排放，不断改进、创新工艺技术，提高资源综合利用效率；注重商业道德、员工职业卫生健康，注重安全生产和社会公益事业，维护公司声誉，并努力成为守法、崇德、公益等方面的表率。

美好材料，造福社会。公司生产的生态功能性聚氨酯合成革及复合材料，品质优良、花色品种多样、应用领域广泛，深受全球中高端客户青睐，畅销全国各地，并出口 70 多个国家和地区，与全球 70 多亿人的穿、用、住、行、玩密切相关。公司为社会提供受市场欢迎、功能强大、时尚、生态的美好材料，努力满足全球消费者舒适、健康、便捷的生活需求。

愿景告诉我们“将要成为什么样的企业”。愿景明确了“去往何处”的问题，指出了生存领域和发展目标，指明了公司未来应该成为什么样的企业，对于就发展目标达成共识、引导企业沿着正确的方向不断前进，具有十分重要的意义。

公司有远大的目标和理想，脚踏实地，有底气、有志气、有胆气、有锐气、有勇气，胆大而不妄为。无论在顺境还是逆境，无论环境如何变化，都坚定、执着地追求公司的愿景，始终怀着一颗超越之心，以世界的眼光，永远向前看，保持果断的行动和勇气，持续超越，奋力拼搏，努力实现“力争成为全球最优秀的聚氨酯复合材料企业”的愿景。

先进的发展理念优先于经营，优先于产品、技术和工艺。企业要持续经营发展或者值得持续发展，必须有一个前提，那就是企业对社会，乃至对整个人类是有积极价值和意义的。企业先进的理念，最重要的是体现“利他”，要在“利他”中“利己”，在“利他”中创造获取合理的、可持续的利润。

30 余年来，公司从小到大，从弱到强，战胜重重困难，不断发展壮大，成为全球行业领军品牌，得益于公司使命光荣，目标远大；得益于公司战略清晰，文化先进，管理优良，制度健全，积淀了良好的文化底蕴和竞争优势；得益于公司始终不忘初心、牢记使命。这是企业的根基和灵魂，是指路明灯，是推动企业持续健康发展的源泉和动力。公司只有理念先进、上下同频共振，才能凝聚人心，赢得人心，才能生存到今天，并逐步发展壮大，实现上下同欲者胜、同舟共济者赢。

因此，我认为，企业经营管理首先是胜在有“道”。虽然公司与众多优秀的民营企业相比，在经营管理水平、规模和效益上仍有较大差距，还谈不上成功，只是结合经营管理的规律、规则、方式和方法，一以贯之地遵循公司特有的发展理念、文化和思想，但是企业只有确立自己先进的使命、愿景和核心价值观，才能生存下去，走向成功。

- “道”是经营理念、管理思想和管理方法，是使命、愿景与核心价值观，是企业发展的根基，是企业全体员工共同的意愿和追求。
- “道”本质上是一种信仰的力量，是一个企业最重要的核心竞争力，是区别于竞争对手的独特资源，是难以被竞争对手复制和超越的。
- 安利公司的使命是“为员工创造机会，为客户创造价值，为股东创造回报，为社会创造财富”；“美好材料，造福社会”。

战略为纲

20 世纪 90 年代中后期，考虑到合肥企业改革重组和经营策略等原因，为了响应政府“以强带弱”的号召，“做大做强”“集团化经营”，安利公司实行多元化经营，信奉“抓住一切发展机会”“东方不亮西方亮”，在经营上贪大求全，托管经营了皮革、皮件、制鞋、制衣等国有企业和集体企业，自身又投资经营了塑胶、箱包、纸芯、绒布、电脑等公司，大大小小加起来有十几家企业。这些企业大多数缺技术、缺产品、缺客户、缺资金、缺人才、缺管理经验，就像缺奶、缺钙、缺粮的孩子，嗷嗷待哺，严重营养不良。当时的安利发展战略与定位不清晰，主业不突出，“大而全”“小而散”，所谓的“集团化经营”管理模式无序，严重分散了资源，影响了发展。我曾开玩笑地说，“集团集团，急得团团转。多元化经营对于安利来说，是‘陷阱’，不是‘馅饼’”。有人调侃说，“安利不是‘二轻局’，更像是‘三轻局’”。当时，中国银行安徽省分行的一位领导说，“安利公司的主业聚氨酯合成革一级品率降到了 85%，熟悉的主业都没做好，怎么能做好新产业、新项目，又怎么能长远发展呢？”

当时，全球聚氨酯合成革行业市场需求旺盛、产品畅销、供不应求，行业呈现出高增长态势，公司核心客户却只有五个经销商。我形容当时的销售状况是“如果几个经销商客户‘睡觉’了，安利也就‘睡觉’了”。公司销售渠道狭窄，价格混乱，仅靠少有的几个经销商客户，公司销售额徘徊不前，生产出现停滞，业绩亏损，生产经营每况愈下，陷入严重困境。

在 1999 年最困难的时候，公司连员工工资、水电费和银行利息都无力支付，竞争对手更是把“挖人”广告直接贴在了厂门口。彼时的安利已是摇摇欲坠，前景堪忧。

在安利公司内忧外患、濒临倒闭的时刻，我没有离开公司，放弃了到党政机关工作的机会。其实，我前后共有三次机会可以选择离开安利，进入党政机关工作。但是我选择留在处于最困难时期的安利。

我刚上任主持生产经营管理工作时，公司的经营情况岌岌可危，各种矛盾、各种声音纵横交错，莫衷一是。在规划公司未来发展时，公司内部管理层有多种声音，有些同志在安利公司发展战略问题上，跟我讲了很多“道理”；有些同志认为提质量、提效率、降成本、上新项目是最重要的，只要加强内部管理，公司就能摆脱困境；还有些同志认为市场是主要矛盾，质量也是主要矛盾，什么都想抓，什么都去抓，其结果是什么都抓了，什么都没抓好，事倍功半，成效甚微。

面对公司变革前的重重阻力，我坚持认为，公司当时发展的最主要矛盾是定位不清晰、主业不突出。只有战略领先，才能决胜未来。只有战略领先，才能战术精彩，才能战斗制胜。制定清晰的发展战略，是公司亟须解决的首要问题。2002 年，我担任公司总经理，后又担任董事长，提出了专业化、特色化、品牌化、规模化的“四化”发展战略，内抓管理、外抓市场，立足本土、面向国际，以及国际开发、国内经营，国内开发、国际销售，实现国内外市场“双轮驱动”“并驾齐驱”，使公司逐步摆脱了经营困境。同时，根据公司发展情况，我及时动态地调整、修正发展目标，先是提出了让公司成为“领先国内、赶超国际”的聚氨酯合成革企业的奋斗目标，后又调整为“国内争第一、国际创一流”等阶段性目标。2003 年，公司提出“力争成为全球最优秀的聚氨酯复合材料企业”的愿景目标。

我认为，企业经营更多的是解决公司的外部问题、不确定性问题，企业管理更多的是解决公司的内部问题、确定性问题。战略不等于经营，经营不等于管理。战略是解决企业“做什么”与“不做什么”的问题，是取与舍的问题。战略是第一位的，有思路才有出路，内部运营得再好，思路错了也不行。于是，我下定决心，力排众议，提出了走专业化经营发展之路，坚定而迅速地“砍掉”众多无关联产业，关停投资经营的几家企业，清理脱钩市政府授权托管的十余家企业，专注于聚氨酯合成革及复合材料主业发展。

我在公司会议上多次提到一个观点：“一棵成长中的小树苗，有多余的枝枝杈杈，就会喧宾夺主、主次不分，只有把多余的枝节修剪下来，才能让主干更好地吸收养分，长得更加挺拔、枝繁叶茂。做生意也是如此，面对众多的机会、诱惑和陷阱，不能让一些表面的机会、社会的浮躁，把自己的心也变得浮躁，像无头苍蝇一样到处乱撞，今天看到这个机会赶快去抢，明天看到那个机会赶快去抓，多元化经营这种情况是要命的。我们不能朝三暮四、三心二意，要一心一意，握紧拳头，集聚资源。在聚氨酯合成革这一细分领域和市场，要做就做‘数一数二’，绝不做‘不三不四’。产品、市场和客户可以多元化，但产业必须专业化。”

同时，在市场和渠道建设上，我提出了“全球眼光，系统思考”，坚决摈弃走低价路线寻求销量破局的策略，打破原有保守的发展思路，解放思想，拓展视野，广其胸怀，主动出击，开拓市场，寻找客户，带领营销人员奔赴江苏、浙江、福建、广东等地，一家一家地去拜访客户，在一些大的外贸公司，一层楼、一层楼地去跑客户。“半年初见成效，一年大见成效，一定要扭转安利的经营困局，创造良好效益。”我上任时立下的小目标，短短半年多时间便实现了。

我主持工作20余年来，安利始终坚持“四化”发展战略，长期专注于聚氨酯合成革及复合材料领域的创新、产品质量提升和品牌培育，走“专精特新”发展之路，一步一个脚印，“二十年磨一剑”，将安利这一家远离原材料供应商、远离客户产销地、市场高度竞争的内陆中小民营企业，逐步发展成为全球行业的领跑者和领导者，逐渐获得了国内生态功能性聚氨酯合成革及复合材料行业冠军的地位，综合实力全球领先，诠释了“小而美”“小而专”的含义。其中一个重要原因，就是安利的发展战略总体是正确的、清晰的。战略是引领企业发展的旗帜和标杆，是指路明灯。

以战略为纲，纲举目张。战略着眼于企业的全局和整体，是一项系统工程，它的出发点并不是一年怎么样，而是三年、五年、十年，甚至未来几十年怎么样，关系到企业生存与长远发展。其核心是对企业现在及未来的整体运营活动实行战略性的管理，告诉我们“该做什么”“不该做什么”，是取与舍的问题。战术是在战略引领下，对产、供、销、人、财、物等组织运营的战术管理，是对运营过程的计划、组织、领导、实施和控制。

古人说，“举网以纲，千目皆张；振裘持领，万毛自整”。意思是，打鱼时，抓住网上的大绳，网眼就都张开了；整理皮袄时，抓住领口一抖，毛就都理顺了。“纲”就是事物的总要部分，“目”就是从属部分，抓住了总要部分，也就是抓住了主要矛盾，次要矛盾和其他问题就会迎刃而解。干工作、做事情也一样，解决了事物的关键问题，也就带动解决了其他问题。

抓住“纲”，就是抓重点、抓主流、抓主要矛盾。俗话说，“牵牛要牵牛鼻子”“打蛇要打七寸”，抓住了主要矛盾，就能够“牵一发而动全身”，起到“四两拨千斤”的作用。抓不住“纲”，企业发展这张“大网”怎么拉也拉不动。

那么企业发展的“纲”是什么，拉动哪一环才能全盘尽收“网”内呢？企业要不断获取经营与发展的能力，要杜绝追求短期效益的短视行为，必须认真定位和审视企业的发展之“纲”，这个“纲”就是战略，是有本之木、有源之水，会源源不断地创造出发展动力。企业要持续长久发展下去，就必须牢牢抓住这个“纲”，此“纲”在手，全盘皆活。

古人说，“不谋万世者，不足以谋一时；不谋全局者，不足以谋一域”。说明战略是目标，是方向，是纲领，是先导，是关系企业全局和长远发展的重要决策。在瞬息万变的世界里，一个企业对其生存和发展必须有非常清晰的前景规划和明确的发展战略。战略是企业为谋求生存和发展而做出的长远性、全局性的谋划与布局，是企业领导工作中的重中之重，是第一位的，也是最重要的。

联想集团有著名的管理三要素——“定战略、搭班子、带队伍”，企业界几乎尽人皆知，对我的影响很深。2008 年，财政部会同证监会、审计署、银监会、保监会制定了 18 项《企业内部控制应用指引》，指出现代企业管理内部控制制度中最重要的三项工作：一是组织架构，二是发展战略，三是人力资源。定好战略，布好局，谋好篇，是经营管理者的首要职责。

战略决定成败，赢在战略。孙子说，“未战先胜，胜在战先”，“胜兵先胜而后求战，败兵先战而后求胜”，“上兵伐谋，其次伐交，其次伐兵，其下攻城”。2500 多年前，孙子就力求用战略、策略和谋略胜敌，做到先胜后战，未战先算，谋定举兵。因此，《孙子兵法》不是单纯的战法，而是不战之法；不是战胜之法，而是不战而胜之法；不是战而后胜之法，而是先胜而后战之法。

孙子的战略引领决策、“以全策争全胜”的思想，对于企业经营是非常适用的。科学合理、正确有力的发展战略和经营策略，是企业在激烈的市场竞争中获取胜势的最重要条件。战略输，企业必定输；战略赢，企业有可能赢。战略输是大输，战略赢是大赢。企业间的竞争，与战争一样，常常不是输赢在战场上，而是输赢在战场外；常常不是输赢在战后，而是输赢在战前。企业的一个战略、一个思路，一旦确定，实际上就意味着输赢了。因此，战略既是决定企业走向的，又是决定企业大势和胜败的。做企业是事半功倍还是事倍功半，主要取决于战略。

安利在深交所公开上市以后，有人问我：“安利产品、市场转型升级明显加快，生产经营稳中有进、稳中向好，未来公司是否考虑并购相关产业，从而进一步做大做强？”我说：“你错了，安利会心无旁骛，坚持走自己的路，坚守聚氨酯合成革及复合材料主业，做大做强，努力做到全球‘数一数二’。”

经营企业就像做人一样，不是百米赛跑，而是一场马拉松。我认为，凡是战略，必须专注。在一个窄的领域成为第一，比在一个宽的领域成为第二要成功许多倍，也容易许多倍。这就好比做好一件事比做好几件事更容易上手，也更容易成功。我们不能太急功近利，企业要想持续健康发展，只有规划自己的未来，踏踏实实地做事，没有其他捷径。战略是一种只有长期坚守才能见效的东西，而不能只看到短期执行的效果；战略是要坚定不移地执行才可发挥作用的规划、计划和谋略，是正道、正途、康庄大道，而不是捷径、斜路、歪门邪道。只有具有使命感和战略定力的企业，才不会在激烈的竞争中迷失方向。安利坚持走自己的路。

安利股份坚持“四化”战略。面对全球经济发展带来的机遇和挑战，公司将在“专业化、特色化、品牌化、规模化”的“四化”发展战略引领下，坚持自主创新，打造自主品牌，敏捷管理，高效运营，坚持走质量创新效益型发展道路，不断提升管理素质，完善法人治理结构，不断增强公司获利能力、综合实力和可持续发展能力。

一是专业化。市场机会众多、变化迅速，然而我们的能力、条件和资源有限，我们要有所克制，要“做自己能做的，做好自己能做好的”，中小企业与其多元化经营，不如在某个领域里一点一点突破。要知道自己的肚子有多大，不能什么都想吃，卡在喉咙里，就会咽不下去，或者消化不良。这就如同一个武林高手不可能同时精通十八般武艺一样，必须有所选择，有所侧重，能量只有集中起来才能爆发，世界上没有“奇迹”，只有集中和聚焦的力量，不能贪多、贪心。我们主张有所为、有所不为，集中优势经营，避免力量分散，要在全球市场上以专业专家的形象经营发展。

二是特色化。在生产经营活动中寻求特色和差异，坚持以生态功能性为特色，以优质产品和服务满足客户的不同需求。

三是品牌化。品牌是企业最重要的无形资产，把产品品质和品牌放在首位，把提高产品技术含量和品牌附加值作为追求目标，打造自主品牌，努力追求品牌高知名度、高信任度和高美誉度，进而推动公司做大、做强、做久，打造全球优秀品牌。

四是规模化。公司不是为了“做大”而“做大”或“大做”，而是在“做专”“做精”“做强”的前提下“做大”，在“做优”“做久”的前提下“做大”。努力打造全国规模最大、综合竞争力最强的专业研发生产经营生态功能性聚氨酯复合材料企业，努力成为行业全球第一，具有良好的国际竞争力和影响力。

公司的战略与目标是循序渐进的，是“小步伐，大梦想”，是“小步快跑”，又好又快发展，积小胜为大胜，是根据公司自身条件、资源与能力，不断修正调整的发展，既是现实、务实的，又是积极进取的。无论外界出现什么思潮、出现什么趋势、如何看待安利，我们都会坚定不移地走自己的路。

- 战略是要坚定不移地执行才可发挥作用的规划、计划和谋略，是正道、正途、康庄大道，而不是捷径、斜路、歪门邪道。
- 凡是战略，必须专注。在一个窄的领域成为第一，比在一个宽的领域成为第二要成功许多倍，也容易许多倍。
- 安利公司坚持专业化、特色化、品牌化、规模化的“四化”发展战略。

战略陷阱

我主持公司生产经营工作20多年来，经常看到一些曾经做得风生水起的企业后来经营困难，有的甚至已经关停或倒闭了。这些企业不缺市场和订单，不缺工艺和技术，也不缺资金和人才，其关停或倒闭的原因主要是缺少先进的文化理念，出现了战略失误。

中国有些民营企业存在严重的“小聪明”文化，热衷于抓机会、炒短线，找秘诀、挣快钱，信奉“踩上西瓜皮，滑到哪里算哪里”，做企业没有清晰的战略和明确的规划，喜欢“先干后算”，甚至“光干不算”，临时再决定。有些民营企业热衷于策划“点子”，而不重视战略规划，幻想利用极少的资源、极巧妙的手段，做出让常人无法想象的大事来。这些企业看似灵活，实则漏洞百出，禁不起“风吹草动”。还有一些民营企业，以激情代替管理，平时大讲企业文化，热衷于组织员工开展聚餐、旅游、喊口号等一些煽情的娱乐活动或团建活动，以为这样就可以增强企业的凝聚力和向心力，促进企业发展。问题在于，所谓的策划、“点子”和小聪明，所谓的机会和快钱，都代替不了战略，也代替不了方向。企业面对再多的机会，不清楚战略和方向，自身的经营发展也不会好，企业也“长不大”，或者不能持续“健康成长”。

企业的成功，首先靠什么？我认为，不是产品，不是技术，不是客户，不是策划和“点子”，而是战略。《孙子兵法》中说道，“知战之地，知战之日，则可千里而会战”，意思是知道在什么地方开战，知道在什么时间打仗，那么即使有千里之远也可奔走而会战。“知战之地”，是要知道正确的方向；“知战之时”，是要把握好开战的时机。

战略不是运营管理，也不是分析研究企业内部管理如何做得更好，而是把握方向和目标，只要方向和目标对了，路再远、再困难，最终都能到达目的地。可以说，没有战略的成功，就没有企业的成功。战略决定成败。

以战略引领发展。战略就是选择做对的事，是选择“做什么”“不做什么”，是统筹，战术则是“谁去做”“怎么做”。一些企业会选择“做什么”，而且很会做，但是恰恰不会选择“不做什么”，甚至搞不清自己在做什么。如果对于企业未来的发展方向和目标没有一个长期、明确的规划，没有一枚“定海神针”，不管企业的规模多大、现在的实力地位多突出，都会在经济的大变革、技术的快速变化发展和市场的激烈竞争中失去优势，甚至失去生存的条件。战略不清晰，企业会迷路，会彷徨，会逐渐消磨意志，丧失斗志。

毛泽东曾高度概括“清凉山的三面大旗”：一是坚定正确的政治方向；二是艰苦奋斗的工作作风；三是灵活机动的战略战术。[①] 毛泽东在抗日战争、解放战争中，之所以能以少胜多、以弱胜强、战无不胜，不仅是因为他有一套军事理论和兵法谋略，更是因为他把坚持正确的政治方向和清晰的战略放在了首位。

战略事关全局、事关整体、事关大势，战略一旦发生错误，如无战略、战略保守、战略冒进或者战略多变，都会给企业带来毁灭性的打击。可以说，战略失误既是最大的失误，也是致命的失误。市场竞争风云变幻，企业首先要有战略思维，其次才是管理理念。企业经营管理者必须学会先思考选择做什么、不做什么，分析自身的优势和劣势，分析面临的机遇和挑战，避免落入“战略陷阱”，做好战略分析、战略统筹，以实现战略目标。

反对“无战略”。企业在经营管理过程中，容易犯的错误之一是“无战略”。“无战略”的企业，普遍没有明确的战略规划设计，只关注短期业绩，不考虑长远规划，或者缺少实施战略的组织与管理措施，稀里糊涂地匆忙上阵，而不是深思熟虑后的审慎而为，跟着市场冷热走，跟着感觉走，“当一天和尚撞一天钟”，得过且过，活过了今天不管明天，无规划、无计划、无梦想、无追求，指望宏观经济形势的好转和国家政策的变化。

企业在经营发展中“无战略”或“战略实施不到位”，可能会导致企业盲目发展，难以形成竞争优势，丧失发展机遇和动力。因此，企业要反对“无战略”。

反对“战略保守”。“战略保守”的企业在企业发展方向上通常会游移不定，谨小慎微，患得患失，过分强调在自己的“一亩三分地”里埋头苦干，束缚了企业发展的思维和手脚，不敢突破自我。面对新的市场机遇，采取过于保守的战略，因循守旧、墨守成规、故步自封，只要取得一丁点成就，就不思进取、

① 1938年5月26日，毛泽东在中国人民抗日军事政治大学成立三周年的纪念文章中写道，“抗大的教育方针是：坚定正确的政治方向，艰苦奋斗的工作作风，灵活机动的战略战术”。

小富即安、小胜即满，以静态的视角看待企业外部不断变化的宏观环境、竞争环境和市场环境，忽略市场与客户的实际需求，恐大、恐快和恐新，导致企业在无序的状态下每况愈下，日渐萧条，错失行业风口和发展机遇。

反对“战略冒进”。经营企业容易犯的错误是太急功近利、急躁冒进、莽撞冒险。“战略冒进”的企业，对实现战略的资源、条件缺乏深入的分析，对可能发生的困难缺乏充分的估计，不遵循客观规律，对企业面临的形势和风险缺乏预测及防范，脱离资源和实际，超越自身能力、条件和资源搞“大跃进”，不知道自己几斤几两、有多大能耐，也不知道市场或技术“水有多深”，就头脑发热，急躁冒进，利令智昏，好大喜功，好高骛远，急功近利，贪大求洋，盲目地铺摊子，拉长战线，讲所谓的“人有多大胆，地有多大产”，追求所谓的“高速度发展”“跨越式发展”，盲目投资，盲目扩张，结果分散了资源，顾此失彼，造成企业投资失败或经营不利的被动局面。

在竞争激烈的市场经济中，我们经常会看到一些企业因“战略冒进”而昙花一现。20 世纪 90 年代中期，一批具有创新、冒险气质的企业家开始扎堆保健品市场，广州太阳神、三株口服液、飞龙保健品、红桃 K、脑黄金等品牌如雨后春笋般崛起，获得了超额利润，迅速发展。然而，这些曾经叱咤风云的巨头企业，由于盲从盲动，跟风抄袭，过分追求短期效益，缺乏长期战略规划，暴利致富后又盲目扩张，陷入了“兴衰不过三五载”的怪圈，快速衰退，被时代所淘汰。

企业发展不应以大规模和高速度为目标，更不应以技术领先为目标，而是应以获取合理利润、持续健康发展为目标。国内有些中小企业无战略，长不大；有的企业追求“高大全”，盲动冒进，超越自身条件、能力和资源，盲目多元化发展，“大干快上”，跌跌撞撞，最终因“意外事故”“心脑血管疾病”“癌症”而死掉。

我们反对超越自身能力、条件和资源的“大跃进”，反对急躁冒进、盲目投资、盲目追求扩大发展，“战略冒进”或“战略激进”会使企业脱离实际能力或偏离主业、过度扩张，甚至经营失败。

反对“战略多变”。战略必须长期坚持，至少较长一段时间内不变，每年都变的不是战略，是“赶时髦”。有正确的战略，但是不坚持，缺乏定力，这是战略多变企业的通病。今天搞个“小动作”，明天做个“大动作”，一天三“变”，影响了企业的战略制定与实施。层出不穷的变术，其实表现出的是无逻辑、无定力的战略混乱与多变，从而导致发展方向的冲突与自相矛盾。发展战略因主观原因频繁变动，会导致资源浪费，甚至危及企业的生存和持续发展。

“条条大路通罗马”，企业需要制定一张适合自身发展的目标导航图，并将其确定为企业行动的依据和指南。一个企业只能有一个战略，战略就是一种定位与目标导航。企业需要在战略这条“主路线”不变的前提下，对导航图进行一定的修正，要像战士一样坚守阵地，以确保战略和路线不跑偏、不走样、不变形，从而在战略的指引下，沿着正确的路线实现企业的发展目标。

战略不同于战术。战略是方向性的把握，战术是具体的动作。战略是做正确的事，战术是正确地做事。战术是从属于战略的，战略需要各种战术作为支撑。战略的目的是在众多的发展道路、路径中，选择正确的道路坚持走下去；战术考虑的是面对一个具体的目标，应该从哪些方面和怎样进行攻打，并最终占领它。战略是长远而简单的，复杂的不叫战略；战术是短期而复杂的。战略不常变，战术有时会调整，其执行更是千变万化；没有战略，战术和执行就会成为无本之木；没有战术、策略和执行，战略就会写在纸上，贴在墙上，掉在地上。

战略如大脑，机体的各种运行好比战术，大脑一旦不做主，身体各机能就会紊乱。战术的错误是可以扭转的，而战略错误则是毁灭性的、全局性的，甚至是不可逆转的。

因此，企业经营管理者不能过度关注战术、忽视战略，只顾“埋头拉车”，不顾“抬头看路”，容易陷入事务性工作中，被琐碎的事务缠身。对于我们经营管理者而言，“埋头拉车”与“抬头看路”二者缺一不可。只“埋头”不“抬头”，容易“撞到南墙”；只“抬头”不“埋头”，容易“眼高手低”。经营管理者既要“埋头拉车”、苦干工作，也要时时“抬头看路”、找对路子，必须把登高望远同脚踏实地结合起来，在登高望远中审视全局、把牢方向，在脚踏实地中攒足底气、稳步前行。

- 战略是方向，是选择做对的事，是选择做什么、不做什么。
- 战略失误既是最大的失误，也是致命的失误。企业应反对“无战略”“战略保守”“战略冒进”“战略多变”。
- 只“埋头”不“抬头”，容易“撞到南墙”；只“抬头”不“埋头”，容易“眼高手低”。

先胜后战

2003年，全国聚氨酯合成革及复合材料行业高速发展，在当时的情况下，只要投资了、生产出来了，就能卖得掉，就能挣大钱。在行业景气的大背景下，公司有些中高层管理人员提出，公司要抓住机会，加大投资，投资一些所谓的“新工艺、新技术、新项目”，加大产品开发，“大干快上”，快速做大做强。此外，全国同行业中的实际情况是，一些中小企业在项目投资方面投入了较多的资金，其中有一些快速上马的项目投入与产出并不十分理想。

我感觉到，全国同行业中的一些中小企业投资有些过于随意，公司有些中高管在项目投资和经营过程中也存在“盲动症”。20世纪90年代中期，安利在一些投资项目上“大而化之”“大手大脚”，投资经营不讲策略，在项目启动初期，没有全面分析市场需求、市场环境、国家产业政策和环保安全政策，没有系统分析公司自身的资源、条件和能力，在准备不充分的情况下，仓促上阵，结果乱了阵脚，导致项目投资失败，给企业带来了重大损失和风险。我们绝不能再犯过去的错误。

企业成长发展有着不同的阶段，应“到什么山头唱什么歌”，当企业还在“牙牙学语、步履蹒跚”的阶段时，不能要求它大步流星、高歌猛进；当企业成长起来时，不能依然唱着摇篮曲，浑然不觉面对最好的成长发育期。山脚有山脚的歌，山腰有山腰的歌，山顶有山顶的歌。一个不明白什么阶段“该唱什么歌”的人，一定“唱不出动听的歌”。因此，企业在项目投资、技术开发、客户经营等方面的决策应理性，首先要充分做好要素分析，做好研究、论证和评估，系统论证项目的必要性与可行性，在分析当前的条件资源和长远战略目标之间做好平衡，平衡好“始”与“终”的关系，平衡好现在所拥有的资源与未来将要实现的目标之间的关系，确保决策科学合理。

在投资、开发和经营过程中，要先分析自己有“几斤几两”“多胖多瘦”，事情值不值得干、能不能干，要先“算着干”，配置资源、条件，而不是“不管三七二十一，先上先干”，“干了算”“干后算”。总体而言，正确的投资、开发与经营，就是要“先胜后战”，即根据未来的目标来配置现有的资源；而不是“先战后胜”，即根据现有的资源来决定未来的目标。

“先胜后战”是以未来决定现在，而不是以现在决定未来。在中国古代军事思想中，有一条极为重要的军事原则，就是孙子所说的“未战先胜，胜在战先”。“是故胜兵先胜而后求战，败兵先战而后求胜。”孙子认为，未战之前就能预料取胜，是因为筹划周密、条件充分；未开战而估计取胜把握小，是具备取胜的条件少。条件充分的取胜机会就大，准备不充分就会失败。胜利之师是先具备必胜的条件然后再交战，失败之军总是先同敌人交战，然后期求从苦战中侥幸取胜。用现在的话来说，就是胜利之师不打无准备之仗。毛泽东在《解放战争第二年的战略方针》中说过，“不打无准备之仗，不打无把握之仗。没有把握的事情，绝对不能做”。因此，在企业经营管理中，无准备就无把握，各项决策和行动要充分分析，充分准备，准备全，准备细，准备到底，准备万一。“不怕一万，就怕万一”，要充分考虑到各种要素和可能“意想不到”的情况。

项目投资、技术开发和客户经营是一个复杂的过程。它往往需要考虑一系列的问题，比如，需求是否合理，是否有必要实施，项目可能带来的影响是什么；可能的投入有多大，取得的效益有多大，现有的资源、条件和能力是否能支撑，如果不能，可能要在哪些方面做好准备；业界相关的成功经验和失败教训有哪些，哪些是真正适合需求的。

一些企业在投资、开发与经营上容易进入一个误区，就是忽略未来的发展，不用未来决策现在，而是简单地、消极地用现在决策未来，甚至用过去决策未来，这是典型的“推式”思维，是“有什么、做什么”的思维，是先始后终、先战后胜的思维。行为固然十分稳妥和可靠，但有可能坐失外在的机遇，可能陷入保守。

企业不应简单地根据现有的资源和条件来决定未来的目标，而是应该根据未来的目标来配置现有的资源和条件，这是“拉式”的思维，是“干什么、想什么，缺什么、补什么”的思维，是先终后始、先胜后战的思维。就好比企业计划建造一栋高楼，首先要做好顶层设计，把总体规划做好，把蓝图设计好；其次找资金，找施工队伍，这样才能把高楼建得安全、美观和实用。

正确的投资、开发与经营，应做好“五可”。《孙子兵法》开篇《始计》中提到，“夫未战而庙算胜者，得算多也。未战而庙算不胜者，得算少也”。这里的“庙算”指的是在祖庙里举行仪式，定计划、作决策，运筹帷幄之中，决胜千里之外，是“庙算”之妙。即事先谋划筹措、分析研究，从而根据具体的客观现实制定切实可行、行之有效的决策，这就是孙子所说的“计”。

孙子认为，战争的胜利，主要取决于“五事七计”，这是基本面、实力面、战略面。计算比较敌我双方“道、天、地、将、法”五个方面，得到“七计”，即“主孰有道？将孰有能？天地孰得？法令孰行？兵众孰强？士卒孰练？赏罚孰明？”由此就可以知道战争胜负的情形了。

孙子将《计篇》作为兵法之首，可见其对计划运筹的重视。这种“未战先算”的兵家谋略运用到企业项目投资、技术开发、客户经营等决策中，就是要在“未战”时，根据谨慎性原则，高度重视市场调查和可行性研究，对市场、客户、技术、资金、人力、效益、生产、供应，以及社会各种资源、环境、法律等各种要素，进行客观、全面、真实和充分的调研分析，论证项目建设的必要性，财务的盈利性，经济的合理性，技术的先进性和适应性，以及建设条件的可能性和可行性。

企业应反对凭经验、“拍脑袋”办事，不打莽撞之仗，不打糊涂之仗，不打无准备之仗，不打无把握之仗。做好立项和可行性研究，知己知彼，把有利条件分析透，把不利因素估计足，才能做到心中有数，这是企业决策至关重要的第一步。

简单地说，企业生产经营管理过程中要正确做出决策，就要充分分析“五可”，即市场可期、技术可行、资金可能、效益可见、风险可控，这才是可行、可靠和可实施的。

市场可期，即分析项目或产品的市场容量和市场空间大不大、行业成长性和市场需求如何、行业处在哪个阶段。比如，行业成长期应加大投资，成熟期应适当投资，衰退期应谨慎投资或减少投资等。**技术可行，**即分析项目或产品采用的工艺技术是否先进适用。**资金可能，**即分析项目需要多少资金；资金来源是什么，是银行借贷筹资，发行股份或债券筹资，还是利用财政拨款或者企业自有资金投资。**效益可见，**即分析项目或产品的投入成本与经济效益，测算投资利润率、投资回收期、净现值、现金流等财务指标。**风险可控，**即分析项目对自然、环境、经济、安全、环保和社会效益的风险影响，是否有相应的管理措施和控制手段。要有风险“防火墙”，风险应是可控、可承受的，努力规避风险、化解风险。

企业先胜后战，要依靠、依托“五本”。《论语》中有句话：“君子务本，本立而道生。”这个“本”是什么？就是植物的根，有根才能吸收营养，不断生长，而且有根才能站得住，无惧风雨。“本”可以理解为一个企业、组织或个人的本质、规律、主要矛盾、源头、初始，这些东西像植物的根一样重要。就企业而言，中小企业资源、能力和条件有限，战略、方向和决策要充分依靠、依托“五本”，即本业、本土、本领、本钱、本人，才更容易成长和成功，不会出现大的风险。

本业，就是全神贯注、聚精会神，耐得住寂寞，专心致志去聚焦资源、经营主业，这是根基，不能随意改变、动摇。很多人频繁地变换自己的领地和模式，分散资源，像做短线交易一样，这次挣了点，下次又赔了进去。我们要集中力量，选择坚持和坚守。**本土，**就是要本地化经营，尤其是初创企业、初创项目，不能随意进行异地经营、跨国经营。**本领，**就是做生意时没有把握绝不涉足，我们有所为，有所不为，不熟不做，不懂不做，隔行如隔山，只有了解、熟悉一个行业，研究透它的规律，具备比较成熟的本事和业务能力，成功概率才会大大增加。**本钱，**做生意是要有本钱的，投资是有风险的，有多少本钱，就有多大能力，不能过度加杠杆、过度负债经营。**本人，**我们经营企业是自己干，“自己的孩子自己养”，还是聘请“洋枪队”？我认为要自己干，尤其是初创企业、初创项目更要亲力亲为，沉下心、扑下身自己干，自己的企业让“保姆带”、让“别人养”是做不好的。所有权和经营权“两权分立”，聘请职业经理人经营管理企业，是条件成熟的大中型企业所做的，条件尚未成熟的中小企业，应踏踏实实、本本分分地经营管理好自己的企业。

总而言之，我们在投资、开发与经营决策前，应“庙算”谋先，运筹帷幄，关键工作要预先分析研究、准备充分，制订计划和方案要详尽周密，执行要快速高效，唯有此，才能“知彼知己，百战不殆”。

- 先始后终、先战后胜，是简单地、消极地用现在决策未来，甚至用过去决策未来，是“推式”思维，是“有什么、做什么”的思维。
- 先终后始、先胜后战，是根据未来的目标来配置现有的资源和条件，是“拉式”思维，是“干什么、想什么，缺什么、补什么”的思维。
- 正确的决策要充分分析“五可”，即市场可期、技术可行、资金可能、效益可见、风险可控。
- 中小企业资源、能力和条件有限，战略、方向和决策就要充分依靠、依托“五本”，即本业、本土、本领、本钱、本人。

源泉动力

1999年11月，在主持生产经营管理工作之初，面对人心涣散、产品积压、资金短缺、客户稀少、成本高企、公司亏损等重重困难，我感到公司经营思路混乱，各吹各的号、各唱各的调，没有共同的利益、方向、目标和价值观。因此，我在2000年6月6日提出了安利公司经营制胜成长五项理念，即安利的核心价值观——“市场导向、敏捷高效、持续创新、追求卓越、团队制胜”，初步形成了安利股份企业文化理念体系。这些先进的理念，在公司困难时期，统一了员工思想，明确了公司目标，落实了行动方向，增强了企业的凝聚力、向心力，激发了企业活力和广大员工干事创业的精气神。

在使命、愿景与核心价值观的指引下，公司上下一条心，拧成一股绳，拼搏奋斗，不断超越，终于扭亏为盈，摆脱困境，由小到大，由弱到强，驶入发展“快车道”。这些思想在日后不断发展完善，到2005年，基本形成了完整的企业文化体系，成为公司持续健康发展的关键所在。

通过多年经营企业的实践，我深刻体会到，民营企业很容易忽视利益以外的东西，企业里最宝贵的资源不是厂房，也不是机器设备，更不是资金，而是企业里的人。企业最宝贵的是核心价值观和思想。但是，员工的“思想比天上的星星多，观点比地球上的森林密”，他们来自五湖四海，家庭环境不同、教育背景不同、生活追求不同，思想更是五花八门。企业靠什么去统一员工思想？我认为，企业管理制度是员工行为规范的“硬”约束，是“外在约束”。但是，人是有思想的，人的行为受其思想支配，思想是人的“软”约束，是“内在约束”。企业其实不需要那么多条条框框的约束，只要依靠自己的道德水平、思想认识和自律精神去做事情就行了，“无为而不为”。公司往往都是根据不成文的规则来经营，即公司员工的行为受思想、理念和习惯影响颇深，一纸规定未必能真正成为人们遵从的行为规则。人们遵从的行为规则往往是不成文的，存在于人们长久以来形成的核心价值观中。这种“软”约束就需要企业文化来实现，特别是通过核心价值观来体现，这种力量是自发的、强大的。

核心价值观独立于金钱和利益之外，更多地体现为人性的光辉，是企业最具价值的无形资产，并且能够不断创造新的价值。核心价值观是企业生存发展的“核动力”和动力源泉。如果没有高度统一的核心价值观，那么企业在发展过程中就会偏离目标，就会没有凝聚力、向心力和发展动力，就打不了胜仗。

核心价值观告诉我们“将以什么样的行动赢得未来”。核心价值观是解决“做什么”“如何做”的基本准则，是企业内部共同的信仰，是企业必须拥有的终极信念。它是公司所有员工共同行为的准则和信条，是把所有员工联结到一起的精神纽带，是企业发展的核心指南，是竞争制胜的法宝，是公司企业文化体系中最重要的组成部分。

确立企业的核心价值观，就是明确“举什么旗，走什么路，干什么事，怎样干事，如何干成事”的问题，标志着企业最重要的方面，决定员工在组织中的地位和所扮演的角色，从而使所有员工都格外关心企业所倡导的理念。企业只有将这些关键理念厘清，才能统一思想、建立组织，打造一支有信念、有活力、有斗志的不败之师。

核心价值观的差异，决定着企业的不同行为，决定了企业的生命力。我们希望员工共有正确的价值观，希望员工在企业核心问题上能对是非、对错、好坏做出基本判断，达成共识，形成全体员工认同和共享的核心价值观。我们以核心价值观凝聚所有员工，集中资源配置，实施战略规划，使企业上下结成利益共同体、事业共同体，并最终成为命运共同体，朝着共同的愿景目标奋斗。

妨碍企业持续发展的因素往往是投机主义价值观，以及企业文化的混乱、离散，这样的企业形成不了凝聚力。而战略上的聚焦，即团结一致的企业文化和先进的核心价值观，能把员工拧成一股绳，让员工心往一处想，劲往一处使。企业就像一条河，河水形态丰富，时而澎湃，时而平静；而企业积淀的文化，即企业价值观的内核才是这条河的河基，是河水走向的决定性力量。安利的核心价值观是市场导向、敏捷高效、持续创新、追求卓越、团队制胜，这是安利经营制胜的“五大法宝”。因此，只有筑牢“河基”，传承核心价值观这个良好“基因”，企业才能健康、可持续发展。

一是市场导向。市场是根，是本质、本源、源头，是企业生存发展的立足点和根本前提，是企业的行动目标和推动力。在企业的市场活动中，客户是最高标准，是市场竞争的根本所在。远离市场、远离客户，就会丧失竞争能力和制胜能力。

企业若想在变幻莫测的商海中生存发展，获得持久成功，必须以市场为导向，以客户为中心。只有牢固树立“以市场需求为出发点，以客户满足为落脚点”的理念，始终“把手指搭在客户的脉搏上”，时刻站在客户立场思考和行动，才能把公司生意做好，赢得订单、赢得效益、赢得胜利。

二是敏捷高效。在这个快速变化的时代，未来的市场竞争不是“大鱼吃小鱼”，而是“快鱼吃慢鱼”。“舒适、安逸、懒散、迟缓、冷漠、混日子和无所事事、不求有功、但求无过”的思想是企业的大敌。反应敏捷、行动迅速和务实高效，永远是企业制胜发展的重要法则。

达尔文在《物种起源》中说，“在生物进化过程中存活下来的物种，不是那些最强壮的种群，也不是那些智力最高的种群，而是那些对变化做出最积极反应的物种。”在公司生产经营管理活动中，既要有虎、狮的体格和力量，又要有鹰、豹的敏捷和灵敏；不仅要有“大公司”的规模，更要有“小公司”的速度和活力。要将大公司雄厚的实力、丰富的资源、巨大的影响力，同小公司的经营灵活、敏锐、敏捷、敏感、活力和激情结合起来，取长补短，不断增强竞争优势。

面对越来越短的产品改进周期和服务更新周期，企业要有灵活性，快速反应，思考和行动都要有紧迫感，及时感知变化，快速响应变化，先知先觉，先觉先行，以变应变，以快应变，而不能以不变应万变，不能只用一个招式、一种方法，更不能墨守成规、故步自封、坐井观天、安于现状、停滞不前、僵化保守。

胜利属于快捷者，行动迅速比洞察力更胜一筹。企业应主张以“只争朝夕”“今天就做好”的精神，来推动各项计划活动的开展与落实，加快速度，用速度抗击规模，提高效率，创造机遇，提高竞争优势，力争领先。

三是持续创新。创新是企业生存发展永恒的主题，也是企业发展的驱动力。创新可以促进企业组织形式的改善和管理效率的提升，带动公司转型升级，增强企业的核心竞争力，推动企业实现高质量发展。

生命在于运动，企业不进则退。企业的活力是什么？企业的活力在于创新，没有创新、墨守成规，就会死水一潭、无法前进，跟在别人后面永远不可能超越。

公司倡导的创新不仅仅是产品、工艺和技术的创新，还包括观念、组织、流程、管理、营销、机制等方面的创新，是持续创新、综合创新和系统创新。我们要求创新不依赖魅力型的领导、能人，不迷恋所谓的“点子”，不追求一时的效果、偶然的机会，我们努力倡导和建立形成科学的创新机制、创新氛围和创新环境。

企业的创新形式应是统筹引进消化吸收再创新、集成创新和原始创新，应鼓励面向市场，实现良好效益和促进企业持续健康成长的自主创新、原始创新，反对简单地标新立异、哗众取宠、脱离实际、耗费公司资源、增加公司风险的所谓“创新”。创新的一切目的和评价标准，都以客户满意和企业效益为目标，以成功为标准。

四是追求卓越。企业的发展是一个不断自我完善、吐故纳新、新陈代谢的过程。没有最好，只有更好。高峰不是顶峰，不断进步才能成功。

企业一旦安于现状、停滞不前，就会退步。公司倡导全力以赴、精益求精、追求卓越。平庸、随波逐流、空谈、得过且过、懒惰和热情不足，是公司不能容忍的行为。任何事情，不做则已，既然做了，就要做到极致，做到完美，做到最好。追求卓越的过程，是创造完美业绩的过程，也是成就杰出人才、成就领先企业的过程。

为了使生产经营管理各方面工作上水平、上台阶，持续提高核心竞争力，公司经营管理者和员工思想境界、价值追求要高，不能小富即安、小胜即满，要集中所有的智慧和力量，把一切成功都看作昨天的事，总是尽一切力量使自己的今天比昨天更好，明天比今天更好，告别过去、面向未来，全力以赴，朝着“全球领先、世界一流”的目标锐意进取，拼搏奋斗；要永不自满，永远向着前方，向着胜利，追求更高、更快、更好、更强，追求卓越。

五是团队制胜。团队在企业发展过程中起着举足轻重的作用，只有发挥每个人的潜能，团结协作、共同奉献，企业才能发展壮大，不断取胜。

“集合众志，无往不利。”在竞争激烈的市场中，企业要想求生存、求发展，除了要有先进的理念、正确的决策，以及满足市场所需的优质产品外，还需要上下一心的团队来执行。我们的成功依赖全体员工不断增长的知识、技能、创造力，要想更好地实现公司的持续、健康、稳定发展，就必须重视员工、重视团队合作。

在经营管理过程中，公司不倡导成为“明星队”，而提倡成为“冠军队”。安利没有“专家”，没有“明星”，而是各部门和谐奋力配合，围绕共同目标团结合作，成为组织的“冠军队”。企业不仅需要鹰一样的个人，更需要雁一样的团队；不仅需要猎鹰振翅的能力，更需要雁的团结翱翔，以团队制胜。

团队制胜不仅关注企业内部员工的团结，还要求企业与供应链、社会等相关利益方的组织和个人相互合作，取长补短，建立良好的合作关系，实现合作共赢。善待公司利害关系人，包括善待客户、善待供应商、善待债权人、善待股东、善待社会等各方面。

团队合作能力是公司的一笔宝贵资产，需要最大限度地发挥团队合作精神，形成竞争优势。要从企业内外环境、企业整体的各方面进行整合，以获得整体的和谐统一、要素的最佳配置。只要企业员工围绕同一个目标，统一思想、统一认识、统一行动，迈出统一步调一起努力，同频共振，就能到达成功的彼岸。

企业发展初期，"三五个人、七八杆枪"能管过来，也能看清楚每个人的行为状态，能够保持思想统一和纯粹。可是随着队伍的壮大，只有靠先进的企业文化、先进的核心价值观，消除分歧、统一认识，才能把企业建设成一个内外协调、上下一心的组织。

让人高兴的是，"五大法宝"构成了安利公司的核心价值观，这是公司竞争制胜的关键，关乎企业兴衰，是企业应永远坚持和坚守的核心理念。除了核心理念坚持不变外，其他一切皆可变。

- 确立企业的核心价值观，就是明确"举什么旗，走什么路，干什么事，怎样干事，如何干成事"的问题。
- 企业就像一条河，河水形态丰富，时而澎湃，时而平静；而企业积淀的文化，即企业价值观的内核才是这条河的河基，是河水走向的决定性力量。
- 安利公司的核心价值观是市场导向、敏捷高效、持续创新、追求卓越、团队制胜。

精神为魂

我在安利工作已有30余年，对公司有着深厚的感情，这里有我的付出和收获。1985年大学毕业后，我被省委组织部选调，作为重点培养对象被安排到巢湖工作。而那时的安利是安徽省第一家中外合资企业，企业缺少管理型的人才，经合肥市委组织部推荐，1987年我回到合肥，进入安利从事经营管理工作。

在安利，我先后担任多个部门的负责人，后任公司副总经理，多岗位的锻炼和经历，让我的工作能力提高得很快。很多同志说我很好学，是“多面手”。好学也好，“多面手”也罢，这段经历对我来说至关重要。

1990年，我被推选为合肥市团委负责人候选人，因为安利，我放弃了这次难得的机会，并且向组织上解释了留下的原因：“在安利，我想干点实事、学点真才实学。”1992年，合肥市委组建新部门，组织部门又推荐了我，我再一次为了安利放弃了。1999年，在安利最困难的时候，我被推荐到审计署南京特派员办事处任职，他们要求有大中型企业管理工作经验，还要有注册会计师资质，这些条件我当时都已经具备。我清楚地记得，当时的合肥市委副书记数次把我喊到他的办公室，告诉我去南京工作的好处，包括未来职业发展规划，以及去了就有120平方米的房子。

我当时的想法很朴素，也很简单。12年来在安利工作的点滴，让我难以割舍与安利的感情。在安利处于困境和低谷时，我怎么能弃它而去、一走了之呢？考虑再三，我毅然放弃了优厚的条件和难得的发展机会，留在了处于最困难时期的安利。

我永远都记得那个日子，1999年11月18日，这一天无论对于安利，还是对于我本人来说，都是一道分水岭。能有机会主持公司日常生产经营管理工作，我认为是时势造英雄。在那之前，我从未想过自己会走到人生的岔路口，似乎还没有心理准备挑起安利这个沉重的担子。

在2000年左右，我主持公司生产经营管理工作初期，公司人心涣散，丧失信心，斗志不强，思想迷惘，主要存在两种错误的思想倾向：一是部分人片面地认为当时的安利是国有控股企业，反应迟钝，机制不活，效率不高，竞争能力不强，盲目羡慕东南沿海一带的某些中小企业，错误地认为以牺牲环境、浪费资源、偷税漏税快速获利是盈利之道。二是一些人认为当时的安利地处内陆省份，距离供应商、客户都较远，信息获取速度慢，又不在资源集中地，认为“天时、地利、人和”都不具备。其实，那时的公司设备新、产品多、技术领先、社会关系和谐，省市党政领导也很关心支持公司发展。一些员工看不到自身优势，盲目地悲观失望、灰心丧气，甚至动摇了理想信念。如果错误思想得不到及时纠正，就会给公司事业造成严重损失。

让我感动和欣慰的是，原本想离开的一批员工及时转变思想，他们纷纷留下来说：“姚总，只要你在，我们就跟着你干！”甚至一些已经离开安利的中高层干部，也主动放弃了其他企业较高的职位和优厚的待遇，重新回到安利，他们说：“姚总，因为你，我们愿意回来，哪怕现在困难多一点、工资少一点，也没关系，我们相信你的为人和能力。”从此他们坚定不移地追随安利，30 年来他们始终任劳任怨、兢兢业业，为公司发展做出了重要贡献。

令人高兴的是，我主持公司生产经营管理工作 20 多年来，安利不畏困难，扭转了不利局面，总结提炼出“追求进步，奋斗超越”的企业精神，这成为企业的灵魂。可以说，公司的发展历史就是一部奋斗史，拼搏奋斗是安利人的精神面貌和本质特征。安利人过去如此，现在依然如此，一直在为“力争成为全球最优秀的聚氨酯复合材料企业”的美好愿景而攻坚克难，锐意进取，拼搏追求。

为满足苹果、耐克、彪马、宜家等国际品牌客户的合作需求，2020 年 4 月，公司超前谋划、统筹安排，在生态分厂新增一条水性无溶剂生产线。时间紧、任务重，新生产线从设备选型、合同签订到设备制造及安装，历时 6 个多月，S 线于 2020 年 10 月 12 日顺利投产，让不可能变成了可能。

俗话说：“人争一口气，佛争一炷香。”对于企业经营管理者来说，很多时候支撑我们前行的，就是一股精神。我认为，人活在世上，总要有一点理想、信念和抱负，总要做出点事情，要活出精气神。企业也是如此，优秀的企业，不论所有制，不分地域，都有一种性格，体现出一种精神。这种精神是企业的灵魂。

企业精神是企业的灵魂。企业精神是公司的基本标志，是区别于其他公司的根本要素，是企业全体员工一致的、彼此共鸣的内心态度、思想境界和价值追求。它代表着全体员工的精神风貌，是企业凝聚力的基础，是引导全体员工前进的指针，是激励员工进步的驱动力，是企业生机活力的源泉，是提升企业竞争力的精神支柱，是构成企业文化的基石。企业精神作为推动企业发展的精神动力，主要体现在主体力量、创造力量和向心力量上。安利的企业精神是"追求进步，奋斗超越"。

"没有最好，只有更好。"一个成功的企业，最关键的问题不在于"做得有多好"或"怎么样才能做得很好"，而在于"明天怎么样做得比今天更好"，在于它没有最后的终点线，永远在自我改进、自我超越。

安利是一个有梦想、有理想、有抱负、有情怀和有担当的企业，追求进步、奋斗超越是公司永恒的目标。永远追求做得更好，永远追求进步，永远去发现新的可能性。只有永不自满，永远向着前方，向着胜利，争先进位，追求发展，才能将企业做大、做强、做优、做久，奋力成为聚氨酯合成革及复合材料行业世界级的领先企业。

追求进步，意味着目标不断前移、境界不断提升、实力不断增强。企业在发展过程中，对于过去已经取得的一点点荣誉和成绩，绝不能沾沾自喜，故步自封。过去的荣誉和成绩只代表过去，并不能代表现在和未来。真正的进步，不会在既存的成绩前眷恋徘徊，也不会在未来的挑战前犹豫不决。要把一切成绩和成功都看作昨天的事情，总是尽一切力量，使公司的明天比今天更好。要坚持更高标准，追求更高水平，创造新的价值，实现新的绩效，持续追求进步，不断提升公司的核心竞争能力。

生命不息，奋斗不止。员工的辛勤劳动、艰苦奋斗是公司价值创造的基础。公司倡导"以奋斗者为本"，积极选用和重用锐意进取、拼搏奋斗的人，积极选用和重用有热忱、有激情，肯干事、会干事、干成事的人。鼓励员工勇于担当，勇于付出，保持永不懈怠的干劲、昂扬的斗志，通过点点滴滴、锲而不舍的长期努力奋斗，实现个人价值与企业价值和谐发展，员工与企业共同进步、共同成长，共创企业美好未来。

奋斗超越，意味着不断进步、突破，追求在原有的基础上不断更新、迭代，力求完美。企业要想基业长青、长久发展，改进和提高是无止境的，每天都要超越。所谓企业的生命力，就是企业新陈代谢、吐故纳新的能力。不勤于学习、故步自封，水平再高也会落后；自我优化、持续改进，即使落后也会后来居上。为保持企业旺盛的生命力，能够持续不断地提供有竞争力、卓越的产品和服务，获得长期的、优良的绩效，必须努力做到今天比昨天有质的提高、明天的目标比今天更高。要艰苦奋斗、持续奋斗，不断挑战自我、突破自我、超越自我，把工作和任务抓好、落实好，做到更高、更快、更强，做到极致，追求卓越。

- 人活在世上，总要有一点理想、信念和抱负，总要做出点事情，要活出精气神。企业也是如此，优秀的企业，不论所有制，不分地域，都有一种性格，体现出一种精神。
- 一个成功的企业，最关键的问题不在于“做得有多好”或“怎么样才能做得很好”，而在于“明天怎么样做得比今天更好”，在于它没有最后的终点线，永远在自我改进、自我超越。
- 安利的企业精神是“追求进步，奋斗超越”。

预先于行

弗兰西斯·培根说："思想决定行为，行为决定习惯。"思想决定行动，是行动的先导和动力。无论做什么事情，都要先有思想、后有行动。有了正确的思想，才有正确的行动；有了积极的思想，才有积极的行动。我们不能用行动的勤奋掩盖思维的懒惰。思想是行动的指南，要多思考、勤思考。心有多宽，舞台就有多大。思考有多深，行动就有多远。要做到思想在先，首先要"预"字当头。

预测预谋。"预"是预测、预谋、预判、预计、预算，凡事应未雨绸缪，事先准备好，防患于未然。"预"就是在我们现在所处的地方和我们想要去的地方之间铺路搭桥。"预"的制定与执行得好坏，往往可以决定工作的成功与失败，乃至决定整个企业的兴衰存亡。如果用现在的环境来配置未来的资源，是会出问题的。

任何行动，如果缺少"预"这一环节，行动就是盲目的，结果是可怕的。盲目地行动不可能达到理想的效果。在复杂的经济活动中，各种经济因素的变化十分活跃，企业的经营状况受到瞬息万变的经济因素的影响，因而会遇到各种风险。如果我们能事先对企业内外部条件、环境进行科学预测，全面分析，制定出具有科学依据和可行性的行动方案，就能避免遇到问题时"临时抱佛脚"、仓促上阵，从而规避经营管理风险。

企业要重视"预"和"先"的作用，提高预测、预见能力，眼界要宽，眼光要远，向前看、向远看；及时感知变化，快速响应变化，树立"领先一步，胜人一筹"的机遇观，这样就抢得了发展先机，争得了主动。

预防预备。"预"也包括预防，经营管理者在工作中不要做到处扑火的"消防员"和"救火队"，而要做"安全员"。工作中"应急抢救"是需要的，但要把问题消灭在萌芽状态，不出问题，杜绝问题。防火胜于救火，保健胜于治病。有时在工作中会出现这样那样的问题，其根本原因在于没有掌握事物发展的本质和规律，没有预防、预备，以致问题重复出现。

预知预行。预见是先知先觉的条件，要落实在“行”上。意识决定行动，先知先见才能先觉，先觉必要先行。只有预先做好了安排，有了准备，有了计划，有了目标，才能形成行动的条件；反之，如果没有预见预知、预知预行，一切计划、安排、准备和目标都将成为风险。

在企业生产经营管理中容易出现两种错误。

一是想不到或者想错了。犯经验主义、教条主义错误，自以为是，以主观经验判断，主观性、随意性较大，缺乏充分合理的预判与分析，缺乏科学决策，“拍脑袋做决定”，导致决策失误，增加生产经营风险。《论语》中有“人无远虑，必有近忧”，就是指对未来谋划不到、想不到，必会遇到眼前的困难。今天没有远虑，明天必有近忧。做事情、做企业最重要的是思想先行，要先别人一步想到，也就是要先想清楚、先谋划清楚，而不是干什么、想什么。

二是看到了、想到了，却不去做或者做得慢。如果管理者认识到了“预”的重要性，但是没有拿出实际行动真正承担起责任来，那么工作也会出现问题。比如，过分依赖经验，对问题麻木不仁，过于理想主义，纸上谈兵，高谈阔论，做空想家、空谈者等，这些都是导致工作失败的因素。这就意味着，要在经营管理中创造一种推动人们致力于把“预”变成实际行动的氛围，增强自觉性，减少盲目性，科学合理地安排人力、物力、财力、时间，使各项工作、活动有条不紊地进行。

- 在工作中不要做到处扑火的“消防员”和“救火队”，而要做“安全员”。防火胜于救火，保健胜于治病。
- 早计划、早筹备、早布置、早行动，才能赢得竞争主动权，行稳致远。
- 先知先见才能先觉，先觉必要先行。

目标导向

当今世界高新科技飞速发展，市场变化日新月异，新技术、新工艺、新业态、新模式层出不穷。当前机遇多、变化多，机遇稍纵即逝，要对市场变化保持敏感，善于发现机遇、识别机遇、捕捉机遇、抓住机遇。

我认为，抓机会、机遇没有错，但机会主义是个问题。一切以机会、机遇为导向就是错误的。对于企业来说，在生产经营管理中到底是基于“机会导向”还是基于“目标导向”，选择很重要。

做精耕细作的“农民”，坚持目标导向，反对机会导向。目标导向是企业在一定时期内，通过努力争取达到的理想状态或期望实现的预期成果，企业要围绕战略目标配置资源，集中力量打造核心竞争力。就像农民种地一样，精耕细作、浇水施肥、除草去虫、细心呵护，才能实现春生夏长、秋收冬藏。

机会导向是只要能赚钱，基本上不作选择，表现为“什么赚钱干什么”“什么好做做什么”，朝三暮四、朝令夕改，这山望着那山高，今天在这里、明天在那里，今天做这个客户、明天做那个客户，今天讲这个产品好卖、明天又说那个产品好卖，心浮气躁、心神不定，缺少恒心、专心、用心、决心。

机会导向主张边干边想、干了再说、错了再改；目标导向主张“三思后行”“想好再干”“方向与努力同等重要”。选择机会导向时，企业往往不会谋求占据行业中的地位；选择目标导向时，企业会追求实现一定的行业地位，也就是有理想、有抱负、有愿景。机会导向主张只要赚钱就行，不作机会选择；目标导向主张围绕愿景目标作战略的选择。机会导向往往是一个“侠客”的胜利，只要有老板或者几个资源整合能力强的“侠客”，企业就赚钱了；目标导向则是团队的胜利，需要多部门、多方面协同作战。

企业在规模体量较小的时候，往往是机会导向，没有定力，见到机会就抓。但一直只抓机会就成问题了，那是做生意，不是做事业；或只是投资一个热点项目，而不是经营一个产业，是不可持续的。

靠抓机会、走捷径、炒短线、炒概念、挣快钱，获取的利益是短暂的，发展是不能长久的。其实质是不能清楚地认识到“没有任何事情是轻而易举的，没有任何发展是一帆风顺的”。因此，要从心态上、心智上转变观念，在行动上从机会导向转为目标导向。

以目标导向统一思想，统一认识，统一行动。目标导向能聚焦资源，改进绩效，激励员工，使个人目标与部门、公司目标紧密联系在一起，具有方向作用、激励作用和凝聚作用。以目标为导向的管理，是一种总体系统的管理，通过将组织目标层层分解，形成目标体系，是系统的管理；以目标为导向的管理，是一种参与的管理，强调“自我控制、自主管理”，是一种自主自觉的管理，促使权力下放，有助于在保持有效控制的前提下，使组织氛围更有生气；以目标为导向的管理，是一种注重成果的管理，克服了主要凭印象、主观判断等传统管理的不足。

目标是灯塔，是旗帜，是导航，是方向。一个人如果没有目标，就像在沙漠和戈壁滩上行走，没有参照物，容易迷失方向，找不到出路。这就要求企业把握一个原则，确定明确的奋斗目标。如果没有明确的奋斗目标，一会儿要“鱼”，一会儿要“熊掌”，过一会儿“鱼”和“熊掌”都想要，往往最终干不成一件像样的事情。

目标是精神上的“钙”，是“保健品”，而不是“速效救心丸”。在中国古代，目标也叫作“志”，即志向。孔子曰：“三军可夺帅也，匹夫不可夺志也。”墨子说：“志不强者智不达。”目标、志向是感召力和意志力的统一，对人的行为有着重要引领作用。如果没有目标，或者目标不坚定，精神上就会“缺钙”，企业就会得“软骨病”，长不大。

成功源于目标。稻盛和夫说，“一个优秀的领导者，是能够描绘出企业‘应有的姿态’或者‘理想的目标’的人”。所谓“应有的姿态”，是一幅“理想蓝图”，也是具体的目标。而且，领导者和管理者必须坚信能够达成此目标。制定了高目标，如果领导者自己都觉得“可能无法完成”的话，那么不管多么理想的目标，都只是画饼充饥。一个有理想、有目标、有信仰、有计划、有行动的人担任领导，会有很多的追随者，那些看似很遥远的目标，也不再遥不可及，而是会成为奋斗和获得成功的发动机及人生导航。当企业明确了目标时，便找到了发展的主流，找到了奋斗的方向，就会明白什么事情是重要的、什么事情是不重要的。

一是坚持目标导向，保持管理定力。目标具有艰巨性和复杂性，犹如爬山，充满崎岖坎坷，前进的道路不可能一马平川或一帆风顺，只有迎难而上，才能到达光辉的顶点。实现目标的过程是痛苦的，需要实干精神，甚至需要拼命精神。“没有人能随随便便成功”“不经历风雨，怎能见彩虹”。成功来自努力和勤奋，来自拼搏和奋斗。企业不能过于追求短期经济效益，而应该把眼光放在企业的未来发展上。勤劳的双脚，要站在正确的道路上，只要方向对了，我们就不怕没有好的出路。要坚持目标导向，保持管理定力。

韩愈在《劝学解》中有“业精于勤，荒于嬉；行成于思，毁于随”。企业经营管理者绝不能松劲懈怠、意志消沉、作风飘浮、放纵享乐、松松垮垮、懒懒散散，绝不能抱着“不求有功，但求无过”的思想，绝不能找理由、找借口、混时间、混日子，把“不行、不要、不能、不可”挂在嘴边，而是要拿出十二分的热忱与干劲，坚定信念，勇往直前，全力以赴去实干。

二是实现目标要稳扎稳打，步步为营。目标是“道”的问题，现实是“术”的问题。也就是说，“去哪儿”和“为什么要去”是由目标来回答的；“怎么去”“什么时间去”“能否到达”，这是“术”要解决的问题。

企业要转变思维方式，用全面、系统、联系和发展的眼光看问题，善于分析资源、条件，把目标分解为阶段性小目标或某一行动计划，也就是要长计划短安排，长期计划短期执行，积小胜为大胜。在实现目标的过程中，可以对阶段性小目标、行动计划等中短期目标进行修正，但是长远目标不应简单、随意改变。先实现一个一个的小目标，随着时间的推移，实现中长期、远大的目标便能水到渠成。

三是实现目标贵在恒心与专心。中国有句古话，“水滴石穿，绳锯木断”。《荀子·劝学》中有，“蚓无爪牙之利，筋骨之强，上食埃土，下饮黄泉，用心一也”。蚯蚓没有锋利的爪牙、坚强的筋骨，却能上吃泥土，下饮地下水，可以在地面和地下自由活动，这是专心致志的缘故。

成功总是垂青那些有恒心、有志向的人，而不是那些走捷径、抄近路、抓机会的人。实现目标，靠战略、体系和资源，靠团队、执行力。经营管理者要静下心来，克服心浮气躁，对于认定的目标、选准的事情，要保持坚定的意志和良好的定力，持之以恒，一以贯之，就一定会取得新的成绩。

伟大是“熬”出来的，实现目标计划也要靠“熬”。“熬”这件事，没有选择，就像熬一碗汤一样，需要的是耐心、忍耐、坚守，肉和骨头炖烂了，最后剩下的就是汤的精华。很多成功者都是那种吃别人不愿意吃的苦、做别人不愿意做的事、受别人不愿意受的委屈的人。实现目标要努力、努力、再努力，坚持、坚持、再坚持。

“熬”，就是坚持、坚守，需要有恒心和专心。就像爬山，熬过艰难的攀登过程，到山顶一看，风轻云淡，风景独好。只有经历了前面“熬”的过程，才能真正体会到后面的愉悦。

- 经营企业要像农民种地一样，精耕细作、浇水施肥、除草去虫、细心呵护，才能实现春生夏长、秋收冬藏。
- 目标是精神上的“钙”，是“保健品”，而不是“速效救心丸”。如果没有目标，或者目标不坚定，精神上就会“缺钙”，企业就会得“软骨病”，长不大。
- 以目标为导向的管理，是一种总体系统的管理、一种自主自觉的管理、一种注重成果的管理。

始于计划

计划、组织、控制，是管理的三项主要职能，而计划是管理工作的开始。一项工作，首先要有计划，才会有后续的组织和控制，没有计划的工作，不叫管理工作。

然而，在企业经营管理过程中，有些人灵机一动，“计上心来”“计由心生”，点子多、主意多，但不是所有的“点子”和“主意”都能变成“金子”和“生意”，由于缺少目标性和方向性，在实际执行时，可能会出现各种各样的干扰、困惑。还有一些人“依计而行”，做事有明确的目标、详细的计划、周密的对策和行动方案，工作起来应付自如，迅速高效。虽然都是“计”，但是此“计”非彼“计”。前者侧重于“计谋”，后者侧重于“计划”，计谋不同于计划，计划的重要性更多时候高于计谋。

靠着一时的小聪明、策划和“点子”，可能赢得一时的胜利和辉煌，却不能获得持久的成功。企业不能太信奉“识时务者为俊杰”，而要相信“笑到最后，才是笑得最好”。要将“好点子”变成“好创意”“好生意”，企业需要有一根线，串起目标、资源、业务、财务、组织、资产和人员等经营管理的方方面面，这根线就是计划。

凡事预则立，不预则废。我国先哲在几千年前说过的道理，现在的企业经营管理依然受用。俗话说得好，“事前想清楚，事中不折腾”；“不打无准备之仗”。人们常说下好“先手棋”，说的就是要善于提前谋划现在、谋划未来，抢在竞争对手前，在要素上给予竞争对手压制性威慑力量，抢在竞争对手之前占领市场，提前做好战略布局，从而获得先发优势，赢得主动，行稳致远。

企业和组织没有计划，就会在不同的目标下工作，会各吹各的号、各唱各的调、各干各的事，行动起来就会像失去灯塔指引的船只，在茫茫大海中迷失方向；就会像没有导航系统指引的车辆，在错综复杂的道路中不易快速找到方向，浪费资源、消耗精力、事倍功半，不能有效实现目标。如果计划不周，抱着侥幸心理，总想着“临场发挥”，就可能发生“抓瞎”的局面，一到紧要关头就手忙脚乱，导致功亏一篑、无功而返。

计划是指引企业和组织前进的“明灯”，是企业和组织赢得胜利的“时间表”，指引企业下一步该向哪里走，如何到达目的地，什么时间到达目的地，应该占什么山头、攻什么碉堡、打什么仗，做到胸有成竹、心中有数。万事有计划，方向才会明确，目标才不会落空。因此，优秀的企业和组织都有优秀的规划和计划，靠清晰的战略、计划引领发展，统一思想，协调资源，明确目标。

算了干，干了算，边干边算。《孙子・始计篇》中写道：“夫未战而庙算胜者，得算多也；未战而庙算不胜者，得算少也。多算胜少算，而况于无算乎？吾以此观之，胜负见矣。”俗话说：“吃不穷穿不穷，算计不到就受穷。”其实，不仅是过日子要“算计”，做任何事情和工作之前都要“算计”，按照老百姓的话说，凡事都得提前盘算，既要“算了干”，又要“干了算”，要“边干边算”，不能盲目蛮干，这样才能心中有数，遇到问题不慌乱，做起事来有条不紊，资源、条件和谐有序。

“算了干”就是在开展工作之前做好相关规划、计划，明确计划制订的5W2H。5W：What，做什么，明确工作任务；Who，谁去做，明确责任人；When，何时做，明确工作进度；Where，在哪做，明确工作地点；Why，为什么做，明确工作动机和意义。2H：How，怎么开展工作，明确工作方式、方法；How much，完成多少工作，明确工作量。布置工作任务或做工作计划只有具备以上要素，才是一项基本完整的计划。

“干了算”就是工作到一定阶段，对照原先的计划及时进行评价、考核、分析和总结，要分析前进方向是否对头、工作方法是否对路，“算一算”过去的工作取得了哪些成绩和经验，还存在哪些不足。

定期分析、检查和评估计划进展，与计划的执行同等重要，就是把计划实施的结果和计划要求相对比，分析、检查和评估执行效果是否达到预期计划，哪些是成功的，其成功经验是什么；哪些做得不好，其教训是什么，原因又在哪里。通过每项工作的PDCA循环，不断地反思与复盘，总结经验，巩固成绩，把成功的解决方案变成永久的方案，将失败的教训纳入相应的标准、制度中，予以固化，防止错误重复发生，针对部分没有成功的计划，及时调整。

“边干边算”就是将计划执行与过程改进结合起来，建立目标、计划、执行、检查、奖惩的闭环式管理系统，也就是建立PDCA循环。这才是“活”的管理，有运作、有循环的管理系统。PDCA是按照计划（Plan）、执行（Do）、检查（Check）和处理（Action）这样的顺序进行管理，是一套完整的连环动作，是适用于一切工作领域的一套科学的管理、工作程序，最早由美国戴明博士提出，所以又被称为“戴明环”。

“算了干”“干了算”“边干边算”是一个环环相扣、循环往复的过程，企业开展的各项经营管理工作，自始至终都要有明明白白的“一本账”。做什么、做多少，计划中全有了；先做啥、后做啥，具体步骤什么样，计划中也有了。这样做有利于企业和组织减少犹豫时间，减少走弯路，减少无用功，减少精力浪费。

“有计可施”，更要“依计而行”。一份好的计划，需要做到几个方面的统一。

一是“跳一跳，够得着”，即目标性与可行性的统一。企业和组织制订计划都是为了达到某种目标，之后的各项经营管理工作都是围绕目标和计划开展的。目标是计划的核心，是计划的出发点和归宿，没有目标就不能成为计划。

然而，目标不是越大越好、越高越棒，而是要根据自己的实际情况，制定出切实可行的目标才最有效。这个目标不能太容易就达到，也不能高到永远也碰不着，“跳一跳，够得着”最好。

因此，计划很重要，制订科学合理、客观中性、务实可行的计划更重要。计划应体现现实性和先进性，无论制订哪方面的计划，都要从企业和组织的实际情况出发，从现实的资源、条件基础入手。计划完成的目标要有可行性，既不能激进，也不能保守，更不能抱着“走一步，看一步”的心态，草率了之；否则计划就会流于表面和形式，假、大、空、高。计划应是一个可行的行动方案，不可行的计划是失败的计划。

企业在制订年度生产经营管理目标计划时，要经过多轮自上而下、自下而上的反复酝酿和讨论，之后的一切经营管理工作要围绕计划展开，“规定动作”做对做好以后，再做“自选动作”，这样才是务实、可行和具有先进性、挑战性的计划。

二是“未雨绸缪”，即预先性与指导性的统一。计划、组织、控制等管理的主要职能，都是为了实现企业和组织的目标。一项工作，首先要有计划，知道要达成什么样的目标，才会有后续的按照什么样的标准进行组织和控制。没有计划的工作不叫管理工作。计划在管理工作中具有预先性，同时对管理工作的执行和控制又具有指导性。

企业应重视计划的重要性和预先性，“先人一步”“先知先觉”，要早订计划、早谋划，绝不能“东一榔头，西一棒子”，绝不能浪费资源，浪费人力、物力和财力，增加运营成本，而要在思想认识上形成一条心，在实际行动中形成“一盘棋”，坚定不移地围绕计划开展工作，让经营管理工作有的放矢，让每个部门、每个人都成为计划链条中的一环。

三是“长计划、短安排、立即做”，即普遍性与秩序性的统一。企业的任何经营管理工作都需要计划，涉及企业各个系统、各个部门、各个层次和每位员工，不论职位高低、职权大小，都有不同范围的计划。不仅高层管理者要站在企业战略发展角度，制定企业中长期发展规划、年度销售与利润总体计划，中层、基层管理者也要根据各自的职责，制订技术开发、降本提效、项目技改、采购、财务等专项计划，以及年度、季度、月度等中短期计划，甚至要将计划细化至每周、每天。

按照计划去做每天、每周和每月的事情，就不会脑子一片空白，不知道要做什么事情，或者不知道重点要做哪些事情。有秩序的工作更能让人静下心来做事，按照写的干，按照干的写，工作起来就会有条不紊、有据可查、有序可依，积小胜为大胜。

四是“刚柔并济”，即严肃性与灵活性的统一。企业花费了大量时间、人力、物力和财力制订计划，计划在制订后，就要在工作中起到调控作用。计划具有严肃性，不能随意更改和破坏。要按计划有步骤地工作，但计划并不是僵化的、不可更改的。在执行过程当中，制订计划时的一些相关因素发生了变化，导致计划的执行和预期结果有较大偏差，这时候要适时调整计划，以使计划更切合实际、更可行。否则，计划就会被“写在纸上”“挂在墙上”“掉在地上”，会被“束之高阁”“藏于深闺”。

五是“思路统一，计划统一”，即计划制订者与执行者的统一。一些部门在制订计划时，上级简单地把工作任务或计划设定布置给下级，没有亲自参与到计划制订中来，造成计划偏离和执行不畅，极大地影响了企业经营目标的实现。因此，计划的制订者与执行者应该是统一的，只有计划的制订者与执行者相互认可，才能更好地实现共同的计划。

成功属于有准备和计划的人。“人无远虑，必有近忧。”如果不考虑未来的事情，那么今天在做的事情，未来必会遇到这样或那样的困难。在竞争激烈的当今社会，企业和组织要想脱颖而出、获得成功，并非易事。而成功往往眷顾那些有计划、有准备的人。要真正做到工作有计划、做事有方法。很多人认为，花那么长的时间做计划简直就是浪费时间，立马投入工作会有更好的效果。然而，所谓“知彼知己，百战百胜”，做计划就是一个形势分析和自我剖析的过程。没有这个过程，那么企业和组织在行动中，将会浪费更多的时间。

企业要重视以计划明确目标、鼓舞斗志。有什么样的计划目标，就有什么样的工作定力。“船到中流浪更急，人到半山路更陡。”越是到攻城拔寨、滚石上坡、决胜冲刺的关键时刻，越要咬定青山不放松，用计划目标来振奋精神、焕发热情、激励斗志。企业昨天的成绩是干出来的，企业今天的进步也是干出来的，要实现明天的目标、计划，还是要继续干。

企业发展需要一座指引的灯塔、一个导航系统，这座灯塔和导航系统，必须由企业自己建造，也就是要有每周的计划、每月的计划、每年的计划、十年的计划和远景规划。

- 企业需要有一根线，串起目标、资源、业务、财务、机构、资产和人员等经营管理的方方面面，这根线就是“计划”。
- 计划是指引企业前进的“明灯”，是企业赢得胜利的“时间表”。
- 企业经营管理既要“算了干”，又要“干了算”，还要“边干边算”。

抬头走路

我认为，路走对了，路再远，都会达到目标。山即使再高，只要你肯攀爬，终会到达顶点。其实，要做到“走对路”并不容易，什么样的路是“对的”，如何走下去，是每一个企业家面前绕不过去的课题。我认为，企业要走对路，首先要分析环境和资源，要分析外部环境因素、内部资源条件和能力；其次是选择走什么路。

《孙子兵法》里有句话：“知彼知己，百战不殆；不知彼而知己，一胜一负；不知彼不知己，每战必败。”这是战争的真理，对于企业经营管理者来说，也是行之有效的至理名言。“知彼知己”需要企业经营管理者知道和掌握两方面的情况，即企业内部环境和外部环境，并做好企业战略环境分析。

“彼”，是企业外部环境的作用和影响，“知彼”，即全面、系统、客观地分析企业的外部环境，企业面临的外部环境有自然、政治、经济、社会、技术等宏观环境，及企业所处的产业环境。一般而言，企业在外部环境中面临五种基本竞争力量，也就是“波特五力模型”，这五种力量共同作用，决定了行业竞争的激烈程度。这“五力”分别是：供应商的讨价还价能力、购买者的讨价还价能力、潜在竞争者的进入能力、替代品的替代能力、行业内竞争者的竞争能力。企业要制定灵活有效的竞争策略，以获取竞争优势，就必须深入了解竞争对手，对市场信号保持高度敏感。

“己”，是企业内部环境、条件，“知己”，是充分认识、了解企业内部生产经营管理竞争要素，以及优势和劣势，包括企业自身拥有的物质条件，如厂房、设备、资金，以及资源、条件和能力等。

企业内部环境是企业经营管理的基础、制定战略目标的出发点，是企业竞争取胜的根本。只有对企业内部的资源、能力、条件进行充分正确的风险评估，明确企业的优势和劣势，才能使企业发展战略与企业的内部资源和竞争能力相匹配，最大限度地发挥企业自身优势，并最终实现战略目标。

“知彼”在前，“知己”在后，“知彼”比“知己”更重要。众多企业只“知己”、不“知彼”，是难以制胜的。企业经营管理的决策和行动，往往是根据外部环境的变化以及竞争对手怎么想、怎么干来定的。如何做到正确地“知彼”成为关键点。通过了解外部环境和竞争对手的信息，获知竞争对手的发展策略以及行动，做出最适当的应对，才能“避实击虚”。

企业只有对“彼”和“己”的各个方面、各个环节都了如指掌，识别企业所处外部环境中存在的机遇和挑战，识别企业与竞争对手相比的优势与劣势，才能如孙子所说“动而不迷，举而不穷”，扬长避短，发挥优势，提高决策的准确性，减少盲目性，使企业沿着正确的方向前进。

企业在经营管理中，要充分运用国际上广泛采用的SWOT、PESTEL等分析方法，认清自身的优势与劣势、挑战和机遇，不能因循守旧、故步自封，而要勇于创新，敢于变革，迎接挑战，在新一轮的市场竞争中抓住发展机遇。

“埋头拉车”时，莫忘“抬头看路”。踏实苦干，是一种无论任何时候、做任何事情都不过时的精神。然而，光顾低头赶路而无暇“抬头看路”，方向偏离甚至南辕北辙也全然不觉，只会在错误的道路上越走越远，精力耗尽却事与愿违。企业在前进的过程中，不仅要“抬头”看前面的路，更要回头看已经走过的路，不断地总结和分析，找到前进的目标和方向，围绕计划目标坚定不移地向前迈进。

- 路走对了，路再远，都会达到目标。要走对路，首先要分析环境和资源，要分析外部环境因素、内部资源条件和能力；其次是选择走什么路。
- “知彼知己，百战不殆；不知彼只知己，一胜一负；不知彼不知己，每战必败。”知彼在前，知己在后，知彼比知己更重要。
- “埋头拉车”时，莫忘“抬头看路”。

企业利润

1992年，我在安利工作已有5年，因企业发展需要，公司让我负责管理部和财务部。所谓“隔行如隔山”，对于工科毕业的我而言，从农业机械专业到负责财务管理，专业跨度太大，知识背景也大不相同，而且财务管理工作对专业素养及管理能力的要求较高，这对于我来说是个不小的挑战。于是，我利用业余时间，自学财务会计专业知识，1995年取得中国注册会计师资格，2017年被中国注册会计师协会授予“中国资深注册会计师”称号。在学习和实践企业管理过程中，我逐步了解到利润对于企业发展的重要性，企业作为营利性组织，其本质就是“将本求利”，就是追求企业利润，这对我后来的经营管理思想产生了重大影响。

利润是企业存在和发展的根本。企业是营利性的经济实体，利润是企业生存和发展的核心指标。盈利是企业的天职，是企业经营管理活动的重要目标。“将本求利”是企业经营发展的重要目标。企业无论从事何种行业活动，都要先有本钱，然后实现盈利增值，否则就不可能持续正常地开展经营活动。利润就像人体需要的氧气、食物、水和血液一样，没有它们，企业就没有生命。

一个企业经营得好不好，主要反映在利润上。无论是股东、企业经营管理层、员工，还是政府部门、银行、证券监管机构等，都非常关心企业的经营成果和盈利能力。企业只有获取利润，才能进一步发展下去，才能扩大规模，研究、开发有发展后劲的项目；才能积极开展技术革新改造，开发应用新工艺、新技术、新材料；才能支付工资奖金，支付税款，实现新的销售和增长计划，用持续变革和创新来获取增长，努力实现新的更大构想和目标。

追求“阳光下的利润”。古人云：“君子爱财，取之有道。”企业要把依法经营、诚信经营放在首位，努力做到有情怀、有品格、有责任、有担当。盈利和诚信、依法规范经营，可以说都是企业存在和发展的根本，二者之间不存在二律背反。没有盈利，企业就不能生存，自然也谈不上发展；没有诚信、依法规范经营，企业即使在短期内盈利，但不可能长期盈利，因而也会危及其生存与发展。盈利和诚信、依法规范经营二者是相辅相成、缺一不可的。

追求短期利益和长期利益相结合。一些企业过分注重短期利益，虽然盈利，但是不注重市场开拓、产品开发，不重视研发投入、人力资源建设和管理能力提升，只是抓机会、炒短线、挣快钱，这样的企业是没有未来的，这样的利润是短期的、不可持久的。一些企业财务管理混乱，不按规定计提折旧和资产减值准备，只顾眼前效益，不注重长远发展，透支现有资源，寅吃卯粮，企业资产不良、发展后劲不足。一些企业靠弄虚作假、坑蒙拐骗、粗制滥造、偷税漏税、牺牲环境、浪费资源、投机牟利，甚至违法乱纪等不当行为换取短期利润，图虚名而受实害，这是不健康、不持久的利润，企业应坚决摈弃。

企业应以依法经营、具有使命感的核心理念为指引，追求正当合理的利润，追求阳光下的、可持续的利润，追求光明正大、崇高光荣的利润，追求增进社会价值的利润，实现企业持续健康发展。

追求有“含金量”的利润。一个企业的经营是否健康，是否具有持续发展能力和核心竞争能力，从财务角度来说，要看三张表，即资产负债表、利润表与现金流量表，不能只看利润表，还要看资产负债表和现金流量表，三张表要联系地、系统地分析。企业不仅要关心利润总额的大小，还要关注销售毛利率、销售利润率、销售净利率、每股收益、净资产收益率等反映公司销售盈利能力和资产盈利能力的综合性评价指标。只有对这些指标的实际值、当期及以往年度值进行对比分析，与全球行业先进水平进行对比分析，才能全面客观地分析评价企业的盈利能力。

此外，公司仅靠利润就能生存吗？答案是否定的。很多濒临倒闭的企业，从利润表上看是盈利的。企业不能只看利润有多少，还要关心利润的质量，即盈利质量，企业应追求有“含金量”的利润。俗话说：“不怕没钱赚，就怕链条断。”评价企业盈利能力的重要指标之一，就是企业的现金流状况。

企业整个现金流的状况取决于多种因素。企业有净利润，但不一定能够转换成现金。一般来说，企业经营利润与现金、资金积累有四种状态和可能，一是盈利、有钱，是指企业资产优良，利润优良，现金充足，内控制度完善，营收中有盈利，利润中有现金流量，企业经营“成色十足”。二是盈利、没钱，是指企业折旧或计提不足，经营不稳健，可能存在大量不良应收账款或不良存货，或盲目对外投资，是现金流入小于现金流出的企业，经营中会出现“失血和贫血”现象。三是不盈利、有钱，是指企业虽然有一定亏损，但是没有亏现金，折旧和资产减值计提高，且应收账款、存货等资产优良，折旧和资产减值计提额远大于亏损额，企业经营“成色不足”，经营是低水平的运营。四是不盈利、没钱，是指企业既亏利润，又亏现金，亏损额大于折旧和资产减值计提额，企业经营“严重失血”。

历史上有很多因资金链断裂而倒闭的企业，但这些企业在倒闭时，账面上可能都有不少“看得见”的利润。为什么企业账面上有较高的利润还会倒闭呢？因为这些利润都是“纸上财富”，是以不良应收账款、不良存货、不良固定资产等形式存在的，没有转化为实实在在的现金流。现金流之于企业，就像血液之于人体、石油之于工业。人无血不活；企业现金流枯竭，也将难以为继。很多企业并不是死于竞争和亏损，而是死于现金流断裂。

因此，企业要加强管理，提质增效，努力追求“阳光下的利润”，追求有质量、有“含金量”的利润，以实现可持续健康发展。

- 企业作为营利性组织，其本质就是“将本求利”，就是追求企业利润。
- 企业应追求“阳光下的利润”，追求增进社会价值的利润，追求有“含金量”的利润。
- 现金流之于企业，就像血液之于人体、石油之于工业。

企业价值

作为企业的主要经营管理者，我经常出差到广东、福建、浙江等地，会看到有些企业在大厅或老板的办公室里，摆放着菩萨或关公的雕像，敬菩萨，敬关公。供奉菩萨好理解，因为企业是营利组织，企业希望菩萨保佑发展和盈利。关公是武将武神，跟企业的经营活动看似没有关系，为什么有的企业还要敬关公呢？我的理解是，关公是忠义的象征，企业在追逐利润的过程中，要"义利兼顾、以义为先""以义为上、以义取利"，企业不仅要追求利润的最大化，更要追求企业价值的最大化。

利润并不等于企业价值。不能把企业赚钱多、利润高作为衡量企业价值的唯一标准。企业只有获利，才能生存；企业是在获利中求得生存、成长的；企业必须能够获利，才有存在和发展的价值。利润是企业追求的重要指标，但不是唯一目标。企业应追求利润、重利润，但不唯利润，企业应看重利润之上的价值，包括企业每股收益最大化、净资产收益率最大化，以及企业经营质量最大化和发展后劲最大化。

利润是一个绝对指标，没有考虑到企业投入和产出的关系，没有考虑资金的时间价值，没有考虑企业经营管理中可能面临的风险，只看利润往往会使企业决策产生短期行为，而忽视企业长远发展。我认为，企业利润不等于企业价值，利润最大化不等于企业价值最大化，盈利的企业不一定有价值，不盈利的企业不一定没有价值。

利润与企业整体价值既有关联，也可能有冲突，是对立统一的关系，不能把二者孤立起来，片面地看。企业利润是实现企业整体价值的基础，企业整体价值又制约着企业片面追求利润的短期行为。

企业价值是多维度的。我认为，企业价值是由财务性因素、非财务性因素两部分组成的。财务性因素包括资产、净资产、营收规模大小、利润高低等，包含经营能力、偿债能力、获利能力和发展能力等要素；非财务因素，包括但不限于依法合规经营，社会信誉良好，创造客户价值，供应商友好合作，品牌美誉度高，提升管理素质，促进技术进步，安全生产优良，践行生态环保，推进节能减排，促进社会就业，员工快乐幸福，股东回报优良，依法积极纳税，履行社会责任，社会关系和谐等多维度、多要素。非财务因素是无形的、看不见的，我认为这些无形的要素是企业价值的重要构成。

企业价值还来自未来的获利性和成长性。企业的价值是多维度的、综合的，不是静态的，不仅取决于企业的利润率、净资产收益率等财务指标，还与企业的资本结构、现金流量等有关，更取决于企业未来能否做大做强、是否具有成长性。而成长性又来自市场环境、行业规模和企业的创新能力、经营管理能力等。因此，不能以企业一时的盈利大小和成败得失，作为评价企业价值的主要因素，过去不代表现在，现在不代表未来。企业的成长性是企业规模、盈利、运营水平、创新力和竞争力的综合表现，是企业科学管理、效益和未来趋势的综合表现，是企业价值增值的能力体现。企业成长性越好，企业价值就越大。因此，企业的价值还来自其未来的获利性和成长性。

追求企业整体价值最大化。财务管理上有个重要的观点，企业最主要的利害关系人有三个，即员工、债权人、股东。员工是企业最重要的资产、最宝贵的财富，员工的成长依靠企业，同时，员工的利益也依赖于整个企业的效益。正所谓企业兴，员工兴；企业衰，员工衰。

有人认为，企业经营应以利润最大化和股东财富最大化作为企业财务管理目标。企业经营以利润最大化为目标，是在投资经营预期收益确定的情况下，以企业利润最大化来规划公司行为。这种观点可能是偏颇的，也不一定正确。片面强调企业经营利润最大化，可能会使其面临较大的风险，企业可能会以违法乱纪、偷税漏税、牺牲环境、浪费资源、轻视员工利益，以及不注重技术进步、不注重管理素质和管理能力提升等短视行为，来追逐企业的短期利益。这会与企业发展的中长期战略目标相背离，不利于企业持续健康和长期发展。我们看到，有的企业短期利润有时非常好，但出于种种原因，最后衰退，甚至关门倒闭了。

企业作为经济组织，追求利润无可厚非，盈利是企业的天职。但是，如何赚钱，必须要有规范，而且还要符合社会伦理道德。当企业利益、个人利益与社会利益、国家利益发生冲突时，前者必须服从后者，做到“以义为上，以义统利”，致富思源，回报社会，这是“义利兼顾、以义为先”理念的核心所在。

2020 年，全球新冠肺炎疫情蔓延，物流受限，供应不畅，需求不振，国际贸易遭受严重冲击，全球经济形势异常严峻。面对系统性、普遍性的风险和全球性的危机，安利不可能“独善其身”。然而，安利并没有为了追求短期利润，而减员降薪，减少投资，减少开发，而是提出“三稳”和“八个加大”。“三稳”，即稳工、稳产、稳薪，保障员工利益；“八个加大”，即加大产品开发，加大样品制作，加大技改升级，加大技术攻关，加大员工培训，加大内部互动，加大客户服务，加大政策研究，为公司持续发展奠定基础、积蓄能量。

因此，企业整体价值最大化，不应以一时一事的好坏、优劣和成败来评价，不应简单地以利润为唯一指标来评价企业经营的好坏，而是强调在企业价值经营活动过程中，在促进企业长期稳定发展的基础上，兼顾各相关方主体的利益，即“义利兼顾、以义为先、以义取利”。这里的“利”，主要是指企业满足自身发展需要所追求的经济利益。这里的“义”，包括社会效益和生态环境效益，是指企业需要承担的社会责任，是促进企业持续健康发展的根本利益和长远利益，依法经营、规范运作，提高员工素质，增进员工福祉，积极开发产品，促进企业技术进步，提升管理素质，积极服务客户等，努力实现“四满意”，即员工满意、客户满意、股东满意、社会满意，以实现和谐共赢的价值理念，体现了总体价值增值的理念，可以促进企业长期健康发展，实现经济效益、社会效益和生态效益的和谐统一。

企业生产经营既要追逐利润，更要追求企业整体价值最大化。唯有如此，企业才能生存和健康发展。经营管理者不能“心为物役”，不能被物质、短期利益所绑架。虽然企业追求利润和价值最大化，但企业根本上是要持久、健康地发展。企业要利润，但不唯利润；企业要利润，要的是有质量、有增长、有后劲和未来的利润，更要的是可持续的、健康的和实实在在的价值。

- 利润并不等于企业价值。企业价值是多维度的，包括财务性因素，也包括非财务性的无形因素。
- 企业价值来自其未来的获利性和成长性。
- 企业应看重利润之上的价值，追求企业整体价值最大化。
- 义利兼顾、以义为先，以义为上、以义取利。

第二篇

市场为根　客户至上

市场为根

安利的核心价值观，即安利经营成长制胜五项理念。其中，第一项就是“市场导向”，安利绝不能脱离市场办企业。1999年，全国聚氨酯合成革行业高速增长，同业竞争者少，浙江、江苏很多中小合成革企业获利丰厚，安利从意大利引进的工艺、设备、技术可以说是全国最先进的。然而，当时我们不重视市场、不重视客户，导致管理混乱、效益滑坡，企业出现亏损、濒临倒闭。1999年，我主持公司日常生产经营管理工作后不久，在江苏张家港调研市场、走访客户时，一个客户对我们说，“安利公司有些官僚，自以为是，如果你们重视客户，你们的效益可以翻番，营收和利润可以成倍增长”。这句话给我们敲响了警钟，对我触动很大。安利从事的是快时尚行业，当时却连样品本都没有，这样下去如何做好市场宣传和推广？后来，我深刻地感受到，企业是一个市场链、价值链，下一道工序是上一道工序的客户。安利的高管不是安利的最高领导，市场、客户才是安利的最高领导。没有客户，安利将无法生存。

要牢固树立以市场为根和以客户为导向的理念。企业经营要以市场为根、管理为策、文化为魂、创新为上、员工为本。根，就是本质、本源、源头、源泉；市场为根，说明经营活动要做好市场营销，这是最重要的。企业经营管理中谁最大？不是董事长、总经理最大，当然也不是公司副总、总监、部门经理最大，更不是公司内部的某个部门最大，而是市场最大、客户最大、消费者最大。

企业以什么为中心？是效益、利润，还是技术、市场？答案不一。观念错误，必然会导致行为的偏差。我们认为，客户是企业的中心。客户是谁？是上帝，是爱人，是朋友，是企业的衣食父母，是企业生存发展要依靠的人，是永远正确的人……很多人和企业都同意上述观点，但关键是在思想上真正建立这样的认知，要行动自觉、落实到位。

2015年，我在美国出差时，拜访了全球某著名沙发家居品牌客户，在客户的办公室里，我看到一幅悬挂的标语，“谁可以解雇我们的员工，上至总经理，下至普通员工？是我们的客户”。当时我就知道它能成为美国最大的沙发家居品牌的原因了。没有订单，不能给客户创造价值，何以在公司里发号施令、“称王称霸”呢？企业对员工要发工资，对股东要分红，对债权人要付利息，对国家要纳税，对供应商要付货款，只有客户才能给企业订单，有了订单，企业才能获取利润。客户的要求是多样的、多变的，企业要更加尊重客户，及时响应客户需求，否则客户就会离开。

市场和客户才是检验我们工作的最高标准。华为公司以为客户提供有效的服务作为企业工作的方向，作为价值评估的标尺。企业追求的不是技术的先进性，而是商业性、效益性。企业经营的目标，不是培养教授和科学家，而是培养商人，是以市场为导向，围绕“种庄稼、打粮食”，讲究做实。

经营管理能力和水平一般的企业，其组织结构大多都是“正三角”形的，管理者是最高领导，处于顶端，上级下达命令，管理、指挥员工，下级员工对上级负责，脸对着领导，背对着客户，客户在最下面。而优秀的企业要形成“倒三角”形的组织结构，客户在最上面，是最高领导，所有员工要面对市场和客户，背对着领导，脸对着客户，全员支持营销，全员服务客户。因为市场、客户比公司领导和管理者更重要，客户是企业存在的唯一理由。

因此，经营企业就是要跟着市场走，跟着市场转，跟着市场变，要一切围绕市场办企业，从市场中汲取克服困难的办法，以变应变，一切听市场的、听客户的、听消费者的。谁了解消费者，谁就能把握市场；谁能为消费者持续创造价值，谁就能赢得市场。因此，企业一切的评价标准，都要落在能否接到有价值、有效益的订单，能否为客户创造价值。

在经营管理过程中，企业的生产、技术、品管人员要主动到营销部门去，倾听他们的意见。营销要围着客户转，生产要围着营销转，供应要围着生产转，其他职能部门要围绕着产、供、销运转，一定要树立服务下一道工序、服务终端客户的思想，一切支持营销，一切服务客户，一切为了胜利，这样企业才有生命力。企业坚决不能搞内部的官僚等级、帮派和小团体，只有植根市场、尊重客户，才能把企业办好。

- 企业经营要以市场为根、管理为策、文化为魂、创新为上、员工为先。
- 企业经营管理中谁最大？不是董事长、总经理，也不是公司副总、总监、部门经理，更不是公司内部的某个部门，而是市场最大、客户最大、消费者最大。
- 要一切围绕市场办企业，一切听市场的、听客户的、听消费者的。
- 以市场为导向，以客户为中心。

统筹好“营”和“销”

市场营销就是以市场为导向，通过“营”来实现“销”，是“一个中心、两个基本点”的关系。“一个中心”就是必须一切以客户为中心，“两个基本点”则是分别通过“营”和“销”来服务客户、创造价值，营销等于“营”加“销”。

营非销，销非营，营销 =“营”+“销”。“营”是计划、组织、筹划、构思、协调；巩固老市场、老客户，发展新市场、新客户，整合渠道和关系。其核心是以市场需求为导向，市场需要什么，就开发什么、生产什么、销售什么。“营”，是一种“拉式”的、由外向内的经营思维方式。

“销”是产品开发推广、产品销售、回笼资金，就是售前、售中、售后服务；其核心是以产品或服务来吸引、寻找客户，为促进该行为进行的有关活动。例如广告、促销、展览、服务等活动。与“营”相比，“销”则恰恰相反，是一种“推式”的、由内向外的经营思维方式。

“销”侧重结果，追求的是效率，为人、技巧、经验、机遇占成功的极大比例。销售更侧重于短、中期目标的实现，是一种重利、轻市场的思维。“营”侧重谋求持续发展，更强调以客户为中心，分析研究市场，更加注重规划中、长期目标的实现，并做出相应对策，不是“捡到萝卜就是菜”“脚踩西瓜皮，滑到哪里是哪里”。“营”强调布局谋篇，强调要素和资源整合，将公司现有的各种资源、要素及目标与市场需求有机结合起来，以长远的战略眼光，确定远大的方向和目标，朝着目标积极行动，是一种以市场为根的谋利思维。

可以说，营销是销售的升华，是更高层次的销售，是成功的销售。企业一定要贴近客户，尊重客户，了解客户需求，不能“官僚主义”。要科学规划，细分目标市场与产品，一手抓“老外”，一手抓“老乡”；一手抓穿“西装”的，一手抓穿“中山装”的；一手抓大众市场，一手抓国内外中高端品牌客户。在市场开拓、客户开发工作中，要将“营”和“销”统筹结合起来，在做好“销”的同时，更要加强“营”，相辅相成、相互促进，形成为客户提供增值服务的合力。

营销应重视规划定位。定位定天下、定发展。没有定位就没有一切。被誉为“现代营销学之父”的菲力普·科特勒说：“在营销操作展开之前，有一个最为关键的步骤，是为品牌确立定位。”定位，是存在于营销管理4P要素之前的环节，影响着所有后续步骤。科特勒的话指出，谈营销要素组合，包括产品、价格、渠道、促销，首先要定位，即企业将要面对什么样的市场，有什么样的特性、特点；其次才能谈营销4P要素组合，组织开展营销活动。定位后，实际上就定了客户，定了产品，定了价格，定了渠道，定了战略，定了策略，定了发展。

当前，科学技术日新月异，市场瞬息万变，信息众多，营销人员要正确认识和分析企业面临的挑战和机遇，以及内外部市场环境，结合企业的经营计划目标，从战略目标到市场目标、客户目标，再到渠道目标，科学分析，逐层分解和有效组合。无论是直接客户，还是间接客户和经销商，都要准确定位和谋划。

- 营销应坚持“一个中心、两个基本点”，即以客户为中心，通过“营”和“销”两个基本点来服务客户，创造价值。
- “营”，是一种“拉式”的、由外向内的经营思维方式。“销”，是一种“推式”的、由内向外的经营思维方式。
- 在市场开拓、客户开发工作中，要将“营”和“销”统筹结合起来，相辅相成、相互促进，形成为客户提供增值服务的合力。

营销的“氨基酸组合效应”

公司为什么而存在？我认为，公司首先是为客户而存在、为员工而存在。公司在生产经营中，只有在努力为客户服务、让客户增值的情况下，才能多接订单、持续发展，从而回报股东、造福社会。

然而，20 世纪 90 年代末期的安利，市场布局单一、销售渠道单一、市场观念僵化，既没有走出企业，看到市场的巨大变化，也没有深刻意识到扑面而来的变化危机和竞争挑战，还固定在以往成功的“旧纸堆”上不动，骤然间要参与激烈的市场竞争，束手无策。当前，面对激烈而残酷的市场竞争，如何做好营销工作？

首先，要系统思考，统筹要素。我们知道，组成人体蛋白质的 8 种氨基酸必须共同作用，只要有一种含量不足，其他 7 种就无法合成人体所需的蛋白质。营销 4P 理论中的产品、价格、渠道和促销 4 个要素就像“氨基酸组合效应”一样，不是彼此分离的，它们相互依存、相互影响、相互制约，缺一不可，不能过分、简单地强调所谓的产品新、质量好，或者过分、简单地认为价格低，价格有优势，就能够销售得好。过分、简单地强调产品好、价格低，认为这样产品才能卖得掉、卖得好，一切归责于内，而忽视外部的渠道关系和促销，不去总结自己的问题，不去努力提升自己的工作能力，有时就是找理由、找借口，推卸自身的责任。

营销 4P 中只有一两个要素整合好，营销工作就是低水平、低层次的，不够深入、不够全面；只有营销 4P 中 4 个要素同时整合好，营销工作才是有深度、有广度的。我们的营销人员在开展市场营销活动时，不能孤立地考虑某一因素或手段，因为任一因素的特殊优越，并不能保证营销目标的实现，要对 4P 进行综合考虑、整体规划、合理分配、优化组合，使它们密切配合，发挥出系统功能，才能实现最佳的市场营销效果。

然而，营销 4P 中的 4 个要素不可能一直都处于完美、平衡的状态，营销人员要充分认识到任何企业都不可能是尽善尽美、完美无缺的，要认识到 24K 金的企业是不存在的，48K 金的企业更不存在，对企业不要求全责备，营销遇到挑战时不要找困难、找理由，要看到安利是一个工艺齐全、产品众多的企业，是品质优良、品牌响亮的企业，是资产良好、管理规范、诚实守信的企业，是活力四射、干事创业的企业。总而言之，安利是个瑕不掩瑜、总体优秀的企业，要增强信心、迎难而上。

其次，营销要协调好资源，统筹好品类和渠道。一是品类统筹。营销“第一法则”告诉我们，企业经营切不可跟风，要找到差异性和独特性，有合理的品牌定位，占据目标客户的心智。品类分化的目的就是成为第一。如果不能在某个品类成为第一，就要想方设法细化、分化品类，努力成为新的品类里的第一。企业要想做大做强，最好的办法就是成为某种细分品类上的“第一”，成为某个领域的“老大”。

企业经营始终要有一种思想，就是要做就做数一数二，不做第三第四，绝不做中流、末流。为此，企业要抢先寻找“与众不同”，“只做第一，不做第二”；如果没有第一，或不是第一，那么就分化品类，创造第一。

企业要统筹好品类，就是要统筹好共性与个性的关系，大的品类体现共性，小的品类突出个性，把客户按照品类进行归类与服务，有利于资源共享、优势互补，而且能以专家、第一的形象为客户服务，展现在客户面前，赢得客户信任。

二是渠道统筹。“渠道为王”，营销渠道是企业最重要的资产之一，企业不仅要产品好、价格好，还要让客户知道企业、知道在哪买、通过什么方式买到。如果没有畅通的渠道和有效的促销方法，即使产品再好、价格再低，也是卖不掉、卖不好、卖不久的。

“通则不痛，痛则不通”是中医学里的一个最基本的理论，意思是人身体经脉中的气血是周流全身、循环不息的，如果气血畅通就不会疼痛，如果疼痛就说明气血不通、经络阻塞、瘀滞堵塞。只有疏通经络，疾病才能治愈。经脉是人体内气血运行的通路，而营销渠道则是商品运行的通路；若渠道通畅，销售如虎添翼。

要处理好营销渠道宽与窄的关系，宜宽则宽，宜窄则窄。宽渠道是直接利用相对较多的中间商来经销产品，或直接设立众多销售网点面对客户。其优点是可以动用经销商的关系和网点力量服务更多客户，扩大市场覆盖面。其缺点是经销商较多，容易引起其互相竞争和渠道冲突，需要加强渠道控制；生产企业与经销商关系较为松散，有的经销商忠诚度不高、管理难度大等。窄渠道是直接利用相对较少的中间商销售其产品，或生产企业直接销售。其优点是生产企业与经销商关系密切，生产企业可指导和支持中间商开展销售业务，有利于双方相互协作。其缺点是生产企业对经销商过于依赖，风险较大，当生产企业产能或业务增加时，只限于少数经销商销售产品，会因销售力量不足，导致交货、服务、收款等无法满足众多客户需求。对于较大的国家、较大的产业市场，渠道要宽、场面要大；国家、区域或品类的独家经销，是最窄的渠道。

要处理好与经销商的权责利关系。企业在与客户打交道的过程中，对于长期合作、忠诚友好的经销商伙伴，应尊重其历史价值和现实价值，充分调动和发挥它们的积极性，鼓励和帮助它们发展。同时，经销商伙伴也不能限制企业的发展，比如，其不能简单地要求建立“独家经销关系”，或者就某一产品要求“独家经销”，搞所谓的“包销”“买断”等。有的经销商只讲其权利、要求，不讲其责任、义务，这是错误的。企业要真诚地为经销商服务，为其创造价值，但经营管理人员不能陷入与经销商庸俗的吃吃喝喝、拉拉扯扯关系中，做违法违规的事情，做损害公司利益的事情。

企业与经销商的关系是相互依靠、互利共赢，但不依赖、不依附，企业不能随意、轻易地让渡市场专营权和产品专营权，束缚企业的手脚，造成企业营销工作的被动局面。做生意讲究平等互利，在与经销商谈生意时，必须明确“权利义务对等原则”，即权责利一致原则，把双方的权利、义务和责任谈清楚，讲究平衡，互利共赢。

要处理好营销渠道长与短的关系，宜长则长，宜短则短。长渠道经过的流通环节或中间层次越多，分销渠道就越长，一般消费品销售较为适宜。短渠道经过的流通环节或中间层次少，市场覆盖面可能较窄。对大品牌、大客户、大的代工厂渠道要短，宜直接合作。

要避免渠道冲突。在营销过程中，很多企业会遇到“渠道冲突”问题。企业应根据产品品类、特性等设计不同的渠道；也可以通过细分品类、产品或区域来区分渠道商，避免渠道冲突。一般来说，大客户适合直营或代理等窄渠道、短渠道；中小客户适合经销等宽渠道、长渠道。

总而言之，企业要细分市场，科学规划与分析目标客户和目标产品，针对不同市场情况，采用不同的渠道组合，统筹考虑渠道长度、渠道宽度、渠道广度和渠道系统，设计不同的长度、广度、宽度和系统的组合，由“经营”变为

“精营”。此外，要加大市场开拓和促销力度，把客户做深、做透；既要抓经销商、贸易商，又要抓大品牌、大工厂，抓终端客户，避免“单打一”，还要重视新兴市场和新兴客户的拓展，把场面做起来。正如红顶商人胡雪岩所说，如果你有一乡的眼光，你就可以做一乡的生意。如果你有一县的眼光，你就可以做一县的生意。如果你有天下的眼光，你就可以做天下的生意。

- 营销 4P 理论中四要素——产品、价格、渠道和促销，就像“氨基酸组合效应”一样，相互依存、相互影响、相互制约，缺一不可。
- 营销要协调好资源，应统筹好品类和渠道。
- 要做就做数一数二，不做第三第四，绝不做中流、末流。

营销就是"营心"

我在和营销人员走访市场、拜访客户的过程中，发现部分营销人员有个习惯，刚与客户开始会谈，就迫不及待地拿出样品进行推介。其实，对于客户，尤其是对于新客户而言，此时他们对产品的认知是模糊的，对公司的认知更是模糊的。人是讲感情的，人的想法具有一定的主观性，如果客户都不认知、不了解企业，也就不可能认知产品；既然不认可企业，就不可能认可产品；客户一旦认同企业，就会信任企业、信任产品，放大企业和产品的优点、好处。

"好公司胜过好产品。"企业在与客户打交道的过程中，营销人员向客户销售的、展现的首先应该是公司，包括企业综合实力、行业地位、品牌形象等；其次才是产品。营销其实就是"营心"，只有企业被客户认知、认可和认同了，客户才会进一步认可产品，建立合作关系。

营销不仅仅是产品之战，更是心智之战、认知之战。《孙子兵法·谋攻篇》中说道："百战百胜，非善之善者也；不战而屈人之兵，善之善者也。"意思是，百战百胜，不算是最高明的作战者，不交兵而使敌人屈服的，才算是最高明的。《三国志》中说道："用兵之道，攻心为上，攻城为下；心战为上，兵战为下。"意思是，在战争中，以攻心战为目标、从心理上瓦解敌人才是上策，强攻城池、以武力取胜是下策。俗话说："得人心者得天下。"

一些人认为，市场营销是一场产品之争，产品才是营销的主角。他们认为"酒香不怕巷子深""皇帝的女儿不愁嫁"，认为只要产品好就不愁卖，最好的产品终将胜出。然而，认知的力量，很多时候要远胜于产品本身，因为人们总是相信自己愿意相信的事物，品尝那些自己愿意品尝的东西，也就是说，客户的认知一旦形成，就很难改变。

市场营销是一场"认知之战"，而不是简单的"产品之战"。进入市场前应该率先进入客户的心里。有这样一副对联："说你行，你就行，不行也行；说不行，就不行，行也不行。"有人认为这句话很庸俗，但这句话在市场营销中是客观实际的。营销应重视"营心"，尽量设法在某一细分领域找到目标客户，占据客户心智。客户的心智才是营销的终级战场。

“营心”要读懂客户的心思。《孙子兵法》里说道：“知彼知己，百战不殆。”营销是企业与客户之间心与心的互动，了解客户的心思、满足客户的需求、占据客户的心智、获得客户的认同，是扩大销售、与客户建立长期友好合作关系的重要方法。

客户在与营销人员互动的过程中，会有一系列复杂、微妙的心理活动，包括对公司及产品的认知，对订单成交的数量、价格等问题的一些想法，以及如何成交、如何付款、订立什么样的合作条件，等等，客户的心理对成交的数量、价格，以及交易的成败，都有重要影响。中国有一句老话：“出门观天色，进门看脸色。”营销人员应该学会攻心为上，善于“察言观色”，及时了解客户的所思、所想、所期、所盼，为客户答疑解惑，增强客户对公司的信任感和合作愿望，进而使其对产品产生信任，认知、认同公司，建立密切的客户关系，从而达到持续友好合作的目的。

“营心”要转向客户的视角。一些营销人员认为，产品要多销，就一定要产品好、质量优、价格低、交货快，只有在企业内部努力把产品做到最好最优，追求极致完美，才有竞争能力。然而，产品再好，也不一定能打胜仗。因为事实上，企业产品的好，不一定是客户心中的好，只有当客户相信公司是可靠的，相信公司的优势是明显的，才会愿意合作，愿意加强合作、密切合作。

毛泽东多次讲过，革命主要靠“两杆子”：一靠“枪杆子”，二靠“笔杆子”，“笔杆子”同“枪杆子”一样重要，“两杆子”都要硬。“笔杆子”是善于写文章、善于宣传造势和引导舆论。对于“营销之战”而言，良好的产品质量和价格固然重要，对客户的引导和攻心也很重要，要相信“笔杆子”的力量，“笔杆子”里出营销、出品牌。

营销学中有 4P、4C 和 4R 理论。4P 理论是指市场需求或多或少地在某种程度上受到所谓“营销变量”或“营销要素”的影响，即产品（Product）、价格（Price）、渠道（Place）、促销（Promotion）四个基本策略的组合。4C 理论以客户需求为导向，认为应以客户为中心规划设计营销活动，重新设定了四个基本要素，即客户（Customer）、成本（Cost）、便利（Convenience）、沟通（Communication）。4R 理论以关系营销为核心，以关联（Relevance）、反应（Reaction）、关系（Relation）、回报（Reward）为基本要素，更加注重企业和客户关系的长期互动，重在建立客户忠诚度。

因此，“营心”要从企业视角转为客户视角，善于“换位思考”，能够在客户立场上全神贯注思考问题；“营心”要在整合好营销4P要素的基础上，善于主动联系、出击，从4P“内线作战”转到4C、4R“外线作战”上来，内外兼修，积极进攻，把企业实力和形象推销出去，给客户留下良好的印象，努力赢得客户的好感，赢得客户的信任。

“营心”要为客户讲好故事。营销人员与客户不是简单的产品买卖关系，而是朋友、伙伴关系；在互动交流时，应先介绍宣传企业，再介绍产品。成功的营销往往是从“讲故事”开始的，所以营销人员一定要会“讲故事”。营销人员在与客户沟通时，不能仅停留在产品的理性层面上，还要通过讲好品牌故事、产品故事和客户故事，深入到感情、概念层面，唤起客户的情感共鸣与回应，加深客户的记忆和印象。一个没有故事的品牌，必然是空洞的，而一个缺少品牌故事的销售过程同样是没有说服力的。很多营销人员不喜欢了解企业的历史、成功客户与产品等，在他们看来，卖的是产品，只要能够把产品卖出去，就是最大的成功。这种想法是错误的。客户“奔着品牌来”，更多的是一种情感信任的表现。

反过来，营销人员不是在卖东西，而是在帮着客户买东西。每一款产品都不是冷冰冰的即将被交易的产品，每一款产品都有自己鲜活的特征。产品的特征会因为客户的不同而不同，或者精彩或者平淡。营销人员应该通过对产品的诠释，让客户喜欢上这款产品。

客户在买东西的时候，都相信“眼见为实”。产品到底好不好，不是靠营销人员说，而是要看实际效果，营销人员要善于引导客户讲出自己的故事。在与客户互动交流的过程中，了解他们的价值观、购买偏好、人生经历与乐趣等。客户分享得越多，对销售的参与度就越高；客户分享的信息越隐私，对营销人员的信任度就越高。通过充分的分享，客户和营销人员所建立的销售关系就会越牢固，越向有利于成交的方向前进。

“营心”应多引导客户的“从众心理”。企业宣传自身优势的目的，就是让不了解的人了解，让了解的人更深入了解。要提高客户认知，与客户建立良性的销售关系，增强客户的信任，提升公司品牌影响力，就要加强广告宣传，推介互动，突出自己的特点、特性和特长，强调自己与众不同、独具特色。

宣传优势不需要面面俱到，而是要突出关键点、重点。企业应多向客户强调公司的行业地位、综合实力、竞争优势，多向客户介绍公司的典型客户、合作案例和爆款产品，这样更容易打动客户，以获得其信赖。因为企业做得最好、最有优势，所以做到全球规模最大，赢得国内外众多头部企业青睐；因为企业全球规模最大，与国内外众多头部企业合作，所以企业是最好的、最有优势的，是值得信赖的、可靠的，是客户最佳的选择、最佳的伙伴。

客户有“从众心理”，会“人云亦云”“随波逐流”，会相信成功案例。营销人员要善于运用“从众成交法”，抓住客户的“从众心理”，借助已成交、已合作、具有广泛影响力的一批国内外知名品牌客户案例，去吸引、带动和号召潜在客户，与其建立合作关系。

营销就是“营心”，要想获得客户认同，占领客户的心智是第一位的。展现公司的实力，体现公司的优势，赢得客户的长期信任，建立长期稳定、友好的客户关系是第一位的。因此，在客户心中成为第一，胜过产品第一、市场第一。即使你不是第一，一旦客户认为你是第一，你就是第一。

- 营销不仅仅是产品之战，更是“心智之战”“认知之战”。
- 说你行，你就行，不行也行；说不行，就不行，行也不行。
- 对于“营销之战”而言，良好的产品质量和价格固然重要，对客户的引导和攻心也很重要，要相信“笔杆子”的力量，“笔杆子”里出营销、出品牌。
- 在客户心中成为第一，胜过产品第一、市场第一。

做好“精营”

公司一些经营管理人员在开发产品时，缺少分析，不计代价，“只要结果，不管过程”，盲目投入，导致资源浪费、闲置；还有一些营销人员在拓展客户时，事先没有进行充分的调研，把较多精力投入没有合作意愿或者合作意愿不强烈的客户身上，对客户“单相思”；或者开发的客户较小、成长性较差，信誉不好、忠诚度较差，与我们“门不当户不对”，耗费了公司资源，回报也不甚理想。归根结底，是没有做好“精营”。

经营开发活动是一种投资，也是一种耗费。企业要精准开发、精准投资，经营开发既要积极，又要审慎，科学管理，精细经营，要避免“子弹乱射”、浪费资源。公司的资源有限，条件、能力也有限，要把有限的资源投入有持续订单、有良好信誉，能给公司带来价值的优质客户。

营销要像农民一样沉下身子，精耕细作，要有正确的作战逻辑，要精确制导，精准打击，也就是要做好“精营”。只有做好“精营”，企业才能做好“经营”。

做好精准营销。首先，要做好市场分析，选好目标市场和目标客户；其次，将有效的产品精准地推送到目标客户面前，不断满足客户需求，建立密切的客户关系，有效降低营销成本。简而言之，精准营销就是找对人、做对事，以最小的投入获取最大的产出。

以色列的耕地少，沙漠占了其国土面积的2/3，它还是全球水资源最贫乏的国家之一。从自然条件来看，以色列极其不适合发展农业。然而，以色列却突破资源环境限制，创造了“农业奇迹”，秘诀就在于精准滴灌，把掺入肥料的水通过管道渗入植株根部，直接给植物灌水，而不是给土壤灌水，保证每一滴营养都是供给作物本身，用较少的资源换取了较大的产出。

如果把企业要开发的市场比喻成一棵树苗，把用于开发市场的资源比喻成用于浇灌这棵树苗的水，那么就不应漫灌、喷灌，浪费宝贵的资源，而应采取滴灌式营销，把有限的“水资源”精准地输送到“树苗”中，根据环境变化和“树苗”生长情况，及时调整“灌溉量”，提高资源利用率，使“树苗”长成“大树”，收获“果实”。

当代军事的精准作战，给企业开展营销工作带来了诸多启示。精准作战，就是不断提高信息技术水平和武器精度，武器的命中精度提高，对目标的杀伤力会大幅提升。从“地毯式轰炸”到“外科手术式打击”，再到“斩首行动”，用最低成本和最小风险获得最佳效果。

精准营销与精准作战原理相同，都是利用提高精度的方法，用最低成本和风险获得最佳效果。我们有的营销人员为了拓展市场、多接订单，没有具体分析该客户是不是有价值、有成长性，是否适合我们，结果“高炮打蚊子”“杀鸡用牛刀”，浪费了公司资源。

只有选对合适的客户，在了解客户需求的基础上，提供满足客户需求的产品与服务的营销，才有针对性，而不是“子弹、炮弹”一阵狂射，浪费了人力、物力和财力，最终什么都没得到。俗话说，“看菜吃饭，量体裁衣”。倡导精准营销，就是把有效资源聚焦到那些真正适合企业的客户身上，力争将所有的“子弹”都打在“靶子”上，找到目标客户的需求点，分清主次，有的放矢，见兔放鹰。针对潜在目标客户，是一套打法；针对老客户，又是另一套打法。因人而异，因地制宜，对症下药，把有效资源用在合适的客户身上。

做好精细营销。精准营销仅仅是营销的第一步，精细营销关键在于有没有把“石头”磨成“盐”，渗透到市场中去，做到“春风化雨，润物无声”。精细营销是改变过去粗放式的营销方式，恰当地、贴切地对目标市场和客户进行细分，针对不同的目标市场和客户，采取不同的营销策略，构建良好的营销网络。

在如今的互联网时代，企业对客户的分析、认知，再也不能像过去那样，简单分为浙江品牌客户、广东经销商等，这种方法过于粗放、低像素，且毫无意义。企业要善于利用信息化手段细分市场地区、细分客户品类、细分客户规模等。此外，企业还要梳理客户档案，给客户“贴标签”，“标签”内容尽可能细化，比如，客户的规模、资产、员工人数、销售额和利润，以及客户的目标市场、客户组织等信息。只有对客户信息进行精细化梳理，才能更好地认知客户、了解客户，才能摸透客户的深层需求和潜在欲望，与客户共同成长。

做好精益营销。精益营销是以市场为中心、以客户为导向的营销方法，是以占有有效市场为目标，采用细分市场、聚焦、加快速度等策略，建立“根据地”市场和战略性区域市场，依据市场规划合理配置与安排营销资源，对战略性区域市场进行精耕细作，在让客户受益的同时，最大化地获取营销效益和投资回报。

丰田的精益生产方式，是一种以最大限度降低制造企业管理经营成本为主要目标的生产管理方式，其核心思想是消除一切无效工作和浪费，且把目标确定为“零缺陷”。精益营销就是在营销活动中，消除不给产品或服务增加价值的活动，对营销资源进行合理有效的配置，把重要而关键的资源聚焦到主要客户身上，把功夫下在“刀刃”上。

企业精益营销的核心是以客户为中心的“精”和“益”。一是重在“精”。有的企业不是做得少，而是做得过多，导致营销效率低、回报差。“精”意味着企业需要不断优化产品、服务营销组合，使得每一分营销投入都能够有目标和有效率。二是贵在“益”。“益”是让客户受“益”，为客户创造价值，在“利他中利己”，在服务客户中成就企业价值。营销的本质是通过提供对客户有益的产品和服务来获得收益。企业的营销不能过于关注企业短期利益，不能因急功近利而无法持续。先有客户的“益”，才有企业持久的“利”。

随着时代的发展，企业经营会面临新矛盾、新困难、新挑战，为此，经营工作必须与时俱进，不断优化创新。精准营销、精细营销、精益营销为企业提供了新的思维方式和营销“武器”。只有做好“精营”，才能提高经营战斗力和市场影响力，实现良好效益。

- 精准营销是“看菜吃饭，量体裁衣”，把有效资源聚焦到那些真正适合企业的客户身上，力争将所有的“子弹”都打在“靶子”上，有的放矢，见兔放鹰。
- 精细营销关键在于有没有把“石头”磨成“盐”，渗透到市场中去，做到“春风化雨，润物无声”。
- 精益营销重在“精”，贵在“益”，为客户创造价值，在“利他中利己”，在服务客户中成就企业价值。先有客户的“益”，才有企业持久的“利”。

内外兼修

2020年4月，安利高管拜访了年销售额110亿元的国内某知名品牌上市公司副总裁，这位副总裁说，他们非常喜欢安利的产品，认为其手感质感优、时尚性好、性价比高，他们公司将大力开发应用安利材料，并融入抗菌防霉及易去污的概念，而且在抖音等直播平台大力推介安利材料。同时，这位副总裁也指出我们与他们公司的"融入度"不够，其实是在委婉地批评安利营销工作的不足，就是与客户的互动交流少了。

2020年4月，国内某知名上市公司副总裁，兼任董秘和财务副总裁，在新冠肺炎疫情刚缓解之时，便不辞辛劳地在十几天时间内马不停蹄地驱车几千公里，奔波于几个省份，调研市场，走访客户，整合渠道。该公司所处行业垄断性高，公司行业地位突出，2020年营收800多亿元，然而其并没有以自我为中心，奉行"产品至上"，而是十分重视贴近市场、了解市场，为客户提供良好的售后服务，积极发展客户关系。

同月，与安利合作30多年的国内某上市体育运动品牌总裁，主动打电话给公司有关领导，说安利的服务不够、渠道关系不顺，特别是广东、湖南、莆田等OEM、ODM代工厂关系协调不好，未来该公司将不指定具体的产品给某个公司，不再具体分配份额。

"融入不够""交流少""服务不足"——客户这些委婉的说法，道出了公司在营销中存在的问题。营销人员在与品牌客户、大中型客户打交道的过程中，认为只要产品新、质量好、价格有优势等，就能成为品牌客户供应商、获得订单，或者成为品牌客户核心供应商，这种想法太片面、太狭隘、太天真、太简单了。如果没有与客户各层级、各方面进行良好密切的互动交流，没有客户中高层的了解、认同，企业是不可能持续获得订单、提升份额的，更不可能成为品牌客户的核心供应商。

企业经营管理，对内要整合好产品质量、成本、价格、交期、服务等方面的关系，产品和服务是客户信赖的基础和根本；对外应密切客户关系，整合好渠道，加强广告宣传与促销，努力获得客户的认同和信任。对内整合产品，对外整合关系，内外并举、内外兼修。

对内整合产品。产品包括有形的物质产品和非物质形态的服务，是连接企业与客户的桥梁。企业存在和发展的理由，就是为客户提供有价值的产品与服务，满足客户需求，获取自身发展所需的资源和利润。

产品策略位于营销 4P 理论之首，处于最基本和最关键的地位。没有产品，就没有价格、促销和渠道的选择与配置。要充分调动可以支配和利用的人、财、物各类资源，组织好产、供、销各种经营活动，以市场为导向，以客户为中心，围绕市场办工厂，及时开发改进产品，整合好产品的内在功能与外在特性，提升营销服务质量，满足市场快速变化的需求。

具体来说，企业要坚持一手抓大众市场和常规产品的增产增量，充分利用资产，避免资产闲置，稳定扩大常规产品开发与销售，扩大市场份额和市场覆盖面，增份额、摊费用、扩销售；一手抓高技术含量、高附加值产品的开发销售，坚持中高端市场定位，积极转型升级，以新优产品参与市场竞争，在做好现有核心业务产品的基础上，努力扩大水性、无溶剂等重点产品和新兴市场的开发及销售。在做大总量的同时，不断调整优化结构，统筹规划核心、开发、种子三层业务体系，巩固提升核心业务、积极发展开发业务、创新培养种子业务，促进公司转型升级，抢占行业全球技术高地和市场高地，不断提升公司核心竞争能力，提升发展质量，增强发展后劲。

忽视内强基础、内强管理和产品质量，只顾营销手段，注定是不能长久的。历史上，山东秦池古酒、三株口服液、沈阳飞龙药业、太阳神、红桃 K 等曾经风光无限的企业，曾企图依靠铺天盖地的广告垄断市场、跑马圈地，最终山东秦池古酒老板“每天开进央视一辆桑塔纳，开出一辆豪华奥迪”的梦想并没有成为现实，这些企业忽视自身的资源和能力建设，忽视企业内部管理和变革，盲目追求广告促销，“个子高了身体并不结实”“体格大了只是虚胖”，最终被市场抛弃，从一个极端滑向另一个极端。产品质量低劣，新产品更新换代慢，客户服务响应速度慢，“子弹、炮弹”跟不上，没有强大的组织火力作为支撑，只让营销人员往前线冲，最终也是打不了胜仗的，不能获得持久的胜利。“产品至上论”和“客户关系至上论”，这两个极端都不可取。

对外整合关系。企业是一个能力结合体，面对的是市场和客户，在整合好产品的同时，要注重与客户建立长期稳定的友好合作关系。

一是紧密联系客户。通过有效的方式，在业务、需求等方面与客户建立关联，形成一种互助、互求、互需的关系，把客户与企业联系在一起，减少客户的流失，提高客户的忠诚度，赢得长期而稳定的市场。

二是提高对市场的反应速度。善于倾听客户的希望、期望和需求，走到市场中去，搭上客户的脉搏，聆听客户的声音，了解市场动态，捕捉市场信息，及时开发产品，满足客户需求。

三是重视与客户的互动关系。如今，抢占市场的关键已转变为与客户建立长期而稳固的友好合作关系。要把“功夫下在生意外”，把交易转变成一种责任，与客户建立起良好的互动关系。而沟通是建立这种互动关系的重要手段。

四是获取合理的回报。合理的回报是维持市场与客户关系的重要条件，营销的最终价值在于其能否给企业带来持续获利能力。企业是追逐利润的，因此要注重营销活动的回报，注重投入产出比，满足客户需求，为客户创造价值，“在利他中利己”，不能做无用的事情。

产品销售很重要，关系营销更重要。关系是在人际交往过程中建立起来的，包含相当程度的情感成分。在某种意义上，关系是一种资源，企业往往要借助“关系”来促成销售。孟子说：“父子有亲，君臣有义，夫妇有别，长幼有序，朋友有信。”中国人崇尚天人合一，在生活和工作中更是处处讲关系、讲人情、讲面子，注重人际关系的和谐。在营销活动中，应善于借助“关系”促成销售。营销人员除了为客户提供优质的产品和服务外，还应借助各种营销机遇，做好关系营销，与客户展开深层次的沟通互动和情感交流，让客户更了解、更理解企业，让企业与客户之间的关系更紧密、更有深度，从而获得长期、高质量的发展和收获。

做好关系营销，不能守株待兔地等着客户的“半夜来电”，不能总想着“英雄救美”的电影剧情发生，而要在日常的业务中，主动发展和谐友好的客户关系，与客户保持良好的情感和友谊，赢得客户的信赖和尊重，从而在为客户创造价值过程中实现企业的发展。

加强客户关系，密切客户关系，要加强与客户的联系和互动。中国人常说“见面三分情”，人不管彼此关系如何，一旦面对面，就总会带有一些“情分”。营销人员应多拜访客户，善用“见面三分情”，善用每一次与客户面谈的机会，多与客户碰面，彼此熟络关系，有利于把握合作意向、促成良好的合作关系。跟客户打交道，不要以为见了一次面、交换了一次名片，或者送过一次样品，客户就对你有良好的印象了，就会与你密切合作了。简单地打打电话、发发邮件、寄寄样品等，与亲自拜访客户，给客户的感觉和印象是完全不一样的。打电话、发邮件、寄样品是不会“来电”，也不会产生“化学反应”的，就像恋爱一样，也要见面找找感觉。所以营销人员应多到市场中去，多到客户中去，以促成良好的合作关系。

良好的客户关系并不是庸俗的关系，也不是简单的吃吃喝喝、拉拉扯扯，而是一种光明正大、良好密切的互动交流，是“明明白白我的心”，真诚地服务客户，为客户创造价值，是真诚到永远，情感、友谊到永远。企业不仅要做好产品开发、货物交付、资金回笼等“分内之事”，更要站在客户的角度想问题，设身处地、将心比心地努力为客户解决问题，努力超越客户的期望。营销不是简单地卖产品，而是在物质上、价值上，在满足客户需求之外，更加关注客户的情感满足，通过互动交流与客户建立感情，获取信任，从提高公司的知名度、美誉度，到提高客户的满意度、信任度和忠诚度，实现从“关心交易”到“关心关系”，从“注重短期业绩、短期利益”到“注重长期友谊、长期关系和长期价值”的转变。如果实现了超越生意之外的关系和友谊，业务就成功了。

- 对内整合产品，对外整合关系，内外并举、内外兼修。
- 企业要坚持一手抓大众市场和常规产品的增产增量，一手抓高技术含量、高附加值产品的开发销售。
- “见面三分情”，给客户打电话、发邮件、寄样品，是不会“来电”、不会产生“化学反应”的，就像恋爱一样，也要见面找找感觉。

关系对等原则

2010年，公司外贸部门在与一位较大的美国合作公司的董事长互动过程中，一位年轻的营销经理说，“我来搞定”。我认为这不对，别人职位比你高，年纪比你大，经验比你多，你凭什么“搞定”？这是显示自己、表现自己，是个人英雄主义的表现。作为一名营销经理，你怎么能让客户相信，你能“搞定”，你能为客户提供最好、最优的服务？你有什么能力、力量保证公司为客户创造价值？一些营销经理在协调公司中高层管理人员与客户会晤、会见时，有时会发生严重的层级错位，引起客户心理、心智上的不认同，使客户产生不被重视、不被尊重的感觉，影响未来长期友好合作。

营销人员与客户交流互动的积极性应该肯定，但是这种“不对等”的交流互动行为，违背了社会交往、商业合作中的一般规律，特别是在与大中型企业、大品牌、大客户的合作中，这是不被认可的。公司在与客户的交流互动中，特别是在与大中型企业、大品牌、大客户的合作中，应注意层级和“对等原则”。

“对等原则”的核心是尊重和平衡对称。对等是社会关系中早已形成的一个重要原则，也称互惠。对等或互惠，是一方给另一方以某种优遇，另一方即给以相对应的回报，核心是平衡对称。在以人格平等为基础的当前社会关系中，对等交流成为指导双方合作的重要原则。一切双边契约、合同都包含对等原则。

在社会交往和商务交往中，贯彻对等原则是基本的准则。身份对等是商务礼仪的基本原则之一，即双方的职务、身份、级别应对等或接近，讲究礼宾秩序，注重社会交往和商务活动中的位次顺序。原则上，级别较低者不宜直接与级别较高者会谈；但级别较低者在一定条件下，应努力获取级别较高者的了解和认同；级别较高者可以会见、接触级别较低者，以体现对对方的尊重与友好。

会见、会谈与会晤。营销人员拜访客户时，应争取拜访、拜见客户中高层。此外，为了增进、保持良好的客户关系，营销人员要善于组织、协调公司与客户中高层管理人员之间的定期会见、会谈与会晤。

会见，是同级别之间见面、交流互动，或是高级别的管理者与客户中低级别的人员之间礼节性的见面、交流互动。低级别的人员与高级别的管理者见面交流，一般称为拜会、拜访或拜见。营销人员与客户交往过程中，应争取拜见、拜会、拜访客户高级别的管理者，善于调动关系、资源。

会谈，一般是同等级别或身份接近者之间有实质性内容的见面、洽谈或商谈，是互动交流。双方或多方就某些具体的开发、价格、质量、交期等合作事宜，以及其他共同关心的问题讨论、洽谈。会谈，可以是洽谈商务，或就具体业务进行谈判，一般来说，内容和形式较为正式，专业性较强。

会晤，是双方非直接相关部门稍高层次领导，或最高领导层之间的礼节性见面、晤谈。高层之间的推动，有利于迅速取得成果。为了体现对客户的尊重与重视，增加客户对公司良好的印象，表明公司良好的合作态度，必要时，营销人员应合理、科学协调公司的中高层管理人员对客户的拜访、拜见；以及在客户来访时，组织协调公司中高层管理人员与客户的会见、会谈和会晤。

善于组织协调和利用，加强中高层互动。首脑外交、元首外交或领袖外交，在世界外交活动中占有十分重要的位置。首脑外交是由国家实际掌握最高决策权的首脑人物，一般为国家元首或政府首脑，直接出面以多种方式参与和处理对外事务的外交方式。

企业间的交往合作也存在“首脑外交”，总经理、董事长之间良好的互动交流，有利于增进友谊和合作。聪明的经营管理者不但善于“向下管理”，还善于“向上管理”，从而协调资源。人们常说，“老大难、老大难，老大出面就不难”。这里的“老大”并不专指公司的总经理、董事长，也包括公司与客户中各层级的“老大”，如各部门经理、总监、副总经理等。公司或客户组织内的高层决策者对项目成败有着决定性的影响。客户高层次领导不认同、不认可，没有点头，即使有订单，销售也是停留在低层次的水平上，销售份额是做不大的，不可能成为客户的核心供应商或战略供应商。营销人员要善于组织、协调和利用公司中高层管理者，推进解决生产经营中的问题，还要善于组织协调公司中高层管理者与客户的中高层管理者，建立直接互动机制，密切客户关系。

公司或客户组织内，基层对基层、中层对中层等平级之间的沟通，或者从基层到中层、从中层到高层的逐层传达，信息传递较慢或失真，效率低，不利于营销、开发、品管、生管、采购等多部门之间的沟通协调。然而，从高层到中层或者从高层到基层，可以打破组织壁垒，快速协调、沟通，信息传递快、执行力强，达成良好的合作目标。

- "老大难、老大难，老大出面就不难。"企业间的交往合作也存在"首脑外交"，公司或客户组织内的高层决策者对项目的成败有着决定性的影响。
- 营销人员要善于组织、协调公司与客户中高层管理人员之间的会见、会谈和会晤。
- 营销人员要善于协调公司中高层管理者，推进、解决生产经营中的问题。

对价与双务

2018 年 10 月，国内一知名运动休闲品牌客户要求我们开发打样多，但订单分配少，负责该业务的营销经理忍气吞声，不敢反映问题，而营销总监认为该客户这样做不合理，在“欺负”我们，损害了公司利益，违反了互利共赢的原则。还有一个国内客户，拖欠公司货款，出于友好合作的考虑，我们适当宽限了资金回笼的期限，但该客户仍要求融资销售，公司营销总监坚持原则，不同意赊销，坚持要求客户按双方约定及时回笼货款后再接受新订单。

2019 年 5 月，浙江某经销商再次找到我们洽谈项目。他们曾在 2018 年 12 月首次拜访安利，当时他们希望与安利这样有规模、有实力、有影响力的供应商合作，希望安利走低价路线，提供价廉物美的产品，同时要求不签订框架合同，直接给予授信。我开玩笑说道：“安利‘出身名门，知书达礼，相貌端庄，温柔贤惠’，美中不足的是价格有点高，是不完美的。你们要求我们完美，你们自己是不是完美的呢？找合作伙伴不能求全责备。”最后，我拒绝了他们的要求。

这些真实故事，反映出了营销人员在与客户交往中两种截然不同的态度：一种是不敢拒绝客户提出的不合理要求，一味迁就；另一种是坚持公司的原则，敢于有礼、有理、有力和有节地与客户互动，平等互利，按照“对价”与“双务”的原则，维护公司正当、合法利益。

公司一些营销人员在与客户交往互动中，片面地认为“客户是上帝”，小心翼翼地伺候，不敢主动向客户提出正当要求，不敢报价，不敢提价、涨价，不敢要求客户及时付款，不敢要求客户尽快把生产完工后的货物提走，对客户的不合理要求不敢回绝，对一些屡屡违规的客户不敢提出批评，害怕、担心提出要求后，如果客户拒绝，会破坏气氛、影响合作，造成订单减少或客户流失。一些营销人员因为对客户不合理要求的放任，增加了企业的经营风险，比如对拖欠货款、超额占用资金，要求无偿开发打样、放样等行为，一味迁就，不敢拒绝，以为满足了客户不合理要求，就能与客户关系好、关系久。还有一些营销新人甚至对提出合理营销要求感到不好意思。这是一种患得患失、杞人忧天的错误心态，是一种为暂时稳住客户而违反理性与原则的“投降主义”“绥靖行为”，把企业与客户之间的平等关系变成了不平等的关系。

企业经常与客户、供应商、银行等伙伴打交道，进行谈判、交易和合作。谈判、交易和合作的基本原则，就是平等互利、协商一致、互利共赢。谈判、交易和合作的本质是“对价”和“双务”。

对价是有偿的、双务的。从法律关系来看，对价是一种等价有偿的允诺关系，通俗地讲，就是要取得一定的权利，就必须履行相应的义务；要履行一定义务，就必须得到相应权利。对价不同于赠与，不是无偿的、单务的，而是有偿的、双务的，其本质是要约与承诺，强调合作双方合意、协商一致、平等互利。

双务是当事人双方互相承担履行给付义务。从法律关系来看，根据合同双方当事人的权利和义务，合同有双务合同和单务合同。当事人双方均承担合同义务，并且双方的义务具有对应关系，一方的义务就是另一方的权利，一方的权利就是另一方的义务，是双务合同。当事人一方负给付义务，另一方只享有权利的合同，是单务合同。企业平时签订的合同，大多数为双务合同，如买卖、租赁、加工承揽等。就买卖合同来说，企业享有收取货款的权利，就是客户所负的义务；企业负有按时、按质、按量交付货物与服务的义务，就是客户享有的权利。

“站着”做生意。在与客户谈判过程中，客户经常会提出价格、质量、交期等各方面要求，企业应真诚对待客户，努力满足客户需求，为客户解决问题，帮助客户做一些事情，对客户认真负责，为客户办实事、办好事，努力为客户创造价值，让客户感受到我们的诚意、友好和热情。

企业是追逐利润的组织，是将本求利，不是慈善机构，要讲究对价、双务关系，讲究平等互利，讲究权利、义务平等。营销人员应敢于向客户提出正当、合理的要求，比如，合理的订单量、合理的价格，订单持续增长，及时提货，及时付款，提升公司在客户的内部采购份额，结算方式合理、资金付款速度快等。

营销人员不提出平等、互利和对价的要求，就像瞄准了目标却没有扣动扳机，这是错误的。没有正当、合理的要求和协商，就没有平等和互利，没有尊严和价值。“不平等条约”“城下之盟”是没有尊严和价值的。商业交易中，卑躬屈膝、点头哈腰、低三下四更是错误的。企业营销人员不能“缺钙”，要“站着”做生意，决不能“跪着”做生意，要有自信。

对于那些忠诚于公司、友好于公司的客户，才可以当成上帝。企业要明确客户的责任，对客户提出符合双方共同利益的要求，强化双方的合同意识，定期对客户进行评价，对不能适应公司发展的客户，或价值观不一致的客户，要坚决调整、淘汰，留下来的才是“真金白银”，才是认同公司价值观、适合企业的好客户。

做生意要有共赢思维。共赢就是在相互信任的基础上，通过各方相互理解、相互支持、换位思考，合理分配双方或多方的权益，使双方或多方都得到利益、得到好处，而不是一方亏了、另一方赚了，更不是两败俱伤。

企业要重视客户、服务客户，为客户创造价值，但也要敢于拒绝客户的不合理要求，敢于维护和争取公司正当、合法的权益。如果客户订单没有贡献，企业没有利润，就不能提高员工薪酬福利，就不能进行产品开发和技术改造，就不能为股东和社会创造应有的价值，就不能持续增强企业的发展后劲。

企业追求的是整体价值最大化，追求持续、健康发展。与客户的合作中，“自私自利”“以自我为中心”，或者简单地说“为人民币服务”“一切为自己”是不对的，“损人利己”更是错误的。但与客户的合作中，“毫不利己、专门利人”，或者狭隘地认为“客户是上帝”，不是企业的经营行为。损害公司利益，增加公司风险，无原则地迁就客户，也是十分错误的。企业与客户的合作应坚持平等互利的原则，坚持在“利他中利己”，坚持对价和双务原则，在为客户创造价值的过程中实现互利共赢。

- ✦ 谈判、合作的本质是对价和双务，讲究平等互利，讲究权利、义务平等。
- ✦ 营销人员不能“缺钙”，要“站着”做生意。敢于有礼、有理、有力、有节地与客户互动，平等互利，维护公司正当、合法的利益。
- ✦ 在“利他中利己”，在为客户创造价值的过程中实现互利共赢。

照顾客户面子

公司在与客户的合作中，当客户提出“产品设计不合理”“价格太贵”等问题时，公司经营管理人员可能会觉得客户“不懂产品”，沉不住气，就与客户据理力争，辩解或发生争执。这样非但不能促成交易，还会引起客户的反感。要知道，不要把客户当成傻瓜，客户往往比较聪明，不要质疑客户的理解力，要给客户足够的尊重。

客户给企业带来订单，是企业的“衣食父母”，是“上帝”。没有客户，企业就没有订单，没有利润，就没有一切。与企业打交道的客户，也是有血有肉，有情感，有要求，有期望，有不满、抱怨、牢骚的人。当前的市场是买方市场，客户占据主导地位，一个客户会被很多供应商“争抢”和“争夺”，而且，客户都想被优待、善待，被尊重，想在与供应商合作的过程中获得利益和价值。客户到底要什么？是被重视，被“特殊”照顾，是获得价值。因此，企业在与客户做生意、打交道的过程中，不仅要为客户做好服务，尊重客户、善待客户，还要照顾客户的“面子”和情绪、情感，在与客户保持良好关系的过程中，为客户创造价值，从而赢得客户的信赖与支持。

照顾客户的“面子”，是一种礼貌和素养。人是有感情的，中国人还特别讲关系、要面子。要面子是中国人的一种典型的社会心理现象，面子时常支配和调节着中国人的社会行为。营销人员处在销售链的终端，直接与客户打交道，其服务质量的好坏与营销业绩息息相关。在非原则性的问题上，应避免与客户发生争执或直接冲突，更忌讳指责对方，甚至当面指责客户。一旦与客户发生不当或不应该的争执、争吵，即使赢得了一时口舌之快，也是输了，输了友谊和感情，输了合作与未来。

面对客户，企业的姿态要低一点，永远保持礼貌、谦虚、谦恭，这并不意味着低人一等，而是一种素养、素质，是一种沟通合作的艺术。应该把客户的面子当作企业自己的面子，尊重、爱护客户的面子就是尊重、爱护自己的面子。给客户一个面子，就可能多一个朋友；驳客户一个面子，就可能少一个朋友。

全球最大零售企业美国沃尔玛公司的客户服务理念有两条：第一条是“客户永远是对的”，第二条是“如果客户错了，请参照第一条”。沃尔玛公司始终贯彻“客户至上”的理念。企业的营销人员应有服务客户的心态，多站在客户的立场思考问题，善于倾听客户意见、了解客户需求。即使客户有错，也不能将其作为不服务好客户的理由，要努力让客户满意，赢得客户的好感与信任。

照顾客户的面子，要懂得脸面、情面与场面。民国时期，上海滩名人杜月笙曾说过一句名言：“人生有三碗面最难吃——脸面、情面、场面。”人生三碗“面”，不能不吃，但也不可错吃。

第一碗“面”叫脸面。脸面，是一个人的风度仪表、行为举止、素养、气质等，是留给别人良好的印象，是人际交往中的“身份”“地位”“实力”。所以营销人员在对外打交道的过程中，“脸面”和“门面”问题马虎不得，做人做事要恰如其分，善于展示实力和优势，善于协调关系，借势借力，多做“脸上贴金”的事，切不可“打脸”。

第二碗“面”叫情面。情面，就是关系、情分和感情。情面有大有小，有硬有软，有深有浅，有厚有薄。有关系、有交情、有友谊，更容易成就生意。营销人员要懂得和善于处理好人际关系，与客户建立良好密切的关系和交情。

第三碗“面”是场面。场面，就是排场、气势、格局。场面有大有小，大场面可以是物质的，也可以是艺术的；可以是人山人海的，也可以是人迹罕至的；可以是眼睛的衡量，也可以是心的度量。营销人员要善于制造“场面”，借势借力，造势用势，调动场面气氛，善于交际和应付各种“场面”。做生意靠的是“场面”，没有“场面”的生意是做不大的。

三碗“面”合成一碗“面”，就是“面子”。脸面是“挂”起来的脸，情面是“藏”起来的脸，场面是“铺”开的脸。中国人特别讲究面子，所以“给我个面子”是中国人最常听到的一句话。很多时候，“靠面子”不一定能做成事，但“伤面子”一定做不成事。要维护面子，伤什么别伤面子，在生意交往中，要尊重客户的面子，做到不说绝情的话，给自己留条退路。给客户面子，其实表现了对客户的尊重。给别人留面子，就是给自己留“里子”。

照顾客户的面子，要平等沟通、温暖相待。俗话说：“良言一句三冬暖，恶语伤人六月寒”，“口头争论占上风，得罪买主一场空”。不与客户争胜负是销售过程中的一条金科玉律。当生意中出现争论苗头的时候，营销人员需要控制自己的情绪，放慢自己的语调，用温和的语言化解危机。

企业在与客户沟通时，要态度温和、言语轻柔，用平等尊重的语气向客户述说，少用“你懂了吗”“你知道吗”“你明白我的意思吗”这类口头禅，多用“您觉得如何改进”等请教性的话语，不能当众人面指责、纠正客户，不要让客户失了面子。企业要明白“你敬我一尺，我还你一丈”，以及“使别人重要，别人就会重要”的道理。企业尊重客户，客户同样也会尊重企业。客户都是爱面子的，适当地肯定和赞许客户，会赢得客户对企业的好感与信任，有利于促成良好的合作。

- 给客户一个面子，就可能多一个朋友；驳客户一个面子，就可能少一个朋友。
- 照顾客户的面子，要懂得脸面、情面与场面。给别人留面子，就是给自己留“里子”。
- “良言一句三冬暖，恶语伤人六月寒”，“口头争论占上风，得罪买主一场空”。

销售就是“搞定人”

2018 年，我和营销人员拜访了国内某知名女鞋品牌客户，该公司董事长主动提出添加我方营销人员的微信，并表示在销售过程中有任何问题，都可以直接向他反映。虽然我们的营销人员与客户公司董事长在年龄、级别上不对等，但是客户主动加营销人员微信这一行为，表明了对方高层对安利产品和服务的认可，安利的品牌形象已经占据了客户的心智。

一些营销人员只重视产品质量，却忽视客户需求，忽视传递产品的特点、特性和价值；还有一些营销人员认为只要“能说会道”，只要广告做得好，产品就能卖得掉、卖得好。这些观念是狭隘、片面和错误的。产品、价格、促销和渠道是营销 4P 理论的基本要素，企业在整合好这 4 个要素的同时，还要重视通过与客户的互动交流，与客户建立长期友好的关系。销售就是要“搞定人”、搞定关系。

贵人相助容易成功。杭州有句俗话：“花花轿儿人抬人。”人与人之间离不开相互维护、相互帮衬。人帮人，人抬人，要办的事才会顺利，事业才会发达。做生意第一要齐心，第二要人缘。齐心是公司内部要有得力的帮手，人缘是外部要有可以托靠的朋友、良好的关系。做生意只有“产品”“钱”没有用，还要有“人”。

企业开展营销活动，获取订单，很多时候都离不开良好人脉的支持，特别是关键人物、重要领导的支持。生意中给予帮助的人是人脉，在关键节点上给予帮助的人是贵人，生意和生命中缺少贵人的提携，就会缺少向上跃升的机会，有“贵人”相助，“麻雀也可能变凤凰”。在生意和商业交往中，要注重并时刻维护关键人脉及重要领导关系。

大客户的职能部门多、机构多、层级多，要“搞定”客户组织中决策权和影响力较大的关键人物，甚至是客户的高层领导，直至客户的总经理、董事长。客户中的高层领导，看似不管理具体事务，不处理业务，但他们往往是生意后面那只“看不见的手”，能够左右买卖的关系和结果，他们往往“一句顶十句，顶百句”。关键人物不点头、不认可，就不能快速提升在客户中的销售份额，无法成为客户的核心供应商或战略供应商。

对于做生意来说，高层领导往往是“定调者”，往往“一言九鼎”，其背后的影响力是看不到的。因此，企业要善于协调与客户中的关键人物，甚至是客户中的高层领导的关系，主动与他们拉近距离、拉近关系，让他们注意到自己，关照自己，站出来支持合作，成为企业的“贵人”。

企业要善于与客户中的各方面、各层级搞好关系，跟上上下下、方方面面搞好合法正当的友好关系，以赢得客户信任。

公司在与客户打交道的过程中，要善于发现“看不见的信号”，特别是大客户、品牌客户中存在的这些“看不见的信号”，因此，客户中的每个人都是重要的。大客户、大企业中存在较多的层级和职能部门，职能部门包括企划 / 策划、采购、开发、品管、生管、仓管、财务等部门，有的营销人员认为，只要与客户中的采购人员对接好就行了，不主动、不善于同企划、开发、生产、品管等部门的人员对接。要知道，订单首先来自客户的企划和开发部门。公司不仅要同采购部门搞好关系，更要同企划 / 策划、开发等部门协调关系；不仅要与基层、中层协调关系，还要善于赢得高层的认同。

俗话说：“大树底下好乘凉。”企业在与品牌客户、大中型客户打交道的过程中，没有得到客户中高层的了解、认同，是不可能成为客户的核心供应商或战略供应商的，只能“打酱油”、当“配角”和做“陪跑”。营销人员要善于协调客户各方力量，做到“上下贯通”“左右逢源”，与客户各层级搞好合法正当的友好关系。

当然，良好的客户关系并不是庸俗的关系，也不是简单的吃吃喝喝、拉拉扯扯，而是一种良好密切的互动交流，使客户了解、认同企业，产生合作意愿，从而促成销售，为客户创造价值，实现互利共赢。客户真正认同了，也就是被“搞定”了。

找对人，做对事，说对话。找对人，就是要寻找具有决策权和影响力比较大的关键人物，包括企划、开发、品管、生产等部门领导，甚至是客户中的高层领导，直至客户的总经理、董事长。判断营销人员成功与否，就是看自己在周围搭建了多少关系，客户中有多少有决策权或有影响力的人在支持公司。没有协调好与关键人物的关系，直接抱着强烈的目的性去强攻，成为客户的核心供应商、战略供应商的可能性就会很小。

做对事，就是要有认真做事的精神，有能力为客户提供高质量的产品和服务。为客户服务，是公司存在的唯一理由。企业要以市场为导向，以客户为中心，生产经营必须始终坚持品质好、种类多、品种新、生态环保，持续开发创新，提高效率，提高响应速度，适应瞬息万变的市场变化和客户需求，并不断致力于降低产品成本，改进工艺技术，提高产品的竞争力和附加值；必须敏捷反应，高速高效，迅速而精确地完成订单，为客户提供有价值的订单和服务，与客户实现互利共赢。

说对话，不是说得多，而是说到位，几句话就能说到点子上，让客户产生兴趣，并且能够充分沟通、深度沟通，从而获得认同，建立信任。

- 大客户的职能部门多，机构多，层级多，关键人物不点头、不认可，则无法成为客户的核心供应商或战略供应商。
- 客户中的高层领导，往往是生意后面那只“看不见的手”，能够左右买卖的关系和结果，他们往往“一句顶十句，顶百句”。
- 销售要找对人，做对事，说对话。

适合的客户才是好客户

一些营销人员认为，客户是上帝，多一个客户，就能多一份收益，总觉得“韩信点兵，多多益善”，客户“越多越好”。然而，对客户的服务，对企业来说都是有代价、有成本的。企业要以目标客户为导向，有意识地放弃那些不适合公司的客户，有意识地放弃那些代价高、不能为企业带来收益的客户，找出最适合企业自身的有效目标客户。只有放弃不适合、价值不大的客户，才能将有限的资源、精力集中到价值较大的有效目标客户身上。客户不是越多越好，而是适合企业的有效目标客户越多越好。

选择优质的目标客户。目标客户是企业营销工作的最前端，只有找准了目标客户，才能开展有效且具有针对性的营销工作。

一些营销人员认为，多一些客户，至少可以多分摊一些成本费用。这种思路是错误的。有时客户多了，销量不一定增加；有时客户少了，销量反而能增加。因为企业的资源、条件和能力有限，一些价值不大或没有成长性的客户，可能会占用公司重要的资源，如公司的现金、生产能力、销售资源等。结果往往是在价值不大或没有成长性的客户身上花费了高额的开发成本和服务成本，分散了公司的资源和精力，使得对高价值的有效客户服务不到位，这些客户会因得不到应有的关注和资源，得不到想要的质量、交期和服务而选择离开。

中国有句古话：“舍得舍得，有舍才有得。”对不适合、不般配的客户，对价值不大或没有成长性的客户，要敢于舍弃，敢于“裁剪”，坚决摈弃“撒胡椒面”式的营销，坚决摈弃“普惠式”的服务，选择和锁定自己特定的目标市场，集中资源和力量，充分了解有效目标客户的期望和需求，精准地开发产品或服务，保证质量、交期和服务，为优质客户创造更好的价值。

企业需要价值观一致和般配的好客户。一些企业在选择客户时，认为客户的实力、影响力、品牌等是最重要的。客户的实力、影响力、品牌固然重要，但如果客户的价值观与企业不符，也不会给企业带来持续、健康的效益。

中国人常说“要投缘”“讲缘分”，客户关系一样讲究“情投意合”和“门当户对”。企业发展客户关系，不能搞“单相思”。

有些营销人员简单地认为大客户、大经销商最好，在开发市场时专找大客户、大经销商。其实，有些大客户、大经销商因其拥有强大的资源，可能会提出许多令人无法接受的条件，你的产品对他而言像是“年三十捡个包子，有它过年，没它也过年”，大客户、大经销商不会拿出人力、物力、财力去开发和推广你的产品。你看上了他们，他们可能看不上你，或暂时看不上你，因此你也无法与他们“牵手恋爱”，浪费彼此的时间和资源。还有一些人专找小客户、小经销商，认为与他们好做生意，最后花了很多时间、精力，业务也做不大。

只有彼此的愿望、价值观、企业文化、管理方式和实力等高度契合，才能构建良好的客户关系，才能获得客户的高满意度，让客户感到与企业合作“物超所值”。双方是否有意愿，价值观和实力是否匹配、契合，客户关系是否良好和谐，就像婚姻中的两个人是否情投意合一样，只有彼此之间志同道合，合作才会有默契、愉快。

为客户创造价值，是企业的使命之一，但是一定要了解自身是否有能力、有条件为客户创造价值，客户是否愿意企业为其创造价值。企业与客户关系“高配”“低配”都不对，一定要“般配”“门当户对”，要把资源集中到有效目标客户群，即能为企业创造最大价值的客户群体，这样才能创造良好、和谐的客户关系，从而有利于双方共同发展。

客户的不满意点，是企业的改进点和利益增长点。有些营销人员不喜欢挑剔的客户，狭隘地认为他们故意刁难、夸大事实、无理取闹，认为这类客户与公司是不合适的。事实上，大多数对企业挑剔的客户是好客户。客户对企业挑剔，对企业提希望、提要求，是客户跟企业发展业务愿望强烈的表现。此外，客户的挑剔，还给了企业改进、提升质量和服务的机会。

俗话说：“不打不成交。”客户意见或投诉处理，不是销售或售后服务部门里一个可有可无的设置，而应该是企业领导的一项日常工作。客户得到的答复不应是“你说得对，但我无法说服其他部门改变”，而应是“你说得对，我们马上改进”。客户的不满意点，就是企业的改进点、开发点和利益增长点。

“从最不满意的客户身上学到的东西最多。”所以企业应重视客户的抱怨，让客户“惊喜”，追求客户忠诚。

留住老客户，获得新客户。在激烈的市场竞争中，客户是稀缺资源，有些营销人员认为新客户越多越好，陷入只注重开发新客户、忽略老客户的误区。

企业为了获得新客户或留住老客户，必然会产生成本。实践证明，开发一个新客户的成本，要比维护一个老客户的成本高得多，盲目发展新客户，结果就像“狗熊掰棒子”，发展了新客户，忽视了老客户，丢了老客户，结果厚此薄彼，得不偿失。

因此，有效的目标老客户更有价值。留住有效的目标老客户，与其建立长期友好的客户关系，犹如建立“根据地市场”，可以使企业的竞争优势更加长久和可持续，还会大大有利于发展新客户。同时，企业可以着眼于和客户发展长期互惠互利的友好合作关系，提高客户的满意度、信任度和忠诚度，能获取客户更多的内部份额。

一些企业或营销人员抱着一种“赚一笔就走”的心态开展业务，忽视了培养客户的忠诚度，导致了客户的流失。然而，“金杯银杯，不如客户的口碑”，口碑比媒体宣传更重要。媒体只能增加知名度，却不能增加美誉度，而口碑决定了客户的消费行为。

每位“回头客”都是从“头回客”开始的。作为营销人员和经营管理者，要把稳定和发展有效的目标老客户作为营销工作的头等大事来抓，为有效的目标老客户创造新的价值，持续提供有竞争力的产品和服务，与其保持良好密切的关系。同时，在资源、能力和条件允许的情况下，积极开拓市场，整合渠道关系，努力与有价值的目标新客户建立良好关系，赢得有价值的目标新客户的信任和认可。

- 对不适合、不般配的客户，对价值不大或没有成长性的客户，要敢于舍弃，敢于“裁剪”，坚决摈弃“撒胡椒面”式的营销和“普惠式”的服务。
- 企业与客户关系“高配”“低配”都不对，一定要“般配”“门当户对”，这样才能创造良好、和谐的客户关系，从而有利于双方共同发展。
- 客户的不满意点，就是企业的改进点、开发点和利益增长点。

智商、情商与胆商

人们经常讲智商、情商和胆商，我们身边也有一些人，在智商上优人一等，可是缺乏情商与胆商。有的人聪明，但是不擅长互动交流，害怕交际，懦弱胆小，很难成为优秀的经营管理者。要成为优秀的经营管理者，应该同时具备良好的智商、情商和胆商。

智商做事。智商，是人们认识客观事物并运用知识解决实际问题的能力，是一个人的智力、学习力、记忆力、思考力等的综合表现，决定了一个人做事情的综合能力。智商是“安排的事能做好，没安排的事能想到”。

传统的观点认为，一个人能否取得成就，智力水平是第一重要的，智商越高，成功的可能性就越大。而现在普遍认为，情商和胆商水平的高低，对一个人能否取得成功也有着重大的影响作用，有时其作用甚至超过了智商。

情商做人。情商主要有 5 个方面的含义：一是认识自身的情绪；二是能妥善管理自己的情绪；三是自我激励；四是认知他人的情绪；五是良好的沟通能力与人际交往能力。

人们常说，一个人情商高，主要是善于待人接物，善于协调关系，善于与人打交道，社交能力强，外向而愉快，不会使人陷入恐惧或伤感，对工作较投入，人们愿意与之交往、合作。情商是“说话让人喜欢，做事让人感动，做人让人想念”。

胆商做强。胆商，是一个人胆量、胆识、胆略的度量，是挑战、竞争和冒险的能力。成功人士一般都具有非凡的胆略和魄力。胆商高的人具有“狼性”“激情”“冲劲”，在困难和逆境中有勇气。胆商并不是无知的莽撞，而是建立在知识水平的基础之上的。中国有许多成语“有胆有识”“有胆有谋”“大智大勇”“智勇双全”“斗智斗勇”等，都把智商和胆商相提并论，可见两者都十分重要。

总体而言，智商反映的是一个人的智力水平、知识结构，这些是做生意的基本素质；情商反映的是一个人和其他人打交道的能力，在不同环境中的应变能力、协调能力，这是做生意的重要前提；胆商则是做人做事的勇气、底气、胆气和霸气。三者相辅相成，缺一不可。没有智商的胆商是莽撞；而缺乏胆商的智商则会表现为优柔寡断、前怕狼后怕虎，只会贻误大好时机。

《红楼梦》里有一副很妙的对联，说“世事洞明皆学问，人情练达即文章”。其大意是，世间的事弄懂了，处处都有学问；把人情世故摸透了，处处都是文章。

要想成为优秀的营销人员或经营管理者，在工作上有所成就，就要积极修炼“三商”。事实证明，高智商利于做事，高情商利于做人，但高智商和高情商仍然不是成功的全部，高胆商应是优秀经营管理者的必备素质。

总而言之，智商做事，情商做人，胆商做强。智商显示做事的本领，情商反映做人的表现，胆商体现成事的魄力。“三商”兼备，更易成功。企业经营管理人员既要加强学习，更要注重修炼情商和胆商。

- 智商是“安排的事能做好，没安排的事能想到”。情商是“说话让人喜欢，做事让人感动，做人让人想念”。胆商是“狼性”“激情”“冲劲”，在困难和逆境中有勇气。
- “世事洞明皆学问，人情练达即文章。”
- 智商做事，情商做人，胆商做强。

统筹好“量、本、利”

在全球市场低迷、需求不振的不利形势下，消费者从倾向于购买高档品牌、优质品牌，转而购买经济品牌、标准品牌和廉价货物。从企业内部来看，公司面临的最大矛盾就是上市后产能增加，投入与产出不匹配，资产未能充分利用，是相对较大的投入与较小的产出之间的矛盾，是没有统筹好“量、本、利”的关系，缺乏量大、性价比高且富有企业特色的基本产品作为支撑。

公司公开上市后，产能充足，经营管理工作重点之一就是要整合好大众市场产品的质量和成本，尽可能地多接订单，增产增销，提高投入产出比，充分发挥规模效应。只有让机器设备“吃饱喝足”，增产提效，充分有效地利用资产，才能实现更好的效益，只有先“吃饱”，再谈“吃得好”，没有“吃得饱”，何以“吃得好”？

要统筹好“量、本、利”之间的关系。“量、本、利”之间的关系，是最基本的经营关系，是对企业产销量、成本和利润的一种定量分析方法，用来表示成本、产销量、单价、销售收入和利润等之间的内在规律性联系。简单来说，就是通过增加销售量，降低单位产品成本，提高单价，获得利润。

运用“量、本、利”不仅可以进行盈亏平衡分析或保本点分析，也可以进行利润敏感性分析。盈亏平衡点或保本点，是企业收支相等、盈亏平衡、不盈不亏、利润为零时的产量。当销售收入高于盈亏平衡点时，企业盈利；反之，企业亏损。利润敏感性分析，是分析利润对各项决定因素变化的敏感程度，由于利润是直接由销量、销售价格、单位变动成本和固定成本所决定的，当这些因素发生变化时，利润也随之发生变化。

“量、本、利”分析是企业进行科学分析决策的重要工具，有利于合理规划经营目标、了解经营风险、做出正确决策。

价格复杂多变，受多种因素影响。企业总利润等于单位利润乘以销量。企业期望通过好的产品、营销和服务，提高单价和单位利润，一个企业的产品平均单价，在一定程度上代表了企业的品牌影响和综合实力，以及营销、技术水平，企业期望高单价的产品卖得越多越好。然而，实际情况有时并非如此。原因有三：一是高单价的产品一般是社会需求量少的，如“阳春白雪”，曲高和寡，就像劳斯莱斯、宾利、法拉利等高档豪华轿车，一般人买不起、消费不起；二是价格是企业竞争的结果，价格是由市场决定的，不是由卖方企业简单决定的，不是想卖高价就能卖的；三是高单价的产品有时不代表高附加值、高利润，也有可能代表高成本、高费用。因此，一些单价相对较低的基本产品，是销量大的大众市场产品，是受市场欢迎、经久不衰的产品，有生命力的产品，如“下里巴人”，更接地气，其成本费用整合好，一样可以获利，增加边际贡献。就像开饭店，要有高档的燕窝、鱼翅和鲍鱼，但是很多客人点不起、吃不了，客人点得更多的是大众化的菜品，有特色、有品位的菜品。

多产多销，获得更多利润。企业销售额等于单价乘以销量，企业利润等于销售额减去总成本，因此利润与产销量有着重要关系。

企业经营风险的大小常常使用经营杠杆来衡量，经营杠杆反映利润变动和产销量变动之间的变化关系。经营杠杆系数越大，经营杠杆作用和经营风险越大。一般来说，在产品处于“成长”或“成熟”的发展阶段，市场上能够畅销，销售额会增长，在固定成本不变的前提下，产销量较小幅度的变动，能够引起利润较大幅度的变动。销售量上升，经营杠杆率下降，经营风险就会越来越小；反之，销售量下降，经营杠杆率上升，经营风险就会越来越大。

公司是重资产的企业，固定成本总额较高，经营杠杆的作用大，因此，公司不仅要关注单价，同样要关注产销量和规模。只有提高产销量，才能降低单位不变成本，生产得越多，分摊到单个产品中的固定成本就越少，盈利就越多，也就越能形成规模效应。因此，要避免公司资产闲置或利用率不高，就要增加销售额，努力提高资产利用率，积极发挥经营杠杆的作用。提高产销量，还可以聚集人气，提高影响力，提高市场覆盖面和市场占有率，不给竞争对手机会。

因此，在产能充足的条件下，企业应采取“薄利多销”或者“厚利多销”的策略，扩大销售。不论是“量、本、利”，还是“价、本、利”，不管是价高还是价低，只要是超过盈亏平衡点的单价产品，企业努力“多销”，就能增加总收益。当然，受需求弹性、产能等影响，“薄利”有时并不能“多销”，也有可能换来客户的“薄情”，而且“薄利多销”不是万能的，不是随便拿来就能用的，要根据产品、需求、市场等具体情况进行具体分析。在销售量有可能增加、市场可能扩大的情况下，采用“薄利多销”或“厚利多销”的策略，由于销售数量的增加，企业所获利润总额是增加的，就是划算的、有利的。

总之，企业在经营过程中，要努力提高资产利用率，让机器设备“吃饱喝足”，充分发挥规模效应，合理组合量与价，合理组合单位利润与总销量，产生“1+1>2”的效应，从而实现公司总利润的最大化。

- 只有让机器设备“吃饱喝足”，增产提效，充分有效地利用资产，才能实现更好的效益。只有先“吃饱”，再谈“吃得好”，没有“吃得饱”，何以“吃得好”？
- 高单价产品如“阳春白雪”，曲高和寡；大众市场产品是受市场欢迎、经久不衰的产品，有生命力的产品，如“下里巴人”，更接地气。
- “薄利”有时并不能“多销”，也有可能换来客户的“薄情”。

性价比是硬道理

面对经济下行、市场低迷、竞争激烈的形势，营销人员接单难、压力大。有人提出“价格是王道。只要价格低、价格好，就能赢得客户，获取订单”，有人提出“只要质量好，产品就能卖得掉，公司就有竞争力”，还有人提出“只有开发出别人开发不出来的、新颖的产品，公司才能扩大销售，增加销量”等，不一而足。这些观点都是片面的、狭隘的。我认为，性价比才是王道，才是硬道理。

市场竞争离不开产品、价格、渠道、促销等基本要素。一些营销人员为了多销售，确保有生意可做，希望公司以低价争取客户，获取订单。然而，低价有时可能会快速赢得订单，但是低价往往意味着“低质”，低价有时也并不能增加订单，扩大销售，反而会损害公司的品牌形象和定位。低价是有风险的，从长期来看，会影响销量。价格是重要的，但质量同样重要。有些营销人员以公司价格高、产品难以销售为由，希望公司低价销售，有时是为自己营销业绩不佳找理由、找借口，实际上是忽视或者不完全理解“性价比”的真实含义。

一些营销人员把“性价比”狭隘地理解成了价格低，陷入低价误区，以为价格低就是性价比高。性价比是性能价格比，分子是性能，分母是价格，性价比的提升，既靠提升性能、靠质量、靠服务、靠品牌，又靠降低价格，但不是简单地靠降低价格。一味地降低价格，并不能提高性价比。

企业在追求提高产品技术含量、扩大产品差异性、减少消耗、降低成本的基础上，努力降低价格，参与市场竞争或让利于客户，但不能放弃质量，片面追求“低价”，“低价”不能不讲效益，“低价”应避免恶性竞争，必须回归到优质产品和优良服务的本质，在产品、服务、市场上实现差异化竞争，获取良好的收益，促进公司持续健康发展。

好贵、好贵，好才贵。从古至今，任何东西都是一分钱一分货，没有质量的产品，价格再低、宣传得再好，也是“皇帝的新衣”，企业在向客户销售产品时，应记住：好贵、好贵，好才贵。商家卖的是产品，而用户看重的是产品带来的价值，有时客户会说“价格高了、贵了”，企业要告诉客户，买东西不能只看价格，应该看价值。

因为价格贵而离去的客户，还有可能回来；因为质量差而离去的客户，多半不会回头；因为产品不好、服务态度不好而离去的客户，永远不会回来。在市场竞争中，企业拼的不仅仅是价格，还有产品差异性、产品品质和服务质量，拼的是性价比。企业要从拼价格的“红海”中杀出来，性价比和服务才是硬道理。

价格、价值与代价。客户经常要求公司降价或者经营一些低价产品，公司应该怎么办？是简单满足客户需求，还是坚持自己的定位、走自己的路？

首先要考虑客户要求降价或开发经营低价产品的需求是否合理，是否符合公司的定位。如果符合公司定位，而且要求合理，那么就尽量满足。如果要求不合理，在洽谈价格的同时，应该勇于向客户传递公司的综合能力强、产品定位中高端市场、工艺全、品种多、质量优、功能好、性价比高、安全和环保性好、有持续开发能力及交货能力强等优势，不能仅仅比较价格一个因素，还要综合考虑其他因素，公司是有“价值”的，公司是有综合竞争能力的，是能够给客户创造价值的企业。

有时，客户尤其是大品牌、大客户给各家供应商的内部份额、比例已经确定了，客户中的供应商是“老大”就是“老大”，是“老二”就是“老二”，是“老三”就是“老三”，即使供应商把产品价格降得很低，客户也不会多给他多少订单，也改变不了该供应商在客户中的内部份额、比例。因此，定价并不是越低越好，这不仅无助于卖方利益，也不见得有利于扩大销售，因为客户心智上有时有一种认知，高价＝高质，低价＝低质，高贵＝尊贵。低价可能会给客户带来退货、停机待料、客户的用户流失、品牌损失等风险代价。

“情人眼里出西施”，同样，客户眼里出价值，但是企业如果不向客户解释传递价值，客户未必看得到价值。所以，营销人员一定要成为专家，对于销售的产品能给客户提供的价值了如指掌，讲得清、说得透，不能只谈价格，还要跟客户谈企业和产品的综合价值，以及低质量的代价，要向客户传达企业的品牌价值，以及选择低价产品而可能造成的风险代价。

客户有时不是为了“买便宜”，而是为了“占便宜”。在价格洽谈过程中，客户经常讨价还价，说“你的产品贵了”，反复洽谈要求降价，甚至列举一些价格便宜很多的其他供应商。其实，客户有时并不是真正喜欢其他供应商价格便宜的产品，也不是真的不喜欢公司的产品、认为产品价格高，退而求其次去选择质次价低、所谓“便宜”的产品。有的客户反复与企业洽谈，有时是真的面临经营压力、市场压力，客户利益小或风险大，企业要认真对待客户的要求，努力整合成本价格，努力满足客户的要求；而有的客户希望企业让一点价，是想从中谋取一些额外利益，或者说是为了“占一点便宜”。

面对客户合理的要求，企业要尽力满足；面对客户不尽合理或不合理的价格要求，营销人员要勇于说“不”，但也要注意拒绝的方式，有礼有节，用智慧把价格的主动权抓在自己手里，做到既不损害公司利益，也让客户下得了台，还能促成交易。其实，有时客户的内心是希望成交的，只是想进一步以更低的价格成交，企业要牢牢抓住客户的这种心理，敢于拒绝他的不合理要求，掌握主动权，有时适当让一点价，满足他的自尊心，给他一点面子。企业营销人员应牢记，价格是可以谈判的，也是可以适当让步的，但让价的幅度应是有限的，价格的主动权要争取掌握在自己手中，价格要公允、公道，要互利共赢。

质量与价格的关系。质量与价格是四象限的关系，一是低质低价，二是低质高价，三是质优价廉（价廉物美），四是优质优价。公司不是简单地靠成本领先，公司目标客户不是中低端市场，绝不走低质低价的路线，更不走低质高价的路线。当然，公司定位于中高端市场，部分客户可以接受优质优价的策略，是公司应该坚持的，但更多的客户希望公司能做到质优价廉、价廉物美，即高性价比。

品质和价格都是硬道理。在经济形势较好的情况下，公司多开发经营一些优质优价的高大上产品。在经济形势不太好的情况下，需求低迷，竞争激烈，下游客户更多地追求性价比，在产品经营开发时，就要把性价比、成本、价格放在重要位置，多开发经营质优价廉的产品。

当然，质量既不能过剩，又不能不足。质量过剩，成本就会上升，利润就会减少，或者客户接受不了价格；质量不足，就会出现各种品质问题。所以质量要“恰如其分”地符合、适合客户需求，既要满足经济性，又要满足实用性、可靠性和安全性，平衡好“价值工程”，通过对产品功能的分析，正确处理质量、功能与成本之间的关系，节约资源，降低产品成本，合理地进行产品组合。

总之，企业应坚持优质优价，努力追求质优价廉、物美价廉，在产品时尚性、功能性和生态环保性上，满足客户的“面子”与“里子”。

- “情人眼里出西施”，客户眼里出价值。
- 企业不能只谈价格，还要跟客户谈企业和产品综合价值，以及低质量的代价。
- 质量与价格是四象限的关系，一是低质低价，二是低质高价，三是价廉物美，四是优质优价。企业应把性价比放在重要位置，多开发经营质优价廉、价廉物美、高性价比的产品。

定价定未来

定价是一门学问，是一门大学问，经营工作都是围绕销售和定价开展的。产品价格与销量、成本、市场、替代品、竞争对手、客户等因素高度相关。定价决定了企业的收入和利润，定价能力反映了企业的竞争能力和获利能力。没有良好的价格，就不可能有良好的利润，企业就不可能生存发展。没有良好的竞争能力和获利能力，企业就不可能持续健康发展。企业经营业绩的好坏，很大程度上取决于价格策略的正确与否。

优秀的经营管理者，能够运用定价能力应对挑战，化解风险，获取利益，超越自己的竞争对手，实现企业长期健康发展，决定企业未来。

定价即经营。定价是对产品或服务所提供的价值进行评估，并确定价格。产品定价是企业经营管理最重要的工作之一，营销 4P 理论也是围绕定价展开的。定价在经营管理中扮演着重要角色，关系到企业经营管理工作的多个方面，包括企业战略、目标客户、竞争环境、产品的差异化以及资源的匹配程度等。股神巴菲特说，"评估一家企业最重要的判断依据是它的定价权"。日本经营之圣稻盛和夫说，"定价即管理。定价是管理层的责任"。他认为，"要在正确判断产品价值的基础上，寻求单品的利润与销售数量乘积为最大值的某一点，据此定价。我们认为，这一点应该是顾客乐意付钱购买的最高价格。真能看清、看透这一价格点的，不是销售部长，也不是营业员，而非经营者莫属。可以说，这是定价的普遍原则"。

定价是经营者的基本职责，价格应定在客户乐意接受、公司又赚钱的平衡点上。在给产品定价时，要综合考虑各种因素。要知道采取低价策略，有时薄利不一定多销；采取高价策略，厚利不一定少销。定价策略能最集中体现经营者的经营思想。

价格确定以后，究竟能卖出多少量、获得多少利，有时是很难预测的。定价太高，产品卖不出去，客户会觉得产品没有竞争力；定价过低，可能畅销，利润却很少，或没有利润，客人会担心出现质量问题。总之，定价失误往往是重大失误。

只有合理定价，才能保证企业获得足够的竞争力，获取足够的市场份额，获得足够的利润空间，两者不可偏颇。有市场份额无利润空间，那只是赔钱赚吆喝；有利润空间却无市场份额，那只能是有价无市，自己空欢喜而已。

定价不可孤立进行，定价不只是营销部门的事情，与成本费用、竞争环境、市场需求和客户对产品价值的认知等密切相关，需要生产、技术、采购等多部门联动。因此，定价即经营，定价是主要经营者的事，需要由主要经营者亲自组织分析和决定。

定价即定位。美国营销大师杰克·特劳特提出了“定位理论”，随着竞争的日益激烈和产品同质化的日益严重，企业需要为自己的产品创造出特立独行的个性差异，让自己的企业、组织、产品和品牌与众不同，特色鲜明，从而形成核心竞争力。定位是战略的起点，也是战略的终点。定位定天下，定位首先是定价，定价实际上就确定了目标市场和客户；定价就是亮剑，企业到底走的是哪条路线，是定位于高端客户，还是定位于中端客户，抑或是定位于低端客户，必须想明白、搞清楚、把握好。因此，定价实际上就是定产品、定市场、定客户、定渠道。

定价反映的是公司战略措施的侧重点，反映了企业的经营策略和市场组合、客户组合。定价锁定了企业是定位于中高端市场还是低端市场，反映了产品的质量、品位和差异性。因此，定价在一定程度上决定了企业所处的竞争环境和面对的竞争对手。所以定价即定战略、定竞争、定发展、定未来。定价定天下，失价失全局，定价定生死。企业在定价时要有定力，不能随波逐流。

价格是影响客户购买决策的重要因素，是决定企业产品销量、市场份额和盈利水平的最重要因素之一。合理定价就是要坚持自己的策略，公司如果定位于高质、高性价比和中高端市场，就不要随意降低价格，否则会损害公司的品牌形象与定位，要在销量、价格和利润之间寻求最佳平衡点。面对客户，应该更多地去谈论产品价值、公司价值，让客户了解、理解和认可公司经营和产品的差异化，哪些独特性是竞争对手不具有或无法超越的，而不要花过多的精力去简单谈论产品的价格，陷入被动。

价格是利润的重要敏感因素，决定企业的生死存亡。影响企业利润的因素主要有 4 个，产品的价格、单位变动成本、销售量和固定成本。任何一个因素的变动都会引起企业利润的变动，甚至会使一个企业由盈变亏，也会使一个企业扭亏为盈。价格、单位变动成本、销量和固定成本 4 个因素中，有的因素略有变化就会使利润发生很大的变化；有的因素虽然变化幅度较大，却只对利润产生微小的影响。比如，扩大销量有时可能引起成本上升，利润减少。所以对于经营管理者来说，不仅需要了解哪些因素对利润增减有影响，还需要了解影响利润的若干因素中，哪些是敏感因素，对利润影响大，哪些因素是非敏感因素，对利润影响小。

财务管理上经常借助敏感性分析，来判断影响利润的关键因素，在复杂多变的外部环境下做出正确决策，实现企业的利润目标。一般而言，在对利润产生影响的各个因素中，灵敏度最高的为单价，灵敏度最低的为固定成本，销量和单位变动成本的敏感性介于两者之间。

产品单价是利润的重要敏感因素，单价的极小变化，可能会引起利润的极大变化，价格增减 1%，甚至可能引起利润 20%~30% 的变化。在经营决策中，必须慎重实施价格决策，重点关注产品降价。因为价格下调带来的利润损失，如果不能通过扩大销售量或降低单位成本予以更大程度的补偿，那么企业的利润肯定会下降，甚至大幅下降，使目标利润难以实现。如果产品价格上涨不能抑制因产品涨价而可能带来的销量下降，目标利润同样难以实现。

一些经营管理者认为，要迅速高效地提升销量和销售额，没有比降价更有效的手段了。其实，产品定价过低，一味地以低价竞争，疯狂杀价，往往会给利润和公司经营发展带来毁灭性的影响，最后只有死路一条。

定价的复杂性和多面性决定了其是一把“双刃剑”，如果做了正确的决策，就会为企业带来盈利的机会；但如果做了错误的决策，就会增加企业亏损的风险。

过去，大多数中国民营企业把大部分精力用在了“利润 = 收入 - 成本 = 销量 × 价格 - 成本”中的销量和成本上，紧抓成本这个传统的定价法宝，采用传统的“成本加成定价法”，扩大规模、抢占市场份额，竭尽所能地降低成本、压缩费用，却往往忽视利润公式中重要的价格因素。片面追求市场规模的扩张，不考虑利润、利润率是不明智的，必须审慎、灵活地定价，在满足质量、交期和服务等客户要求的同时，让定价与产销量、利润和企业价值最大化联动，以获取企业最优的利润和最大的价值。

定价是一门值得长时间研究、实践和改善的学问，要牢牢把握“客户真实支付意愿”这个核心定价要素，根据企业实际情况对价格进行组合设计、综合运用，科学、合理、系统、灵活、审慎地定价，从而获得持续、良好、健康的收益。

企业经营应该是敏感和敏捷的，价格不是一成不变的，而是动态、灵活、敏锐的。当外界环境、原材料、汇率等发生重大变化时，价格该涨应及时涨，该降要及时降。在平衡好企业和客户利益的前提下，以最优、最佳以及有利于双方互利共赢的价格，为客户提供优质产品和良好服务，实现企业与客户的双赢。

- 定价即经营，定价是主要经营者的事，需要由主要经营者亲自组织分析和决定。
- 定价即定位，定价就是定产品、定市场、定客户、定渠道；定价更是定战略、定竞争、定发展、定未来。
- 在满足质量、交期和服务等客户要求的同时，让定价与产销量、利润和企业价值最大化联动，以获取企业最优的利润和最大的价值。

灵活应变　化解价格风险

企业定价决策的主要目标，到底是扩大市场份额，还是化解风险、获取合理利润？我认为，产品定价的主要目标应落在提高贡献、控制和化解风险上，而不是靠维持现有价格甚至降价、亏本经营，来扩大市场份额。

公司经营中经常遇到原材料价格快速非理性、非正常暴涨，货紧价扬，供不应求等“黑天鹅”“灰犀牛”事件。而公司上游部分供应商的垄断地位，使其获得了交易中的定价主导权、话语权，作为下游企业，企业往往只能被动接受。

聚氨酯合成革行业具有料重、工轻、费中的特点，对价格波动高度敏感。产业链上游的价格上涨往往会成倍放大并传导到下游企业生产中，因此公司会承受更多的成本上升压力，运营成本大幅增加。

孙子说，“兵无常势，水无常形”。水的最大特点是柔性、弹性，可以随时适应环境的变化。“无常形”，就是动态的、不确定的，这是企业经营环境最大的特点。在这种高度、快速变化的环境下，企业的经营思维和组织形态必须是柔性的、敏捷的和灵动的，快速适应环境变化，即机变、权变原则。

孙子还说，“不尽知用兵之害者，则不能尽知用兵之利也”。企业经营管理者对于资源的消耗以及价格大幅上涨所带来的巨大风险，事先一定要有清醒的认识。每一次经营决策，都要计算有多少资源能支撑竞争。只有先算清资源消耗的风险，才能再计算出预期的可能利益或收益。如果超出了企业的资源、能力和条件的边界，就会带来重大风险。

因此，企业必须灵活应变，以快打快，根据形势变化，及时、快速地调整经营策略和战术，将提价的主动权牢牢掌握在自己手里。如果不能保持高度警惕，不能及时、敏锐、快速地调整销售价格，不能及时应对和化解风险挑战，公司经营就会面临盈利下降，甚至亏损等重大风险。

企业的经营原则十分简单，只要是不赔钱的业务都能做。做大做强的前提是保住自己的“身家性命”，唯有先保住生存基础，才能再去谈发展。来势凶猛的“原材料涨价潮”，是系统性风险，调价并不是为了获取超额利润，而是为了化解原材料价格不断上涨所带来的成本压力，化解经营风险。

换位思考才能互利共赢。“前半夜想想自己，后半夜想想别人。”企业站在客户的角度考虑问题，也期望客户能站在生产商、供应商的角度考虑问题。我相信，只要企业站在客户的角度考虑问题，客户就能够站在企业的角度考虑问题，只有换位思考，才能携手共渡难关、互利共赢。

2020 年 6 月到 9 月，国内聚氨酯合成革行业原材料价格大幅上涨，聚氨酯合成革产品价格已经上涨 4 次，但公司本着善待客户的精神，面对原材料价格上涨压力，一直努力自我消化。公司适时对产品价格进行上调，是光明正大的，并不是谋取超额收益，而是化解经营风险，与客户互利共赢，体现了公司的真诚友好，以及行业大企业的格局、实力和担当。

不断上涨的原材料价格，直接导致公司成本大幅度上升，公司期望与客户、供应商友好协商，建立成本分担机制，相互分摊掉一部分费用，各自消化一点涨价的成本。

情势发生重大变化可变更合同。《中华人民共和国民法典》中有一个“情势变更原则”，合同成立后，合同的基础条件发生了当事人在订立合同时无法预见的、不属于商业风险的重大变化，继续履行合同对于当事人一方明显不公平的，受不利影响的当事人可以与对方重新协商，在合理期限内协商不成的，当事人可以请求人民法院或者仲裁机构变更或者解除合同。情势变更的表现形式主要有意外事件、社会经济形势的急剧变化、物价飞涨、货物严重贬值、金融危机和国家政策的转变等。

部分原材料价格非理性、非正常上涨，上涨幅度不是 5%、10%，而是 90%，甚至超过 100%，上涨幅度巨大，这是企业事先没有预见到，也不可能预见的情况，风险程度已远远超出合理预期。根据“情势变更原则”，履行合同的基础和环境已发生变化，而且这种变化是根本性的、重大的。因此，营销人员有理由与部分已签订合同的客户尤其是品牌客户，进行友好协商，积极、大胆地重新洽谈价格。

营销人员应敏锐积极调价。企业经营中，一些营销人员叶公好龙、口是心非，表面上说调价，实际上并没有调价，或者调得不够。一些营销人员患得患失，认为价格调高了，订单就会减少，甚至会流失，转移到竞争者那里。

其实这些担忧是多余的，订单跑不了。通过这么多年的洗礼与磨合，公司与客户友好合作，客户是认同公司的定位、经营理念与价值观的，公司并不是靠低质低价在市场竞争中获胜的。公司在客户心中的定位，就是品种多、质量好、功能佳、价格优、服务好，是可靠、可信赖的伙伴。是公司的客户，即使涨价也会坚定与公司友好合作；不是公司的客户，就算降价也不会有多少订单。何况在原材料成本大幅度上升、美元贬值、人民币升值、系统风险普遍上升的情况下，公司与国内外同行业企业在同一片天空下，处在同样的大环境中，有什么必要害怕，为什么不敢调高价格呢？

有些客户有时不是为了“买便宜”，而是要“占便宜”，有时他们会讨价还价，获得心理的满足感，觉得自己不能吃亏。客户要求公司少涨一点、缓涨一点，让公司给予一定的价格缓冲期，这些都可以理解。但是，必须从公司整体利益出发，及时向客户传达一个信号，当前的涨价不是为了谋取利益，而是为了化解风险。公司也认为这次原材料暴涨是非理性的，也觉得价格高，当前供求关系紊乱，公司没有办法，只能高进高出。部分订单如果不是刚需订单，那么可以让客户“冷一冷”“缓一缓”，不必着急洽谈、下单，可以去别家看一看、问一问、比一比，看公司的价格是不是真的高了。

社会心理学上有一个“破窗理论”，认为如果有人打坏了一幢建筑物的窗户玻璃，而这扇窗户又得不到及时维修，别人就可能受到某些示范性的纵容，去打烂更多的窗户。久而久之，这些破窗户就给人造成一种无序的感觉，结果在这种公众麻木不仁的氛围中，不良行为就会滋生、猖獗。环境中的不良现象如果被放任存在，就会诱使人们仿效，甚至变本加厉。如果公司涨价不敏锐、不积极，简单同意对某个客户不涨价，或者低于公司调价要求的下限，那么其他客户可能会互相攀比，纷纷向公司提要求。因此营销人员没有必要患得患失，要“站着”做生意，不要“缺钙”，要向市场、客户表明决心，坚定涨、坚决涨、积极涨，制定出双方互利共赢的价格。

企业经营片面追求“市场占有率第一”“产销量全国第一”是狭隘的，甚至是错误的。要牢固树立“经营之道就是盈利之道、挣钱之道”的思想。企业运营不是“搬砖头”，“赔本赚吆喝”是赚不到钱的。一个没有利润的企业，何谈生存发展，又何以创造美好的未来呢？企业要坚持以经济效益为中心，与客户平等协商、友好协商，制定出互利双赢的价格，敏锐积极调价，化解经营风险，提高效益。

- 聚氨酯合成革行业具有料重、工轻、费中的特点，对价格波动高度敏感。
- 公司调价并不是为了获取额外收益，而是为了化解风险。
- 经营之道就是盈利之道、挣钱之道。企业运营不是“搬砖头”，“赔本赚吆喝”是赚不到钱的。

第三篇

品牌为旗　创新驱动

“五品”理念

2013年，安利先后荣获合肥市政府质量奖和安徽省政府质量奖，说明20年来安利坚持自主创新，打造自主品牌，不断进行价值创新，内抓管理，外抓市场，坚持以新取胜、以优取胜的策略是正确的。

2016年，时任中共中央政治局委员、国务院副总理马凯调研安利，对公司品牌引领、创新驱动的发展策略表示高度认可。他说：“安利股份是改革开放的产物，能发展至今，不仅因为战略清晰，制度良好，还贵在坚持品质、品种、品牌的‘三品’战略，不断开发品种，提升品质，做大品牌。安利长期聚焦聚氨酯合成革及聚氨酯复合材料领域，精耕细作，聚焦主业，专心致志，心无旁骛，咬定青山不放松，加强企业管理和企业治理，不断创新，应该倡导这种创新发展、专注品质、追求卓越、履行责任、敢于担当的中国企业家精神。”

我向马凯副总理汇报道：“安利股份不仅是外在的‘品质、品种、品牌’好，安利还有‘两品’是非常重要的，即‘品格和品行’。品质、品种、品牌是外在的，有形的，品格和品行是内在的，无形的。一是安利有理想，有抱负，有愿景，有目标，有追求，不小富即安，不小胜即满，永远向着前方，做大做强，造福社会，品格高尚；二是安利依法经营，规范运作，恪守信誉，品行良好。安利在发展中坚持‘五品’经营策略，即品质、品种、品牌、品格和品行，坚持良好的经营理念和品格，保持优良的经营行为和品行，努力做到内外兼修、秀外慧中。这是安利能够持续健康发展的重要原因。”副总理称赞“安利是一个价值观良好的企业”，并勉励公司再接再厉，做大做强。

20多年来，公司在品牌化战略的引领下，始终坚持良好的经营理念和经营行为，坚持“五品”经营策略，不断提高公司品牌知名度，提升品牌信任度，增加品牌美誉度。

一是品质。品质是价值、尊严、效益。品质是企业的生命、企业的信誉、企业持续发展的生命力。安利坚持一切为客户着想、一切以预防为主、不流入不良品、不制造不良品、不流出不良品。安利靠优秀的产品质量、可靠稳定的品质赢得了客户信任，促进了公司持续发展。

不坚守品质，没有好结果。历史上，三鹿、恒天然等响当当的品牌，因奶粉和乳制品质量问题而衰退倒闭，波音、双汇等公司也曾经因为品质问题付出巨额赔偿，陷入品牌危机。这些案例无时无刻不在提醒我们，一定要时刻紧绷品质这根弦。

面对瞬息万变的市场，公司能够坚持质量第一、客户至上，产品品质总体良好。即便是个别产品质量瑕疵，也不能麻痹大意。有问题不可怕，关键是要正视问题、积极处理问题。市场是残酷的，不允许犯错，一定要把全面质量管理落地，不能“写在纸上”“贴在墙上”“掉在地上”，不能空对空，一定要高度重视品质这张市场通行证，坚持以优取胜。

二是品种。安利坚决反对产业多元化，而主张市场多元化、工艺多元化、品种多元化。要在经营管理中体现差异化和特色化，不断增加花色品种，提升产品功能，推进大规模定制，充分满足客户多样化、个性化的需求。公司开发经营坚持“经营一代、开发一代、储备一代、谋划一代”，形象地说，就是“嘴里吃一个、手里拿一个、眼里看一个、脑里想一个”，牢牢树立“四代同堂”的经营开发思想，坚持以新取胜。

三是品牌。品牌是企业宝贵的无形资产。品牌不仅仅是企业的一个标志和名称，它还富有文化和情感内涵，体现着企业的价值观，象征着企业的身份。品牌是客户对安利产品、服务、文化价值的一种评价和认知，是一种信任。品牌的基础是质量，离开了质量的品牌犹如“水中月”“镜中花”，犹如“空中楼阁”，会轰然倒下。

公司始终坚持自主创新，打造自主品牌，发挥现有“全国制造业单项冠军示范企业”“全国工业品牌培育示范企业”“中国名牌”“中国驰名商标”和全球知名品牌优势，以自主创新为手段，坚持以新取胜、以优取胜，进一步提高品牌的知名度、信任度和美誉度，努力把公司打造成为全球驰名品牌。

四是品格。品格是企业的基本素质和内在修为。和人一样，企业在成长过程中也会形成自己的品格。企业的品格是企业在经营活动和社会交往中体现的胸怀、情怀、格局和作风，反映了企业的世界观、价值观和组织态度，决定了企业在社会中的行为和认同度。

公司有崇高的理想和信念、远大的目标和追求，以及良好的社会责任感，践行“为员工创造机会、为客户创造价值、为股东创造回报、为社会创造财富”，及“美好材料、造福社会”的企业使命，努力创造价值，回报和造福社会。

五是品行。品行是企业的经营行为风范。守法合规是一切经营活动的底线。安利坚持依法经营、规范运作、恪守信誉。坚持在道德的高地上经营企业，老老实实做人、踏踏实实做事，凭良心做事，必须光明磊落、诚实正直，努力做品行优良端正的企业典范。

我认为，好的伦理、原理、道理和规范，是企业重要的经营之道。企业竞争，不只是策略、技术、产品和创新的竞争，决定胜负的关键往往是依法合规、品行和道德。中国有句古话：“小胜凭智，大胜靠德。”“德”是指道德水平，是一个综合概念，正义感、责任心、诚信度、忠诚度等，这些都属于道德的范畴。企业要恪守道德底线，也就是要“守正”，“走正道”，不搞“歪门邪道”，不走“旁门左道”，坚持学法、知法、懂法、遵法、守法和依法，在此基础上，坚持以德经商。道德必须根植于企业内心，成为企业恪守的信条，融入企业经营管理实践中，负责任，重承诺，讲信誉，有抱负，有理想，向善向上，坚守以情做人、以诚做事、以信经商的品行。

曾有位省领导来安利调研视察时评价，“安利厚重、实在，规规矩矩，依法经营，与安利打交道很放心”。听了这话我非常高兴，说明安利是一个有品格魅力和品行力量的企业。

我认为，企业的核心竞争力是依托于“五品”的积淀，得以建立、维护和发展的。公司要围绕这“五品”持续改进，追求卓越，不断地上台阶、上水平、上层次，努力把公司办成以卓越绩效模式为依托运营、受社会尊敬和信任、具有国际竞争力和影响力的优秀企业。

- 安利在发展中坚持“五品”经营策略，即品质、品种、品牌、品格和品行。
- 品质、品种、品牌是外在的，有形的，品格和品行是内在的，无形的。
- 坚持良好的经营理念和品格，保持优良的经营行为和品行，努力做到内外兼修、秀外慧中。

质量是命

公司五项核心价值观中，有一项是“追求卓越”，经营策略是定位于中高端客户和市场，以新取胜、以优取胜、以快取胜。20多年来，公司质量纵比是进步的，横比在全国同行中总体是优良的，甚至与一些国际优秀同行相比毫不逊色，这是公司能够持续健康发展的重要原因之一。

然而，公司产品质量时有一定反复和波动，比如色差、假粘等“常见病”时有发生。各级管理人员一定要迅速反应，马上行动，尤其是常见质量问题不能屡犯、重犯，要认真分析，精心组织，细化要求，持续改进，不断提高质量。

质量的内涵是多维的。一是功能，功能越多，质量越好。二是标准，产品质量要符合一定的标准和规范。三是适用性，即产品实现预期功能的程度。四是价值，包括有形的产品质量，以及快速、及时和准确交货，售后服务和技术支持等无形的质量。五是卓越，产品价值显著高于或超出一般水平。六是满足或超越客户期望。

质量不是一个简单的、固有的概念，而是动态、变化、发展的概念，是性能、成本、数量、交货期、服务等一系列因素的组合。

有人把质量等同于产品质量，认为质量是生产部门的事情，这种看法是狭隘的、片面的。质量是一个综合的概念，既包括产品质量，也包括工作质量、体系质量、过程质量、经营质量和发展质量等。它们相互促进、相互提高。

质量有三个层次，分别是当然质量、标准质量和魅力质量。第一（最低）层次是当然质量，是符合产品基本要求的品质，如手机能通话、茶杯能喝水、话筒能传声等；第二层次是标准质量或者要求质量，满足行业标准、国家标准，以及客户表明的、要求的品质；第三（最高）层次是魅力质量或者卓越质量，这是质量的最高形式，充分满足客户现实需求和潜在需求，超越客户的预期。企业要不断提高客户的满意度、信任度和忠诚度，提供富有魅力的卓越质量。我也希望公司的质量目标能从“满足要求”“符合规范”上升到“让客户满意”。

质量提升是一个持久的过程，过去好不代表现在好，现在好不代表未来好，但品质决定价值是亘古不变的真理，没有品质就没有价值。有人认为，品质符合某种规格、某个标准、某项要求就行了，这只是中低层次的质量；而高层次的质量要考虑是否充分满足客户的标准要求和期望、能否持续接到订单、能否让客户满意和忠诚，这才是衡量质量的重要标准。

企业竞争有“三力”，产品力、营销力、管理力，构成了竞争力的“铁三角”，这“三力”互相作用、互相影响。营销力关乎渠道网络、客户关系、服务意识，并不是说产品搞好了，企业就一定有竞争力。产品做好了，并不代表营销一定能做好。“酒香不怕巷子深”，这句话既对又不对，酒好，还要会吆喝、会销售。产品力包括内在性能、时尚程度、性价比、交货期等。产品质量不好、产品没有力量，营销肯定是做不好的。一支军队如果没有枪和子弹，就没有办法在战场上和敌人拼斗。营销也是如此，产品不好，营销做得再好，也无法在市场中获胜。高质量的产品，是市场营销成功的保证。

产量是钱，质量是命。质量有着十分重要的意义，我认为，质量是企业的生命，在买方市场条件下，企业竞争的实质是质量竞争，质量好的企业必将淘汰质量低劣的企业。质量是企业树立品牌的前提，良好的品牌依赖产品的高质量，没有优质的产品难以树立好的品牌形象，即使品牌形象一时树立起来了，也可能是昙花一现。质量是企业效益的源泉，高质量的生产制造过程降低了废品率和各种消耗，给企业带来了经济效益。质量是市场营销的后盾，高质量的产品是市场营销成功的保证，质量上不去，再有成效的市场营销也只能是前面开拓市场、后面丢失阵地，前面扩大销售、后面增加投诉。

不良的质量会带来不良的后果，现实中有很多案例。2008 年，三鹿因三聚氰胺奶粉事件被判生产、销售伪劣产品罪，判处罚金 4900 多万元人民币，原董事长被判处无期徒刑，品牌瞬间灰飞烟灭；2016 年，三星 S7 手机电池爆炸事件导致企业营收损失近千亿韩元，元气大伤；2017 年，西安奥凯电缆犯生产、销售伪劣产品罪，被处罚金 3050 万元人民币，公司负责人获无期徒刑，并处罚金 2150 万元人民币，其余 7 名被告人分别判处有期徒刑七年至十二年不等；2018 年，长春长生生物在生产狂犬疫苗过程中，违反国家规定，其产品部分批次混入过期原液，不如实填写日期和批号，部分批次向后标示生产日期等，因问题疫苗被强制退市，被罚 91 亿元人民币，包括董事长在内的 14 名直接负责人被追究刑事责任；2019 年，波音 737 MAX 坠毁，对其股价和品牌影响巨大，损失巨大……不良产品质量不仅会增加成本，丢失订单，丢掉客户，丢掉市场，导致企业经营不善，声誉毁损，甚至可能导致企业资不抵债、破产倒闭，带来灾难性、毁灭性后果。

市场经济中，什么都可以变，唯独“质量第一”的要求不能变。价格的竞争是暂时的，质量的竞争是永恒的。企业要牢固树立“质量第一、客户至上”的思想，牢记“产量是钱，质量是命；要钱更要命，先要命再要钱”的理念。而且，“质量就是生命”，不应该仅仅只是一句口号，而应该成为企业全体员工共同的理念和行为准则。不管做什么产品，不管在什么时候、什么情况下，企业一切事情都要给产品质量让路，努力让产品质量更好，时时注重自己的名声，处处保护自己的名声。

2002 年，我学习了中国名牌战略最早倡导者之一、名牌理论权威专家艾丰的《名牌论》一书，其中两个观点对我影响很深：一是“创牌难，毁牌易”；二是“名牌没有终身制”。总体而言，公司的产品质量在行业里是良好的，然而今天质量好不代表明天质量好，如果企业放弃品牌管理，那么声誉可能会立刻下降。“一步登不上高山，一步可以走向深渊。”罗马不是一天建成的，品牌创建也非一朝一夕之功，但毁掉它是瞬时之事。我们应像爱惜自己的身体、爱护自己的眼睛一样珍惜质量，把优良质量当作“过去时”，立足优良质量“现在时”和“未来时”，实现长久、稳定和优良的质量，确保质量“万无一失”，否则自酿苦果、“一失万无”。

质量的标准在于市场和客户。标准决定质量，标准考验能力，只有高标准才有高质量。追求卓越其中一个重要观点就是尊重客户，尊重市场，以市场为导向，以客户为中心，跟着市场走，跟着客户变。行业标准、国家标准只是基本要求，而质量的最高标准在市场，应以满足客户需求为最高准则和追求。市场、客户才是企业的最高领导、最高标准，要以市场要求的标准定目标、定标准，以市场的标准抓质量。客户不满意，就是产品不合格；客户不满意，就是质量还存在问题。

企业有很多利害关系体，对员工要发薪酬，对股东要分红，对供应商要付费，对债权人要付息，只有客户为企业付费，使企业能够创造实实在在的利润。企业要以 200% 的服务态度为客户创造价值，无论什么时候都不能忘了客户，什么时候都要把客户放在第一位。

对产品的要求是 100% 的质量，但事实上也难免不尽如人意，这就需要用 200% 的良好服务去弥补。没有良好的服务质量，会砸了牌子、丢掉客户、丢掉市场、损害形象，满盘皆输。

- 质量是一个综合的概念，既包括产品质量，也包括工作质量、体系质量、过程质量、经营质量和发展质量等。它们相互促进、相互提高。
- 产量是钱，质量是命；要钱更要命，先要命再要钱。
- 市场、客户才是企业的最高领导、最高标准，要以市场要求的标准定目标、定标准，以市场的标准抓质量。

大质量观

质量是干出来的、管出来的，不是光喊口号就能把质量做好的。首先要树立大质量观，大质量观的核心思想就是在抓质量的过程中，要有系统的、全面的思维，系统、全面地抓质量，综合施策，全面管理。大质量观不仅是指单一的产品质量，而且要全面提升工作质量、经营质量、服务质量、环境质量和产品质量等。

在大质量观的思想指导下，推行全面质量管理（TQM）。从空间来说，是全方位、全系统、全过程、全员参与质量管理；从要素来说，就是要从人、机、料、法、环、管等各方面抓好质量管理；从管理职能来说，要从设计开发、生产、采购、销售、工程、管理、行政，即产、供、销、人、财、物等方面进行全面管理。

质量管理从20世纪80年代的“全面质量控制”（TQC）发展为现阶段的TQM，强调全员、全过程、全系统、全方位地参与质量管理。质量不是生产出来的，也不是检验出来的，而是设计出来的、管理出来的、预防出来的，不能只依靠事后的检验把关，更要重视品质的事前预防与事中的过程控制，建立以“顾客满意、附加价值、持续改善”为核心的TQM，抓好质量。

第一，领导推进是第一位的。问题在现场，原因在管理，根子在干部；或者说，问题在下面，根子在上面。“火车跑得快，全靠车头带。”公司个别管理者只满足于下文件，满足于开会布置，工作流于形式，忽视组织管理，忽视现场，忽视实际，忽视一线。出了事情，责任是一级一级往下推，大会小会批。

出了质量问题不只是工人的问题，更是管理者的问题。管理者的作用是第一位的，管理者不重视质量，下面的员工怎么会重视质量，怎么会抓好质量？管理出成果，管理出效益。企业需要的是贴近现场实际的科学管理。

第二，要重视源头控制。“良好的开端就是成功的一半。”事后补救不如源头遏止。有时在工作上“求快”，事前不考虑周全、谋划周全，结果可能事倍功半。正所谓“事前简单，事后麻烦；事前麻烦，事后简单”。

计划是管理工作之先，计划的制订比计划本身更重要。一项工作，要先有计划，才会有后续的组织和控制，没有计划的工作，不叫管理工作。设计开发是质量的源头，是成功的保障。要重视源头管理，重视“顶层设计”，从产品的工艺配方设计、成本费用等源头上最大限度地防范和减少风险因素，一次就把事情做好，避免重复，否则后续工作就会紊乱，浪费资源、浪费时间、浪费劳动、浪费价值。

1950 年，美国质量管理专家戴明到日本担任产业界的讲师及顾问，其间帮助整顿、创立日本产业制度，塑造了风靡世界的日本企业管理模式，即 PDCA 循环，是全面质量管理所应遵循的科学程序。PDCA 循环的第一步就是 Plan。有好的计划、规划，才能有好的实施结果。

第三，要重视全员参与。质量不是某些人、某些部门的事情，而是全员、全方位、全覆盖的全面管理，依靠全体员工，涉及企业生产经营的全过程，采购、营销、开发、生产、仓储、工程等各个方面，从高层到中层再到基层，都要合力推进质量工作，尤其是中高层管理人员，更要率先垂范。上级都不能严格要求自己，下级员工会重视吗？质量无小事，要追求无可挑剔、完美无缺的质量。全员参与，一是细化组织分工，明确责任；二是加强目标管理，让员工与管理者共同参与目标的设定与选择，并对如何实现目标达成一致意见；三是强化考核，奖罚分明；四是重视员工的培训教育；五是持续开展形式多样的质量管理活动，如合理化建议、QC 小组、质量改进课题、劳动竞赛等，增强员工的主动性、积极性和创造性。

第四，要精益求精，持续改进。产品生产经过多道工序，要牢固树立“质量链”“市场链”“下一道工序是上一道工序的客户”的观念，要“一次就把事情做对”，不能把问题产品结转到下一道工序，不能上一道工序的问题指望下一道工序去解决，每个人每个部门都要树立“上一道工序为下一道工序服务、上一道工序对下一道工序负责”的思想，把下一道工序当成客户，全体服务营销，营销服务客户。

各部门、各级管理人员和各环节都要管理好自己的每一道工序，质量不留死角。做好产品是最大的行善积德。出现质量问题绝不容忍，不妥协、不放过、不原谅、不迁就、不讲情面；质量改进提升不能走过场，不能忽视基础管理，更不能蛮干、胡干、乱干。

企业要向国际名牌的标准看齐。实行严把关、严检查、严考核制度，对员工严格要求，一丝一毫、一点一滴都不能有疏漏，9S 管理绝不能流于表面和形式。细节决定成败，管理最终拼的是细节，只有注重每个细节，不放过每个细节，在每个细节上做足功夫，建立“细节优势”，企业才能健康持续发展。

企业要精益求精，追求“零缺陷”。再好的产品，质量不好等于零，有 0.1% 的问题，对于下一道工序来说就是 100% 的失误，对于客户来说就是 100% 的问题。

二战期间，美国空军降落伞的安全度不够高，经过制造商努力改善，降落伞的良品率已经达到了 99.9%。只有 0.1% 即 1/1000 的不良品，已经是很好了。但是美国空军却对制造商说“NO”，他们要求所交降落伞的良品率必须达到 100%。于是降落伞制造商的总经理便去飞行大队商讨此事，看能否降低标准。因为厂商认为，能够达到这个程度已接近完美了，没有再改进的必要。美国空军自然是一口回绝，因为品质没有折扣。后来，军方要求改变检查品质的方法。那就是从厂商交货的 1000 件降落伞中，随机挑出 1 件，让生产厂商负责人穿上装备后，亲自从飞行中的机身上跳下。这个方法实施后，不良率立刻变成零。

第五，要有冠军思维，追求卓越。冠军都是渴望创造辉煌的人，甘于平凡绝不是冠军应具有的心态。冠军永远目标坚定，总能严于律己。冠军都想成为第一，不会只争第二，并且会为了成为第一而努力，每天都在努力超越自己，永远争第一、当第一，永不自满。

在“冠军思维、追求卓越”思想的指导下，杰克·韦尔奇在通用电气公司全面实施六西格玛（6σ）管理战略，即以数据为基础，以客户需求为导向，以流程为核心，采用 DAMIC（D——定义、M——测量、A——分析、I——改进、C——控制）的方法，通过立项、准确了解现状、分析根本原因、突破性改善和有效控制五大步骤来完成改善循环，提高质量，持续改进，追求卓越，取得了卓越绩效。

质量无止境，追求无止境；没有最好，只有更好。追求更好、更美是企业发展的理念。要学习优秀企业的质量管理方法和经验，在产品质量、工作质量、服务质量方面，建立“零缺陷管理、零质量损失”的高标准，持续改进，追求完美，追求卓越，精益求精，永远追求自己的极限，从干了到干好，干到更好、干到最好、干到极致。

安利企业精神就是要“追求进步，奋斗超越”。企业在做好当然质量、标准质量的基础上，不断创造魅力质量，满足客户不断变化的需求，使公司在激烈的市场竞争中保持优势，持续健康发展。

- 在大质量观的思想指导下，推行全面质量管理（TQM）。
- 质量不是生产出来的，也不是检验出来的，而是设计出来的、管理出来的、预防出来的。
- 上一道工序为下一道工序服务，上一道工序对下一道工序负责。

工匠精神

公司坚持“以新取胜、以优取胜、以快取胜”，坚持客户至上、质量第一，取得了一定的成功。然而，公司要实现高质量发展，还应对质量执着追求、对工作不断超越，坚持精益求精、精雕细琢的工匠精神。当前，新概念、新理论、新业态层出不穷，在技术日新月异的互联网时代背景下，仍要倡导工匠精神。

过去很长一段时间，中国市场很大，爆发式需求导致中国一些企业习惯于马马虎虎做产品，认为反正做出来都有人买。要彻底改变马虎的惯性，就要提倡工匠精神。工匠精神的核心就是一丝不苟、精益求精。

有时，我们会看到一些人对功利赤裸裸甚至不择手段地追逐与攫取，“找泉水，挖金矿”，靠投机取巧去追求财富的迅速积累，使社会中弥漫着心浮气躁、急功近利的风气；一些人要小聪明，偷工减料、偷奸耍滑和粗制滥造，导致食品安全、质量问题频繁发生。一些年轻人沉不下心来做一份工作，盲目参与私募和风投，认为这样来钱快，而脚踏实地做实业的人却被人看不起。还有一些人觉得哪个行业发展好，就一拥而上，过分热衷于炒房地产、炒金融、炒概念。

在我看来，企业要坚决摈弃机会导向，坚持质量至上，倡导品质导向和工匠精神。全球有两个国家的工匠精神值得尊敬：一个是德国，另一个是日本。

放眼全球，“德国制造”是高品质、高性价比、高技术含量的代名词，经历了漫长的历史沉积。德国企业发展的一个重要特点就是专业、专心、专注，追求品质，做到极致，成为全球数一数二的企业，而且十分低调，是“隐形冠军”。这些“隐形冠军”并不是享誉全球的奔驰、宝马、科思创、拜耳等大型跨国公司，而是隐身德国乡间却在本领域拥有“世界第一”称号的众多中小企业，它们都有着非常优秀的工艺传承，具有令人尊敬的匠人精神。德意志民族尊重手工劳动，尊重手艺人，尊重工匠。就是因为重视这些匠人，德国存在两个教育体系，即培养动脑的人和培养动手的人，将这两种体系高度融合在一起。

日本被誉为“工匠之国”，日本人天生追求极致、完美、严谨和执着，精益求精，在自认为技术还不够完美时不会拿出手。在日本，被称为“匠人”，就意味着得到了极大的褒奖和尊重。只有一个行业内非常专注、做得出类拔萃的人，才能被称为“匠人”。稻盛和夫也是一个具有“匠人精神”的企业家，他曾说：“手拿放大镜仔细观察产品，等同于用耳朵静听产品的‘哭泣声’。当你把一个个产品完全当作自己的孩子，满怀亲情、细心观察时，必然会获得如何解决问题、如何提高制成率的启示。”正是因为具备这种“匠人精神”，日本涌现出了丰田、本田、三菱、日立、新日铁等一大批著名企业。

德国、日本的制造业都曾经历过粗制滥造的阶段，如今都跃升为“高质量”的象征，从而打开了世界市场大门。可见工匠精神是企业高质量发展的重要条件，它不仅代表一种生产理念，更是当今民营企业的转型方向。坚持工匠精神，要重视三个方面的工作。

一是专心致志，专业专注。做企业要认真执着，要在精细领域深耕，而不是炒股票、赚快钱，盲目追求短期利益。要聚精会神，心无旁骛，握紧拳头，聚焦资源，突出主业，保持咬定青山不放松的韧劲。一个真正的工匠，在自己专业的领域是不会朝三暮四、左顾右盼、浅尝辄止的，也不会停止追求进步，而是在自我要求中不断完善、不断改进、不断超越。

二是一丝不苟、精益求精。即精雕细琢、追求卓越、追求完美的态度。“玉不琢，不成器。”“琢”使工作细到极致。严谨的作风和一丝不苟的态度，是工匠成就其完美的原因。这是一种认真精神，注重细节，追求从精致到完美。

被喻为“全球第一包”“一个包子横扫天下”的鼎泰丰，堪称中国台湾餐饮业的典范。几十年间，它走过了从创立品牌到蓬勃发展的历程，先后在日本、美国、中国大陆（内地）、中国香港等地开设分店，被美国《纽约时报》评选为“世界十大美食餐厅之一”。鼎泰丰是一家具有“匠人精神”的餐饮企业，走进任何一家分店，到处都能看到温度计和秤子。师傅包好的所有小笼包，重量只允许 0.2 克的差距，包前的材料和包完的成品都要测量。其实多 1 克，客人也不会发现，但在要求完美的鼎泰丰看来，却是天与地的差别。每道菜出场送到客人餐桌前，外场人员都必须拿出笔形温度计确认，比如，元盅鸡汤和酸辣汤的最佳温度是 85 摄氏度，才不至于烫口，肉粽则必须提高到 90 摄氏度，确保猪肉块熟透，注重细节、追求极致地落实中华料理的标准化、精益化、精品化。

三是客户满意，追求卓越。企业的工匠精神，体现在用户是否满意、是否信任、是否依存、是否忠诚，企业是否能够满足客户需求，超越客户期望上。工匠精神就是要把用户真正当作上帝，把企业最好的东西奉献给自己的上帝，只有把用户放在首位，才能形成精益求精的工匠精神。在企业生产经营上，不仅要在内部的产品层面上追求极致，把产品品质做到足够好，而且在外部要以客户需求为中心，以客户满意为目标，让客户参与到设计、研发、制造的过程中来，让客户对企业从“一般满意”上升到“非常满意”，追求卓越，实现完美，实现客户的高信任度和高美誉度，这才是工匠精神的落地实践。

民营企业要大力倡导工匠精神。设备、工艺再先进，如果没有先进的理念，以及精益求精、追求完美的细节管理，都是做不好的。工匠精神不仅能够帮助企业创造出高品质的产品和服务，而且是民营企业持续发展的重要基因。

- 聚精会神，心无旁骛，握紧拳头，聚焦资源，突出主业，保持咬定青山不放松的韧劲。
- “玉不琢，不成器。”保持精雕细琢、追求卓越、追求完美的态度。
- 在产品层面追求极致，让客户从“一般满意”上升到“非常满意”，追求卓越，实现完美，实现客户的高信任度和高美誉度，这才是工匠精神的落地实践。

守正出奇

“守正出奇”源自《孙子兵法》，“凡战者，以正合，以奇胜”。经营管理企业，既要坚守理念，又要追求进步。“正”是指正路、正道、正途，“奇”是指出人意料。

企业经营得好与不好，取决于企业的拼劲、心智、状态和方式方法。“要做好，能做好，一定要做好，一定能做好一件事”四种心态和状态导致的结果完全不同。企业不能找理由、找借口，要找方法、找对策，在经营管理上要“守正出奇”。

“守正”，走正道，是坚守核心理念，以不变应万变。企业经营“守正”，意味着要走正道，尊重市场规律办事，坚守理想、抱负、核心价值观，坚守依法经营、规范运作，坚持反应快速、尊重客户、追求卓越、团队制胜等。我们见过一些人，心浮气躁，飘忽不定，这山望着那山高，结果做得“不三不四”，一事无成。企业如果不务正业，走邪路，很难长久经营下去。

在复杂多变的行业环境下，企业应努力追求“比别人做得更好一点”。宏观经济环境出现一些波动，偶尔“打个喷嚏”“感冒发热”都是正常的，无伤大雅。但是，在行业环境不利的时候，企业要“修炼内功”，努力比别人做得更好一点。在好的形势下，有经营得不好的企业；在不利的形势下，经营好的企业也多得是。经营好的企业绝大部分都不是在好的形势下成长起来的，而是在不好的形势下磨炼出来的。

人有两种状态不可取，一是“人穷志短”或“因贫失志”，遇到困难萎靡不振，悲观失望，丧失远大的志向和目标；二是“富贵则淫”或“小胜即满、小富即安”，在成功时骄傲自满、自以为是。企业在经营管理中，也要注意两个不能“忘形”，一是得意不要忘形和失态，二是失意也不要忘形和失态，应获胜不陶醉、失败不萎靡。

在复杂多变的宏观经济形势下，经营管理者不能萎靡不振，缺乏精气神，缺少干劲和闯劲，而要坚定信心，昂扬斗志，迎难而上。宏观经济滑坡，思想观念不能滑坡；全球市场疲软，精神信念不能疲软。作为全球聚氨酯合成革及复合材料行业的领军企业，应该有条件、有能力应对各种风险挑战，让企业持续健康发展。

“出奇”，出奇招，是变革创新，以变应变。“出奇”是指突破思维、出奇制胜。“出奇”建立在“守正”的基础上，创新建立在积累与传承的基础上。“守正出奇”的意思就是既要去想“正”的事情，又要研究变通、变化，既不墨守成规，又有变革创新，只有如此，方可制胜。

企业经营“出奇”，意味着在企业经营管理中，不能只遵循一套章法去打胜仗。俗话说：“不走寻常路。”不墨守成规、因循守旧。企业的开发经营不能一成不变，而要以变应变、出奇制胜。比如，积极采用新工艺、新设备、新材料、新技术，改变以往的招数、套路，在别人没想到的时候我们想到了，在别人想到的时候我们能做得更好。

“守正”和“出奇”相辅相成，对立统一。“守正”是遵循客观规律办事，“出奇”是突破常规，敢于创新。不“守正”不可能“出奇”，一味“出奇”，就会偏离正常轨道。而有的民营企业太喜欢“出奇”，一味地强调“出奇”，没有“守正”，“奇”多了就变成了“邪”。“出奇”是“守正”基础上的与时俱进，而不是突发奇想、铤而走险、剑走偏锋。所以企业一定要厘清思路，不能重视了理念坚守，就忽视了变革创新；不能重视了变革创新，就忽视了理念坚守。二者是辩证统一的，不要把理念坚守与变革创新对立起来。

“千里之行始于足下。”再伟大的事业，也是一砖一瓦垒起来的。企业最大的“守正”，是坚守核心理念，做好成本、质量、安全、环保、自动化、信息化、智能化等企业基础管理工作；企业的“出奇”在于变革创新，先是观念、组织、制度的创新，进而是营销、技术、管理等方面的创新，从而达到整个系统的创新，综合创新，持续创新。

- “凡战者，以正合，以奇胜。”经营管理企业，既要坚守理念，又要追求进步。
- “出奇”建立在“守正”的基础上，创新建立在积累与传承的基础上。
- “守正”，走正道，是坚守核心理念、以不变应万变；“出奇”，出奇招，是变革创新、以变应变。

良技与良法

企业要想在激烈的市场竞争中获得优势地位，不仅要靠先进的设备工艺技术，还要不断提升管理水平，实现管理创新，以“良技”和“良法”促进公司发展，要“软”“硬”兼施、齐头并进、统筹提高发展。

“良技”，是指先进的工艺技术装备，是“硬”的方面。“良技”是生产力的重要内容，是生产运营的保障。从某种意义上说，有什么样的工艺装备水平，就有什么样的竞争能力。中高层管理者都是“带兵打仗”的将帅，仗能不能打好，靠的是“尖兵利器”。中国有句古话：“工欲善其事，必先利其器。”在企业内部推广应用先进的工艺技术装备，“鸟枪换炮，手榴弹换导弹”，不仅可以提高生产效率、提高质量、减轻劳动强度、改善作业环境，还能减少污染排放、降低能源消耗。这就要求经营管理者高度重视自动化、信息化、智能化的推广运用，不断进行技术革新和技术改造，推进智能制造、智慧管理，通过把先进的工艺技术和设备融入日常生产经营管理过程中，使生产成本更低、速度更快、效率更高、环境更美、质量更好。

“良法”，是指先进的管理和先进的技术水平，是“软”的方面。除了善于利用“良技”，还要善于运用“良法”。“良法”一方面是指科学健全的制度、规范、准则、标准、流程等，在规范运作、诚信经营的前提下，靠制度管人，用流程管事，让各项工作有章可循；另一方面是指学习应用先进的管理工具和方法。

“没有规矩，不成方圆。”没有科学规范的制度、规则，组织的行为就会陷入混乱。一个国家的管理靠法治，一个企业的管理靠制度。“良法”善治，制度建设就是通过明确并改进规则，从而引导规范人们的行为。管理学认为，一个领导对下属的有效管理，一般也就十几个人而已。靠人来管人，成本是最高的。而制度管理是可以复制的、可持续的，并能不断调整、优化，这样就可以大大提高管理的质量。

“打铁还需自身硬。”制度的生命力在于执行。强化制度执行，必须领导带头、以身作则，统一思想认识，在同一个频率和层面上“同心做人、合力做事”，确保制度都能执行到位。

流程就是做事的先后顺序，流程管事就是解决事情“谁来做、怎么做”的问题。对于企业高层管理人员来讲，流程是一种盈利模式；对于中层管理人员来讲，流程是一种管理的思路和方式；对于基层员工来讲，流程是一种操作规范和手册。做好流程管理有利于明确岗位职责、合理配置资源、提高工作效率。

无数企业的成功经验告诉我们，卓越的管理必然是科学的管理，科学的管理必然要用制度管人、流程管事。只有这样，才能实现管理的高效化、规范化、程序化和严谨化。

此外，良好的工作方法非常重要。到底是用创新的工作方法，还是埋头苦干、总想着原始创新？人们常说要“善假于物”，要学会借势借力、借梯登高、借船出海，善于学习应用别人先进的管理经验和方法。河上有桥，何必要摸着石头过河呢？不学习，不善于嫁接、借鉴其他企业成功的管理方法，是做不好工作的。即使做好了，也会消耗过多的时间、资源和精力。

安利多次组织员工“走出去”考察交流，其本质是开放学习，迅速提升管理水平，比如学习 TQM、精益管理、成本管理、JIT 准时化生产、6σ、价值工程、量本利分析等管理工具和方法，如果经营管理者都不善于学习和运用这些工具与方法，企业又怎能进步和提升呢？

企业能不能赢得别人尊重，能不能走得更远，不仅取决于企业有什么样的工艺技术装备、拥有多少资源，还取决于经营管理者的能力和本领。稻盛和夫说过，经营管理者人格不断提升，企业就会不断发展。换句话说，企业发展的水平，取决于经营管理者的品格和能力。在企业规模小的时候，经营容易成功，但随着企业规模变大，如果经营管理者没能随着企业规模扩大同步提升自己的水平与能力，就会掌握不住经营之舵，导致公司发展陷入停滞或偏离战略目标。因此，企业要发展壮大，经营管理者不仅要扩展知识和技能，更要有意识地做出努力，不断提升自己的品格、素质、能力与水平，以“良技”和“良法”不断推进公司发展。

- “良技”，是先进的工艺技术装备，是“硬”的方面。要高度重视自动化、信息化、智能化的推广运用，不断进行技术革新和技术改造，使生产成本更低、速度更快、效率更高、环境更美、质量更好。
- “良法”，是先进的管理和先进的技术水平，是“软”的方面。靠制度管人，用流程管事，让各项工作有章可循。

精准有效开发

过去，安利在产品开发上存在一些问题：一是缺乏科学、正确的开发理念，缺少前瞻性、有效的产品开发规划，经常是“脚踩西瓜皮，滑到哪里是哪里”“东一榔头，西一棒槌”“捡到萝卜就是菜”；二是个别人凭着个人兴趣爱好和主观判断进行产品开发，闭门造车，脱离市场和客户；三是盲目创新、标新立异，一味地追求高技术、高难度、高质量，热衷于追求所谓的“高精尖”“高大上”，缺乏从投资收益的角度组织开发；四是部分技术开发人员存在“幼稚病”，主要体现为市场意识不足，重功能、轻性价比，重技术、轻管理，缺乏商品化意识，缺乏成本分析和管理，或缺乏质量意识；五是在开发过程中，缺少论证评估，造成资源浪费；六是部门之间缺少协同开发。

产品开发是企业在激烈的竞争中赖以生存发展的命脉。产品开发对于企业发展、增强优势、开拓市场和提高经济效益等方面，起着决定性作用。公司坚决反对产业多元化，但主张市场多元化、工艺多元化、品种多元化，在产品开发设计等方面体现出差异化和精准化。我认为，产品开发要“嘴里吃一个、手里拿一个、眼里看一个、脑里想一个”，就是要坚持“生产一代、开发一代、储备一代、构思一代”的“四代同堂”开发创新理念。因此，企业应采取以市场为导向、以客户为中心的产品开发策略，确保产品开发“正中靶心”，努力提高开发的实用性和有效性，从而实现良好的效益。

机制保障，组织推动。产品开发最重要的是组织、机制的保障。通过构建良好的组织和机制，淡化个人的管理魅力，靠制度和机制来保障企业持续、有效地开发产品。产品开发一定要摆脱个别领导的个人喜好，杜绝个别领导凭兴致、兴趣开发，随机、冲动性地开发。产品开发要以市场为导向，以客户为中心，以组织机制保障持续创新，不断推陈出新。没有组织和机制的保障，就有可能“今天有新产品，明天就没有新产品”，就会缺少系统性、科学性和规划性。

精准分析，追求效益。产品开发既是一种投入，又是一种投资，会耗费人力、物力和财力。目前，公司资源、条件和能力有限，不能不计成本、“土狼式”

地冲锋，不能为了所谓的高新技术和求新、求名、求品牌，脱离市场、脱离公司资源和能力去开发创新，不计效益地开发没有多少市场需求的新产品、新品种。公司缺少统筹分析，不停地开发打样，不时地换色、换品种，停机待料，误工误时，锅炉空转，升温、降温、保温，能耗大，一级品率又低，反而是大成本、大耗费。企业经营开发的目的是赚取利润，如果经营开发的产品卖不掉或不挣钱，就没有什么技术水平、营销水平和本事而言。

企业一定要反对“幼稚病”，反对技术开发人员炫技术、玩技术。合肥工业大学倡导的“把论文写在产品上、研究做在工程中、成果转化在企业里”的理念，我十分赞同。大学的论文、研究，都讲究产品、工程和市场，讲究效益。公司是工业企业，更应讲究利润和经济效益，追求企业商业价值，追求企业价值最大化和可持续发展。公司不是慈善机构，也不是大学、科研机构和科学院，而是面向市场、追求效益的企业。因此，公司的专业技术人员要成为“技术的商人”，成为“商业工程师”，不要为了技术而技术、为了工艺而工艺，不能只重技术，而轻市场、轻客户、轻管理，脱离市场、忽视成本，只讲投入不讲产出，不注重有效开发。技术是用来赚钱的，公司鼓励研发新产品、新工艺、新技术，应以“产品能不能卖掉、能否赚钱”为评价标准。技术要围着营销转，营销要围着客户转，技术市场化，市场技术化，要深挖潜力，降本、增产和增效。开发经营的产品一定要卖得掉、卖得好、卖得久，以能赚钱为目标。

适度超前，领先一步。技术上的成功，并不能保证经济上和商业上的成功。技术过度超前而导致失败的案例比比皆是。协和式客机是20世纪60年代末法国和英国联合研制的超音速客机，技术非常超前，高速、安全，从伦敦飞到纽约只要两个多小时，但是协和式客机制造成本高昂、运行油耗巨大，导致运营成本过高、票价昂贵、客源不足，限制了它的发展，使它最终淡出了商业航空领域，被列为欧洲运输业发展史上的“两大败绩”之一。由美国摩托罗拉公司经过数十年努力、耗资50亿美元开发成功的，由66颗卫星组成的铱星电话通信网，网络覆盖全球，通过卫星可在地球上的任何地方发出和接收电话信号。铱星电话在技术上具有极高的创新性，被誉为“科技的创举”“通信的先锋”。然而，由于使用成本过高，运营不到一年，摩托罗拉便为铱星公司申请了破产保护，铱星电话也几乎成了一堆昂贵的太空玩具。

因此，产品开发要处理好成本与功能的关系，处理好先进性、超前性与现实性的关系。技术要超前，但只能适度超前，领先一步、两步即可，就像“公鸡打鸣”不能乱打鸣，打鸣太早，会影响人们休息；打鸣太晚，主人都起床了，也是白打鸣。产品功能既不能不足，又不能功能过剩。功能不足，会导致质量低下；功能过剩，会导致成本高企，就脱离了企业开发经营的宗旨。企业精准有效开发，只能成为“先驱”，而不能成为“先烈”。

市场导向，有效开发。产品开发应该以市场为导向、以客户为中心，而不是以“技术为导向”、以“工程师为中心”。产品开发应以受市场欢迎为准则，由营销部门定“靶子”、定方向，提高技术开发的有效性和命中率，适应不同市场、不同客户的需要。这个“靶子”就是努力满足客户需求、为客户创造价值，在此基础上实现企业的利益和发展。这是营销的权利和义务。如果营销和技术人员不加强市场调研、分析和研究，产品开发没有“靶子”、没有方向、没有目标，或“靶子”、方向和目标不对，公司“子弹、炮弹”乱射，就会造成极大的资源浪费。营销人员要敢于代表市场、代表客户提方案、提要求，了解客户需求，有针对性地代表客户“点菜”，组织协调产品开发。

公司要统一对产品开发营销实行事前计划、事中评估、事后分析，建立起一套良好的产品开发营销运行机制。营销部门要会同相关部门将开发目标和方案，形成统一格式的书面计划提交给公司，提出开发产品的目标价格、物性、销量、目标利润和目标市场等，让产品从市场中来，回到市场中去，“端对端”都在市场。

此外，在公司订单充足、资产运作和经济效益良好的基础上，要重视基础性创新、前瞻性开发研究，在产品和技术上形成梯队结构，抢占行业全球市场和技术高地。

- 产品开发要“嘴里吃一个、手里拿一个、眼里看一个、脑里想一个”，也就是要坚持“生产一代、开发一代、储备一代、构思一代”的“四代同堂”开发创新理念。
- 企业的专业技术人员要成为“技术的商人”，成为“商业工程师”，不要为了技术而技术、为了工艺而工艺。
- 产品开发应该以市场为导向，以客户为中心，由营销部门定“靶子”、定方向，有针对性地代表客户“点菜”，组织协调产品开发。

在模仿中创新

企业中有一些经营管理者总想着原始创新研发，做别人做不出来的东西，以显示自己的知识、水平、能力，追求所谓的“与众不同”“标新立异”，开发经营所谓的“高大上”“高精尖”产品，而不善于借鉴、模仿。也有一些经营管理者只愿意模仿欧美、日韩等发达国家的工艺技术，或大企业的成功之道，而不愿意借鉴国内中小企业的成功做法。

可以说，他们陷入了创新认识的误区。主要表现在：一是将自主创新与自我创新相混淆。自我创新、原始创新是高层次的创新，其成果往往可称为发明。自主创新是以自我为主，但并不排除别人的东西，合作开发，引进、吸收、消化和再创新，甚至模仿，都是自主创新的方式。二是认为产品创新、科技领先就可以促进企业发展。开发新产品可以为企业带来优势，提高竞争力。有时企业为了获取竞争优势，盲目进行创新开发，增加了创新成本与风险。三是认为模仿不是创新，把模仿与创新对立起来。

创新在企业发展中具有重要作用，创新方式多种多样。到底该如何创新？我认为，企业创新应统筹好原始创新、集成创新和引进消化吸收再创新。公司鼓励面向市场，以实现效益和促进公司持续健康成长的自主创新、原始创新，不断增强公司的核心竞争能力。当然，公司反对简单地搞所谓的“自主创新”“原始创新”，标新立异，哗众取宠，脱离实际，耗费公司资源，增加公司风险。作为成长中的中小民营企业，更应重视引进消化吸收和再创新，要先模仿、学习，然后再创新，也就是要善于在模仿中创新、在模仿中实现超越。

模仿是一种创新。模仿是对创新的复制。模仿是借助外力、借势借力，模仿不是无能，也不是愚蠢的做法，而是聪明人的选择。荀子说过，“君子生非异也，善假于物也”。人们常说借船出海、借水行舟、借梯登楼、借鸡生蛋、借花献佛、草船借箭，其实说的都是善于借助外力来实现自己的目的。模仿主要有两种方式：一种是能带来短期利润增长的产品模仿、工艺技术模仿、管理模仿；另一种是能为企业带来长期竞争优势的商业模式模仿。

在市场竞争中，并非所有企业都能通过原始创新实现领先和成功，无论是从整体还是从局部，原始创新都很难，而且需要承担风险。大多数情况下，只有少数企业能通过原始创新而成功，绝大多数企业选择跟随战略，或称“模仿战略”，通过模仿制胜，还有就是通过集成创新制胜。

在企业资源、条件、能力不足时，通过学习和模仿竞争对手的生产工艺、产品、服务、业务模式、管理经验等，可以有效参与竞争。由于原始创新成功的概率非常低，代价巨大，模仿、跟随战略不必支付高昂的研发费用，直接进入竞争对手已经培育好的市场，可以快速提升企业竞争力。当然，跟随战略不一定是持续有效的，可能存在知识产权纠纷、侵权行为等风险。此外，刚刚发展时采用跟随战略在新技术、新工艺、新产品、新模式等方面是有效的；当行业发生巨大变化，技术更新变得缓慢，消费者对更新的特有属性不那么关注的时候，跟随战略有可能会失去作用。

中小企业在竞争初期没有太多资源、条件，选择模仿市场上已有的成熟技术、产品和服务，可以规避风险，降低成本费用，即一般模仿跟随。后期企业发展壮大，在具备一定资源、条件和能力时，发现并进入竞争对手没有提供良好服务的市场，完善产品和服务，满足已有市场未被满足需求而获得成功，即创造性模仿跟随。一般模仿跟随和创造性模仿跟随结合运用，更有利于促进企业发展。

中国企业的跟随战略是相当成功的。帕尔迪是美国最大的住宅开发公司，其一直是万科的目标，2007 年万科超过了它；海尔的技术源自德国，如今其已是国际上最有影响力的家电企业之一；淘宝、百度、腾讯、微信等这些中国优秀企业，充分借鉴了 eBay、Google、Facebook、Twitter 等国外优秀企业的经验，在模仿借鉴中实现了超越。

模仿创新的意义何在？首先，模仿是创造之母、创新之源。莫扎特从模仿别人的音乐开始，最终创作出了独创的音乐；毕加索年轻时参考朋友的构图，培养了自己画家的素质。

历史上，精致与珍贵的中国瓷器深受西方上层社会欢迎，很多欧洲国家开始模仿借鉴中国瓷器的风格与样式。为了能制作出洁白、透光性好的瓷器，英国人在烧制瓷器的材料中，加入了动物骨头磨出的粉，烧制出了如脂似玉的瓷器，也就是骨瓷。欧洲人从单纯地模仿复制中国瓷器，到开始尝试研发新的釉料及样式，在模仿借鉴中创造了一系列欧式艺术装饰风格的崭新瓷器。

豆腐在中国历史悠久。唐朝末年，豆腐传到日本，日本人在模仿制作豆腐时进行了改良，以鸡蛋为原材料，外形、口感像豆腐一样滑嫩，营养价值也很高，成为独具特色、精细精致的“日本豆腐”。

模仿、借鉴榜样，是进步的基础。许多伟大的企业、知名的企业家都非常善于模仿和借鉴。沃尔玛创始人山姆·沃尔顿说，“我做的事多半都是模仿别人”；百事可乐在市场竞争战略上一直跟随可口可乐，在视觉形象、口感、营销渠道和方式上都模仿可口可乐。佳能遍读施乐公司拥有的专利，借鉴其专利资源，并走访施乐的客户，牢牢抓住了小型复印机的商机，最终“小”佳能胜了“大”施乐。

其次，模仿可以少走弯路。模仿借鉴是避免企业少走弯路、走歪路的捷径。对于企业来说，模仿、借鉴是一条安全而且高效的捷径，因为模仿、借鉴走的是别人走过的成功之路，哪里有暗礁和危险，已被前人探明了。没有人会否认创新的重要性，可是当创新付出的代价和成本高于创新所创造的价值时，就得不偿失了。而此时，模仿、借鉴是站在巨人肩膀上，是在别人成功的经验基础上做事，其风险小、收益大，可以让企业站得更稳、走得更快。如果河上有桥，那么何必要自己摸着石头过河？

模仿、借鉴不是一种落后，更不是一种耻辱。所以不要总想着开发经营出别人做不出的产品，也不要一味地追求标新立异，不善于借鉴、模仿别人已有的、成功的工艺技术和管理，是愚蠢的。闭门造车，不仅速度缓慢，而且效率低下，只会浪费时间、精力，浪费公司的资源，企业耽误不起，也浪费不起。

聪明的模仿、借鉴者可以为公司创造利润，因为模仿借鉴可以节约研发成本和资源，减少营销投入和广告投入，而这些费用，开创者已经付过了。此外，模仿、借鉴者还可以旁观别人的试验产品，然后从中学习，快速把握市场与客户需求，获取时间优势。有关数据分析表明，原始创新的成功率是 26%，而模仿创新的成功率是 90%，这就是后发优势。

向谁模仿，如何模仿？模仿学习的对象主要有两个：一是公司外的其他企业，既包括同业，也包括上游供应商、下游客户，还有行业外的国内外优秀企业；二是公司内部优秀的组织、系统、部门和个人，优秀的管理模式、工作方法等。如何模仿、借鉴？模仿、借鉴的方法有两种：一是正向模仿，即学习优秀企业成熟、成功的技术、产品、商业模式、管理经验等；二是反向模仿，通过逆向思维反向研究一些失败的企业案例，获得灵感，从反面教材中吸取教训。对公司以外其他公司的反向模仿，即反面教材。“反面教材”是毛泽东经常用到的词汇，他认为要把干部的失误错误当成反面教材，从中吸取教训，就可以少犯错误。一内一外、一反一正，构成了学习模仿的 4 种基本模式。

中国的高铁起步较晚，2004 年，中国尚无一公里高铁，但充分借鉴并引进日本、德国、法国等国家的先进技术，开发生产出了“和谐号”CRH 动车组列车。经过十几年的经验积累，中国自主创新设计制造出了满足国情需求的“纯中国血统”的“复兴号”高速动车组，实现了 350 公里时速运营，超越了德国、日本和法国，成为世界上高铁商业运营速度最快的国家，并出口到德国、捷克、奥地利、马来西亚等国，实现了从“追赶者”到“领跑者”的跨越。

在模仿中实现超越。没有模仿、借鉴就没有创新，不懂模仿、借鉴就不懂创新。从某种角度来看，创新就是一定程度的模仿、借鉴。然而，模仿的红利毕竟有限，企业要持续健康发展，必须从模仿到自主原始创新，再到实现超越。

模仿只是手段，除了学习借鉴，还要在模仿中实现超越。模仿不是简单的“拿来主义”，也不是单纯的照搬照抄，而是在适度仿制、学习和借鉴的基础上，进行消化吸收再创新，结合市场需求进行创新。如果只是单纯、简单地模仿，单纯地“抄”，未来的路一定会越走越窄。实际上，模仿、借鉴和学习，是原始创新和实现超越的必经之路。

企业要放眼全球，从别人的思想里得到火花，再运用自己的思想和能力，站在巨人的肩膀上，多方面借鉴，采用新方法，开发新产品，开辟新市场，推广应用新工艺、新设备、新技术，采用新的管理方法等。在学习借鉴中，抓住模仿对象的精髓，在模仿、借鉴中升级提高，内化为自己的“血肉”和“灵魂”。此外，要注意合法地模仿、借鉴，系统地模仿、借鉴，把模仿、借鉴变成一件体面的事情，合法、聪明地去做。

成功的企业，既不是绝对的模仿借鉴者，也不是纯粹的原始创新者，而是集创新与模仿于一体的企业。为了创新创造而模仿，善于在模仿中实现超越，打造自己的核心竞争力，做到人无我有、人有我优，就能步步领先，制造差异，赢得市场，创造利润。

- 企业创新应统筹好原始创新、集成创新和引进消化吸收再创新。
- 在模仿中创新，在模仿、借鉴中实现超越。
- 模仿是借助外力实现自己的目的，如人们常说的借船出海、借水行舟、借梯登楼、借鸡生蛋、借花献佛、草船借箭等。
- 在学习借鉴中，抓住模仿对象的精髓，在模仿、借鉴中升级提高，内化为自己的“血肉”和“灵魂”。

建设智慧企业

当下，国家积极倡导转型升级、高质量发展。高质量发展的驱动因素到底是什么？我认为，主旨就是“战略导向、品牌引领、创新驱动、智能制造、智慧管理、绿色生态、和谐关系、员工幸福”，这也是公司多年来一直坚持的经营策略和发展路径，是公司生产经营管理工作的着力点，只有把这八个方面的工作都抓好，企业才会有生命力，才能持续健康发展，为社会做出更大贡献。这八个方面的工作需要统筹规划、协调发展。而智能制造和智慧管理是其中两项重要的工作。

然而，公司个别干部的思想和工作方式仍停留在10年甚至20年前，习惯于老的工作套路和打法，靠的是激情、热忱、加班加点，大量的人力投入和繁重的体力劳动。我认为，这种做法是行不通、走不长、走不远的。企业要真正实现转型升级、实现高质量发展，就要利用先进的机械化、自动化装备与先进的信息化、智能化系统，降低劳动强度，提高劳动效率，推动企业流程重组、管理变革，打造智慧企业、智能企业。

人口红利已丧失，“人海战术”已落后。人口红利是中国经济崛起的重要支柱。过去40多年，中国享受了巨大的人口红利，凭借由此带来的劳动力成本优势，提升了企业的盈利能力和国际竞争力。

“人海战术”是一把“双刃剑”，在给企业带来业绩和影响力的同时，也带来了一系列问题。一是成本高。近年来，随着劳动力成本的提升，一些民营企业人力成本已经成为企业最大的成本，给企业带来了巨大的经营压力。二是管理难。人是最难管的，企业只有不断地优化管理制度、流程和工具，才能应对可能出现的各种管理难题，这同样是一笔不菲的费用。三是流动性大。对于企业而言，“铁打的营盘流水的兵”，“人海战术”以人工操作为主，在缺乏熟练工人的情况下，员工流动性大，给品质管控、效率提升带来了一定难度，难以满足个性化、多品种、小批量、大规模定制等快速变化的市场需求。

人力成本上升，人口红利丧失，用“人海战术”盲目“铺摊子”，已难以适应现实。企业经营“以多打少，以多胜寡”将难以为继，粗放式发展已经行不通了。企业要发展，必须从主要依靠要素和资源投入，转向主要依靠科技进步、精益生产、智能生产、劳动者素质提高和管理创新。

推行智慧管理、智能制造，就是要实现开放、互联与互通，把员工、设备、产品、管理、供应商和客户紧密地连接和融合起来，高效共享工业经济中的各种要素资源，通过自动化、信息化、智能化的生产方式，降低成本、提高效率，释放出更大规模、更高质量的“科技红利”“人才红利”“效率红利”，从而让企业发展拥有新优势。

智慧管理、智能制造是促进企业发展的“精兵利器”。无论是以美国通用电气公司为代表的“工业互联网”计划，还是以德国西门子公司为代表的“工业4.0”战略，其本质都是通过以互联网、物联网、云计算、大数据、人工智能等为代表的新一代信息技术，推动工业体系的智能化变革，其实质都是应用工业互联网。中国于2015年推出了《中国制造2025》的国家战略规划，工业互联网成为中国工业未来发展的重要方向。

《中国制造2025》战略规划明确提出：“加快推动新一代信息技术与制造技术融合发展，把智能制造作为两化深度融合的主攻方向；着力发展智能装备和智能产品，推进生产过程智能化，培育新型生产方式，全面提升企业研发、生产、管理和服务的智能化水平，从而实现制造强国的战略目标。”

数字经济新时代，在物联网、人工智能、大数据、云计算等新一代信息技术的加持下，硬件重塑智能制造，软件实施智慧管理，只有二者合力、“软硬兼施”，才能促进公司转型升级、高质量发展。智慧管理、智能制造融合了信息技术、先进制造技术、自动化技术和人工智能技术，是促进企业发展的“精兵利器”。2003年至今，公司逐步开发实施了先进的管理信息化系统，解决了信息碎片化和“信息孤岛”问题，实现了业务共享和管理的协同，并与BI系统结合，建立了安利的大数据平台，通过数据集成、筛选和挖掘，为公司科学分析和快速决策提供了依据。

企业在推进智能制造的过程中，需要通过有层次的计划，从硬件的改造，到数字平台的搭建，再到网络的升级，循序渐进，提升企业经营效率和效益。我认为，公司“软件”方面做得比较好，但是“硬件”有些方面还不够先进，还需要“补补课”，要将“硬件”和“软件”相结合，将先进的信息技术、自动化设备和管理工作深度融合，实现智慧管理和智能制造由单项应用阶段迈向综合集成、协同运营阶段，使生产经营管理更简单、更快捷、更科学和更高效。

当然，实现智慧管理和智能制造是一个长期过程，一般来说，需要先实现制造的自动化、信息化，再实施制造的数字化、智能化。未来，公司将以智能制造、智慧管理为主攻方向，推动以智能化为引领的创新驱动发展，加大智能化改造和转型升级力度，推进“两化”融合的广度和深度，开动脑筋、转换思路，积极推进智能制造在技术开发、生产管控、节能降耗、质量控制等方面的应用，不断提升自动化、信息化、智能化水平。

智能制造、智慧管理的本质是企业管理变革。智能制造、智慧管理涉及组织、流程的重整重组，是一项“一把手”工程，需要有坚定的战略决心。作为一项系统工程，要加强顶层设计，避免业务系统“碎片化”，形成“孤岛”。在具体实践中，可以从一两个核心业务场景的“小切口”切入，从易到难推进智能化转型。

企业要主动拥抱数字经济，把生意做活。近年来，“互联网+”和“+互联网”的理念已经深入社会经济生活各个方面，包括企业、政府部门在内的各行各业都开始了转型之路，由原来游离于互联网之外的状态，转向拥抱互联网的状态。简单来说，“互联网+”是把互联网的创新成果与经济社会各领域深度融合，推动技术进步、效率提升和组织变革；“+互联网”主要是传统企业将开发、采购、制造、仓储、营销等生产经营各个环节与互联网进行融合。但这并不是简单的两者相加，而是利用信息通信技术以及互联网平台，让互联网与传统行业进行深度融合，创造新的发展生态。

在快速变化的环境下，企业必须要有互联网思维，让互联网与企业生产经营相结合，从数字化产品设计，到自动化、信息化、智能化设备工艺的应用，再到管理、流程的自动化、信息化、数字化、智能化，不断推动技术进步、效率提升和组织变革。

在互联网时代，首先，通过信息工具或平台，围绕企业生产经营管理的各个环节，构建一个协同管理体系，破除“部门小王国”，打破各个部门之间的壁垒，将堵塞信息沟通、妨碍脑力激荡的组织壁垒彻底打碎，实现信息共享、互联互通、组织精干、敏捷高效。其次，基于互联网和信息系统的数据管理，实现企业快速生产、快速销售、快速服务、快速回传市场信息，快速调整并做出经营管理策略。

达尔文在《物种起源》中曾说过，能活下来的并不是最强大的物种，也不是最智能的物种，一定是最能适应变化的物种。自动化、信息化、智能化以及互联网带给企业的影响，不只是技术本身的应用，更重要的是，它改变了企业的思维和行动方式。站在数字经济的风口浪尖上，任何企业都要顺势而为，只有主动识变、求变，从封闭式发展走向基于互联网的跨界融合，才能让制造更智能、管理更智慧、反应更敏捷、运营更高效。

- ✦ 硬件重塑智能制造，软件实施智慧管理，只有二者合力、“软硬兼施”，才能促进公司转型升级、快速发展。
- ✦ 智能制造、智慧管理涉及组织、流程的重整重组，是一项“一把手”工程，需要有坚定的战略决心。
- ✦ 只有主动识变、求变，从封闭式发展走向基于互联网的跨界融合，才能让制造更智能、管理更智慧、反应更敏捷、运营更高效。

第四篇

管理为策　提质增效

统筹好“管”与“理”

企业经营管理者经常会谈论到如何加强企业管理，促进企业管理进步等。那么怎样才能做好管理？其实，管理很简单。我认为，管理由“管”与“理”两部分组成。

管理的“管”。我认为，管理的“管”有两个层次的基本含义：一是制定制度、标准、定额、纪律、规则等，按制度办事，按规则办事，不得违规；二是计划、组织、领导、考核和协调，是指挥、控制、命令和约束，以有效地实现组织目标。“管”包括“管人”“管物”。“管人”，就是选人、用人、激励人；“管物”，就是选好、管好、维护好和利用好各种设备设施、物资和资源。

管理学上有 X、Y、Z 三种理论，分别从人性的角度阐述了管理的不同态度与方式。[①] 管理学的 X 理论假设“人生来就是懒惰的，只要可能就会逃避工作”，“人生来就缺乏进取心，不愿承担责任，宁愿听从指挥”，“人天生就以自我为中心，漠视组织需要”，“人习惯于守旧，本性就反对变革”等，因而主张以控制手段，要求员工完成工作任务、提高工作效率、实现组织目标。

“经济人”有一定的惰性，要求管理者加强“管”，强调命令与控制，管目标、管流程、管规则，通过制定一系列严格的制度、标准、定额等，加强监督、考核与奖惩，以统一思想、指挥工作、控制活动、统筹推进。

X 理论强调管理者要以强迫、威胁处罚、金钱利益等诱因，激发人们的工作动力，指挥员工工作，控制员工活动，矫正员工行为，使之适应组织发展需要，是“独裁式”“监督式”的强硬、严厉的管理风格，但忽视了人性善良和人性主动的一面，是片面的，有一定的弊端。

我认为，“管”不是管理者高高在上，简单地指挥、命令，而是知人善任，学会看大局、谋大事；是管好团队的思想，给团队定目标、定战略，配置好人

---

① 美国著名行为科学家道格拉斯·麦格雷戈在其著作《企业的人性面》(1957) 中，首次提出了两种对应的管理理论，即 X 理论、Y 理论。

力资源；是成为下属的榜样，让下属向自己看齐；是以身作则、身先士卒，带领下属一起奋斗，帮助他们做好规划、谋划、筹划；是学会授权，帮助下属解决问题；是善于激励，适度表扬与批评；是上级承担责任，而不是简单地把问题看成下属的责任，自己却高高在上当裁判；更意味着结果导向，解决企业、组织里出现的问题。

管理的“理”。我认为，管理的“理”也包含两个层次的基本含义：一是把握客观规律，就理办事，说理讲理；二是梳理、清理、整理和治理。“理”包括“理事”“理财”。“理事”，就是处理问题，解决困难，理顺各种关系；“理财”，就是增加收入，降低成本，加快资金周转。

Y 理论假设人性本善，假设人是“自我实现人”，认为“人们不但愿意，而且能够主动承担责任”，“个人追求满足欲望的需要与组织需要没有矛盾”，“能实行自我指挥与自我控制”等，主张有效地综合运用人、财、物等要素资源，主张尊重人性，以实现自我管控、管理。

“自我实现人”有获得尊重、追求自我成长、实现自我价值的需求，这要求管理者加强“理”，理心态、理关系、理氛围，强调人性化管理，告知员工原理、道理和法理，用信任取代监督，以启发与引导替代命令与服从，为员工创造机会，挖掘员工潜力，鼓励员工成长与发展。Y 理论过多强调“人性化”，而对制度的约束性却忽视和弱化，有“刚性不足”的一面。

“理”是梳理、整理、治理，理制度、理规则、理程序，就是总结经验教训，想办法从根本上改变一件事情，从规则的角度彻底消灭问题。企业要“理”什么？要厘清要做的事情和目标，厘清组织架构，厘清岗位和职责，厘清绩效和激励机制，厘清制度和流程。用制度、流程和目标进行管理，而不是靠惩罚来确保做事的质量，更不是靠个人的魅力和命令进行管理。

管理要既“管”，又“理”，要“两手抓”“两不误”。1973 年，日裔美籍管理学家威廉·大内在比较了日本企业和美国企业不同的管理特点之后，参照 X 理论和 Y 理论，提出了 Z 理论。Z 理论基于人性的权变理论，认为一个人是否感到满足或是否表现出献身精神，取决于他与企业、组织之间的相互关系，是“随具体情境而变”或“依具体情况而定”的，人、时、事、组织环境的不同都有可能影响人的积极性。管理者应该根据不同环境、不同阶段、不同时机，对同一个人采取灵活的管理方式。

Z 理论的出发点在于“变”字，讲究因人因事、灵活机动，是让人比较容易接受的理论，但在实际运用中，却因“变”字而变得无章可循。

“管”的着力点在于改变人，改变人的态度，改变人的能力；而“理”的着力点在于改变事，改变流程，改变不合理的做法。“管理”就是管人、理事，管理并不是很难理解的一件事。

做到正确地管理，能达到事半功倍的效果。成功的经验是“管”与“理”两手都要抓，“管”与“理”两条腿走路。既精于“管”，又重在“理”，把“管”与“理”结合起来，把控制、指挥与授权、信任结合起来，在“管”中“理”，在“理”中“管”，让人更愉快、更正确、更高效地做事。

管理的更高层次，不仅在于“管”，而且在于“理”。原理和道理、法理和条理、情理和事理是“管”的依据和基础，清理、整理、治理、打理和梳理是“管”的方法，合理和有理是“管”的结果。“管”是手段，“理”是目的。“管”和“理”是辩证统一的，必须有机地结合起来，才能实现真正意义上的管理。“管”不仅要服务于“理”，还要服从于“理”。

管而不理，就是“命令”，居高临下，颐指气使。过多地命令和控制，就会造成冷漠和缺乏沟通配合，员工的主动性、积极性和创造性会受到压制，不利于形成上下一心、齐心协力的工作氛围；理而不管，就是“盲目”，就是弃权，就是放任，容易导致政策、制度失灵，秩序失控，可能会造成有令不行、有禁不止、混乱无章。

经营管理者要把更多的精力投入“理”中。理好关系，理好组织，理好目标，理好资源，厘清职责，理好流程，理好氛围，理顺情绪，不能简单地就事论事，也不能简单、粗暴地管控，“管”要管在点子上，“理”也要理出好的规则、氛围和机制，最终达到合理、有理与和谐的境界，实现无为而治。

- “管”与“理”两手都要抓，两条腿走路。既精于“管”，又重在“理”，把“管”与“理”结合起来，把控制、指挥与授权、信任结合起来。
- 管而不理，是“命令”，居高临下，颐指气使；理而不管，就是“盲目”，就是弃权，就是放任，容易导致政策、制度失灵，秩序失控。
- “管”要管在点子上，“理”也要理出好的规则、氛围和机制，最终达到合理、有理与和谐的境界，实现无为而治。

经营管理的“方圆之道”

2017年，我同财务部门拜访中国银行安徽省分行，在与分行领导互动交流时，特别对中国银行行标进行了解读。中国银行行标是一枚古钱币的形状，“外圆”表明中国银行是面向全球的国际性大银行；中间方孔，上下加垂直线，成为“中”字形状，代表中国，同时更寓意着天圆地方、经营为本、经济为本。

古时候人们认为天是圆的、地是方的，所以有了“天圆地方”之说。中国传统文化蕴含着阴阳和谐平衡思想，讲究阴阳互动、天人合一。方圆之道与阴阳和谐平衡思想有共通之处，是一种平衡和谐的体现，方圆之间互通互补，充满哲学辩证思想。

任何事物都是由矛盾构成的，是辩证统一的，在一定条件下，矛盾的对立双方可以相互转化。圆和方的关系，就是方法与原则的关系，既讲方法又讲原则，是一种理想的管理状态，即方中有圆、圆中有方。“方圆”是一种刚柔并济的管理手段、一种和谐共生的行为哲学，是硬性的规则制度与软性的灵活经营的结合。

在经营管理中，应贯彻和坚持方圆之道，张弛有度，有方有圆，方圆结合，特别要处理好做人与做事、坚守核心理念与变革创新、经营与管理的关系。

做人要“方”，做事要“圆”。做人做事要像铜钱一样外圆内方。“方”就是做人有正气，具备优秀的品质，是人的思想气度、做人的脊梁；“圆”，就是处事干练、圆通圆顺，善用技巧，是处事的锦囊，是聪明者适应社会的行为准则。

做人要“方”，是指做人要守法纪、懂规矩、讲规则，不可以乱来，不能越雷池一步。中国有句古话“不以规矩，不能成方圆”，讲究做人都得守一定的规矩。做人要“方”，就是在生活、工作中要光明正大，坦率真诚，要以心交心、以诚待诚，大大方方、明明白白地对人，率率真真、亲亲切切地待人，亮亮堂堂、方方正正地为人。

做事要“圆”，就是讲究一定的圆通、圆顺，原则性与灵活性相结合，不呆板僵化，做事努力完美周全，平衡好方方面面的关系和利益。然而，“圆”，不是滑头、偷奸耍诈、玩弄权术技巧，也不是违背原则地做事，而是待人接物和为人做事的技能，是提升自身素养、灵活处理问题的一种手段，就像人走路，直走不行，就可以想办法绕过去。

我曾听过一句使人终身受益的话：“方圆的世界，方圆的人。”为人处世，无非三种情况，或“方”，或“圆”，或兼而有之。但是，“方”或“圆”都只是一个人性格特点的某一方面，“方”有刚有棱，易伤害到他人和自己；“圆”则有柔有韧，不可全盘否定。一个人做事要是过分“方方正正”，就会像生铁一样，一折就断；一个人要是八面玲珑、圆滑透顶，让别人吃亏，自己占便宜，久而久之，也会被人鄙弃。做事可以有一定的圆润、圆顺，但做人不能滑头、世故。

在人事纷繁的社会里，做人做事不能至方，也不能至圆，不能离开规矩的约束和规范，要有一定的圆润及变通，把“方”和“圆”智慧、巧妙地结合起来，该方则方，该圆则圆，方外有圆，圆中有方，外圆而内方，凡事力求恰到好处，达到“中和”的境界，也就是原则性与灵活性的高度统一，才能在工作和生活中左右逢源、进退自如、游刃有余。

守正要“方”，出奇要“圆”。守正就是坚持核心理念，出奇就是变革创新。坚守核心理念要“方”，以不变应万变。“方”是原则、规律、法则、准则、规则，是企业管理和发展之本，是公司使命、愿景、核心价值观、企业精神和经营理念等，是相对固定、固化的，是企业要坚持和坚守的东西，不能轻易改变。一个企业能否做得大、走得远、走得久，并不在于企业规模有多大、资产有多少、当下可以调动的资源有多少，而在于企业是否具有先进的核心理念，心中的理想、目标、境界高不高，管理者的能力强不强、格局高不高、情怀大不大，是守正出奇决定了企业到底能走多远。

安利以战略引领发展，以制度管理企业，以文化凝聚人心。战略是方向，是旗帜，是标杆，是指路明灯，告诉企业需要完成什么任务、将要实现什么目标。使命，是企业存在的原因，是企业的价值取向和事业定位，指明了企业对经济和社会应做出什么贡献。核心价值观，是企业内部共同的信仰，是企业必须拥有的终极信念，是指导公司所有员工共同行为的准则和信条，是把所有员工联结到一起的精神纽带，是企业发展的核心指南，是竞争制胜的法宝，是企业文化体系中最重要的组成部分。安利企业文化是公司上下风雨同舟30余年积累下来的宝贵经验，是公司保持竞争优势的“软实力”，是公司的魂，必须坚守。

企业的变革创新，是持续创新、综合创新、系统创新，要权变、圆润、通达，要灵活机动，要以“圆”的姿态面对瞬息万变的环境，以变应变，与时俱进。在经营管理过程中，只要能够合法实现目的，方法、形式、手段可以多变多样。

世界上唯一不变的就是变化本身。在这个快速变化的时代，要想生存发展下去，就要敢于告别过去的成绩和荣誉，不自满、自傲于已取得的成绩，能认识到过去不代表现在、现在不代表未来，要勇于批判自我，否定自我，超越自我，不断创新，使产品和服务满足客户、市场不断变化的需求，获得市场青睐。

生命在于运动。企业不进则退，创新是企业生命的源泉。企业的活力在于创新，没有创新，墨守成规，死水一潭，无法前进，稍有前进，又要退回来。企业倡导的创新不仅仅是产品、工艺和技术的创新，还包括观念、组织、流程、管理、营销、机制等的创新，是持续创新、综合创新和系统创新。

管理要“方”，经营要“圆”。管理要中规中矩，有板有眼；战略、目标、计划要相对严肃；标准、制度、流程要相对固定，不能多变，不能“翻手为云、覆手为雨”，不能随意更改和破坏。经营策略、方法要相对柔性、灵活、权变。两者是辩证统一的。比如，客户利益至上、质量第一、快速交货、做好服务这些理念是“方”的，必须坚守，如何扩大销售、服务好客户是“圆”的；降低成本、提高质量、提高效率、保障安全、关爱员工是“方”的，实现这些目标的措施和办法是“圆”的。

经营是“攻”，管理是“守”。战略要坚守，战术要灵活。管理侧重于“守”，质量要好，成本要低，效率要高，环保至上，安全第一，保障要好；经营侧重于“攻”，收入要高，市场要广，渠道要高，客户要多，占有率和覆盖面要大，不断提高客户忠诚度、满意度。对外“攻”市场、客户、关系，对内“守”质量、成本、安全、环保、工程、财务等。

“攻”方要根据战场和形势的变化，保持一定灵活性，但也要保持定力，敬畏原则、规律、法则、规则、制度。“守”方要根据法律法规和制度流程，中规中矩，四方四正，但也要有一定的圆润和变通，不墨守成规、故步自封，不因循守旧、抱残守缺。总之，要处理好效率和规范的关系，在效率中追求规范，在规范中追求效率，坚持原则性与灵活性结合，攻守兼备，攻防一体，要一切为了前方、为了胜利，支持“攻”方。企业要牢固树立“下一道工序是上一道工序的客户”的观念，全员服务、支持营销，营销服务客户。

做生意很复杂，其实又很简单，离不开“方圆之道”这个辩证法原则，处理好为人与做事的原则，处理好坚守核心理念与变革创新、经营与管理的关系，坚守“方”，善于“圆”，努力做到方中有圆、圆中有方，“方圆合一”是经营管理的“方法论”。

- 在经营管理中，应贯彻和坚持方圆之道，张弛有度，有方有圆，方圆结合。
- 做人要“方”，做事要“圆”，不能离开规矩的约束和规范，也需要一定的圆润及变通，方外有圆，圆中有方，外圆而内方。
- 守正要“方”，出奇要“圆”；管理要“方”，经营要“圆”。

外抓市场　内抓管理

自 2011 年安利在深交所公开上市以来，公司内外部形势发生了重大变化。从外部宏观形势来看，我国经济发展进入新常态，正从高速增长转向高质量发展。从公司内部来看，上市之后公司产能增加、投入增加，对经营管理提出了更高的要求——做大做强，由不得我们哼着小调、唱着小曲，松松垮垮、慢慢悠悠的。

在内外部形势发生深刻变化的情况下，公司资源配置总体良好，生产设备、研发设备、办公条件等硬件配置改善显著。但是，公司营销资源配置不够理想，营销能力和营销效果尚未达到最优状态，因此，公司提出了“两个战略转变”。

重“硬”轻“软”、重“内”轻“外”的错误做法要不得。一些企业认为，客户喜欢那些随处可以买到、价格低廉的产品，因此就必须集中资源和精力提高生产效率，降低生产成本；认为应以扩大生产为中心，企业生产什么产品就销售什么产品，企业销售什么产品客户就购买什么产品。这种以生产为中心的观念只重视生产和成本，忽视了客户需求、市场变化，是狭隘、片面和错误的。

还有一些企业认为，做好营销就要在产品上下功夫，不注重研究客户的需要，认为“酒香不怕巷子深”“皇帝女儿不愁嫁”，只要产品新颖、独特、质量好，就能卖得掉，企业就必须集中资源和精力生产质量优良的产品。这种以产品为中心的观念只重视产品质量，而忽视了客户需求和生产成本，也是狭隘、片面和错误的。

当产品供过于求、厂家竞争激烈时，企业要走出厂门推销产品。只要“能说会道”，或广告做得好，就能卖得掉，这种以推销为中心的观念过度强调促销和广告宣传的作用，忽视了产品成本、质量、客户需求等因素，也是狭隘、片面和错误的。

企业应倡导以市场为导向、以客户为中心的市场营销理念，客户需要什么就生产什么、销售什么，完全把客户需求作为出发点，去组织产品开发与生产。同时，企业不仅要满足客户需求，还要肩负起社会责任，兼顾社会、客户和企业三方利益，既要实现企业和客户的双赢，更要实现企业、客户和社会的多赢。

企业应该按照市场营销观念和社会营销观念，综合考虑客户需求、产品质量、渠道关系、促销活动等，来组织生产、销售产品，把市场营销活动建立在如何发现和满足客户需求的基础上，平衡好企业与员工、股东、社会之间的关系。

外抓市场，由“内”到“外”，即从对内增加设备、扩充产能、搬迁调整、改善办公条件等，转移到对外进行市场开发与开拓、渠道整合、营销资源配置等工作上来。

随着技术和资金实力的增长，企业都朝着做大做强的方向努力，然而规模扩大了、产能提升了，销售能力却跟不上了，公司开始远离市场、产品、价格、渠道和客户，营销 4P 理论要素没有整合好、营销观念的错位，更让我感到了由“内”到“外”转变的急迫性、重要性。

优秀的企业组织结构是“哑铃”形的，即两头大、中间小，两头就是营销和技术力量，要大而强；中间是生产、工程等，要相对精干。优秀的企业组织，鲜有“橄榄”形或“棒槌”形的，即两头小、中间大，就是营销弱、技术弱，生产、工程等组织庞大而臃肿。目前，公司的资源配置、组织已不能适应形势的发展，尤其是营销资源配置严重不足。公司营销组织和队伍靠过去“三五个人、七八条枪”是打不了胜仗的。公司产能、规模变大，“骨骼”“肚子”变得很大，但是营销的“四肢”却不灵敏、不敏捷，是“跑不动”的，会是一种“畸形”的企业组织。当然，如果个别营销人员认为有本事、有能力，可以“人少多销”，那是最好不过的，可以降低成本费用。但从实际来看，这几乎是不可能实现的。

现在公司有个别部门存在“中层阻力”这种倾向，个别中层干部是既得利益者，怕改革，不愿改革，就像“武大郎开店——高我者不用”，希望能干的人越少越好，这样便可“山中无老虎，猴子称大王”。这种现象会造成公司一些部门人力资源不足，不利于内部形成人力资源梯队结构、竞争发展机制，不利于形成“能者上、平者让、庸者下”的竞争氛围，组织、部门没有回旋余地，不利于公司发展和做大做强。

如果中高层管理者不能深刻认识到环境发生了变化，不转变思想，不重视人力资源配置和组织建设，就有可能被几个营销经理、部门经理“绑架”，听他们抱怨这个问题、那个问题，反映这个困难、那个困难，责怪这名同志、那名同志，实际上是远离市场、远离客户，无法在经营发展上取得突破。

合肥的美亚光电、科大讯飞、阳光电源、洽洽食品、安科生物等优秀企业，除了在技术创新、产品开发、管理方面做得出色以外，还有一个共同特点就是特别重视营销和市场开发，其营销人员占比可达10%~15%；全球优秀的同业中国台湾三芳公司，根据其年报披露信息，营销人员占比约为13.3%。和这些优秀的企业相比，安利在营销队伍建设上还存在很大差距。

2014年，公司营销人员只有70多人，占比不足3%，比例偏低。公司要重新思考排兵布阵、调兵遣将、布局谋篇，要尽快行动。过去，公司过多地把精力放在了工程基建、搬迁调整、扩充产能和技术开发上。从现在开始，一定要把思想和精力转移到对外的市场开发、市场拓展上来。营销龙头不动，企业这么庞大的“身躯”和资源就会闲置，会陷入停滞不前的泥沼中，甚至面临衰退的风险。

1999年，我刚主持生产经营管理工作时，国内聚氨酯合成革行业竞争者少，行业处于高增长和高盈利时代。当时安利有500多名员工，其中只有十余名营销人员。一些营销经理思想局限，“只见树木，不见森林”，把“宝”押在几个经销商身上，海外全球市场只交给一个中国香港地区的经销商独家经销，不愿意增加新的销售力量，不愿意发展新的客户。我当时就说过不能过度依赖和依附于少数经销商。经销商没有多少“硬件”投入，可以选择做多或做少，但是安利固定资产投入大，如果不充实销售力量，不拓展市场，不扩大销售，就会浪费资源，坐失机遇。当时全球聚氨酯合成革产品供不应求，全球市场和行业环境那么好，公司又拥有全球领先的生产设备和产能，由于在销售上过度依赖几个经销商，“靠天收”“守株待兔”，导致公司场面做不开，没有实现良好的经济效益。

当时我虽然不分管销售工作，但坚决反对这种以自我为中心的销售模式。1999年我在主持生产经营管理工作之后，立即调整营销策略，加强营销队伍建设，加大营销力度，与营销人员一起跑市场、跑客户，迅速扭转了公司的被动局面。

吴晓波的《激荡三十年》这本书给了我很多启发。1985年，邓小平同志提出大刀阔斧的裁军计划，宣布裁军一百万，精简编制，实行“消肿”，以节省开支用于现代化装备，果断地将工作重心转向以经济建设为中心。他说，“军队装备真正现代化，只有国民经济建立了比较好的基础才有可能……先把经济搞上去，一切都好办。现在就是要硬着头皮把经济搞上去，就这么一个大局，一切都要服从这个大局”。

公司要统一思想，牢固树立市场营销意识，尽快整合好营销资源，将战略重点转移到外部市场和发展的大格局、大变化中。市场营销由不得公司被动“防守”，要积极“进攻”，进攻才是最好的防守，只有努力把销售收入做上去，其他一切才好办。

内抓管理，从“硬”到“软”，从外延扩大向内涵提升转变，即由上基建、上项目、上设备、上规模，转移到上水平、上能力、上效率、上效益等工作上来。

公司上市前后的一段时间，一直在建厂房、上项目、购设备、进行技改升级，总资产已达到20亿元，这在全国行业内是领先的，手笔很大。客户、供应商在参观了安利工业园之后，一致认为厂区宏伟壮观，办公、开发条件一流，工艺装备全球领先，称赞公司是“高大上”的现代化高新技术企业。我认为，安利虽然外在有“颜值”，但内在“素质”还有很大的提升空间。

企业经营管理也有“硬件”“软件”之分。“硬件”是指公司的土地、厂房、设备、资金，以及能够满足市场需求变化的核心技术工艺等；“软件”是指为企业提供战略支持，适应企业内、外部环境不断发展变化的管理思想、理念、水平和能力。

企业的“硬件”与“软件”是相辅相成的，如果没有“硬件”的支撑，“软件”就犹如沙滩上的房子，没有生存根基；“硬件”如果没有“软件”的配合，其发展也会受限，犹如没有舵手的航船，在海中漂泊难以到达彼岸。因此，只有“硬件”“软件”有机结合、相互渗透、相互促进，才能形成企业发展的核心竞争力。

公司上了那么多“硬件”“软件”，效果到底如何呢？与同行业其他中小企业相比，是领先的；与全国同行业的规模企业相比，也是不错的；但是与国内外优秀的企业相比，还有较大差距。

说到速度、效率，广东某同行业企业是安利学习的对象。安利在生产设备、工艺水平和综合实力等方面，显著优于对方。然而，该企业以较小的投入实现了较大的产出，实现了良好的效益，靠的是管理，是以“软”胜“硬”，其提速增效、降本减耗的做法值得安利学习。

从“硬”到“软”的重点，是提高管理能力与水平，提高素质，提高反应速度和效率。速度包括开发速度、打样放样速度、生产速度、响应客户速度、交货服务速度等。不能再热衷于上设备，因为目前公司的设备已经很齐全、很先进，不至于因为少上一台设备就影响正常的开发和生产。一些补短板、解决生产瓶颈的设备，可以审慎地上，但要严格控制。

企业运营中什么最重要？什么决定企业又好又快发展？我始终认为，“硬件”固然重要，“软件”更为重要。管理第一，技术第二。一切要素都要通过管理整合，才能发挥作用。管理永无止境，管理没有句号。企业管理是一个长期的矛盾，企业之间的竞争，最终拼的还是管理，管理是决定企业持续发展最关键的要素和支撑。

人们常说，企业要“狠练内功”，这个“内功”就是指管理。企业的素质好不好、水平高不高，最终都反映在管理上和细节上。我之所以一再地讲“管理”，是因为对公司目前的管理现状感到忧虑。我觉得一些干部总喜欢嘴上说一些时髦、漂亮的管理词汇，总想着做“高精尖”的事情，想做大项目、大工程，却连一些基本的管理理念、管理方法、工具都不懂，忽视了最基本的管理。

其实，一些经典的管理原则、要素和方法，100 多年来一直被许多优秀企业广泛采用，而公司一些干部却不知道或一知半解，或者不会灵活运用，忽视了管理的本质就是提高劳动生产率、组织效率和工作效率，实现良好的经济效益。没有效率和效益，再好的工艺、装备、产品，再漂亮的词汇，都是无用的，一切都是苍白的。因此，经营管理者要坚持“积极行动，绩效为本”的管理宗旨，坚持“三个一切”，一切以市场为导向、以客户为中心，为客户创造价值；一切以绩效为目标，围着效率和效益转；一切致力于企业长期稳定、持续健康发展，一切向着前方，一切为了胜利。

- 外抓市场，由“内”到“外”，即从对内增加设备、扩充产能，转移到对外进行市场开发与开拓、渠道整合、营销资源配置等工作上来。
- 内抓管理，从“硬”到“软”，从外延扩大向内涵提升转变，即由上基建、上项目、上设备、上规模，转移到上水平、上能力、上效率、上效益等工作上来。
- 优秀的企业组织结构，是“哑铃”形的，即两头大、中间小，两头就是营销和技术力量，要大而强；中间是生产、工程等，要相对精干。

敏捷管理　高效运营

1999 年，安利提出了“敏捷管理、高效运营”的管理方针，其核心有两个方面：一是“求变”，二是“求快”。

当今世界变化太多、变化太快。首先，知识与技术的更新周期越来越短，科技成果以前所未有的规模和速度向现实生产力转变；信息技术极大地突破了人类活动的时空局限。其次，市场环境发生深刻变化，始终处于一种高度不确定状态。聚氨酯合成革行业早已告别短缺时代，产品订单从大到小，产品结构从单一到复杂，从大批量、标准化、低成本向小批量、高质量、多品种、多样化、快交货转变，多样、少量、快速成为行业未来发展的趋势。企业经营充满太多不确定因素，为了生存发展，必须要敏捷管理、高效运营。

敏捷管理。聚氨酯合成革是一个“快时尚”的行业。公司曾组织员工学习过优衣库、ZARA、H&M、三星等企业成功的管理模式，其成功有共同因素，就是适应变化，速度快、品种多、价格低。“快时尚”行业十分重视消费者的感知、感觉和体验，要充分满足消费者的购买欲望和需求。这与煤炭、造船、钢铁、化工、有色金属等制造业企业不同，其讲究的是质量、规模和价格，而“快时尚”行业天天都在变、天天都要快，因此要求企业以变应变、以快制胜。

在生产经营管理过程中，除了企业的宗旨、使命、核心价值观等理念不能变外，其他的如组织、人员、产品、技术、工艺等一切都是要变化的、敏捷的。三星集团前会长李健熙有句名言：“除了家庭、妻子和儿女外，一切都要变！”公司要及时感知变化、快速响应变化，先知先觉，先觉先行，因时顺变，以变应变，以快应变，不能以不变应万变，不能只用一个招式、一种方法，更不能墨守成规、故步自封、因循守旧、坐井观天、安于现状、停滞不前。

达尔文在《物种起源》一书中对“丛林法则”有过经典论述，“存活下来的物种，不是那些最强壮的种群，也不是那些智力最高的种群，而是那些对变化做出最积极反应的物种”。物竞天择，优胜劣汰，适者生存。经营管理者应特别关注聚氨酯合成革行业和下游市场的信息与动态。舒适、安逸、懒散、迟缓、冷漠、混日子和无所事事，“不求有功，但求无过”是企业的大敌。反应敏捷、行动迅速和务实高效，才是企业制胜的重要法则。现在公司规模变大了，绝不能滋生出一些大企业的毛病，也绝不能因为大而变得僵化、古板、没有活力，要像虎、狮、狼、豹等动物，块头虽大，却很敏捷、敏锐，比起猪、牛、羊等反应迟缓的动物，更容易生存下来。

公司不仅要有“大企业”的规模，还要有“小企业”的速度、活力和灵活性，既是“大企业”，又是“小企业”。对于竞争对手和供应商而言，公司是“大企业”；对于客户和员工而言，公司又是“小企业”。要想在这个变化剧烈、竞争激烈的世界中生存和发展，就要力争将大公司雄厚的实力、丰富的资源、巨大的影响力，同小公司的经营灵活、敏锐、敏捷、敏感、活力和激情结合起来，刚柔并济，整合资源，取长补短，综合各方优点，获取竞争优势。

古人说，“流水不腐，户枢不蠹”，即常流的水不发臭，常转的门轴不遭虫蛀。企业所面临的市场环境不是固定不变的，企业要以变应变，灵活机动，及时调整策略、组织、人员、设备等，勇于面对变化、迎接变化、适应变化，勇于变革和创新。

变革和创新，早变早主动，晚变就被动。在形势好的时候要尽早地变、主动地变、积极地变，这样更容易推进工作。反之，等形势不好的时候再去变革，解决问题只会更难、压力更大、阻力更多。就像一个人在身体有小病小疾时，如果及时治疗，那么很快就能痊愈；如果等到病情扩散、病入膏肓，那么即使花费再多的时间、精力和金钱，治愈也比较困难了。此外，要处理好渐变、量变与质变的关系。任何变化都是循序渐进的，积累到一定程度就会发生质变。所以要重视点点滴滴的变化和变革，从而带动影响整体的、全局性的变化，积小胜为大胜，才能形成强大的变革和创新的力量，增强企业的适应能力和竞争能力。

高效运营。敏捷管理要求适应变化，高效运营强调以快取胜，在生产经营管理方面要用速度抗击规模，提升效率，降低运作成本，增强竞争优势。

一只飞行中的小鸟，重量仅为几百克，与一架快速飞行的飞机相撞时，表面上看犹如以卵击石、不自量力，然而事实并非如此，机鸟相撞后的动量几乎完全转化成了小鸟对飞机的冲量，将产生超过 3 吨的冲击力，这无异于一枚“炮弹”打在飞机上。轻则飞机不能正常飞行，被迫紧急降落；重则机毁人亡，酿成重大灾难。小鸟虽然体积小，却能以速度抗击规模，对庞大的飞机造成冲击。

曾有理论分析，鸡蛋若以接近光速的极速运动与石头相撞，极大的冲量也可使石头破碎。一支足球队，比赛时的战术不管是长传冲吊、短传渗透，还是防守反击，如果没有速度配合，再好的技术也发挥不出来，球队也无法取胜。

兵贵神速、出奇制胜都强调“快”。拿营销来说，营销人员在响应客户需求、处理客户投诉、解决客户问题、服务客户等方面，一定要“快”，不能迟钝、冷漠、麻木不仁。不仅是营销与开发要快，材料供应、工程建设等方面也要快。

20 世纪 80 年代，邓小平同志说过，“时间就是金钱，效率就是生命”。未来的市场竞争，不是“大鱼吃小鱼”，而是“快鱼吃慢鱼”。企业应更好地响应客户和消费者的需求，通过提升能力，优化流程，提高响应速度，为客户提供更好的产品与服务。

在企业发展的关键时期和机遇期，加快发展就是硬道理，要发扬“一万年太久、只争朝夕”、时不我待、全力以赴的精神，努力比别人做得更多一些、更好一些、更快一些。我认为，企业经营管理中要贯彻“三高”方针，即高效率、高收益、高收入，只有经营管理高效率，才能实现企业的高收益、员工的高收入。目前，安利可以同时与众多国际品牌对接，如果现在不快速抢抓机遇、高速高效、乘势而上，不率先快速抢占全球市场制高点，等其他企业迎头赶上了，就会坐失开拓市场的先机和良机。

今天的胜利属于快捷者，当然，公司不主张无的放矢的莽撞，公司倡导敏捷管理、高效运营，要和规范运作联系起来。“变”不是指没有规范、没有科学化流程地运作。“快”是好字当头、快字优先、又好又快、好中求快，而不是忽视质量、安全、环保和职业卫生的“快”，盲目的“快”，粗制滥造的“快”，企业要科学地处理“好”与“快”的关系。

- ✦ 及时感知变化、快速响应变化，先知先觉，先觉先行，因时顺变，以变应变，以快应变，而不能以不变应万变。
- ✦ 公司不仅要有“大企业”的规模，还要有“小企业”的速度、活力和灵活性，既是“大企业”，又是“小企业”。
- ✦ 在企业发展的关键时期和机遇期，加快发展就是硬道理。
- ✦ 企业在经营管理中要贯彻“三高”方针，即高效率、高收益、高收入，只有经营管理高效率，才能实现企业的高收益、员工的高收入。

经营加长板

经营企业，一些人容易进入弃强补弱的陷阱，存在错误的观念，认为“企业应该追求完美，因此要消灭弱点”；还有人认为要“独占”，或“要全面发展”。然而，企业的资源、条件和能力是有限的，不可能做到样样精通、面面俱到、事事完美。经营不应随波逐流、人云亦云，不能把主要精力放在不断改进缺点、不断培养“完美的企业”和“完美的产品”上。

面对企业经营中的不完美，人们的常规思路是，经营管理哪里不行，就要补哪里，就要改进、完善和提高。但是，我认为，经营和管理是两个不同的概念，经营不同于管理。经营主要面向外部，其目标主要是强渠道、增客户、扩收入；管理主要是企业内部工作，其目标主要是提质增效、降本减耗、技改创新、提高素质、增强后劲。补短板不是一概而论的，管理应补短板、强弱项，而经营要加长板、锻长板、增强项。

扬长避短，发挥优势。木桶理论告诉我们，木桶的容量并不取决于最长的那一块木板，而是取决于最短的那一块木板。但是，如果把木桶倾斜，短板的影响就没那么大了。木桶倾斜方向的木板越长，木桶内装的水越多。这是新木桶理论，也叫“长板理论”。

中国台湾石滋宜先生写了一本《世纪变革》的书，他说，不要只想在同一市场上比别人做得“好”，重要的是比别人“特”，这就是要掌握专有技术，创造与众不同、差别化的产品，找到安身立命之地，并在此基础上，增加产量，降低成本，提高竞争力。换句话说，中小企业一定要避免与同一行业的许多企业挤在同一市场里，而要做到“小而专”“小而特”“小而美”，以自己的特色开辟自己的市场。

企业需要一块足够长的“长板”，围绕这块“长板”展开布局，并不断强化，经营中应持续不断发扬光大自己的优点，形成独特的优势，将“长板”做到极致，使之超越大多数企业，成为某一方面、某一领域的专家，独具特色与优势。

你打你的，我打我的。经营中要贯彻主动原则，善战的将军都很重视这一点，他可以做出很多牺牲，但绝不轻易丧失战争的主动权。孙子强调“避实击虚”，用兵要想取胜，一定要避开对手强大的地方，打击对手的薄弱环节，集中火力，专攻要害，根据自己的优势选择作战地点；强调“致人而不致于人”，选择对自己有利的方式、时机、地点，与敌人作战，而不是让对手作决定。经营企业与打仗一样，要想方设法掌握主动权。

电影《毛泽东的故事》里有一个特别有意思的情节。在西柏坡的时候，斯大林派他的特使米高扬到中国来见毛泽东。毛泽东当然要好好招待，就特地请米高扬吃饭。苏联人能喝酒，也爱喝酒。吃饭的时候，米高扬端起一碗酒来敬毛泽东。但毛泽东是不能喝酒的。毛泽东说：“上辣椒。”他要请米高扬吃辣椒。米高扬吃得鼻涕眼泪直流，毛泽东吃得津津有味。

1950 年 9 月，毛泽东在研究朝鲜战局的变化时说，“我们的愿望是不要打仗，但是你一定要打，就只好让你打。你打你的，我打我的，你打原子弹，我打手榴弹，抓住你的弱点，跟着你打，最后打败你”。

这就是“你打你的，我打我的，各打各的”，反映在战略上就是“以我为主，求其在我”。当在一个领域没有优势或者优势不明显的时候，一定要把竞争对手拉到自己具有优势的领域、采取对自己有利的打法跟竞争对手打。

在看到竞争对手的长处时，也要看到自己的长处；在看到自己的短处时，也不能忘记竞争对手的短处。看到自己的短处时不能妄自菲薄，看到竞争对手的长处时也不能惊慌失措，否则，思想上害怕了，精神就倒下了，“我打我的”就无从谈起了。

行业内其他公司不是我们的“模仿者”，因为它们销售的并不是与我们相同的产品。因此，企业一定要敢于在发展战略、产品方向上走自己的路。你是“苹果”，我就当“桃”；你是“桃”，我就当“梨”；你是“梨”，我就当“草莓”“蓝莓”。

托马斯·温宁格堪称消费者教育的行家，他在《价格大战：赢得客户的战略指南》一书中的观点让人印象深刻：“在商品环境中，一种商品是用另一种商品来权衡的，顾客们肯定将苹果与苹果比较，但关键是不让他们这样比。”怎样比？让企业的竞争对手成为“西红柿”“黄瓜”“苹果”，自己则是“梨”“桃”“草莓”“蓝莓”，与众不同，各有各的价值、特色和功能。这就要求企业对市场和客户进行宣传、引导，以自己的长处去攻击竞争对手和其他品类的短处，避实击虚，同时不断加长自己的长板而非短板，最大限度地发挥自身优势，努力取得良好的经营成果。

企业要坚持“我打我的”，坚持自己的打法，围绕自己的优势展开经营，发挥自己的特长、特点和特色，而不是围绕对手的优势展开经营，跟着对手走，打到对手的优势领域、优势节奏和优势打法上去，要走出一条差异化路线，勇敢做自己，勇敢走自己的路，保持自己的独特风格。

跟着干，不如对着干。经营中讲究“一招鲜、吃遍天”，每个经营者都应考虑如何让招式更“鲜”，从而可以“吃遍天”。要设法使自己的产品和服务区别于其他企业，在全球同行业中树立别具一格、与众不同的经营特色，从而战胜竞争对手，获得成功。

大多数行业、品类都有一个被公认的市场“领导者”，其市场份额较大，在新产品开发、价格制定、促销等方面对同行业企业起着领导作用。“跟随者”密切关注“领导者”，然后一窝蜂地效仿，“跟着干”“跟着跑”，希望通过对“领导者”战略和策略的模仿，实现赶超。

然而，成功不是能够简单复制、模仿的。要在竞争中挑战“领导者”，与其以同样的定位进入市场，不如将自己定位成与“领导者”对立的品牌，成为新品类的“第一品牌”，占据客户心智，成为现有品类或分化出的新品类中的“冠军”。

因此，在新工艺、新技术、新材料开发应用上，要鼓励创新，挑战“领导者”，找到自己的差异性和独特性，做“原创者”，而不做“拷贝者”。在经营策略、理念上，鼓励在借鉴、模仿中创新，但不是简单地学习、模仿、借鉴和嫁接，而是要突出自己的优势和特点，做到与目标竞争者不同，这样更容易获得客户认可。

总之，优秀的企业、组织都善于经营加长板、锻长板，不断放大自己的优势，敢于坚持“你打你的，我打我的”，让企业在满足市场需求的形势下，力争标新立异、与众不同，而不是随波逐流。只有这样，企业才能在竞争中胜出，立于不败之地，赢得市场的主动权和话语权。

- 管理要补短板、强弱项，经营要加长板、锻长板、增强项，重强避弱、扬长避短、避实击虚。
- 经营企业，需要一块足够长的“长板”，围绕这块“长板”展开布局，并不断强化，将“长板”做到极致，独具特色与优势。
- “你打你的，我打我的”，坚持自己的打法，围绕自己的优势展开经营，发挥自己的特长、特点和特色，走出一条差异化路线，勇敢做自己，勇敢走自己的路，保持自己的独特风格。

管理补短板

作为一名企业经营管理者，我发现，尽管身边有很多人每天都在从事经营或管理相关工作，但其中的绝大部分人并没有真正理解什么是经营，什么是管理，甚至把经营与管理混为一谈，认为经营等同于管理。一些人简单地将经营定义为销售，错误地认为经营工作就是销售工作。还有一些人认为，经营上要不断地补短板、强弱项，管理上要持续地加长板、增强项，只有这样才能提高经营管理水平，增强竞争力。我认为，这些观点都是偏颇的。经营不等于管理，经营对外，管理对内；经营要加长板，管理要补短板。

经营对外，管理对内。一个企业、组织生存的目的就是盈利，即获取可持续发展的利润。企业经营管理工作是围绕企业目标开展的一系列产、供、销、人、财、物的活动，经营管理工作的本质就是创造价值，实现盈利。无论如何，企业经营管理者的最终目的都是让企业获利，并持续发展下去。

经营是向外看的，因为经营活动总是受到外部环境的影响与制约，包括政治经济环境、法律环境、社会文化环境以及技术环境等。企业要做好经营，必须眼睛向外，辩证、系统地分析研究国内外宏观形势、市场行情、客户需求以及行业发展趋势、市场供求状况、竞争态势等，发现外部机遇，克服挑战和困难，努力提高销售收入，提高市场影响力和竞争力。

管理是计划、组织、指挥、协调、控制。企业管理工作是对产、供、销、人、财、物经营活动的计划、组织、指挥、协调和控制。管理工作的本质是提效率、降成本，包括提高劳动效率、组织效率和员工个人的人力资源效率，降低生产成本和期间费用。

管理是向内看的，要通过综合运用企业中的各种资源、条件，协调组织活动，以实现既定的目标、追求最优的效果。管理要眼睛向内，使资源成本最小化，注重投入产出比，提质增效、降本减耗。通俗地讲，就是把复杂的问题简单化，简单的问题流程化，流程的问题目标化，针对目标做计划，而计划的完成靠大家。

总而言之，经营是对外的，管理是对内的；经营追求的是增收和盈利，管理注重的是提效和降本。

管理要补短板而不是加长板。经营要加长板、锻长板、增强项，因为企业要想更好地适应外部环境，就必须认真分析自身优势、劣势及核心资源能力，并尽可能多地发挥自身优势，规避自己的不足和劣势，塑造出别具一格的核心竞争力，以便形成市场竞争优势。

管理则需要补短板、强弱项。公司的整体管理水平就等于是木桶的容量，并不是靠几个特别优秀的管理骨干就可以提高木桶容量的，而是取决于最短的那一块木板。企业要想提高木桶容量，即提高企业整体管理能力与水平，不是增加最长木板的长度，而是要下功夫修补那块最短的木板。

企业管理在任何时候、任何工作都是有短板的，当短板影响到整体工作时，就必须高度重视，因为问题总是出在最短的那一块板上。短板制约，会成为企业提高能力的难点，也是引发风险隐患的薄弱环节。因此，补短板是管理工作的重中之重。

补短板，一是全面推行精益管理。无论是在成本费用、产品与服务质量，还是在业务流程、工作效率等方面，只要是可以量化的指标，都不可避免地存在“浪费”问题，都有进一步改进的余地。推行精益管理方式，就是要对存在的问题，发现一个、排除一个、改进一个，不断地完善和提高那些企业欠缺或不足的部分，向管理要效益、要方法、要效率，通过“精”达到“益”，从而实现降本提效、“瘦身健体”，推动企业内涵式增长。

二是查漏补缺，夯实基础。对于生产、效率、成本、质量、工程、环保、安全等方面存在的短板和弱项，要夯实管理基础，规范管理流程，堵塞管理漏洞，完善管理机制，破除制约企业竞争力和内在活力的管理问题，提升公司整体能力和管理水平。

三是对外对标，对内优化。对外对标就是找短板、找差距、抓提升、抓落实，选择国内外优秀的客户、供应商、同行及相关企业，对比主要的经济技术指标，学习借鉴优秀的管理理念和方法。对内优化就是在公司内部优中选优，将做得好的部门、团队或个人的管理方法在公司内推广。

- 经营是对外的，管理是对内的；经营追求的是增收和盈利，管理注重的是提效和降本。
- 管理需要补短板、强弱项，不是增加最长木板的长度，而是要下功夫修补那一块最短的木板。

刀刃向内

一个企业要想持续经营下去，不仅要经营好外部，还要管理好内部。管理是内部的事情，经营更多的是外部的事情，如果连内部管理都做不好，基本功都不扎实，就不可能做好外部经营，不可能应对各种形式的矛盾、风险、挑战和斗争。因此，企业经营管理首先要刀刃向内，自我加压，自我批判，寻求改进，不断苦练内功，实现管理提升。

管理是企业经营的永恒主题。管理是通过组织中其他人做成事情的艺术，是激励平凡的和不平凡的人去做不平凡的事。管理学家亨利·明茨伯格说，“管理是一种整合行动”。管理大师法约尔提出了管理的五大职能，即组织、计划、指挥、协调和控制。

人们常说经营管理，虽然经营在前，但是经营不能代替管理。市场风口过去了，红利消失了，产能过剩了，这个时候企业拼什么？拼的不仅仅是有形的资源，更是无形的资源，包括管理能力。

面对同样的宏观环境和激烈的市场竞争，在规模相当、经营模式接近的情况下，谁都没有特殊的机会，谁的响应速度更快，谁的产品和服务更好、更优，谁的效率更高、成本更低等，谁的管理能力和水平就更高，这决定了企业之间的竞争差距。因此，管理是决定企业胜负的关键，管理永远都是企业主要且长期的问题，不是一朝一夕就能解决的，企业之间最终的较量在于管理。

管理是科学，是艺术，更是基本功。台上一分钟，台下十年功，功夫不是一天练成的。广厦始于根基，“根基不牢，地动山摇”，只有打牢基础才能筑起高楼大厦。管理无句号，管理无止境。管理必须从高、从严、从细，必须循序渐进、步步为营、持之以恒、久久为功。只有天长日久，才能功力深厚。

管理者要明确自身定位，由专业技术骨干向管理者转变。企业在经营管理过程中，会根据实际工作需要，将专业技术人员调整到经营管理岗位发挥作用。这些由专业技术岗位调整到经营管理岗位的人员要清醒地认识到身份的变化和所肩负的职责，不能使自己的角色发生错位。

一些管理者重视专业能力，却忽视人事能力和管理能力，习惯于事必躬亲，事无巨细，亲力亲为，大包大揽，大事小事一起抓，眉毛胡子一把抓，“捡了芝麻，丢了西瓜”，这些都是角色错位的表现。所谓“有所为，有所不为”，管理者要把自己有限的精力投入自己应该做的事情上，集中精力做好自己的管理工作。

管理学家亨利·明茨伯格认为，管理者扮演着三大类别的角色，分别是人际角色、信息角色、决策角色。人际角色，是指管理者要善于与企业、组织中的成员和其他利益相关者打交道。管理工作中有 20%~30% 的时间都在处理人际关系。管理学家梅奥认为，管理者应具备专业能力、人事能力和管理能力。其中，人事能力是善于组织、协调、调动人的能力，善于协调人际关系、与人打交道的能力，也就是“情商高”。要善于充分调动员工的积极性、主动性和创造性，把“英雄个人”变成“英雄连”“英雄团”“英雄旅”。梅奥还认为，人是有思想、有感情、有人格的活生生的“社会人”，人不是机器和动物，更不是单纯追求物质利益的“经济人”。作为一个复杂的社会成员，金钱和物质虽然对人积极性的产生具有重要影响，但起决定因素的不是物质报酬，而是在工作中发展起来的人际关系。管理者不应只注重指挥、监督等，要善于调动员工的情绪，鼓舞士气、昂扬斗志，重视员工之间的关系培养，以增强员工的归属感和整体感。

信息角色是指一个企业、组织的正常运行，需要组织里的人通过协调管理结构和管理者，获取或传递必要的信息来完成工作，管理者要确保这些人具有足够的有用信息来促进他们的工作。管理就是沟通。管理的过程，也就是沟通的过程，没有沟通，就没有管理。管理大师彼得·德鲁克说，企业经营管理要“沟通，沟通，再沟通”。松下幸之助说，“管理过去是沟通，现在是沟通，未来还是沟通”。企业的日常管理工作，70% 的时间都在与人沟通，承上启下，联系左右，协调内外，企业的经营管理工作全部借助于沟通才得以顺利进行。因此，必须重视会议、书面报告、短信、微信、邮件、口头等沟通方式，真实、准确、完整和及时地传递信息。

决策角色，是指管理者负责做出企业、组织的各项管理决策，以保证计划目标的实现。管理者要特别重视人事角色和信息角色的认知与定位，需要逐渐淡化“专业技术人员”的身份，转变角色，降低对专业技术的过度关注，努力从专业技术人员成长转变为优秀的管理者。

苦练内功，提升管理。俗话说“冬练三九，夏练三伏”，有坚韧不拔的意志，历经千锤百炼，才能练就高深的内功。管理工作也是如此。企业管理内功的强大，才是真正的强大。只有加强内功修炼，坚定不移地苦练内功，不断改善生产经营管理各个环节，提高管理能力和水平，提升内在素质与力量，才能在竞争中获得优势，以更加健康、持久和高质量的发展，应对未来的变化。

一是运用组织论提升管理。组织建设是否合理，对于企业的生存发展起着至关重要的作用。组织的再造，就是解决以什么样的组织模式、组织结构，来面对经营发展问题。组织建设得好，就会简洁、合理、有效和高效，就会分工明确、职责清晰、横向到边、纵向到底、运行有序，事事有人做、人人有事做。

企业通过高层推动、精神聚众、优化队伍、强化激励，搭建“格子化”管控模式，即组织规范化、职能层级化、业务平台化、管理精细化、文化一体化，形成合力，确保整个组织管理流程的畅通，提高组织绩效与管理效率。

二是运用系统论提升管理。系统论的核心，是系统的整体观念和全局观念。它强调，任何系统都是一个有机的整体，要素之间不是独立的，而是相互关联，构成了一个不可分割的整体。不能用孤立、片面、静止的观点看问题，而要用联系、发展、全面的观点看问题，着眼于整个系统的提高，通过健全机制、职能协同、平台建设、信息互通、加强攻关、提升能力，协调各方面资源、要素的关系，使企业、组织达到最佳平衡和最优目标。

三是运用方法论提升管理。管理离不开“人”和“事”。人，具有主观性，可以引导、教育，加强培训，群策群力。事，具有客观性，讲究程序、查核、管控及细节，通过现场管理、定置管理、9S、TQM、成本管理、效率管理、目标管理、准时化生产、绩效管理等，实现管理标准化、流程化、规范化。管理有效的手段可以简化为 PDCA 循环，即计划、执行、检查、处理，这是一个持续改进模型，核心是定目标、定策略，找差距，分析原因，找对策。如此循环，把人管好，把事理好，直至达到一个相对理想、和谐、平衡的状态。

管理是一根线，串起了企业生产经营的各个环节，各级管理者也要成为各自系统、部门和团队里的一根线，把人、机、料、法、环、管串起来。企业的经营管理水平，不是体现在有多少项产品和技术上，而是体现在发展能力、创新能力、获利能力和社会责任四个方面，其落脚点就是管理能力与水平的不断提升。企业办得好才是最大的善举。

有效的管理，其实并不需要多么高深、复杂的理论和技巧。企业管理不需要那些高大上的东西，一点一点改进产品，一点一点改进技术，一点一点提升管理能力，其空间是非常大的；对企业竞争能力、获利能力的提升，其作用是非常大的。管理其实很简单，把每一件简单的事情做好，就是不简单；把每一件平凡的事情做好，就是不平凡。

- 管理是决定企业胜负的关键，企业之间最终的较量在于管理。
- 管理是科学，是艺术，更是基本功。台上一分钟，台下十年功。
- 管理其实很简单，把每一件简单的事情做好，就是不简单；把每一件平凡的事情做好，就是不平凡。

管理“金三角”

等边三角形是最坚固的一种三角形，无论哪条边短了或者长了，都会破坏它的和谐性与稳定性。我认为，管理上也有一个“等边三角形”，就是责、权、利构成的“金三角”。责、权、利这三个基本要素，分别是责任、权力、利益。责指的是部门职责、岗位职责，所承担的责任、应承担的义务；权指的是公司或上级所赋予的与岗位相匹配的权力、权限；利指的是利益，既包括收入、福利等物质利益，也包括职务、地位等非物质利益。

责权利应对等、均衡。人们常说，“责权利相结合”“责权利相一致”“责权利相统一”“责权利对等”“责权利平衡”“权责利挂钩”等，都是在强调责权利三者的平衡、均衡和对等，这是一个组织、企业运营过程中最基本的、必须遵循的原则。也就是说，如果让某个人、某个组织承担一定的责任，就要赋予其完成责任必需的权力，并给予其与所承担责任相对等的利益。通俗地讲，负有什么样的责任，就应该具有相应的权力，同时应该获得相对应的利益。

责权利是相辅相成、相互制约、相互作用的。只有责权利三者对等统一，形成相互支持、促进，又相互牵制、制约的“等边三角形”，才能充分调动员工的积极性，员工才能通过努力工作获得满意的回报，公司计划目标才有可能顺利完成，从而形成企业经营管理的良性循环。

责权利失衡的结果是责不清、权不明、利不公。企业经营管理中或多或少存在以下现象：高层管理者越来越忙，而中层和基层管理者在观望；部门之间、岗位之间的推诿扯皮变多，敢于担责的管理者变少；员工队伍越来越庞大，效率却不尽如人意，不能形成高效的生产力；自我感觉已经完备完善的管理制度、政策、流程、手册，却不能实际落地……

导致这些问题的原因有很多，但其根源之一，是“责权利”的失衡，基本都能从责权利的关系匹配或机制平衡上找到原因。责权利不平衡、不对等、不挂钩，就会责不清、权不明、利不公，产生一系列严重的后果，直接影响企业的高效运营。

责重权轻，或者有责无权，意味着管理者缺少领导权，无法履行其责任。责轻权重，或者有权无责，意味着管理者易滥用权力，损害他人利益，甚至滋生腐败。责权之间的不相称，势必造成利益的不公平、不公正。

利轻责重，对员工承担责任的积极性无疑是一种打击，同样的事情做好或者做不好，都可以得到同样的待遇，会让员工丧失动力之源。利重责轻，对员工积极性更是一种打击，会导致员工投机取巧、偷懒耍滑。

责权利从来都是紧密相连的。没有权力的责任是空泛的，没有责任的权力是危险的；没有责任与权力的利益是“黄粱一梦”，没有利益的责任与权力是“画饼充饥”。

勇于担当，敢于担责。经营管理者有多大的权力和利益，相对应地，就应该承担多大的责任，同样地，承担的责任越大，操的心越多，干的活越多，才能支配更大的权力，自然也就可以获得更多的利益。总想着不干活、不承担责任，想着要高高在上，还要求获得更多的利益，这是绝对不可能的。当然，也不能承担了很重的责任和风险，却没有相应的权力和利益作为回报，这样也是干不好工作的。每个人都渴望获得利益，都渴望支配权力，但在获得利益和得到权力的同时，首先要清楚并且担当起相应的责任。只有责权利相一致，才能充分调动员工的工作热情和积极性，三者一旦失衡，就会相当危险。

所以，经营管理者一定要把该担的担子担起来，把该负的责任负好，不仅要认真履行责任，还要敢于承担责任，不能遇事贪功诿过、推卸责任，要勇于担责，敢于挑大梁，干工作要恪尽职守、兢兢业业。同时，还要注意不断加强学习和积累，不断提升自身的能力和本领，从而适应所处的地位、职位，才能与所支配的权力和享有的利益相匹配。

敬畏权力，科学用权。一个企业、组织或团队的管理者，必须拥有一定的权力，进行计划、组织、协调、指挥和控制，从而完成组织和企业的目标。管理者的权力是法定的，与职位相关，它不因人而异，谁处在那个职位上，谁就具有那个职位的相应法定权力，职位越高，责任越大，权力也越大。如果丢掉了这份神圣的责任感，就会违法乱纪、误入歧途。

权力是一把双刃剑，正确运用权力，可以掌权为公，造福员工，促进企业发展；滥用权力，掌权为己，以权谋私，就会损害员工、组织和企业的利益。

经营管理者不要以为有了一官半职，就好办事，就可以为所欲为，要知道每一位干部手中的权力都是员工赋予的、组织赋予的，任何一名干部的成长都离不开组织的培养和员工的信任。

要防止干部越位侵权，不该自己决策的事、不属于自己管的事，却插手去管；要防止干部权力独揽，权力过分集中，权力不受约束、不受制衡，避免搞“一言堂”“家长制”；要防止干部以权谋私。干部应该在法律、制度和政策规定的范围内行使权力，在岗位职责范围内行使权力，既不失职缺位，又不擅权越位。在行使权力的过程中，应发扬民主，走群众路线；科学用权、授权，合法授权，视能授权，责权统一，有效控制。

管理者要对权力保持敬畏之心，敬畏员工、敬畏权力、敬畏组织，内省于思，勇于自我批评，“如履薄冰、战战兢兢”地谨慎行事，要更多地把权力视为一种压力、一种考验、一种责任，自觉做到遵纪守法、民主决策、科学决策，自觉做到在其位、谋其政，履其职、尽其责，对事负责，对员工和组织负责，并自觉接受员工和组织监督。

加强考核，绩效为本。绩效考核的最终目的是激发和调动员工的工作积极性，形成上下同心、齐抓共管、共谋发展的共同体，以促进企业目标计划的实现。绩效考核必须根据不同工种、不同岗位，客观设置不同的考评指标。不能一概而论地设置看似全面、面面俱到、滴水不漏但无法考核的指标，要对考核指标进行正确取舍，使其设定更加科学、合理。

做好利益的合理分配，是提高员工工作积极性的一种好方法，除了在物质利益分配上做好谋划之外，其他方面如员工关怀、给员工创造一个良好的工作氛围和发展通道等也很重要。

责权利的平衡，使员工能够有责、有权、有利，克服有责无权或有责无利的责权利脱节。责权利明晰化，能使每个员工知晓具体的责任内容、权力范围和利益大小。具体来说，一是以岗定责，根据企业目标及组织架构确定任务目标与岗位职责，据此选择合适的人才；二是以责定权，根据各岗位职责和工作流程为其匹配必需的工作权限；三是以责定利，根据岗位职责，结合公司的行业定位、员工的工作能力、行业的薪酬水平确定员工薪资；四是采用 360 度全视角考核评价办法，对员工进行正负激励，通过针对性的培训，引导员工发展提升，并根据考核评价对责权利及时进行调整和完善，以保持责权利三者的动态平衡。

- 管理上有个“等边三角形”，是责权利构成的“金三角”。责权利应平衡、均衡和对等。
- 责权利失衡的结果是责不清、权不明、利不公。
- 管理者要敬畏员工、敬畏权力、敬畏组织，内省于思，勇于自我批评，“如履薄冰、战战兢兢”地谨慎行事。

向管理要效益

我认为，企业要实现规模、速度、质量和效益统筹发展，又好又快发展，还是要加强管理，统筹好“管”和“理”，回归管理本源，修炼管理内功，向管理要效益。过去，一部分企业靠抓外部机会，实施粗放式经营，实现要素驱动式增长，现在已经行不通了。指望一两个工程师，开发出一两个产品，就能获得超额利润的时代已经过去了，现在企业发展拼的是水平、能力和管理，管理本身就是能力和水平的综合体。

作为一家技术性公司，华为公司认为，虽然技术重要，但是管理更重要。所有公司都要管理第一、技术第二。没有一流的管理，领先的技术就会退化，有一流的管理，即使技术二流也会进步。核心技术对于一个企业来讲是多方面的，技术与产品仅仅是一个方面，管理与服务的进步更多时候远比技术进步重要。经营管理企业要狠练内功，由“机会导向”转而追求“管理红利”。管理是切切实实的生产力，是发展中取之不尽的“金矿”。

一是回归管理基本功。管理的基本功到底是什么？做企业管理，基本功就是成本、质量、交期，为客户创造价值，依法经营、诚信经营和规范运作，等等。基本功是最容易，也是最难做到的，说起来容易、做起来难。

企业的升级，本质上都是管理升级。企业生产经营不能总想着挣大钱、挣快钱，要把企业资源和精力投入基本的、长期的企业管理能力上。长期的企业管理能力建设，要求回到管理的基本功上来，从管理的基本功、必修课入手，使企业走正道，帮企业“扎马步”。

一些经营管理者总想干大事、做大项目，不关注细小的事情，不注重基本功，这种心态是错误的。招式都由基本动作演变而来，基本功扎实，一招一式皆有杀伤力；基本功不扎实，再精妙的套路也是花拳绣腿。管理需要新思路、新概念，在软实力管理的投资上，企业要舍得投入。一些中小民营企业不舍得在员工能力提升和企业管理能力建设上投资，喜欢在硬实力上“砸钱”，喜欢买土地、建工厂、上设备。其实，企业最需要的投资是制度建设、能力建设，是管理方法的创新、提升。企业硬实力背后如果没有管理体系和技术创新体系等软实力的支撑，是走不长也走不远的。

企业管理没那么复杂，没有必要去学习过多花哨的管理技巧。管理的进步，需要从企业细小的工作开始，从最基本的招数练起，假以时日，就能顺理成章，百炼成钢。

二是从思想上、观念上，不断地寻求管理变革。当前，知识、技术正以惊人的速度变化着，有些企业能持久稳定发展，而有些企业“独领风骚三五年”后就陷入了困境，究其原因，正如杰克·韦尔奇所说，“一个企业要想发展壮大，必须能预见变化、应对变化，进而使其发生变化”。在“变是唯一不变”的今天，管理变革对于任何一个企业、任何一个发展阶段来说都是重要的，都是必须要去做的一件事情。

一些人认为，只有在企业出现问题时，才需要进行管理变革；还有一些人认为，公司已经领跑全球同行业，不需要进行管理变革了，出现了自满松懈的心态。然而，“明日复明日，明日何其多”，时间长了，就会像温水煮青蛙，失去了对外部环境变化的敏感，失去了对外部潜在危机的感知，久而久之，就会安于现状、麻木不仁，等出现问题再去变革，成为“事后诸葛亮”，变革就会困难重重了。就像一个人，只有平时注重保健和强身健体，才能有效预防疾病，否则等病入膏肓时再治疗就为时已晚了。

一个企业管理变革能否成功，思想、观念转变是关键所在。观念是行动的先导。如果企业都不积极去变革，或意志不坚定，或麻木不仁，管理变革就会半途而废。经营管理者不要觉得自己尽善尽美、天下无敌，要不断地否定自我、批判自我、超越自我。要解放思想，开动脑筋，面对瞬息万变的外部环境做出最快速的反应，从“被动适应”到“主动适应”，早变革、早主动，以确保公司能在激烈的竞争中保持优势、保持进步。

企业经营要告别“机会导向”，立足变革和创新，依靠管理创新驱动发展。当然，企业经营也要善于抢抓机遇，但机遇往往是阶段性的，从根本上还是要立足于变革、创新、整合来做好工作；要高度关注互联网时代企业运营环境的变化，积极探索新的管理模式；要高度重视企业组织结构的变革，建立以流程、标准和制度为基础的管理体系；要高度重视组织和员工管理模式的变革，对员工由刚性管理向人性、柔性管理过渡。企业管理变革，根本上是管理方法、方式的创新，目的是比别人做得更好一点。

三是利用信息化、智能化系统推进流程再造与管理变革。科技革命引发工业革命，工业革命推动世界前行，人类历史进程中的三次工业革命，每一次都是对劳动力的解放。18 世纪末，英国发明蒸汽机，实现了机器代替手工生产，标志着第一次工业革命的发生，人类从此进入“蒸汽时代”。20 世纪初，美国福特汽车流水线生产，实现了大工厂生产代替手工作坊，标志着第二次工业革命的展开，人类由此进入电气时代。进入 21 世纪，随着新能源、新材料、新装备以及新技术等一系列重大技术突破的涌现，全球经济体系运行效率正在不断跃升，人类正在进入以信息化、智能化、数字化为主要特征的第三次工业革命。有人认为，第三次工业革命的核心是数字化革命，关注点是智能制造和新能源、新材料的应用。

当前，公司生产经营管理中仍然存在手抄口传、鸡毛信式的管理方式与流程，劳动量大，效率低下。员工干得辛苦，还经常出错。同样的工序，有的环节自动化、信息化和智能化程度高，系统操作方便、快捷，具有集成化、智能化、柔性化等先进制造技术的特点。所以要把员工从繁重的劳动中解放出来，让员工更轻松、更愉悦、更体面地工作，降低人工成本，提升劳动效率，企业就要高度重视自动化、信息化、智能化系统的推广运用，把先进的智能制造技术融入企业生产经营管理的各个环节。

信息化、智能化建设是一场企业转型与自我变革，是一项综合系统工程。经营管理者只有转变思想观念，多动脑筋、多想办法，把自动化、智能化、信息化等创新生产管理模式，融入产品、服务与流程当中，实现流程再造和改进优化，不断提升经营管理水平，才能使企业在市场竞争中保持优势，赢得生存与发展的先机。

四是改进、改进、再改进。二战之后，日本企业迅速发展，其成功的奥秘就在于“改进，改进，再改进；提高，提高，再提高”。改进是日本企业的管理基因之一，数十年如一日的微小而持续的改进，能够使企业达到完善境界。改进，不是一种做具体工作的方法或技巧，而是一种理念、一种心态，是一种指导具体工作的价值观念，是一种企业的经营理念，是把事情做到“精益求精，止于至善”的自我要求。

美国管理学家戴明到日本推行的 TQM，其三大核心理念是全员参与、持续改进、顾客满意，其中持续改进是 TQM 的本质，它是企业永续经营的不二法门，是企业总体业绩目标达成的一个永恒理念。做一件事首先要认清方向，方向认准了，接下来就是持之以恒、持续改进。

改进，就是使事物从一种状态发展到另一种状态，寻求新的状态、新的目标，就是要上水平、上层次，取得成绩和进步，追求完美。

企业的发展过程就是不断解决问题的过程，每一次问题的解决都能有效促进企业的成长。因此，问题是有价值的资讯，应该正视它，而非逃避它。就管理者本身而言，不知道问题是什么，本身就是问题；知道什么是问题，但不知道如何解决，也是问题；知道问题是什么，也知道解决办法，但不去解决，更是问题。所以要想有效改进，不仅要有良好的问题意识、改进的意愿，还要有行之有效的解决手段。

有一句话说得好："改进，从我做起！"所以改进首先是要站在经营企业的角度来看待问题，以超越自我、追求完美、追求卓越为出发点，克服麻木不仁、对问题熟视无睹的思想障碍，勇于自我剖析；其次是从自己的本职工作入手，积极发现问题、研究问题、解决问题，理顺工作思路，找到更好的工作方法来提高工作水平。

要改进，最重要的一点就是承认自己的缺陷与不足，敢于质疑习以为常的做法，看清隐藏在事物身后的本质，寻找根本的改进解决之道。它需要企业放下面子，跳出现有的框架，多学习，多思考，从事物的根源出发看问题。

持续改进永无止境。持续改进是一种艰苦的修炼，需要经历一个过程才有明显成效。企业要善于做管理的引导者，建立持续改进的平台与机制，包括建立改进流程、激励机制，改进活动的宣导，改进标兵评选，开展合理化建议活动，设立 QC 小组等，让持续改进意识深入每一位员工心中，并使之持续产生热情，进而创造一种以改进为本、充满活力和创造性的企业文化。

总而言之，做好管理工作，靠的是内功，是能力，是水平。企业要眼睛向内，深入挖潜，苦练内功，强基固本，充分调动干部和员工参与企业内部管理的积极性和创造性，向组织要管理，向管理要效率、要效益。

- 在"变是唯一不变"的今天，管理变革对于任何一个企业、任何一个发展阶段来说都是重要的，是必须要去做的一件事情。
- 管理靠的是内功、能力和水平，要眼睛向内，深入挖潜，苦练内功，强基固本。
- 持续改进永无止境。持续改进是一种艰苦的修炼，需要经历一个过程才有明显成效。

大道至简

有一次，公司组织有关部门梳理MES制造执行信息系统报表时，发现部分车间仍在填写关于车速、温度、变频、风量的纸质报表。还有一次，我在车间巡查，看到一名员工正在填写“电瓶叉车和堆高车日常检查表”。通过这两个现象，我感觉到公司数据集成上存在问题。一是对数据报表的需求非常多，不同部门、不同阶段、不同项目都需要不同的报表，且数据口径不一致、数据不统一。二是报表数量多、版本复杂，同样主题的报表冗余重复，形成“报表迷宫”，员工自己都不知道报表、数据是用来做什么的，在什么情况下用什么报表。我们有没有思考过，工作中充斥着各种报表，有多少报表是工作中需要的？这些部门的员工貌似工作得热火朝天，但其实他们手里是本不该做、意义不大的工作，因为做这些事根本无法为客户提供更好的服务，为公司创造更多价值。我们不能为了报表而填制报表，为了数据而整理数据。

以前，政府部门有大量的、各种类型的统计报表，企业每年都要向工商、海关、税务、劳动、外管等多个部门报送数据。现在国家通过改革，对这些报表进行整合、简化，实现了数据关联，大大减少了企业的工作量。企业管理更应当在符合重要性和成本效益原则的前提下，对报表和数据进行优化与简化，突出重点，确保信息的准确、有效和实用。

企业中有些工作、有些动作，看上去有一定的作用和意义，但成本耗费大，成本大于收益，得不偿失。要根据重要性和成本效益这两个原则，分析投入产出关系，对流程、报表删繁就简，优化整合一切不合理流程和无效报表，减少员工劳动，减少无效动作，提高工作效率。流程、报表够用就好，多了就不行，就像做菜一样，调料放多了就会造成浪费，还会影响口感，盐多了会咸，醋多了会酸，酱油多了不清淡，要适量才好。

企业经营管理要大道至简，就是要简单、简约、简化和简洁。简单是一种智慧、一种力量、一种境界。简单是直截了当、直奔主题。企业一切冗余、重复和繁重的工作，多余的动作，重复的劳动，都会增加员工的工作时间、工作量和公司管理成本，影响工作速度和效率，都是低效甚至无效的，企业要坚决调整、压缩和删除。

简单是有所选择、有所舍弃。2000 年，我看过一本书，印象深刻，书名是《胖企业减肥记》，说的就是企业、组织要“强身健体”、“瘦身减肥”、精兵简政、高效精干。企业、组织和流程就像人一样，不是越胖越好，而是该胖的地方胖、该瘦的地方瘦，骨骼均匀，婀娜多姿才好。如果营养过剩，就会臃肿、浮肿，反应迟钝，动作迟缓。“胖”企业往往官僚主义盛行，不仅耗费了公司的资源，还阻碍了公司发展的脚步，其机构臃肿、人员冗余、效率低下，必须要“消肿减肥”，进行重整重组、组织变革。经营管理企业要有虎、狮的力量，狼、豹的灵敏，有矫健的体格、敏捷的动作，换句话说，既要有大公司的规模、实力，又要有小公司的敏捷、快捷。这样的企业、组织才有活力、生命力和战斗力。

瑞典瓦萨王朝曾经是欧洲的强国之一。为了与劲敌丹麦、波兰对抗，1625 年，瑞典国王阿道夫·古斯塔夫下令建造“瓦萨”号战舰，并要求战舰航速快、火力强、装饰华丽，因为这样才足以显示瓦萨王朝的权力、财富和战斗力。然而，世界最顶级、最奢华的“瓦萨”号出海仅 1000 多米，首航仅 10 多分钟，笨重的船身就开始倾斜，甲板开始进水，舰体开始晃动下沉，最终在众目睽睽之下沉没了。

企业要时常反思，是不是也像瑞典“瓦萨”号战舰一样，增加了很多不必要的装备和繁复的东西，以致忽略了回归管理的本真。

删繁就简，让管理更简单。管理者常犯的错误是，一个简单的业务模式刚刚建立，就开始把它变得复杂，难以控制。有人认为“复杂才能体现水平”。其实，复杂带来的成本上升、效率下降等弊端，比其带来的好处要多得多。老子在《道德经》中有“天下大事必作于细，天下难事必作于易”。墨菲定律说，“把事情弄复杂很简单，把事情弄简单却很复杂”。而企业家和企业要善于把“复杂的问题简单化”。

通用电气 CEO 杰克·韦尔奇曾说过，“世界上有两种人，一种是把复杂的事情搞简单，一种是把简单的事情搞复杂，而管得简单就是管得好”。苹果公司创始人乔布斯说，“专注和简单一直是我的秘诀之一。简单可能比复杂更难做到”。简单的背后是不简单，简易的背后是不容易。把企业简单的问题复杂化容易，把企业复杂的问题简单化却不容易，体现的是能力，是水平。企业经营管理者要做经营管理的高手，让组织简单，让产品简单，让客户简单，让流程简单，让经营简单，让管理简单。

简单管理是观念的革新，关键在于管理者能否以较小的资源投入获取较大的产出，实现管理目标。经营管理者要建立一种思维方法，就是要用简单的思路、简单的技巧方法来处理复杂的事情，将复杂的问题简单化、简单的问题制度化。

此外，在企业日常生产经营管理的各个环节，都应尽可能简单。在处理领导关系、同事关系、客户关系、供应商关系时，要尽力保持简单，不要搞神秘主义，用简单的思维处理复杂的事情，一切就会变得简单。

对于企业来说，简单，降低了时间成本和人力成本，给企业带来了利润。简单，也抓住了本质，使责任、信任、管理与控制都一目了然，使企业专注于重点，创造了速度、高度和力量。当然，简单并不是浅薄无知、草率行动，也不是头脑简单、四肢发达，而是经历复杂之后的升华，形式上追求简单，方法上追求简单，内涵上则是深刻和丰富的，是一种化繁为简的智慧。一个能抓住重点、把握方向、找到简单方法并有效执行的企业，总是成功的企业。简单才有生存和发展。

企业经营管理不是漂亮、时尚的表演，而必须是技法简单的实战搏击。因为只有简单，才能将自身优势转化为迅速击中对方要害的能量；只有简单，才能破解复杂的迷阵。就像练武术一样，一招制敌。别摆弄半天，摆了半天“花架子”，还不能在博弈中制胜，不要花拳绣腿、中看不中用。

践行大道至简，实行简单管理，最主要的是反官僚主义，反对组织臃肿、人员冗余、流程复杂和规定繁多，根据“一切为了客户、一切为了盈利、一切为了发展”的“三个一切”原则，注重顶层设计，鼓励创新，注重管理变革，流程重组，激发组织活力和员工创造力，不摆“花架子”，不让流程、程序变得繁复。经营管理者应化繁为简，轻装上阵，让公司运营快速、敏捷，让经营管理简单、高效。

- 简单是一种智慧、一种力量、一种境界。简单可以创造速度、高度和力量。
- 做经营管理的高手，让组织简单，让产品简单，让客户简单，让流程简单，让经营简单，让管理简单。
- 践行大道至简，实行简单管理，最主要的是反官僚主义，反对组织臃肿、人员冗余、流程复杂和规定繁多。

做好“减法”

企业的利润从何而来？我们都知道，“利润 = 收入 – 成本费用 = 价格 × 销量 – 成本费用”，简单地说，企业的利润就是从两头而来：一头是增加企业的收入，或者说是提高营业收入等；另一头是减少企业经营管理的成本费用，即减少各种成本费用支出的总和。利润实际上就是两头之间的差额，在一个因素固定的情况下，收入越多，利润越大；费用越低，利润越大。因此，企业要增加利润应该从两头着力，将扩大营收与控制、减少成本费用结合起来，单从一头着力并不一定能达到增加利润的目的。

简单来说，企业要想实现良好的利润，就要“卖得贵、卖得多，买得贱，中间环节不浪费”，就是要增收节支、开源节流，做好“加法”与“减法”。“加”，就是增加、提高，扩大规模、提高产能、提质增效，包括增客户、拓市场、扩渠道、增营收，就是上质量、上品种、上规模、上效率、上收入、上效益，努力提高资产利用率，努力提高销售收入。“减”，就是减少、降低成本费用支出，就是精兵简政、“瘦身健体”、降本减耗降费。

开源难，节流易。市场竞争日益加剧，公司面临着多种经营风险，产品需求与定价主要是由外部决定的，而不是完全企业由内部决定的。营业收入的多少及其增长速度，与市场机遇和所处的竞争环境有很大关系。此外，在宏观经济复杂多变、经济下行压力加大、竞争激烈的形势下，想要营收快速、大幅增加，充满了挑战。

相对而言，企业经营管理的成本费用更多取决于内部的经营管理能力和水平，也就是说，成本费用是企业内部能进行自我管控的，可以掌握在自己手中。因此，在不利的市场环境下，企业更要从内部挖潜，提高经营管理效率，严格控制成本费用增长，努力降低成本费用水平，或努力使成本费用增速低于营收的增速，这是提高利润的一个重要途径。

降本减耗的模糊和错误认识。民营企业在经营管理过程中，对成本费用和成本管理的认识存有偏差，存在模糊和错误认识，主要表现为：一是认为成本费用集中来源于生产活动，说到控制成本就认为只是生产部门的事情，与自己无关。二是认为降本减耗就是降低某一款产品或某一类产品的成本。其实，成本管理不仅限于生产活动，不是某个部门、某个系统的事情，而是一项综合性的大工程，是全局性的、全方位的、全过程的，是一个大成本、大费用的概念，涉及开发、采购、生产、营销、仓管、设备动力、环保等企业所有经营部门和管理部门。企业追求的应是总成本领先，总成本最低，而不是单一产品或某一类产品成本最低。三是认为成本费用是有形的，看不到无形的成本费用。只关注财务报表中可以统计核算的成本费用，不关注看不见的无形的成本费用。降本减费除了降低有形的成本费用外，还应包括但不限于资产利用率提升、能耗费用降低、单位成本费用降低、组织结构高效、员工士气提升等无形的降本措施。四是错误地认为成本和费用是相同的概念，将成本和费用混同、等同，其实成本是指生产和形成产品而产生的耗费，包括直接材料、直接人工和制造费用，费用是形成和实现营收而发生的耗费，主要包括管理费用、销售费用和财务费用，三者构成期间费用。成本和费用是不同的概念。

成本管控失控，费用管理失效。一是花钱大手大脚，经营管理不计成本，浪费现象时有发生。俗话说："不当家不知柴米贵。"有的人"当家也不知柴米贵"，以为家大业大，不讲究节约。采购不比价，销售产品随意退换货，应收账款超龄不催收，资金周转慢，等级品率下降，物料耗费上升，设备停机待料或检修时仍供气供热，设备管理不当造成误工误时，能耗上升，备品备件随意摆放或丢弃，产品重复检测，招待讲奢侈、比阔气……浪费现象时时可见，处处可见。企业既要抓成本费用的重点和关键，如配方、工序、质量、资产利用、开发设计、采购等，又不能放过成本费用的局部和细节，如节约一张纸、一通电话、一滴水、一度电等。日本丰田公司有句话讲得好，"企业利润要像干毛巾里拧出水来"。注意是干毛巾，而不是湿毛巾。开源与节流要"两手抓、两手硬"。要知道，节流下来的都是赚的，节流下来的比开源得来的更容易，节流下来的比开源得来的可能更多。不节流就是浪费。

毛泽东说过，贪污和浪费是极大的犯罪。有的企业干部认为，"贪污是犯罪"，但没有意识到"浪费是更大的犯罪"，而且浪费是潜在的、无形的，是看不见的，破坏性更大。

二是管理上的漏洞是最严重的浪费。财务有句行话，"没有对不清的账，只有算不到的成本费用"。不关心成本费用的经理不是好经理，不会算成本费用账的员工不是好员工。任何不计成本费用或者忽视成本费用的管理缺失行为，企业都应坚决反对。如辅料及低值易耗品的管理漏洞，仓储物资的管理漏洞，废料废品的管理漏洞，物流运输与快递的管理漏洞，行政后勤的管理漏洞，等等，这些管理漏洞一旦被忽视而不及时“堵上”，都会造成较大的浪费，成为增加利润的“拦路虎”。

做好“减法”，降低风险。企业控制降低成本和费用，要减少无效低效和盲目开发，减少不合理产品设计，减少产品功能过剩，降低工艺和配方设计成本；要加强比质比价，择优采购，减少采购成本；要加强生产管理，提高产品等级品率，提高效率，减少物耗，减少误工误时，减少直接材料和直接人工，减少制造费用，减少能耗，减少产品成本；要删繁就简，精简组织，减少冗余组织结构，减少低效富余人员，减少文山会海，减少不合理流程，减少不合理制度，降低管理成本和费用；要减少不合理的广告宣传、通信、业务和差旅等费用，降低经营费用；要减少不具有成长性和劣质不适合的客户，减少不合理的应收资金占用；要减少闲置不良资产占用，减少不合理库存等，减少利息支出，合理配置外汇资产负债，减少汇兑损失，降低财务费用。总而言之，在宏观经济形势不好的情况下，企业更要做好“减法”，更加注重节支节流、降本减耗减费。

成本费用管理是基本功，是基础管理。“减”成本费用是一场革命，是企业管理的根本，是必须抓好的东西。产品质量好、品种新，适应市场需求，同时成本费用管控好、卖得便宜、具有高性价比，永远是商业成功的王道。就像松下幸之助的“自来水哲学”——把大众需要的东西变得像自来水一样便宜，是永不过时的理念。企业也要该瘦的一定要瘦下来，“瘦身健体”，降本减耗，避免臃肿肥胖，企业必须做好成本费用的管理。

一是要树立“全员成本、全程成本”的意识。成本管理是企业的一项基本管理活动，绝不是某个部门的事，公司上下都应树立“全员成本、全程成本”的意识，人人心中都要有成本费用账，把成本费用意识和节约意识贯穿经营管理的各个环节，要开源节流、增收节支、勤俭持家，要取之有度、用之有节，要精打细算、“斤斤计较”。

二是科学分析、科学决策。决策的成本是最大的成本，决策失误是最大的失误，决策左右企业的兴衰成败，要减少决策失误。特别是要高度重视、严控固定资产投资，审慎决策。固定资产具有刚性，灵活性差，占用较多资金，不管用不用都会产生折旧，闲置时产生严重浪费。因此，要聚焦资源，避免贪大求全、盲目投资。企业做到一定规模和程度时，摊子铺得很大，表面看上去很强大，但实际上可能管理能力跟不上，成本费用控制不好，经营管理不善，反而无法实现良好的经济效益，影响企业的发展。企业应坚决反对“投机式”经营、“野蛮式”增长和“粗犷式”发展，反对盲动和盲目的固定资产投资。此外，要科学分析市场，审慎开发，提高开发的精准性，减少开发资源的浪费。

三是事先计划、事中控制，加强预算管理与绩效考核。事先要从预算源头抓起，利用“成本是总成本领先”建立科学有效的预算计划机制，将成本费用目标与责任分解至各部门、各车间；事中要分析好直接成本与间接成本、固定成本与变动成本，做好对成本费用的监控、管理与分析，并加强绩效考核。

四是在企业成本费用“减法”关键点上狠下功夫。做好成本费用管理，必须来一场革命，要两眼盯在市场、现场上，功夫下在管理上，集中资源，抓重点、抓主流、抓关键，对企业成本的料、工、费构成比重作深入分析，抓主要矛盾。

做好成本费用“减法”这篇大文章，要积极降本减耗减费，减掉成本，减掉风险，是企业获利制胜的重要“法宝”。减掉一切不需要的花费，把成本费用减到最低，把一切阻碍企业发展的东西减掉，实现总成本最低，创造良好的绩效和成果。

- ✦ 要实现企业良好的利润，就要卖得贵、卖得多，买得贱，中间环节不浪费。
- ✦ 坚持增收与节支并重、开源与节流并举，节支节流，降本减耗减费，是企业管理的基本功。
- ✦ 人人心中都要有成本费用账，要勤俭持家，要取之有度、用之有节，要精打细算、“斤斤计较”。

满负荷工作法永不过时

随着企业规模扩大、业务增多，一些民营企业的“大企业病”越来越明显，“身体变胖”“反应变慢”“动作变缓”。公司一些部门分工过细、人员冗杂，不同的生产工序之间缺少串联和协同，员工反映“加班多、休息少”；一些辅助岗位看似每天工作8小时，但有效工作时间可能只有两三个小时，这些辅助人员在工业企业中“待遇高、时薪贵”；个别领导满足于发号施令，指挥员工干事，自己当“甩手掌柜”；部门之下组织林立、结构混乱、人员冗杂，分工不明、职责不清，产生“谷仓效应”，部门下面的团队间各自为政，只有垂直的指挥系统，没有水平的协同机制，就像一座座谷仓，缺少沟通、互动与协同。工作忙不开，招人；有新的工作任务，也招人。本来一个人能干的活安排几个人，几个人能处理的事情安排一个团队，结果岗位变多、层级变多、部门变多、壁垒变多，导致了“庙少僧多”“僧多粥少”“官多兵少”“三个和尚没水吃”的现象，企业、组织被填充得臃肿不堪，运行效率低下。

然而，优秀的企业是通过组织优化和变革重组来“消肿减肥”、“瘦身”成功的，它们“体态轻盈”“体质更好”。格力、美的通过组织再造和智能化改造，减员增效，实现了营收、利润增长。2021年2月，重庆某品牌客户的董事长率团队来访，在交流中得知，他们在2018年和2019年，通过组织重整重组，员工减至2500人，营业收入从40亿元增至47亿元，劳动生产率和人均绩效大幅提高，值得我们学习。

通过减员增效或控员增效，优秀的企业不仅人员减少了，效率和效益也得到了明显提升。优秀的企业通过改革优化内部机构，精简人员。一些优秀的企业经营管理者满怀激情和热忱，勤奋忘我工作，高效率、快节奏、满负荷，“白加黑”、“5+2”是常态，实现了“精兵简政”“高效精干”。

反观安利公司一些部门，在反映人手不够、活多、休息少的同时，还存在组织结构不合理、分工过细、有效工作时间不足、人员和设备没有达到满负荷状态等问题。因此，公司在规划人员配置时，要平衡好不足与冗余的关系，拿捏好度，在做好人员储备、后备培养、建立“蓄水池”的同时，科学配置人员，要鼓励精简人员、精干组织、“精兵简政”，充分发挥员工的潜能，确保人尽其才，提高效率，实行“满负荷工作法”。公司的人力资源管理策略是“减员、控员、增效、加薪”，其目的是提高单位绩效和人工效能，即提高劳动生产率、人均产值和人均利润。

20 世纪 80 年代，时任石家庄第一塑料厂厂长的张兴让，首创了“满负荷工作法”，使得该厂成为当时全国企业改革的榜样。党和国家领导人曾亲自为张兴让颁奖。当时，我任公司部门经理，组织员工学习了“满负荷工作法”。今天，这种管理思想和方法对于企业提高效率和效益，仍具有很好的借鉴意义。可以说，满负荷工作法永不过时。

满负荷工作法的核心是实现“三尽”。“满负荷”是机械电气行业的专用词，发电机的发电量和额定量一致就叫满负荷。应用到企业经营管理中，其核心是“人尽其力、物尽其效、财尽其用”。

“满”与“不满”是相比较而言的，“满”是相对的，“不满”则是绝对的，企业生产经营各个环节或多或少都存在低负荷、空负荷，甚至是负负荷的现象，主要表现为员工有效劳动时间少，资金占用多、周转期长，设备闲置严重、运转率低等。因为负荷不满，生产要素的配置和运行没有处于最佳状态，存在浪费和闲置。提倡满负荷，既不是“大马拉小车”、机器设备空转、人浮于事，也不是“小马拉大车”，让员工拼体力、拼设备，加班加点连轴转，超负荷工作，而是让每一个员工、每一台设备、每一笔资金、每一件原材料都能发挥其应有的效能，增加有效工作时间和有效工作时间内的工作量。简单地说，就是少投入、多产出，最大限度地挖掘人、财、物、时的潜力，不断追求最佳状态，提高单位绩效。

满负荷工作，其本质不是眼睛向外，把注意力放在外延扩大再生产，强调外部条件，简单地扩充资源要素，“摊大饼”式扩张，粗放经营，忽视管理，不注重挖掘现有潜在能力；而是眼睛向内，挖潜增效，全面提高企业管理水平，让企业内部的人、财、物等资源要素彼此紧密联系、有序配合，以尽可能少的物质消耗和劳动消耗，获得更多的产出、更高的效率和效益，实现内涵式扩大再生产和集约化经营。

首先，人尽其力。长期以来，我国有些企业存在“精神懈怠”现象，人员懒散、效率低下、人浮于事，松松垮垮、萎靡不振、不思进取，当官不履职，为政不思政，在其位不谋其政，在岗不在状态，出工不出力、出力不尽力。其主要原因就是员工工作没有满负荷。

人员满负荷的核心就是要人尽其力、人尽其才、时尽其效，提高单位绩效和人工效能。单位绩效和人工效能指标是由分子与分母构成的，分子是产量、总产值、营业总收入或利润总额等，分母是员工人数。要提高单位绩效和人工效能，要么“开源”，提高产出，做大分子；要么“节流”，减员或控员，做小分母。减员或控员只是一种手段，增效才是目的。组织简单、人事精简，是人尽其力、人尽其才、时尽其效的重要原则。要实现人员满负荷，要从以下四个方面入手。

一是加强组织设计和岗位优化整合。分工过细会造成劳动力资源的闲散、忙闲不均、苦乐不均、有效工作时间不足。企业要对人力资源进行科学配置，在人员配备上实施一定的、相对的“一专多能、一人多职、一人多岗、一岗多责”，组织有针对性的培训与技能提升项目，培养员工成为“多面手”和“万金油”，能拿得起、放得下。推行轮岗制，为员工提供多个岗位实践。定期开展跨专业培训，不断拓宽相关专业知识面，变“一专”为“多能”。培养员工在做好本职工作的同时，分担处理其他事务，而不仅仅局限于手头工作，变“一人”为“多岗”，变“一岗”为“多责”。鼓励领导干部既要懂经营，又要懂管理；既要搞好生产经营，又要做好党群工作；既要抓生产、抓质量，又要管环保、管安全。提高干部和员工跨岗作业、跨岗学习、分工协作的积极性和主动性，鼓励干部和员工“精一岗、会两岗、学三岗”，形成“大家一起来、大家一起干”“比贡献、向前看、争着干”的浓厚氛围，提升劳动效率、组织效率和工作效率，真正实现人尽其才、时尽其效。

二是加强绩效考核，按劳分配。合理利用人力资源，推行先进的劳动定额管理。以低成本、高效率、高质量生产，以及准时化和标准化为目标，其核心是消除因劳动者动作不规范或劳动效率低下等造成的隐性的、不直观的浪费。

有的人想少干活、不干活、多拿钱，甚至有个别管理者注重小部门利益和个人利益，效益观念和大局意识淡薄。公司不养闲人、不养懒人，鼓励适当给员工增加工作量、劳动量。企业需要的是能够为公司创造价值的员工，而不是“当一天和尚撞一天钟”、“上班想着下班”、得过且过、无所事事的员工。

要强化管理，从严治企。按照“出满勤、干满点、使满劲”的原则，将员工收入产值化、利润化、价值化，加强劳动生产率、人均产销量、人均产值、人均利润等绩效考核，或按单位产量、单位销量考核工资或奖金，按量计酬，“增人不增奖金额，减人不减奖金额”，多劳多得、少劳少得，奖优罚劣、奖勤罚懒、奖劳罚闲，培养蓬勃向上、奋发进取的精神状态和勤勉务实的工作作风。好日子是干出来的。只有勤奋工作，才会有好日子。

三是推行流程重组和变革。控员增效要“软硬兼施”，“软件”是管理与流程的改善。要“痛下砍手，不破不立”，砍掉一些不必要的流程、岗位和动作，让员工用脑、用心去工作，而不只是用手和脚去劳动，将一些岗位和职能优化组合，让分工更清晰，职责更明确，流程更优化、更顺畅，工作自动化、信息化、智能化，管理科学规范，自然就能够提高效能。

四是推广应用自动化、信息化、智能化工艺设备。这是在控员增效的“硬件”方面做文章，其主要意义不是减员和控员，而是给员工赋能，让员工有能力实现高质量、高效率、低成本。这就好比三匹马拉车时，公司关心的不是将三匹马变成两匹，而是要把马车换成汽车，从而能让车子跑得更快。

其次，物尽其效。这里的“物”是指广义上的“物质”，是企业的土地、厂房、机器设备，以及生产过程中所需要的各种原材料、辅助材料、能源动力、半成品、产成品等。常言道“机器一响黄金万两，机器一停一切为零”，只有让机器设备尽可能保持高利用率和生产率，在确保安全的前提下，提高平均车速，定期检修保养，才能使机器设备尽可能在满负荷状态下高效运行，多出活、出好活。

要实现“物尽其效”，除了机器设备的充分利用外，还要重视原材料、半成品和产成品等各种存货和要素资产的高效利用，避免闲置。企业各种原材料、低值易耗品、包装物、零部件、半成品和产成品构成了存货，是企业用“真金白银”买来和生产出来的，因此要特别重视和加强仓库管理。管不好仓库，就是管不好自己的“钱袋子”。有人错误地认为，仓库有充足地方放，只要物料不过期不变质，那多放一些问题也不大，反正慢慢地也能用掉。

产品市场需求常常具有季节性，而对季节性的供应和需求，企业应持有科学合理的定额库存。库存并不是越高越好，会面临市场需求变化和产品价格波动的风险，企业在增加合理安全的库存时，要遵循“两个除非”原则，除非是基本的、常规的原材料，除非是预计未来某种原料价格将要上涨时，可以适当加大储备，实现科学合理的安全库存。要防止市场需求、产品价格急剧变化造成的跌价损失，特殊的、个性化的原材料应严格控制。否则，仓库大了，有大片地方可以存放物料，各方都没有压力，仓库放得下，问题就不会暴露出来，各部门就会相安无事、皆大欢喜。

日本丰田公司提出“库存是掩盖问题的万恶之源”，库存过高，会带来和掩盖一系列的问题：一是现金占用，导致企业的资金流动性不足；二是库存管理成本费用上升；三是库存贬值风险和过期失效风险，消化不掉或销售不掉，只能“烂在手里”；四是多做成品造成原材料的消耗，原材料库存降低了，又会发起原材料订货需求，从而增加原材料的库存，使得总库存增加。

企业要学习丰田的“零库存”管理方式，让原材料、半成品、产成品在采购、生产、仓储、销售等环节中，始终处于快速周转的状态，在生产经营过程中实现物料的“零积压”和库存量的最小化，减少资金占用，降低经营成本，提高效率和效益。

最后，财尽其用。“财”是指企业运营所需的“资产”，包括应收账款、存货、流动资产、非流动资产和总资产等。资产周转速度在一定程度上反映了企业营运效率高不高、管理水平好不好。财务管理上常用“资产管理比率”和“盈利能力比率”来衡量公司资产管理效率和盈利能力，包括应收账款周转率与周转天数、存货周转率与周转天数、流动资产周转率、总资产周转率，以及总资产收益率、净资产收益率等评价指标。

企业的一切经营行为归根结底都反映在利润上。总资产收益率、净资产收益率和每股收益是衡量企业经营管理水平和盈利能力的重要指标，其中净资产收益率是最核心的指标。总资产收益率指标反映了资产运用效率和资金利用效果之间的关系，其高低直接反映了企业的竞争实力和发展能力。

提高资产使用效率，实现“财尽其用”，要加强管理，加快资金周转，提高资金利润率，合理组织各工序生产，采用先进合理的工艺技术方案，缩短生产时间和流通时间，使资金周转天数和资金利润率达到应有的最佳值，从而实现利润最大化。资金周转满负荷与员工工作满负荷、存货与设备的利用满负荷是分不开的。

管理无定式，凡是能推动企业发展的管理模式都是值得借鉴的。虽然距离满负荷工作法的提出已经过去 30 多年了，但是它并没有过时，而是动态的、向前发展的，其思想和方法仍然值得企业学习、借鉴和推广。

- 部门之下组织林立、结构混乱、人员冗杂，分工不明、职责不清，易产生“谷仓效应”，缺少沟通、互动与协同。
- 满负荷工作法的核心是实现“人尽其力、物尽其效、财尽其用”。
- “满”与“不满”是相对的，“满”是相对的，“不满”则是绝对的。
- 满负荷工作，其本质是眼睛向内，挖潜增效，全面提高企业管理水平。

逮到“老鼠”的猫才是“好猫”

2020年4月30日，安利收到全球著名的某品牌客户项目负责人发来的邮件，认为公司在生产效率和品质管控上仍存在一些问题，他们对项目试产过程不是很满意。4月以来，为了能优质稳定生产，完成该项目，公司有关部门连续加班加点，甚至连续几天加班到深夜两三点，干得很辛苦、很拼，付出了很多，但客人还是不满意，“只开花，没结果”，有辛劳、苦劳，却没有收获功劳、绩效，令人遗憾。有人说，“我们干得这么辛苦，没有功劳也有苦劳啊”。功劳和苦劳虽然只有一字之差，却反映出公司一些员工的心态偏差、能力不足和管理中存在的问题，以“没有功劳也有苦劳”来搪塞自己某些能力和管理的缺失。

企业作为一个经营实体，是追求盈利的经济组织，必须靠绩效和利润去支持发展，而发展需要企业中的每个人都有业绩。作为员工，不仅要问自己为企业“做了什么”，更要问“做好了什么”。企业经营管理的核心是“打胜仗”的管理。企业要的是结果而不是过程，即使付出了千倍努力，吃尽了苦头，如果没有为企业、为组织做出优良的绩效，也只是“劳累之苦”“未结之果”，工作只能说是低效的，或是无用功。经营企业不是只有过程就可以了，也不是只有辛劳、苦劳就够了，要重结果、重功劳，结果第一，理由第二。经营要以成果为导向，管理要以成效和效益为导向。

2020年5月7日，我与安徽两家优秀上市公司的董事长进行了互动交流。他们都称赞道：“姚董非常敬业和勤奋，企业管理规范，我们有很多地方要向安利学习。‘男怕入错行，女怕嫁错郎’，安利当前利润不是那么高，主要是因为当前行业形势不好。”我对他们的鼓励与称赞表示感谢，我说，“我并不完全同意两位企业家的观点，企业经营得好与不好，不能简单地归因于行业和外界。两位老兄的企业，一家企业属于传统行业，竞争程度高；另一家企业在合肥就有30多家模仿者、追随者和挑战者，行业竞争也可谓激烈，然而两家企业年销售额分别实现了15亿元和55亿元左右，年利润分别实现了5.5亿元和8亿元左右，其中一家企业市值高达300多亿元，行业地位和盈利能力是全国同行业中的翘楚，全国有多少企业能做到？”安徽海螺水泥所处的传统行业竞争十分激烈，然而不管全球经济景气还是低迷，都做得非常好，成为全国行业的标杆，令人敬佩。全国制鞋企业成千上万家，高度竞争，仍有安踏、李宁、特步、361 度这样优秀的企业脱颖而出。

任何行业都有做得好的企业与做得不好的企业，其差别在于管理理念和水平存在差别。我认为，外部因素有一定的作用，但内部管理能力更是重要因素。外部形势、行业因素与企业经营存在四象限的关系。在不好的宏观环境、行业竞争激烈的条件下，会有一些做得不好的企业，有的甚至会就此倒下；也有一些做得好的企业，不仅经营良好，甚至会脱颖而出。在好的宏观环境、行业高增长的条件下，也有一些做得不好的企业，坐失机遇，发展停滞；更有一些做得好的企业，能够乘势而上，加速发展，获得高绩效和高收益。企业经营得不好，简单地归责于外部宏观环境和行业，不如归责于自己，眼睛向内找问题的根源。

企业经营的成功与失败、好与坏、平庸与卓越，企业问题的多与少、大与小，都是对管理观念正确与错误的反馈，都是对管理到位与缺失的映射，都是管理者管理认知深刻与肤浅的表象。哪里管理出错、管理缺失或管理不到位，哪里就会出问题；哪里管理理念和决策正确、到位了，哪里就会一切如愿。除了起始点、资源和环境的差别外，企业与企业的差别都是管理的结果。可以说，企业所有的问题，归根结底都是管理的问题。因此，企业经营得好与不好，最终都以业绩和绩效为评价标准。解决好管理的问题，追求卓越绩效，就要“绩效为本，积极行动”，这是公司的管理宗旨。

绩效为本。经营讲究成果，管理讲究成效。就企业而言，管理的本质是追求效率、追求效益。企业最根本的绩效目标就是盈利，追求“阳光下的利润”、可持续的利润、高质量的利润，坚持“阳光下”依法获利发展，否则，企业就没有存在的意义。

以绩效为本，就是以市场为导向，以结果为导向，以业绩为导向。管理只对绩效负责，绩效是王道。实践是检验真理的唯一标准，绩效则是检验经营管理活动的唯一标准。不管是白猫、黑猫，家猫、野猫，还是洋猫、土猫，波斯猫、加菲猫，能逮到老鼠的才是好猫。

华为主张“以奋斗者为本”，最终还是要以成败论英雄。组织绩效的双因子是能力与热情，“组织绩效 = 能力 × 热情”。我常说，激情胜过才干，热忱能成大事，但辛劳与苦劳、学历与资历、能力与态度、品德与才干、勤勉与尽责等，或是条件，或是手段，或是过程，是影响组织绩效的重要因素，然而并不直接代表着绩效、效果与成果，并不意味着一定能出成绩、出业绩、出绩效，为企业创造价值。

俗话说，“不看广告看疗效”“不看数字看成效”。就像医生的价值在于治病救人，教师的价值在于教书育人，企业经营管理者的价值在于为企业获取良好效益、为客户创造价值。千忙万忙，没有绩效就是瞎忙；千招万招，没有实效就是虚招；千条万条，没有实效就是“白条”。

积极行动。企业最终的竞争优势在于学习能力，以及将其迅速转化成行动的能力。管理首先要积极行动，积极寻求改进和提升，没有行动的管理是无效的。一个企业的蓝图，无论多么宏伟，如果没有行动，也不可能创造财富。想要成功，就要行动。只有行动，才能使蓝图、梦想和目标具有现实意义。一些管理者想法很多，但总是不见其行动，或者找理由说行动的时机还没有到来，总之，会为自己的拖延找到千百种理由和借口。实际上，阻碍行动的，往往是心理上的障碍和思想中的顽石，而不是事情本来有多么困难。

管理就是行动，行动胜于口号。行动不一定成功，但不行动一定不会成功，没有行动一切都是空谈。坐而论道、纸上谈兵、光说不做，只能是语言的巨人、行动的矮子。不要讲起来天下无敌，做起来有气无力，要向管理要效益、要结果。要行动、行动、再行动，实践、实践、再实践。既要志存高远，也要身体力行；既要仰望星空，又要脚踏实地；既要“抬头看路”，还要“埋头拉车”。远大的理想、目标和抱负，只有通过踏踏实实的行动才能实现。在经营管理过程中，要“迅速反应、马上行动”，而不是等、靠、要。

奋斗是过程，绩效是结果。企业欣赏认可勤勤恳恳、任劳任怨、拼搏奉献的员工，但光有能力和热情是不够的，企业更认同能“打胜仗”，为客户创造价值的员工。企业需要的是绩效，企业管理的一切目标都以绩效为本。企业希望培养出既有热情又有能力，不仅想干事、肯干事、会干事，最关键的是能干成事的员工，为客户创造价值，为公司创造效益，追求成效，并且卓有成效。

企业要保持“拼”的状态，积极行动，关注客户，把“市场导向、客户至上”的经营理念融入血液中，坚持“绩效为本，积极行动”的管理宗旨，坚持“三个一切”，一切以市场为导向，以客户为中心，为客户创造价值；一切以绩效为目标，围着盈利效益转；一切致力于企业长期稳定、持续健康发展，向着前方，一切为了胜利。

- 企业经营管理的核心是“打胜仗”的管理。经营以成果为导向，管理以成效和效益为导向。结果第一，理由第二。
- 不管是白猫、黑猫，家猫、野猫，还是洋猫、土猫，波斯猫、加菲猫，能逮到老鼠的才是好猫。
- 千忙万忙，没有绩效就是瞎忙；千招万招，没有实效就是虚招；千条万条，没有实效就是“白条”。

提效率就是最大的降成本

2020年4月，公司一位总监与我通电话，请示关于召开季度降成本工作会议事宜。我将会议名称改为“提效降本会议”。公司一些管理者习惯性地讲“降成本”，只关注物耗、能耗等有形的成本费用，只关注看得见的耗费、浪费，而忽视员工个人效率低下、士气不振，组织运行效率低下等无形的、看不见的浪费。无形的、看不见的浪费，是最大的浪费。管理的本质就是提高效率和效益，提效率就是最大的降成本。效率主要包括劳动生产率、组织效率和员工个人效率。管理不仅要减少或消除生产经营管理过程中有形的耗费、浪费，更要消除无形的、看不见的浪费，提升劳动生产率、组织运行效率和员工个人的效率。

管理要解决的就是效率。管理其实就是提高效率，主要是提高三个方面的效率，即劳动效率、组织效率和人员效率。100年来，有很多管理大师就提高效率这个问题进行了很多精辟的阐述。

全球科学管理理论之父、美国人泰勒所著的《科学管理原理》一书中，探讨的核心问题就是提高劳动效率。劳动效率是一定量的劳动投入所产出的有效成果数量，是最直接的产出，管理的绩效就来源于劳动效率的直接产出。

全球一般管理理论之父、法国人法约尔在《工业管理与一般管理》一书中，研究的主题是提高组织效率。组织效率是组织管理工作投入的劳动量所产出的劳动效果数量，反映了组织目标的完成情况，企业外部环境因素与内部管理因素相互影响、相互制约，最终决定了企业的组织效率。

人际关系学说的创始人、行为科学的奠基人、美国管理学家梅奥做过一个著名的“霍桑实验”，并著有《工业文明的社会问题》一书，阐述的主要内容就是提高人的效率。在整个管理过程中，人是最积极、最活跃、最能够创造价值的资源，管理必须发挥个人的效率，以最小的投入获得最大的产出。

这三位大师的管理思想和理念都有其科学性，且并不矛盾。劳动效率、组织效率和人员效率是相互影响，相互作用的。泰勒把管理思想综合整理成一个系统，从科学的角度去审视管理成效和效率，认为构成科学管理的不是任何单一的因素，而是组织环境、组织职能、组织成员、机器生产、工具标准化、报酬激励等多项管理因素并存且相互作用的系统，只有使工作方法标准化，发挥各个因素的效能，才能最大限度地获取劳动生产率和资本。法约尔提出了 5 项管理要素，即计划、组织、命令、协调和控制，总结出 14 条管理原则，即分工、职权与职责、纪律、统一指挥、统一领导、公益高于私利、个人报酬、集中化、等级链、秩序、公正、保持人员的稳定、首创精神、集体精神等，其目的就是提高组织效率。梅奥提出生产率不仅同物质实体条件有关，而且同工人的心理、态度、动机，以及群体中的人际关系、领导者与被领导集体的关系密切相关。

提效率就是降成本。从“利润 = 营收 – 成本费用 = 销量 × 单价 – 成本费用”这个公式可以看出，如果成本、费用增加，营收不增加，或者成本、费用的增长大于营收的增长，企业就会减利或亏损；最佳的结果是营收增长，成本、费用下降，这样才能盈利。产品价格是企业竞争的结果，价格是由市场决定的，是外部因素作用的结果，不完全由卖方企业简单决定，不是想要价格高就能价格高，价格不全是企业内部所能决定控制的。而成本费用是企业能控制的，成本费用管控的好坏直接影响盈利水平，是企业必须修炼好的“内功”。正如丰田式成本管理所提倡的，“拧干毛巾上的最后一滴水”；就像中国台湾塑料大王王永庆在多个场合反复强调的，“节省一元钱等于净赚一元钱”，从最小的细节入手，从减少一点一滴的浪费开始，把成本费用管控做到极致。

然而，降低物耗、料耗、能耗，优化配方设计，提高质量，减少浪费，降低单位费用，以及销售费用、管理费用和财务费用等期间费用，是狭义的降成本；充分利用资源，提高劳动生产率、人员效率和组织效率等，是广义的降成本。管理的本质就是提高效率和效益，提效率就是降成本，凡是能提高效率的事情，本质上都是在降成本。提高效率，充分发挥管理的作用，要以绩效为目标，要从以下 4 个方面做起。

一是从身边做起。管理工作的重点有两个方面，一是物，二是人。其中，“物”主要是设备、工艺、方法、环境及材料，要工艺先进、方法科学、状态良好、关系协调等；“人”主要是提高干部和员工的知识、技能，加强培训和教育，提高员工工作的积极性、创造性。事业靠人，事业在人。企业管理不能见“物”不见“人”，既要见“物”，更要见“人”，不断提高劳动生产率和人员效率。

二是从系统做起。一方面，开展提效降本工作要增强统筹意识、系统思维和全局眼光，学会统筹好提效与降本各个方面、各项工作的关系，不能顾此失彼、此消彼长，不能“单打一”，不能“一叶障目，不见泰山”，也不能“只见树木，不见森林”，要整体推进，做到“十个指头弹钢琴”，有轻有重、有章有法。

另一方面，提效降本工作不是降低某个产品的单位成本、某个环节的成本、某个部门的个别成本，而是将公司各个要素、环节、部门和过程的成本，视为一个有机联系的整体，并全面整合与优化，通盘考虑，综合施策，使公司资产得到充分合理利用，避免闲置浪费，提高组织运行效率，最终实现公司总成本最低，公司整体效率最大化和公司整体价值最大化、最优化。

三是从学习做起。当今社会处于知识经济时代，如果还停留在原来的水平上，不学习、不提高，就会落后于时代，适应不了形势的发展。民营企业的一些管理干部是从生产技术一线提拔上来的，生产、技术知识扎实，经验丰富，但没有接受过系统的管理专业知识学习和培训，管理能力和人事能力不足，要主动学习，补齐管理理论、思维方法等方面的短板，努力提升素质和能力。

四是从行动做起。管理职能绝不是在真空中起作用的，而是在实践中得到运用和强化的。民营企业不是大学、科研机构，而是追逐利润的经济组织，是“完成事情、创造价值”的组织。因此，民营企业不需要伟大的思想家、理论家和梦想家，而需要积极的实践者、行动者。管理者的思维、思想、理念、方法不仅要足够先进，有高度，更要将实际工作和行动落实到最具体和琐碎的事务中。

- 物耗、能耗等成本、费用，是有形的、看得见的耗费、浪费；员工个人效率低下、士气不振，组织运行效率低下等，是无形的、看不见的浪费。无形的、看不见的浪费是最大的浪费。
- 管理的本质就是提高效率和效益，提效率就是最大的降成本。
- “拧干毛巾上的最后一滴水”“节省一元钱等于净赚一元钱”。

防止“大企业病”

2014 年，公司整体迁入宏伟大气的安利工业园，实现两厂统一管理运营。公司生产办公条件、研发条件、就餐环境和生活住宿环境等，相比老厂区有了很大改进，这是安利人共同奋力拼搏的结果。任何事物都是辩证的，坦率地说，虽然公司生产、办公条件和环境有了质的变化，但是我很担心，也很害怕，怕公司生“病”、生“大企业病”。

如果一个企业规模大了，“身体胖了”“锻炼少了”“活力差了”，就会患上“大企业病”，就会失去创业的冲动和激情，丧失应有的生机和活力，就会“步履蹒跚”“老态龙钟”。公司一些地方和部门已经有了这种倾向，个别领导满足于坐在办公室里看材料、听汇报，高谈阔论、坐而论道，甚至不作为，不热衷于深入市场和现场。随着企业的发展进步和行业地位的提升，一些干部不能正确看待自己与组织的关系，把公司的荣誉当成自己的荣誉，把公司的光环当成自己的光环，把公司的水平、能力当成自己的水平和能力。这些问题和现象的本质就是懈怠、丧失斗志和激情。因此，公司要防止“大企业病”。

保持清醒头脑，防止“大企业病”。“大企业病”是一种慢性综合征。“大企业病”是企业发展到一定规模之后，专业分工越来越细，组织机构设置越来越多，管理层级越来越复杂，自身滋生出阻滞企业持续发展的种种危机，就像“癌细胞”一样，逐渐在人体内扩散，使企业逐步走向倒退甚至衰败的一种慢性综合征，危害极大；就像人到中年会发福长胖，然而发福长胖有时并不一定是福气，反而可能会影响身体健康甚至生命。

企业与人一样，一旦生活在优越的环境中，发展到一定程度和规模，就容易滋生“大企业病”。“大企业病”的典型表现有：反应迟钝，不能及时感知外界变化，快速响应变化；不愿接受新技术、新工艺，不主动学习新知识、新技能；懒散懈怠，麻木不仁；自以为是，自我欣赏，看不见自身问题，不敢正视问题；饱食终日，尸位素餐，滋生形式主义、官僚主义习气等。“大企业病”的后果是可怕的。现实中有不少企业，因为懈怠松劲、骄傲自满，缺少发展向上的动力，不注重内在素质和能力的提升而迅速衰落。

优越的环境是滋生“大企业病”的温床。为什么一些成功的企业在中小规模、向前发展的时候，能够“保持强健”，而一些企业在“越来越胖”的时候，会“患病”？我认为，优越的环境是滋生“大企业病”的温床。企业与人一样，一旦生活在优越的环境中，就安逸了、贪图享乐了，不仅吃得饱，还吃得好，加之不健康的生活习惯，“三高”、肥胖症、心脑血管疾病等“富贵病”随之而来。越是在条件艰苦的时候，吃不到大鱼大肉，越不会得这些“富贵病”。企业也是如此，一旦在优越的环境中变“胖”，潜在危机就滋生了。

“大企业病”有诸多症状。与小企业经营灵活、充分面向市场的灵敏反应不同，“大企业病”的症状有，机构臃肿、机体僵硬、组织增生、人员冗余的“肥胖症”，职责不清、流程冗长、决策困难、行动缓慢的“迟钝症”，内耗增多、信息阻隔、协调困难、效率低下的“失调症”，人浮于事、安于现状、不思进取、墨守成规的“安乐症”，高高在上、骄傲自满、贪图享受、脱离群众的“官僚病”等，其典型的症状和特征，就是贪图享受和官僚主义。

得了“大企业病”的企业，是一种病态的企业，会让企业失去明确的经营理念和长远目标，过了今天没明天，管理混乱，秩序错乱；会让一些管理者刚愎自用，独断专行，听不得不同意见，居功自傲，自以为无所不能、所向披靡、主观武断；会让员工心怀不满，充满抱怨。“大企业病”的危害，轻则“头昏眼花”，“行动迟缓”，让企业缺少活力与创新，运行效率低下，应对市场和时代变化迟缓；重则机能衰退，晕厥昏迷，让企业管理混乱，效益滑坡，衰退没落，甚至提前消亡。

中国有句古话：“成由俭，败由奢。”意思是由俭入奢易、由奢入俭难。小时候，长辈对我说，“糠箩跳进米箩容易，米箩跳进糠箩就难了”。通俗地说，就是由差的环境到好的环境容易，但是从好的环境到差的环境中，就很难适应了，就出现问题了。

以前上学时对这些古训没有太大感触，现在作为企业高管，对这些话蕴含的深刻内涵感触越来越深。这些年来，公司从小到大、由弱变强，实力、规模、水平不断提升，有很多值得自豪和骄傲的成绩，但要认清一个事实，就是公司仍处于发展的初级阶段，还未达到优秀的现代化企业所具备的实力、能力和水平，即使公司成功了，也只是某个阶段、某个方面的成功。

我们不能忘记使命与愿景，公司是为员工、客户、股东、社会去做实事，而不是让我们去享受，去发号施令，去当官做“老爷”的。如果在形势变好、规模变大时，不能保持清醒的头脑，忘记艰苦奋斗的作风，丧失昂扬向上的斗志，或精神懈怠、追求安逸、追求享乐，或盲目自大、大手大脚，做一些超越自己能力与实力的事情，就会让企业陷入危机或衰退。

要持续运动，强身健体，让企业“消肿减肥”。企业要强调变化、速度和反应，主动推进管理变革，重视组织创新、观念创新，增强组织的创造性和灵活性，提高管理质量，打破沟通的壁垒，加强内部协作与配合，避免部门之间因相互推诿造成的时间浪费和效率低下。具体来说，一是向下授权，使管理者把有限的时间和精力用在处理重大战略问题上；二是组织变革，调整优化组织结构，明确职责，落实责任，加强考核与监督，让组织该“胖”的“胖”、该“瘦”的“瘦”；三是流程再造，充分利用信息化、智能化系统，重新梳理和设计业务流程，让流程简单、让管理高效。

要保持艰苦朴素的作风，反对官僚主义和形式主义。经营管理者要放下无谓的“架子”，俯下高大的“身子”，保持昂扬的斗志，保持永不懈怠的干劲，保持踏实、务实和勤奋、敬业的工作作风。不要满足于坐在办公室里看材料、听汇报，坐而论道，而是要到市场和现场去寻找问题、发现问题、解决问题，贴近客户、贴近员工、贴近实际，踏踏实实地为企业进步办实事。

2016 年 7 月 1 日，习近平总书记在庆祝中国共产党成立 95 周年大会上的讲话中强调，“一切向前走，都不能忘记走过的路；走得再远、走到再光辉的未来，也不能忘记走过的过去，不能忘记为什么出发”。企业要保持头脑清醒，不要忘了从何处来、身在何处、将要往何处去；一定要把自己看成一个还未成功、尚在成长中的企业，反对官僚主义和形式主义，反对效率低下和精神懈怠，艰苦奋斗，持续奋斗，创造“体态轻盈”“婀娜多姿”的企业活力和魅力，实现企业持续健康，又好又快发展。

- 如果一个企业规模大了，“身体胖了”，“锻炼少了”，“活力差了”，就会患上“大企业病”，就会失去创业的冲动和激情，丧失应有的生机和活力，就会“步履蹒跚”“老态龙钟”。
- “大企业病”典型的症状和特征，就是贪图享受和官僚主义。
- 企业要保持头脑清醒，不要忘了从何处来、身在何处、将要往何处去；一定要把自己看成一个还未成功、尚在成长中的企业。

“两场”贴近管理法

做好经营管理工作，有一点十分重要，就是坚持“到场就是成功的一半”。到场就是到市场中去，到现场中去，就是贴近市场、贴近现场。经营管理者应坚持“两场”贴近管理法，坚持“外抓市场和客户，内抓现场和管理”。

一是贴近市场。经营要以市场为根。“根”是指本质、本源、源头、源泉。市场唯一不变的法则就是变化，市场变化是永恒的。市场和客户才是检验、评判企业经营管理工作的最高标准。因此，经营企业就是要跟着市场走，跟着市场转，跟着市场变，以变应变，而不能以不变应万变。为了做到以变应变，必须贴近市场、贴近客户，以市场为导向，以客户为中心，为客户创造价值。

公司核心价值观第一项就是“市场导向”。公司绝对不能脱离市场办工厂，高管不是公司的最高领导，市场、客户才是公司的最高领导。客户是企业存在的唯一理由。只有客户，才能给企业带来价值和财富。没有客户，公司将无法生存。因此，管理不仅仅是为了管理而管理，要始终服务于经营、服务于市场、服务于客户。

二是贴近现场。管理要以现场为本。经营管理者要深入实际，深入现场。现场是企业开发和生产产品的场所，为客户创造价值，要在现场实现。

现场，是企业的生产车间、办公场所，是企业生产、办公的第一线，是企业管理好坏的“晴雨表”。俗话说，“百闻不如一见”，现场是生产经营管理的第一线，是问题萌芽产生的场所。到了现场，才能了解生产、质量、消耗、纪律、设备、工艺等标准执行和运行情况，才能观察到最真实的员工精神面貌，了解员工的思想动态和诉求。通过现场的任何细节，都可见微知著；任何大问题的产生，都可以从现场找到根源。有的管理者只听汇报、看材料、开会议，获得的是二手信息，信息可能失真、扭曲。只有到现场去做深入细致的调查了解，才能获得准确的第一手材料和信息。不深入实际、深入一线，与一线员工之间缺少接触时间、缺少交流机会，就听不到员工的“心里话”，这是不利于开展生产经营管理工作的。

多到现场去，就能不断地发现问题和解决问题，掌握真实情况，减少主观臆断。成功的军事战斗中，指挥员经常亲临一线，摸敌情、察现场，从而做到情况清、信息明、决策准。经营管理者要扑下“身子”，亲临现场，亲身体验，调查研究，不停走动、不停查看、不停巡视，得到第一手资料；还要加强联系、加强沟通、加强协调，发现并解决工艺设备、安全环保、质量等方面的问题。这也是公司多年来持续推行中高层管理人员巡视巡查、带班值班等一系列现场管理制度的原因。只有身在现场，才能及时发现问题、解决问题。

多到现场去，还能拉近干部与员工之间的情感距离，倾听员工的心声和工作上一些有价值的建议与宝贵意见，融洽干部与员工关系，促进交流，增进感情。经营管理者要重心下移，贴近员工、贴近实际、贴近现场，才能避免官僚主义、形式主义，避免“假大空”、走过场，才能把各项工作落到实处。

市场和现场是相互联系、相互促进、相得益彰的，任何一“场”都不能偏废，就像一辆汽车两边的轮子，哪个轮子出了毛病，车子都不能很好地前进，甚至还有可能翻车。外抓市场，需要以市场为导向，以客户为中心，了解和掌握市场动态、客户需求，促进销售，不断改进管理，挖潜增效，以市场促现场；内抓管理，需要加强管理，降本提效，提高质量，以现场保市场。

- “到场就是成功的一半”，坚持“两场”贴近管理法，就是到市场中去，到现场中去，贴近市场、贴近现场，任何一“场”都不能偏废。
- 跟着市场走，跟着市场转，跟着市场变。
- 只有身在现场，才能及时发现问题、解决问题。

“三现两原”原则

要提升企业素质，促进管理进步，就必须抓好基层工作，练好基本功，打好基础，强基固本；必须坚持实事求是，推行“三现主义”。

一是练好内功，推行“三现两原”原则。“三现两原”原则最早由日本企业提出，“三现”即现场、现物、现实，“两原”即原理、原则。因为这五个词的日语开头发音类似中文发音的“现”，所以被称为“五现手法”。现场是事物发生的场所，现物是变化的或有问题的实物，现实是发生问题的环境、背景和要素。“五现手法”提倡经营管理者亲自到现场，亲自接触现物，亲自了解现实情况。经营管理者不要期望坐在办公室里，只靠面对着计算机就能解决生产现场发生的问题，而是要到现场去，了解现物和现实，真正有效地帮助现场解决问题。公司的管理方针是“外抓市场，内抓现场”，强调经营管理人员要到市场中去，到现场中去，与“三现两原”中的“现场、现物、现实”是异曲同工的。

曾国藩提出“五勤五到”，“五勤”即身勤、眼勤、手勤、口勤、心勤，“五到”即身到、心到、手到、口到、眼到。经营管理者要勤快，不能坐在办公室里作决策，要到第一线观察和发现问题，这与“三现两原”也是异曲同工的。现场每天都在变化，如果不能亲临现场，就无法感觉、感知到现场的变化和异常，无法发现和解决问题。

二是坚持一切从实际出发，实事求是。“实事求是”最早出自2000年前的《汉书》，原意是真诚地依据事实，探求古书真义。1941年，毛泽东在《改造我们的学习》一文中，对“实事”“是”“求”作了精准分解，加以新的阐述，把“实事”作为客观存在的事物，把“是”看作客观事物的规律，把“求”当作研究、探索。实事求是是企业在经营管理中应遵循的原则，也是指引企业把工作做好的前提条件和重要保障。

在公司生产经营管理过程中，是不是真正做到了实事求是，是不是真正坚持了“三现”？我认为，目前做得还不够好。有些领导干部习惯于坐在办公室里听汇报、看材料和发号施令，很少下车间，很少接触员工，对下情的了解若明若暗，不够“接地气”；有些干部一切从本本出发，唯上、唯书、不唯实，一味简单听领导的、听管理者的，盲从领导，只看上级，眼睛对着上级，而不对着下级，不对着现场、现实和现物；有的故步自封、因循守旧，思想和工作落后于客观实际的要求，空洞新口号满天飞；有的不按客观规律办事，急功近利，急于求成甚至蛮干、瞎干；有的为了迎合或满足某种需要，说假话、大话、空话，说似是而非、没有错也没有用的话，说不痛不痒、不解决问题的话，甚至弄虚作假；有的怕担风险，明哲保身，明知是错的，却听之任之，不批评制止；有的不喜欢听真话、实话，不愿意修正错误、择善而从。

我坚信，“到场就是成功的一半”。问题发生在现场，解决在现场，而不是在办公室里。智慧来自现场，来自群众，来自员工。想问题、作决策、办事情，不能简单地听上级的、看书本的，不能搞“花架子”“假把式”，更不能搞官僚主义、形式主义。必须从实际出发，而不能从本本出发。要实打实、硬碰硬，面对问题、难题，要敢抓敢管、敢于担责。要解决问题，就必须深入群众、深入实际、深入现场调查研究，把客观存在的事实搞清楚，把事物的内部规律和外部联系弄明白，从中找出能够解决问题、符合发展要求的办法来。

三是坚持理论联系实际。理论主义、经验主义、教条主义是错误的，它们的共同点在于不问实际情况，不从实际出发，而是从主观出发，“一刀切”、瞎指挥。理论如果脱离实际，就会成为僵化的教条，失去活力和生命力。如果管理举措脱离实际、实践，只是从书本上来、到书本上去，就会成为空喊口号的虚招。

我们都知道“纸上谈兵”这个典故。战国时期，赵国名将赵奢的儿子赵括饱读兵书，能健谈用兵之道，连父亲赵奢也难不倒他，他自认为天下无敌。后来，赵括接替廉颇为赵将，但是他只知道根据兵书打仗，不知变通，结果被秦军大败，在长平之战损兵 40 万。中国还有一个成语，叫“闭门造车”，就是关起门来造车，不与外界交流，关起门来搞建设、求发展，或者做事不考虑客观情况，脱离实际，只凭主观办事。经营管理者应准确理解“纸上谈兵”和“闭门造车”的意思，绝不能“浮”“虚”“空”，绝不能行动在嘴上、决心在会上、落实在纸上。

坚持实事求是，关键在于“求是”。“求是”，就是探求和掌握事物发展的规律。对于事物发展规律的认识，只能在实践中完成。要树立“实践第一”的观点，勇于实践、善于实践，在实践中积累经验、进行理论升华，“打一仗总结一次”，再用于指导实践、推动实践，在实践中使认识得到检验、修正、丰富和发展，这是认识客观规律的根本途径，也是把握客观规律的必由之路。

企业要倡导求真务实之风，按客观规律办事。不搞主观臆断、违背客观规律的“拍脑袋”决策，不喊哗众取宠的空口号，要察实情、讲实话、办实事。在任何情况下，都不能从本本出发、从经验出发、从想象出发，而是要从客观存在的实际出发。不搞形式主义和官僚主义，不搞主观主义、经验主义和教条主义，必须狠抓各项决策和工作落实，坚决杜绝抓而不紧、抓而不实。

四是重视调查研究、科学管理。没有调查就没有发言权，没有调查就没有经营管理权，没有调查就没有决策权。“耳闻之不如目见之，目见之不如足践之”，“纸上得来终觉浅，绝知此事要躬行”等千古名言，讲的就是这个道理。调查研究是企业贯彻实事求是思想路线的必然要求。

有的干部“情况不明决心大，心中无数点子多”，工作不艰苦、不细致、不扎实，谈问题似是而非、一知半解，讲道理浮于表面。习惯于用“大概”“或者”“也许是”“好像”“恐怕”“差不多”等模棱两可的词语。毛泽东指出，主观主义态度，就是对周围环境不作系统周密的研究，单凭主观热情去工作，忽视客观实际事物的存在。只有调查调研了，才能把握事物的本质规律，开展工作才能有的放矢、有针对性，才能心中有数，不会茫然、盲目。

中国台湾塑料大王王永庆有“追根求源”的经营理念，就是要打破砂锅问到底，求真求实。正确的思想不是从天上掉下来的，也不是头脑里固有的，而是从实践中来的。毛泽东在《实践论》中说：“你要知道梨子的滋味，你就得变革梨子，亲口吃一吃。”焦裕禄在任职兰考县委书记期间曾说：“吃别人嚼过的馍没味儿。”调查研究就像“十月怀胎”，决策就像“一朝分娩”。经营管理者不能嫌麻烦、图省事，而是要通过深入实际，亲临第一线，深入调查研究，弄清真实情况，获取第一手资料，实行面对面的领导，做到耳聪目明、心中有数。

在工作中，调查研究要眼睛向下，不能眼睛向上，不要问“是哪个领导说的”，而是要问“是哪个员工说的”，弄清具体情况，研究具体招法，观察具体变化，解决具体问题，是干成事的要领、要招和要旨。

- 善于用“三现两原”原则管理企业，“三现”即现场、现物、现实，“两原”即原理、原则。
- 没有调查就没有发言权，没有调查就没有经营管理权，没有调查就没有决策权。
- “耳闻之不如目见之，目见之不如足践之”“纸上得来终觉浅，绝知此事要躬行”。

赢在平台

未来企业间的竞争，是战略的竞争，是资源的竞争，是管理的竞争和平台的竞争，赢在战略，赢在管理，赢在平台。企业间的竞争将从核心竞争力的对抗转向平台之间的竞争。一个企业能不能在竞争中获胜，取决于其所在的平台。过去，在市场经济短缺时，成功更多的是靠机遇、靠个人；现在，在产能过剩，环保、安全、职业健康要求越来越严格的情况下，成功靠的是平台。没有平台的支撑，靠单打独斗，失败是难免的。

公司有良好的资源平台。作为深交所公开上市企业，安利规模大、实力强、工艺全、品种多、队伍好，拥有良好的人力、物力、财力、社会关系资源，不是每个企业都能具备这样的资源。安利上市以来，没有一笔贷款是抵押贷款，没有一笔贷款是担保公司担保的，而且贷款利率基本都是基准利率。相反，较多中小企业贷款难，利率上浮。此外，公司还有良好的客户资源、供应商资源，这些促进了公司能走得更好、更远、更久。

公司有良好的环境平台。公司经过 20 多年的发展积淀，各种要素健全，整合良好。良好的环境平台，来自公司日益凸显的区位优势以及和谐的社会关系，且公司在人才培养、政策支持和制度等方面，具有显著优势。

公司有良好的发展平台。从行业来看，生态功能性聚氨酯合成革及复合材料长期向好，是国家重点支持发展的战略性新兴产业，得到了国家相关的产业政策和发展规划的积极支持，呈现出高增长态势，而且聚氨酯合成革及复合材料行业远没有做到“天花板”，行业集中度不高，有众多的发展机遇、有广阔的发展空间。从员工来看，无论是薪酬福利，还是职业生涯发展规划，都形成了规范、灵活的机制，让员工拥有良好的发展平台。

公司有良好的组织平台。公司是个干事创业的组织，是一支“冠军队”，员工整体素质高。员工心往一处想、劲往一处使，风清气正，心齐劲足。

此外，公司还有良好的制度平台、流程平台以及信息化、智能化平台。我经常对营销人员说，客户关注的不是你穿得光鲜亮丽，也不是听你说得天花乱坠，而是员工背后的资源、条件和平台。

基于以上平台，公司更要坚定信心，奋发有为，有所作为，而不是找借口、找理由，应力争实现逆势而上，经营业绩高效、高质量增长。

作为一个发展中的公司、前进中的企业，不可能尽善尽美，也存在一些问题。平台建设永无止境，要随着国家政策、市场环境和行业发展等变化，做出适应性调整，只有与时俱进，方能跟得上时代，在发展中发挥更加重要的作用。

赢在战略，赢在管理，赢在平台。小胜靠个人，中胜靠机遇，大胜靠平台。

- 未来企业间的竞争，是战略的竞争，是资源的竞争，是管理的竞争和平台的竞争。
- 平台建设永无止境，要随着国家政策、市场环境和行业发展等变化，做出适应性调整，只有与时俱进，方能跟得上时代。
- 小胜靠个人，中胜靠机遇，大胜靠平台。

一次把事情做对

某次，客户的质量控制（QC）人员在验货时，发现部分货物短码和溢码。虽然表面上看是可以忽略不计的数量，但是仍然引起了客户的投诉和抱怨，公司派出一名副总，亲自去客户的生产现场协调、解决问题。出现这些现象，说明公司基本功还不够扎实，在一些细节上管理得不够好。

态度决定细节，细节决定成败。企业日常工作繁忙，是为了创造价值，而不是先忙于完成工作，在工作中制造错误，再去修正错误。只有在工作完成之前，想一想出错后给自己和公司带来的麻烦及造成的损失，才能理解“一次就把事情做对”这句话的分量。正所谓“事前麻烦，事后简单；事前简单，事后麻烦”。因此，在工作之前就应该考虑周全，分析风险和对策，避免仓促应战、出现差错。

一个不注重细节管理的企业不会进步，不具有成长性和发展的可持续性。细节管理不到位，无论这个企业规模多大，都是不健康的，它的停滞和衰退可能是一瞬间的事。因为，管理赢在细节，从细节做起，是管理者的本职。

细节管理是系统工程。宏观形势复杂多变，要在激烈的竞争中立于不败之地，重要的一点是拼细节。细节决定成败，哪个企业能把管理做深、做透、做精、做细，在细节上强过竞争对手，就有可能争取竞争的主动。

企业的成功与否，固然有战略决策方面的原因，但更在于决策后的事情是否做得细、做得好，是否能把这些决策真正细化、执行下去。老子在《道德经》中有“天下大事必作于细，天下难事必作于易。”“合抱之木，起于毫末；九层之台，起于垒土；千里之行，始于足下。”海尔的张瑞敏说过，“把每一件简单的事做好就是不简单，把每一件平凡的事做好就是不平凡”。

基础管理、细节管理是企业经营管理活动的共性内容和重要支撑，是基本功，也是衡量企业管理水平的重要标志。如果基本功不扎实，粗枝大叶、马马虎虎，不注重细节，是打不了胜仗的。

中国的一些企业，不缺少运筹帷幄的战略家，缺少的是精益求精的执行者；

不缺少规章、制度、规则和规范，缺少的是对制度不折不扣的执行。细节管理绝不是空喊几句口号、张贴几幅标语、搞几项活动就可以了，更不是着眼于个别细枝末节、鸡毛蒜皮的小事，“捡了芝麻丢了西瓜”。细节管理是个系统工程，只有把细节意识真正融入企业每个人的血液里，才能贯彻到企业每个人的行为中，让员工知道“是什么、为什么、做什么、谁去做、怎么做”，否则，细节管理就成了镜花水月、空中楼阁，成为一句时髦的口号。

企业要重视顶层设计，其中一个不可忽视的细节就是设计执行。作为决策者，考虑大事是必要的，但还要考虑完成这些大事的关键性措施。条条大路通罗马，有光明大道、有旁门左道、有歪门邪道，哪条路最适合走、哪些环节容易出问题，必须事先进行明确的规划。同时，对执行进行有效的监督与考核，才能保证细节执行是在正确的轨道上运行。

细节管理必须从基础工作抓起，从细节做起，从小事做起。一个企业、一个组织需要做的大量的事，就是重复做着所谓的“平凡小事”。一个企业即使有宏伟的战略和英明的决策，如果没有严格、认真的细节执行，也难以成为现实。细节管理是影响企业基业长青的重要因素，也是战胜竞争对手的一个重要手段。日本和德国的企业之所以能赢得别人的尊重，除了创新以外，就是它们在管理上精益求精。我认为，企业的竞争实质上就是细节的竞争，企业做好了细节，就做好了赢得竞争的基础。因此，企业要在思想上、心态上树立精细化管理的意识，既要关注企业宏观战略的内容，又要注意企业微观方面的管理内容，从细节入手，把工作做细。

- 态度决定细节，细节决定成败，要一次就把事情做对。
- 细节管理绝不是空喊几句口号、张贴几幅标语、搞几项活动就可以了，更不是着眼于个别细枝末节、鸡毛蒜皮的小事，“捡了芝麻丢了西瓜”。

强化“三基”建设

在宏观经济形势充满挑战的大环境下，行业经过20多年的调整，两极分化明显，行业中较多企业开工不足、业绩下滑。相对而言，安利业绩总体保持稳定、经营情况良好，这得益于基础管理的加强、团队建设的进步和员工技能与素质的提升。

在互联网和新技术驱动的新时代，基础管理并不土，也不过时，企业不能盲目地为了求新求异，就舍弃提升管理能力最本质和核心的东西。有的企业抓机会、炒短线、炒概念，忽视了管理的基本规律，忽视了基层、基础和基本功，这样的企业是走不长、走不远的，遇到沟沟坎坎，可能就倒下了、死掉了。事实证明，企业忽略管理的本质，离成功只会越来越远。因此，管理的进步，需要从企业幼小时开始积累，从最基本的招数做起。

经营管理者要重视“三基”工作，即基层、基础和基本功。强基层，强基础，强基本功，提升素质，不断提升企业生产经营管理水平。

重基层，才能强整体。基层主要是企业部门中的团队、班组和一线作战队伍，是公司各项制度和指令的传达者、执行者，一切工作都要落在基层，围绕基层开展。如果把企业比作一棵树，那么基层就像这棵树的根，只有根壮、根深，才能枝繁叶茂，长成参天大树。

毛泽东十分重视基层队伍建设，他在1927年开展的“三湾改编”中，提出“支部建在连上”。俗话说，“上面千条线，下面一根针”。就企业而言，班组长、团队负责人是“兵头将尾”，是企业的重要细胞，是企业各项管理工作的直接责任人和实施者，起着至关重要的作用。一线员工是企业直接参与劳动的人，是企业重要的资产和财富。班组、团队工作的好坏，直接影响企业整体的生产经营结果，决定企业能否健康生存与发展。如果班组长、团队负责人不选好、配好、培养好，基层班子没搭建好，组织结构不清晰，一线员工的素养、素质不提高，积极性和创造性没有被充分调动，又怎么能够提升企业效率和效益？企业要永葆生机和活力，就要扎扎实实抓好团队和班组建设工作，把团队和班组管理放在企业管理重要的位置。

强基础，才能强体质。企业的基础工作是各项生产经营业务中最基础的记录、数据、标准和制度等，主要包括规章制度、定额工作、质量工作、标准工作、统计工作、计量和检测工作、劳动纪律、绩效考核、教育培训、信息工作等内容。一个管理优良的企业必须有坚实、可靠和完善的基础工作作为支撑。

基础工作处于整个企业管理体系的基层，各专业管理处于中间层，公司战略规划和经营策略则处于最高层。如果把企业的管理体系比作一栋大厦，那么管理基础工作就是“地基”，专业管理、战略管理就是“楼层”。老子说：“合抱之木，生于毫末；九层之台，起于垒土。”正所谓“基础不牢，地动山摇”。万丈高楼平地起，只有地基扎实，大厦才能稳固，否则将屋倒楼倾。

各级经营管理者一定要重视基础工作，既要抬头望远处，又要低头看脚下，只有抓好基础性工作，才能行稳致远，有利于企业经营目标的实现。

夯实基本功，才能练就“真功夫”。基本功是基本知识、基本技能、基本动作，其他能力都是在此基础上派生、集成出来的。管理的基本功就是管人、管事、管过程，简单概括就是“人”和“事”，比如，增收节支、节能降耗、制度标准、精益生产，以及杜绝“跑、冒、滴、漏”，避免浪费等，其重点是要练好QCD三个基本功，即质量管理、成本管理、交期管理，提质增效、降本减耗，不断提高企业管理水平。

在质量管理上追求卓越。长城不是一日筑成的，一个朝代的覆亡也不是一朝一夕所致；信誉的建立不是一天两天的事，然而毁之只要一次失信。如果不重视质量问题，就会有损客户对企业的信任，影响后续订单，影响企业获利。

在成本费用上降本减耗。企业绝不能仅仅将成本费用理解为制造成本，认为“成本控制就是降低成本，成本降低到一定程度就无法再降低”，降低成本的潜力是无穷无尽的，不仅包括物质产品成本，还包括非物质产品成本，如人力资源成本、资金成本、产权成本、环境成本等。企业要树立成本的系统管理观念，将成本管理工作视为一项系统工程，强调整体与全局，对企业成本管理的对象、内容、方法进行全方位、全过程的分析研究，降低成本，提高效率。

在客户交期上提速增效。交期意味着速度，兵贵神速，速度创造优势，速度可以战胜规模。无论是军事作战中的“闪电战”，还是球场上的竞技，都离不开速度，即使技术再好，如果没有速度，优势也无法转化为胜势。企业不能忽视速度的重要性，要让订单和交期进入一个良性循环，订单多了，返单快了，交期自然也就快了，交期有了保证，会有更多的订单接踵而至，这是相辅相成的。

速度就是执行力。执行力的根本是队伍建设、流程规范、提升士气这个“铁三角”，再加上“没有任何借口”的精神。公司生产经营不需要“花拳绣腿”，更不能舍本逐末，华而不实，经营开发、一味追求所谓的“高精尖”“高大上”产品，或者搞一些中看不中用的东西。产品好不好，本事大不大，以产品是否卖得掉、卖得好、卖得久和有效益为评价标准。要学习“杂技艺人”，“冬练三九，夏练三伏”，“吃得苦中苦，方为人上人”，摈弃“假把式”，练好基本功，练就真功夫、真本事。

只有强化企业的基层、基础和基本功，才能在日积月累中厚积薄发，在千锤百炼中淬火成钢。

- 如果把企业比作一棵树，那么基层就像这棵树的根，只有根壮、根深，才能枝繁叶茂，长成参天大树。
- “基础不牢，地动山摇。”万丈高楼平地起，只有地基扎实，大厦才能稳固，否则将屋倒楼倾。
- 要学习“杂技艺人”，“冬练三九，夏练三伏”，“吃得苦中苦，方为人上人”，摈弃“假把式”，练好基本功，练就真功夫、真本事。

简单高效的管理方法

公司的干部和员工乐于奉献、勇于拼搏的精神可嘉，但也应看到公司仍然存在效率、管理问题。总体而言，一方面，在生产人员增加的情况下，仍然没有满负荷工作，没有实现人尽其力、物尽其效、财尽其用，公司增产提效方面不尽如人意；另一方面，部分管理干部休息时间少，打“疲劳战”。要在有限的工作时间里获得大的产出、最佳的绩效，就要在绩效考核上下功夫、做文章。

加强目标管理和绩效考核，发挥“无形手”“指挥棒”的导向作用。英国著名经济学家、“古典经济学之父”亚当·斯密在《国富论》中提出一个观点，即国家经济的发展不应由政府干预，而应由整个社会需求进行选择，要发挥市场这只“看不见的手”的作用。企业管理中也有一只“看不见的手”，就是绩效考核。

“科学管理之父”泰勒提出了“差别计件工资制”，要在科学地制定劳动定额的前提下，采用差别计件工资制，来鼓励员工完成或超额完成劳动定额。管理大师法约尔认为，职工的报酬方式有按劳动日付酬、按工作任务付酬、计件付酬三种，可以激发员工的工作热情。彼得·德鲁克在《管理的实践》一书中指出，强化目标管理和绩效考核，不管绩效管理模式是财务模式、价值模式还是战略模式，归根结底，企业绩效管理的目的都在于实现企业既定的目标。

绩效考核是一种公平、公正的管理方法，运用一定的标准和指标，采取科学的方法，对各级管理人员及员工完成指定任务的工作实绩，做出价值评价和考核分配，其目的是充分调动和发挥员工的积极性与创造性，提升管理人员的能力和水平，达成企业的经营目标和战略目标。就是说，能者多劳，多劳多得，绩效考核好的员工，多拿薪酬；绩效考核差的员工，少拿薪酬。

绩效考核是推动企业发展的有力杠杆，这根无形的“指挥棒”作用发挥得好，可以促进工作落实，激发干部职工工作热情，形成自觉推动工作的强大动力。

然而，公司在实行绩效考核时或多或少、或轻或重地存在一些问题：有些人对绩效考核的作用认识不足，信息不能及时反馈，绩效考核流于形式；激励约束不到位，有的部门仍然存在“干多干少一个样，干好干坏一个样”、工资能高不能低、人员能上不能下，考核结果和奖金薪酬差别不大，存在旱涝保收等平均主义、“大锅饭”现象。

绩效考核这只“无形的手”，公司没有充分发挥好、运用好，其根本原因是绩效与薪酬没有紧密挂钩、牢牢挂钩。具体来说，一是管理方式不科学，部分管理干部依靠简单粗暴的行政命令，压着员工干、逼着员工干。二是考核制度不完善，考核指标的比例、权重没有与员工的收入紧密挂钩，只是简单地按照年限、资历、学历、岗位和职务等分配奖金；或者为了平衡做“好人”，采取“一刀切”的方式，凭主观印象分配奖金。三是考核过程不透明、不公开，员工没有参与到考核中来，上级与下级、考核人与被考核人之间缺乏沟通，员工不清楚绩效考核的指导思想、考核指标及权重、考核办法等。

管理者没有三头六臂，不可能事无巨细全都管，表现个人英雄主义，反而什么名堂都搞不出来。良法才能善治。企业要充分发挥绩效考核这只“看不见的手”和“无形的指挥棒”的激励约束作用，建立一套实用、有效和能够促进企业发展的考核方案。

良好的目标管理和绩效考核，是企业的竞争优势。企业成功的关键，不在于拥有多少人才，而在于良好的机制。良好的机制胜于管理，是企业的竞争优势。过去人管人，上级管下级，事事需要人去盯，业绩靠“人治”。企业要建立有效的激励约束机制，实现员工自己管自己，从听命于领导，到听命于客户、听命于目标，从“人治”到“法治”，激活生产力，为企业提供持续不断的发展动力。

绩效考核应为企业加强管理“定好向”。绩效考核不仅是结果管理，而且是过程管理。将企业目标分解到季度、月度，最终督促员工达成计划目标，以绩效考核对生产经营全过程进行监督和管控。

绩效考核应为公平公正分配“把好度”。不与工作业绩、效益和利益挂钩的绩效考核犹如废纸一张，不会起到提升绩效的作用。因此，绩效考核要倡导“公平公正、量化考核、多劳多得、奖勤罚懒”的管理原则，突出业绩、质量和效益的导向，引导干部员工树立“企业利润靠员工，员工收入凭业绩”“干好多拿、干不好少拿”的理念，充分激发全员的主动性和创造性。让那些小富即安、小胜即满、不思进取、松劲懈怠的人，推诿扯皮、不负责任、能力不强、没有业绩的人，受到警示和惩戒。

绩效考核为企业与员工营造利益命运共同体“搭好路”。绩效考核实际上是企业对员工、员工对企业的相互目标诉求，是双向的、契约式的管理。通过绩效考核和绩效改进，让员工知道“是什么、为什么、怎样做、做到什么程度”。要让双向互动深入人心，营造积极向上、彼此信任的组织氛围。

构建科学合理的考核机制，其宗旨表现在三个“转变”上。一是从强制管理、压迫管理向自主管理、主动管理转变。划小考核单元，让员工自主经营，让每个人成为自己的CEO。管理的职能包括计划、组织、指挥、协调和控制，经营管理者要改变以往所谓的“一夫当关”“指挥全局”的“气势”“气概”，认清角色、带好团队，当好设计师、指挥官、传教士、教练员和领队，充分理解、关心和关爱员工，通过绩效考核机制、办法，引导员工自主管理、自我管理，激发每一名员工自主自觉工作，释放潜在的巨大能力，促进企业持续发展。

二是从少数人管理向多数人管理转变。通过下移管理重心，积极授权，不再是依靠权威、依靠行政命令，而是通过目标导向和引导员工的思想、观念、理念来影响其行为，变传统的“自上而下”的管理方式为“自下而上”的管理模式，让员工参与到管理中来，统一思想、共同行动，大家一起来、一起干。

三是从“要我做”向“我要做”转变。“要我做”是一种被动的工作方式，推一推、动一动，大推大动，小推小动，不推不动，这种工作方式必然导致员工工作起来满腹牢骚、心浮气躁、拖拖拉拉、效率低下。“我要做”体现的是一种主动精神和责任意识，不用别人督促，就去主动承担任务，出色地完成工作，促使广大员工从“要我做”向“我要做”“抢着做”“比着做”转变，营造“比学赶帮超”的浓厚氛围，以绩效考核为导向，借助员工的利益追求，将激励的方向导向企业和组织想达到的战略目标，打造“自组织”“自管理”“自运行”的企业机制，实现“无为而治”。

世界著名的未来学家奈斯比特说，“只有脚下的东西有足够的价值，你才会弯腰”。因此，要调动员工的积极性和创造性，实现企业良好的效益，就要抓住绩效考核这个“牛鼻子”，端出分量十足的“政策牛肉”来，把绩效考核结果与员工利益紧密挂钩，通过利益的驱动，发挥好绩效考核“无形手”“指挥棒”的作用。做好目标管理和绩效考核，管理者就“超脱”了。

具体来说，绩效考核要做好以下7个方面的工作。

一是划小考核单元。农村土地经营承包责任制，即“包产到户”，是中国农村实行家庭联产承包责任制改革的成功经验。引用到企业经营管理中，即“划小考核单元”，将整个公司分割成多个独立的成本费用中心或利润中心，进行独立核算，按照小组织的方式管理运营。比如，生产部门的工序可以成为一个核算单元，销售部门也可以按照地区或者产品等分割成若干个核算单元，成为自主经营体，让绩效导向更加凸显。

稻盛和夫提出将企业划分为“小集体”，像自由自在重复进行细胞分裂的“阿米巴”，以各个“阿米巴”为核心，自行制订计划，独立核算，持续自主成长，全员参与经营，努力完成企业经营目标。划小核算单元是从自上而下的推式管理到自下而上的拉式管理。过去的管理模式、管理制度是推式，即自上而下，通过顶层设计，层层分解任务、层层下达指标，直至一线主体。这种管理的弊病在于置基层组织于被动状态，是计划取向而不是市场取向。久而久之，组织会陷于僵化。而“划小考核单元”则是拉式管理，以市场需求、客户需求为导向，创造出了一种“倒逼”机制，一切以市场为导向、以客户为中心，组织运行体系从“正三角”到“倒三角”。其目的在于实现资源的精确、有效配置，充分激发基层经营单元的活力，从而快速高效响应市场变化，满足市场需求。划小考核单元之后，每个自主核算考核主体投入多少、产出多少、利润多少，可以比较准确地计算出来，从而提高效率和效益。

俗话说得好，“火车跑得快，全靠车头带”。当企业发展到一定规模，后面的车厢越来越多时，车头带不动，火车也跑不快。要在火车头带动的同时，给每个车厢都加上电动机，这样在前进时，由“车头驱动”变成“共同驱动”，既有自主经营，又有协同协作，所有车轮一致地运转，速度更快、效率更高。

二是科学设置考核指标。这是发挥考核“指挥棒”作用的前提保障。指标设计要因地制宜，分类设置，分级制定，有所侧重，力求精准，不能搞“千人一面”。既要有共性指标，也要有“量身定制”的差异化指标，突出实绩考核。要把考核内容细化、量化为针对性强、可操作的KPI指标，简单、实用和易记，从原理出发，用数字说话，让员工看得懂、够得着。

三是坚决拉开分配差距。有差别才有激励，企业的每个成员都有自己的岗位职责和目标，如果工作未能达到岗位职责的要求，或者没有很好地完成工作，那么在考核时理所当然地应该有所体现，要“高赏严罚”，不搞“平均主义”。

发挥好绩效考核“指挥棒”作用，关键是这个“指挥棒”所“指引”的方向。应以“奖优”为主，发挥好绩效考核的引导功能，以“罚劣”为辅，坚持正向激励与反向问责并举，促进工作持续改进和提高。当然，以“奖优”为主并不是不要“罚劣”，“罚劣”鞭策后进也是绩效考核体系中不可或缺的。俗话说，“良药苦口利于病，忠言逆耳利于行”。“罚劣”不是目的，“罚劣”是为了促进问题的有效整改。因此，要应用激励管理杠杆，做到赏罚分明。

四是增加考核的透明度。通过公开考核指导思想、内容、程序、方法和结果，增加考核透明度和员工参与度，让考核过程公开、公平、公正，让员工在考核中有更多话语权，让员工及时了解和掌握自己的工作情况，做得好的方面继续努力，有不足之处则提出改进，使绩效考核真正能对工作起到促进和提高的作用。

五是建立宽带多元的激励措施。激励方式不能局限于现金和实物，可以采取口头表扬、慰问信、奖励休假、外出学习考察等多种形式，应坚持物质奖励和精神奖励相结合。

六是对表现突出的员工，应及时奖励、快速奖励。为防止考核结果失真，不能按年度考核“一锤定音”，在改进年度考核的同时，要大力推进平时考核，通过随机考核、专项督查、民主评议等有效手段，多频次、近距离考核干部和员工的工作状态，掌握干部和员工的思想动态、个人作风、工作表现，努力将考核评价细化到每周、每月和每季度。

七是加大绩效考核的宣传力度。全员参与是做好目标管理与绩效考核工作的基础，良好氛围是保证目标管理与绩效考核效果不可或缺的因素。目标管理与绩效考核工作直接涉及每位员工的切身利益。绩效考核如果不能深入基层，只做表面文章，就会形同虚设，浪费人力、财力、物力。因此，应做好目标管理与绩效考核的宣传工作，使员工全面掌握工作目标，理解绩效考核内容，感受到企业对绩效考核工作的重视程度，从而在整个绩效考核工作过程中予以认同和支持，营造浓厚氛围。

千忙万忙，没有绩效就是瞎忙；千招万招，没有实效就是虚招；千条万条，没有成效就是“白条”。绩效管理绝不仅仅是人力资源一个部门的工作。人力资源部门的主要工作是组织和协调推进，各级部门才是推进绩效管理的主力，当然更离不开高层领导的支持。各级经营管理者应围绕目标管理，加强绩效考核，形成良好的绩效考核文化，科学管理，努力把公司打造成为成长型、价值型和效益型的企业。

- 加强目标管理和绩效考核，充分发挥“无形手”“指挥棒”的导向作用。
- 抓住绩效考核这个“牛鼻子”，端出分量十足的“政策牛肉”来，把绩效考核结果与员工利益紧密挂钩。
- 企业发展到一定规模，要由“车头驱动”变成“共同驱动”，既有自主经营，又有协同协作，所有车轮一致地运转，速度更快、效率更高。

向利润中心转变

公司始终坚持解放思想、与时俱进，不僵化、不墨守成规，敢于探索、敢于迎接挑战。尤其在考核方面，不是简单的“承包制”式的考核，而是以目标为导向的绩效考核，建立了一套宽带多元的指标考核体系，考核方法不断调整优化，引导员工不断推进客户与市场转型升级，迈向中高端，促进公司做大做强。

过去，大部分企业以生产为中心，是“成本中心”，建立了以职能划分为依据的组织，总部高度集权、效率低下，对市场的反应速度缓慢，难以适应企业快速发展的需要。未来的组织结构趋势是事业部制，事业部通常是半自主的利润中心，一般按照产品、品牌、客户、地区以及价值链等维度进行划分，根据总部与事业部的价值定位，确立相应职责和权力。各个事业部在企业总部的组织领导下，拥有一定的经营自主权，实行独立经营、独立核算，公司总部主要在战略方向、财务、人力资源方面进行监控和管理。企业的战略决策和日常运营决策两项职能是分离的，由总部负责企业的战略决策，事业部承担日常运营决策。

事业部制其实是在企业内部引入市场的力量，把企业做成市场，是一种内部市场化的、灵活的激励方式。事业部作为企业内相对独立的经营单位，与法人企业相比，既具有相对的经营独立性，又具有经营管理的弹性。这种组织结构模式能够使组织更灵活，更能调动人的积极性和创造性，快速适应竞争环境，建立竞争优势，提升企业整体运营能力和水平。

公司现有多个营销部门和多个经营单元，每个营销内部细分为多个营销团队，每个团队相对独立地作战，使组织更有柔性和灵活性。在环境和形势许可的情况下，推动公司的组织架构逐步向虚拟事业部或者事业部过渡，乃至成立分公司或子公司，即由现在的“成本中心”“收入中心”逐步向“利润中心”“投资中心”转变。因为中高层管理者的精力是有限的，只有通过集中决策、分散经营、分层授权，把员工的积极性充分调动起来，才能形成“小河有水大河满”和“万马奔腾”的局面，就像长江水一样奔腾不息，这样的组织才能充满活力、充满激情，才会有竞争力。

当然，目前由于公司组织体系尚不成熟，一些管理干部能力和水平有限，组织分工不明晰，还不具备成立事业部的条件，不能激进、仓促上阵。因此，在推进建立事业部制的过程中，可以分“三步走”：第一步强化对营销模拟利润的考核，第二步建立虚拟事业部，第三步构建事业部。这是一个循序渐进、有步骤、有条件的变革过程，不是不变，也不是一下就大变。大企业的经营管理方式，就是集中领导、集中管理、分散经营、充分授权，这是大企业未来的发展方向。

现在，公司正处在加强营销模拟利润考核的阶段，这是基础、关键的第一步。过去，公司在营销考核协议中，制定了模拟利润考核指标，在实际考核过程中，有营销人员反映：一是考核的过程及结果不够透明，分部门营销考核模拟利润与公司实际利润有一定偏离和差异；二是考核指标不尽合理，考核激励与约束的强度和力度不够。

公司应积极对以上问题进行分析，秉着真实、准确、客观和谨慎原则，由财务、成本管控、人事行政部门“三堂会审”，对营销部门模拟利润进行全面准确的核算，及时、准确和真实地向经营部门反馈，经营部门也可以提意见和建议，但决不能“寅吃卯粮”，绩效考核做到真实准确、科学合理、公开透明，追求公平正义。

企业和员工是利益共同体和命运共同体，在经营管理中鼓励先进，鞭策落后，实行按劳分配，多劳多得，让干得好的人多拿。同时，坚决反对“一切向钱看”，反对唯利是图、拜金主义，反对不择手段、违法乱纪等给公司造成损失和不良影响的行为。经营管理者要给员工创造良好的发展环境，同时也要教育引导好员工，心存敬畏，要不越“红线”，守住“底线”，坚决不碰“高压线”，更好地把纪律和规矩挺在前面，做金钱的主人，不做金钱的奴隶。

公司从加强营销模拟利润考核做起，真正贯彻多劳多得、按劳分配的指导思想，把对员工的考核权重及评价体系，调整到以利润和价值为导向的轨道上来，让干多干少不一样、干好干坏不一样，绝不让“雷锋”吃亏，让员工充分分享公司经营成果，真正把公司打造成一个成长型、效益型和价值型企业，朝着这个方向，坚定不移地努力去做，逐步过渡到虚拟事业部、事业部，乃至分公司、子公司，将公司组织由“成本中心”“收入中心”向“利润中心”“投资中心”转变。

- 通过集中决策、分散经营、分层授权，把员工的积极性充分调动起来，形成“小河有水大河满”和“万马奔腾”的局面。
- 让干多干少不一样、干好干坏不一样，绝不让“雷锋”吃亏。
- 努力打造成长型、效益型和价值型企业，即公司组织由现在的“成本中心”“收入中心”逐步向“利润中心”“投资中心”转变。

业财融合

企业生产经营是一个系统，涉及物流、资金流、人流和信息流。企业要想获得生存价值与发展机遇，就要强调获利，而企业能否获利取决于是否具备经营能力、管理能力和获利能力。可以说，资产管理能力和现金流是企业的生命之流与经营之源。

然而，在公司与客户开展业务时，一些业务人员只顾接单，而不考虑价格，不关注资金和订单盈亏，或应收账款账龄长，或资产周转速度慢，没有实现财尽其效。因此，公司要加强绩效考核，积极推进业财融合、财务业务一体化。

业财之间的“楚河汉界”。职能分工是企业发展的必然产物，企业规模越大、管理越完善，内部职能分工就越精细。业务、财务是企业两个不同的部门，似乎是天生的矛盾体，两者之间有时存在难以逾越的“鸿沟”。当然，业务不是狭义地指营销、采购部门，而是一个广义的概念，包括技术开发、生产、设备动力、环保等部门。

财务部门有人认为，业务部门是花钱的“爷”，爱画大饼、好说大话，总是在变，有空子便钻，总是想着向前进攻、想着投资，不计风险、不计产出，甚至规避一些财务上的监管；业务部门有人觉得，财务部门是管钱的“主”，是“数豆能手”，不会赚钱、不去发展，老是挑刺，僵化死板、总认死理，设置的“条条框框”过多，甚至对业务部门抱有成见。

其实，在企业里部门与部门之间原本没有那么多的利益冲突，业财有时之所以“互掐”，产生“隔阂”和“抵触”，主要原因：一是业务、财务分属不同的专业领域，对彼此的专业知识和相关流程不了解，存在一定的专业“壁垒”；二是业务、财务分属不同的部门，职责不同，或多或少存在一些本位意识，固守在各自的领域，彼此互动交流有限。

从财务角度来看，业务部门作为经营部门，应该注重防范经营风险，接受财务部门的监督，但业务有业务的冲劲。从业务角度来看，财务部门作为管理部门，应该配合业务部门的发展，但是财务有财务的规则。财务是为了防止业务上的风险，业务是为了多接订单、多开发产品、多改造设备。它们都是为了促进生产，扩大收入，提质增效，降本减耗，提高效率和效益。

如果业务人员和财务人员彼此之间互不理解，都不知道自己想要干什么，或者怎么做才能帮到对方，又怎么能促进企业发展？两个部门应真正从公司整体利益出发，加强交流，增进了解，加深合作，在矛盾、分歧和冲突中找到平衡点，处理好部门之间的关系，推动业财互融互通，更好地推动企业发展。

财务应有经营思维。在企业中，传统的财务会计基本职能是核算、反映和监督，敲电脑录凭证，算绩效发奖金，出报表申报税，盘库存订凭证，将企业的资产、负债和所有者权益变动情况，以及生产经营过程的收入、费用和经营成果情况，准确、及时、全面地反映在资产负债表、利润表和现金流量表三张报表上，满足企业、管理层、股东、银行、政府部门等相关方对企业财务信息的需求。

随着企业经营管理模式的转变，企业在财务管理中注定不能再固守传统的财务会计方式，面对过去已经发生的交易事项，满足于做数据统计、分析、核算和反映，算“呆账”，做“报账型会计”“算账型会计”，为了合规而合规，为了制度而制度。

财务部门不能静待于“幕后”，一味地埋头苦干搞核算，而是要走到“台前”，把业务思维带到财务中去，由保守、传统的财务会计，向积极、有作为的管理会计和财务管理转变。在做好核算、反映与监督工作的基础上，面向现在及未来将要发生的事项，加强财务管理的计划、组织、控制、评价和考核职能，做好量本利分析、投入产出分析、资金安全分析、税务筹划、库存预警、制度完善、风险防范等，算“活账”，做“经营型会计”，将财务会计与经营管理紧密结合，评价生产经营和投资的效率与效益，为管理决策提供依据，参与企业生产经营管理。

中国银行安徽省分行原行长曾对我说，“没有业务的风险，没有发展的风险，是最大的风险”。我非常认同他的观点。财务要避免“这个不行、那个不行，这个不能做、那个不能做”，这样下去公司就会没有业务可做，又谈何发展？

财务部门应具备经营思维，改变传统的思维模式，多学习一些产品工艺、原辅材料、工程项目管理等基础知识，从核算、反映、监督等事务性工作中抽身出来，深入业务，熟悉业务流程，理解业务诉求，洞悉业务特点，将风险控制的思维从合规向价值创造转移。不能简单地向业务部门说“不”，不能只想着

“省钱”，而不去投资、“花钱”，不去扩大收入，而要在追求规范、防范风险的同时，以发展为目标，以市场为导向，以客户为中心，追求速度和效率，好中求快，不能只讲规范，不讲速度，不讲效率，要主动优化业务流程，更好地服务支持业务部门，提高经营管理水平。

业务应有财务思维。业务部门历来被认为是贡献销售额、增收节支、促进发展的部门。然而，随着市场竞争的加剧，一些业务人员为抢订单而降价，不分析经营盈亏，为了吸引客户而拉长收款账期，不分析管控资产周转率，只看重销售额而不顾企业利润怎么样，只注重投资而不计算产出等。企业看上去销售额增加了，但实际上可能在“亏钱”。造成这种结果的原因，主要是一些生产经营管理人员不懂财务。

经营部门不要以为财务部门在“套路”你们，抱怨“这个麻烦、那个麻烦”，财务部门是在帮助业务部门规范业务流程，精打细算、量入为出、避免犯错、防范风险。业务部门如果不受到财务部门的约束和规范，就可能“野蛮生长”，甚至“跌跟头”、犯错误。

业务部门应具备财务思维，要有依法合规经营意识和风险意识，要学习一些基础的财务管理和税务知识，学习、了解、掌握一些财务分析与评价的基本指标和概念。一是反映企业获利能力的指标，如销售毛利率、销售利润率、资产净利润率、净资产利润率、市盈率，以及投资回收期、投资回报率、投资利润率等；二是反映企业偿债能力的指标，如资产负债率、速动比率、流动比率、现金比例等；三是反映企业营运能力的指标，如应收账款周转率、存货周转率、流动资产周转率、总资产周转率等；四是税务基本知识，包括主要税种和税率，“免抵退”税、发票业务等。业务部门不能只关注产销量，还要关注单价、资产构成、成本费用构成、应收账期、赊销授信和资金回笼等财务信息，明白利润线在哪里、盈亏平衡点在哪里、安全合理的库存是多少；要了解客户资产规模实力、偿债能力怎么样。计算货款应准确，结算货款应及时，管理欠款应有力度，学会用数字说话，以便更好地配合财务人员。业务人员要清晰地认识到，控制和规避风险、减少损失，就是创造价值。

业财融合是攻防一体，攻防兼备。业财融合是企业生产经营业务发展与财务管理相结合，业务和财务融为一体。通俗地说，要让财务到业务中去，让业务到财务里来，既互相制约、制衡，又相互协同、促进。

曾经有人问过我这样一个问题：“企业要发展，公司未来的价值取向是什么？”我回答他：“一是促进业务，二是防范风险。”

促进业务，就是企业在生产经营活动中一定要以客户为导向，以市场为中心，一切围绕市场办工厂，一切听市场的、听客户的、听消费者的，以实现企业更大盈利和更好发展。没有市场，没有客户，企业将无法生存。

防范风险，就是企业在进攻、促进业务的同时，不能忽视防守。业务人员如果只拼命进攻，疏于防守，不计代价、不计后果、不计风险，就容易在财务上形成坏账、不良存货、呆滞品等。产生一笔坏账和不良资产，可能二三十笔业务都弥补不过来；损失 100 万元，可能要 2000 万元、3000 万元的销售收入才能弥补回来。

通过财务与业务融合，一方面，让财务工作“关口前移、重心下沉”，向包括供应商、客户的业务前端进行延伸，主动嵌入业务前端，服务于业务，融入生产经营各环节、生产开发过程，打通财务会计与业务部门和外部利益相关者的界限，实现信息集成与实时控制，加强分析、评价和管控，由财务会计向管理会计转变；另一方面，让业务工作既“瞻前”，也“顾后”，统筹兼顾效率、效益与风险。财务懂业务，业务懂财务，实现管理合力，促进企业持续健康发展。

业财协同作战，为企业创造价值。业财融合需要业务部门和财务部门换位思考，加强互动联系，深度沟通，借助信息技术，促进业务、财务流程再造，打破业务、财务边界，改变信息孤立的局面，做好组织、认知、流程、信息和管理五个层面的融合，加强事前计划和预测、事中监督和控制、事后评价和反馈，形成一个管理闭环。

组织的融合，即在财务和业务部门培养既懂财务又懂业务的复合型人才，深入业务部门，融入业务流程，提供财务管理支持，对业务的全流程、全要素、全范围进行全方位管理，分析、审视评价业务发展的好坏，关注企业整体效益。认知的融合，即业务、财务之间只有彼此认同、理解、包容与密切协同，才能更好地开展工作，共同促进企业发展。流程的融合，即通过不断优化、调整各业务角色和业务事项与各财务角色和财务事项，进行合理化分工和信息流转，各司其职，各负其责。信息的融合，即通过信息化、智能化平台，促进信息互联互通共享，提升流程效率，提升业务部门获取、处理和提供数据的效率，以及业务处理、会计核算、业务分析的效率。管理的融合，即财务通过为业务提供业务决策支持能力，提升业务端的能力；业务端对业务过程不断实施精细化管理，对财务的分析管理提出新的要求。

财务和业务作为企业经营管理的“左膀右臂”，哪个都不能少，哪个都需要加强。财务、业务就像是“一条绳上的两只蚂蚱”，是利益共同体，目标和方向是一致的，就是一切以市场为导向、以客户为中心，优势互补、有效融合、形成合力、同频共振、同心同力，一切为了发展、一切向着前方、一切为了胜利，一切为企业创造更大价值。

- 财务部门要把业务思维带到财务中去，向管理会计和财务管理转变。业务部门应具备财务思维，要有依法合规经营意识和风险意识。
- 业财融合是攻防一体，攻防兼备。让财务到业务中去，让业务人员到财务里来，既互相制约、制衡，又相互协同、促进。
- 财务和业务作为企业经营管理的“左膀右臂”，哪个都不能少，哪个都需要加强。

“三镜”合一

经营管理者要随身携带三面镜子，即“放大镜”“显微镜”“望远镜”。

用“放大镜”察全。放大镜是把细小的事物放大之后去观察，用放大镜看事物，无论多美的事物你都能看出它的瑕疵。经营管理者要拿“放大镜”往大处谋，想整体、抓系统、看全局，眼观六路，耳听八方，始终保持善于发现问题的能力，对于经营管理过程中发现的问题，要多角度、全方位地查明、查细、查全，从而改进、改善、完善，进而做到尽善、尽美、至善。

在检查员工工作时，要用“放大镜”，促使员工注重细节，尽可能将可控的事务掌控在自己的手里。不在管理、产品、服务上下功夫，企业是没有发展前途的。不管怎么说，策划、广告只是“味精”，产品才是“主食”。经营管理者拿“放大镜”，就是将缺陷放大、污点加粗，做到防微杜渐，而不是等到出了漏洞再去堵漏。经营管理者还要学会用“放大镜”优化手中的资源，如对下属放大赏识效应，达到激励目的；对团队放大情感效应，增强凝聚力；对市场放大品牌效应，增强影响力等。

用“显微镜”看透。显微镜是用来观察细小事物的工具，通过放大微小物体来研究微观世界，看的是“血管”和“脉络”，从微观视角精确定量，解剖宏观问题的根骨弊病，逐个击破以通“经络”，对问题进行“精准打击”。长此以往，便能以小见大、见微知著。

经营管理者要拿“显微镜”从实处看，透过工作的表象和现象看，这样才能挖掘出问题的本质和事物的内在规律，达到科学、高效管理的目的。

经营管理者还要善用“显微镜”审视自己，对自己严格要求，敢于将自己暴露在“显微镜”下，利用“显微镜”审视自身及工作中的不足，不放过任何瑕疵，不找借口推脱放任，使自己的一言一行禁得起检视，真正做到防微杜渐、防患于未然。

用“望远镜”观远。望远镜是用来远距离观察的工具，望远镜的视野开阔，看得更远。因此，在管理中，当发现工作的某个环节出了问题时，不能只是局部地看问题，要用全局的眼光、长远的眼光看问题，继而深入地思考问题、解决问题。这样才能避免“头痛医头，脚痛医脚”、解决了这个问题却造成了那个问题。

经营管理者要拿“望远镜”向远处看，抓当前，想长远，这样就能始终把持长远的目标愿景和战略高度，有了大目标、大战略，才有大格局、大思维和大出路，才能看到小圈子以外的更大世界。要“仰望星空”，做好计划、规划，而不是“一叶障目不见泰山”“只见树木不见森林”，安于现状、故步自封、自我陶醉、孤芳自赏。

用“望远镜”并不意味着好高骛远，关键是认清差距提升自己，向行业甚至全球优秀的标杆企业学习。用“望远镜”更能拓展思维空间，促使企业走出去、跳出去、比一比、看一看，改变自己，变换一种新思路、尝试一种新方法，从而更好地驾驭工作，而不是永远陷在事务性工作中，不断忙碌、不断重复、不断抱怨，还毫无建树。

总而言之，企业要用好“放大镜”，抓好全局、整体和系统；要用好“显微镜”，善于各个突破，以点带面，着眼细节，见微知著；要用好“望远镜”，看到长远，规划未来，引领发展。抓好全局，就把握了方向；做好重点，就紧扣了中心；想好长远，就谋划了未来。只有这样，才能统筹安排好各项管理工作，有的放矢地解决各类问题，处变不惊，临危不乱，“会当凌绝顶，一览众山小”。

- 用“放大镜”察全，用“显微镜”看透，用“望远镜”观远。
- 用好“放大镜”，往大处谋，想整体，抓系统，看全局。
- 用好“显微镜”，从实处看，善于各个突破，以点带面，着眼细节，见微知著。
- 用好“望远镜”，向远处看，看到长远，规划未来，引领发展。

务实与务虚

《孙子兵法》中有句话，“三军之众，可使必受敌而无败者，奇正是也；兵之所加，如以碫投卵者，虚实是也”。意思是，统率三军将士，能让将士临敌而立于不败的地位，就在于巧用奇兵、变化战术；进攻敌人如同以石击卵，这是以实击虚的效果。“虚”与“实”这两个概念为人所熟知，并在现实中加以应用。通俗地讲，“实”就是看得见的、物质的，“虚”是看不见的、精神的。

如果经营管理只是虚的，就像是用竹篮打水，将是一场空。如果经营管理只是想想，没有实际行动，是没有用的。有人说，经营管理的本质是行动，是实践，经营管理提倡务实，而不是务虚。但是，没有高度与方向的经营管理，也是不成功的，经营管理要虚实结合、有虚有实。

经营管理要虚实结合、有虚有实。务虚，就是要加强培训学习，提高能力和水平，在实际工作开展之前，从思想上、政策上进行学习、思考和研究，对事物发展规律与走势，进行高屋建瓴的宏观把握，重在认清形势、把握趋势、明确方向，因势而谋、应势而动、顺势而为。务实，就是踏实、实在、实干，在做足务虚功课的基础上，一切从实际出发，确定明确的目标方向，制定具体的思路举措，选择恰当的方法手段，说实话，办实事，想实招，求实效。务实是“决胜千里之外”的实践，务虚是“运筹帷幄之中”的谋划。

就虚谈虚，缺乏实际和实干支撑，不是真正的务虚，也务不好虚，只能是夸夸其谈、故弄玄虚，甚至是弄虚作假。就实谈实，没有理论上的升华，也不是真正的务实，不可能取得预期效果。

在经营过程中，仅仅靠低价、打折、让利、相关赠品、促销活动等来获得客户的认同与成交，往往是不够的。经营是大智慧，是科学与艺术的统一，要“就实论虚，以虚率实”，既重务实，又善务虚。在理论上务虚，实践上务实；在思想上务虚，思路上务实；在方向上务虚，方法上务实；在长远上务虚，当前上务实；在设计上务虚，制度上务实。做产品要“实”，做宣传推广要“虚”；做品质要“实”，讲概念要“虚”；服务要“实”，文案要“虚”；承诺要“实”，创意设计要“虚”；等等。

在经营管理的“务实面”，要用事实说话。企业应把营销理念、目标、计划、策划等，落实到每一个责任者、每一个时间段上，用“有形的事实”对产品开发、质量、性能、交期、服务等做出说明，让客户放心，建立企业与客户之间的信任关系。

在经营管理的务虚面，要用情感、概念打动人。当企业用事实来说服客户购买时，客户可能会有一种“冷冰冰”的感觉。经营人员应通过宣传、推广、促销和服务等方法，与客户建立一种情感联系，在满足客户对产品基本的功能需求之外，激发客户在情感需求方面的共鸣。

经营管理要虚实结合、虚实相生。人们常说“实事求是”，手头现做的，将来要做的，过去完成的，都是实事。从某种程度而言，战略是虚的，战术是实的。领导者负责出谋划策，员工负责实际做事。一个企业、组织的发展，一定是虚与实相互促进、相互推动、相得益彰的过程。如果一个企业、组织只有实，没有虚，那么这个企业就不是企业，更像“仓库”；如果一家企业、组织只有虚，没有实，那么这个企业也不是企业，更像是“学校”。仓库只用来贮存材料、产品、货物，没有精神层面的文化建设，没有“灵魂”；学校教书育人，而不生产物质产品，仓库和学校往往都不能盈利。

企业的经营管理是有形资产与无形资产的结合。土地、厂房、设备、存货等是有形资产，是实的；商标、专利、品牌形象、人力资源、企业文化等是无形资产，是虚的。有的企业、组织只重视实，重视有形资产，不重视虚，不重视无形资产，认为实才是做实事，而虚就是不务正业。还有的企业、组织只重视虚，重视无形资产，不重视实，不重视有形资产，只做虚的，不想做实的，企业规模不大，产品也不怎么好，却天天在策划怎么打广告、做宣传，怎么炒短线、炒概念、挣快钱。这两种把虚与实割裂开来的经营策略都是错误的，有形资产与无形资产都非常重要，企业经营管理要虚实结合，要两手抓、两手硬，一手抓经营，一手抓管理，既要把生产开发抓好又要把市场营销做好，既做好“实”又做好“虚”，虚实相生，才能持续健康发展。

经营管理要想得高明、做得实在。只有想得到，才能做得到。《易经》中有句话，“形而上者谓之道，形而下者谓之器”。想得高明，是“道”，就是要有正确的思想与理念，把别人考虑不周全的因素、细节，考虑周全、细致了；把别人暂时想不到的事，想到了；把别人只在表面上看的事情，看深、看透了。做得实在，是“器”，就是履行和贯彻思想与理念，付诸实践，分解成规划、计划、规则、准则、规范、条件、措施等，并系统地在行动中加以激励、约束、监督和调整。

我认为，经营管理者要想得高明，见多识广、博学多识，各方面的学问和知识最好都能知道一点，做一个杂家，知道得多一些只有好处没有坏处，毕竟经营管理工作千头万绪，经营管理对象林林总总，杂七杂八，知识越广博，越能以备不时之需。经营管理者还要做得实在，就是要求真务实，建章立制，形成科学完备且操作性强的制度体系，以及靠制度激励约束、靠制度管人管事的良好氛围，见真章、动真格、求实效、做实事。

- 一个企业、组织的发展，一定是虚与实相互促进、相互推动、相得益彰的过程。
- 在理论上务虚，实践上务实；在思想上务虚，思路上务实；在方向上务虚，方法上务实；在长远上务虚，当前上务实；在设计上务虚，制度上务实。
- 想得高明，是“道”，就是要有正确的思想与理念；做得实在，是“器”，就是履行和贯彻思想与理念，付诸实践。

向上管理

说起“管理”，人们更多地想到上级管理下级、上级指挥下级，但其实管理有三个维度：一是向下，即管理下级；二是平行，即管理平级；三是向上，即管理上级。真正聪明的员工，都懂得“向上管理”。在一定程度上，向上管理往往决定工作绩效和事业成败，员工在工作中应具备向上管理的能力。

一些员工不愿意、不善于在上级面前清晰地表达需求，得不到上级和企业的资源支持；也有一些员工不主动向上级汇报工作，或者只报喜不报忧，上级无法了解工作和事态进展；还有一些员工不能领会上级的意图，对上级布置的任务不能高效执行……归根结底，是上级与下级未能充分有效沟通，不能融洽相处。

向上管理是“领导领导者，管理管理者”。说起向上管理，有两种常见的误区，第一种是“不管理”，从来不与上级主动沟通，怕别人认为自己拍马屁、搞关系、讨好领导，是“掉架子”、没骨气；第二种是“过度管理”，总是对上级的任何风吹草动过于敏感，特别容易变成一个一切“看上”“唯上”的人。

向上管理不是越过自己的权限对上级进行管理，也不是盲目听从上级的指令，更不是讨好上级、阿谀奉承，而是一种职业意识，更是一种能力，是及时领会上级的要求和思路，积极配合，同频共振，促进企业发展，完成企业、组织的使命。通俗地讲，就是“领导领导者，管理管理者”。

向上管理，应从换位思考开始，就是能够做到站在上级的角度思考问题，知道这件事情为什么要做、为什么这样做，或者为什么这样做是对的，或者为什么那样做是不对的。在工作中，凡事应往上想三层，不仅想自己要做什么，还要想上级和上级的上级要的是什么，从上级的视角思考问题，格局和境界就会不一样。

向上管理的目的在于深度沟通、建立信任、获取资源。一些经营管理者认为，只要把下面的员工管理好了就可以了，领导总会看到我们的业绩的。其实，人都有获得尊重的需要，上级也不例外。作为下级，应该了解上级这一心理特点，在各方面维护上级的权威，支持上级的权威，这是上下级建立关系的前提，是以大局为重的表现。但是应尊重而不逢迎，尊重绝不等于逢迎吹捧。

首先，企业、组织和上级为员工提供了发挥能力的平台、舞台和空间，员工要对企业、组织和上级负责，就需要了解掌握公司动态、方向和目标，而上级站位高、目光远，所以员工要时刻与上级保持在同一频道，积极向上沟通对接。其次，企业、组织和上级拥有比员工更丰富的人脉、社会资源，拥有更大的号召力、影响力。通过积极、有效的向上管理，上下级之间的沟通将会更顺畅、更快捷和更高效，下级可以从上级那里获取资源、获得支持，更顺利地开展工作，达成业绩。同时，上级能更好地把控工作进度、及时纠偏，及时提供引导、指导和帮助，避免走弯路。在这个互动的过程中，上下级之间彼此深度沟通、建立信任，团队氛围越来越好，最终实现合作共赢、相互成就。

善于向上管理。上级的格局和境界、上级手里所掌握的信息与资源，都显然优越于下级，"自上而下"的沟通尚且不易，"自下而上"的沟通更加不容易达成。因此，建立沟通互动的机制，远比沟通互动的内容更重要。下级主动采取行动，与上级进行深度互动沟通，是向上管理中的重要一环。

一是主动与上级沟通。工作之所以不顺利大部分是因为沟通不畅。只有及时主动和上级沟通，才能充分了解上级每一个指令的目的和意图，清楚地知道上级的顾虑和担心，正确地按照上级的想法来执行。因此，下级应主动向上级请示和报告工作，既是实际工作需要，更是成长进步的途径。

2014 年 1 月，习近平总书记在十八届中央纪委三次全会上强调了请示报告制度问题，他说："我们这么大的党、这么多党组织和党员，如果都各行其是、自作主张，想干什么就干什么，想不干什么就不干什么，那是要散掉的。"其实，企业、组织同样要上下一体、上下一心。

请示和报告正是解决这个问题的重要制度安排。下级应主动向上级请示报告工作，彼此增进了解、建立信任，从而获得上级与公司的支持和授权，实现高效管理和双赢。

二是善于向上级出主意、提建议。一个优秀的经营管理者，其水平和能力在很大程度上体现在善于提出各种建议、举措和方案上。善于提出问题，提出合理化建议和解决方案，体现了经营管理者的责任担当。上级事务繁忙，在工作上也会有看不到、想不到的地方。为上级积极建言献策，站在全局的高度为上级出主意、提建议，能够让上级更加客观地认识自己，更好地汲取集体智慧，集思广益，从而实现科学决策。

建议有口头建议和书面建议。口头建议比较简单，有一点想法讲一点想法。对于比较重要的建议，应形成书面材料，以便传阅、讨论和存档。提建议往往是针对某些问题的，在刚刚发现问题时，上级关心的是解决问题的办法，其注意力集中于怎样做最有“利”。有了初步建议和方案后，上级的注意力会集中于这样做会产生什么“弊端”、有没有应对措施。

因此，下级在提出建议时，应充分分析“利”的一面，充分估计“弊”的一面，并分析好应对的措施，要证明“利”大于“弊”，而不能光讲“利”不谈“弊”，从而让上级在“拍板”时能心中有“数”、心中有“底”。

三是避开感情的冲突。由于年龄、身份、地位、经历或思考问题的角度不同，在处理某些具体事情的意见上，下级可能会与上级产生矛盾或分歧。若处理不当，则会让误解加深，矛盾激化，不利于开展工作。

一般解决分歧的主动权掌握在上级手里，只要下级的处理方法恰当，不仅可以圆满解决问题，还能避免矛盾。一个重要经验是，在与上级的意见发生分歧时，应正面阐述自己的观点，甚至可以坚持主见，或保留意见，但尽量不要对上级的意见进行公开反驳或抨击。在多数情况下，公开顶撞很容易让上级面子上过不去，导致工作上的分歧上升为情感上的冲突。因此，与上级互动沟通的技巧和策略十分重要，是剑拔弩张、一触即发的紧张氛围，还是轻松愉悦、心平气和的良好氛围，其互动沟通效果不言而喻。

四是服从而不盲从，恰当、合理地向上级提出批评意见。对上级要尊重、服从，但任何时候都是尊重而不逢迎，服从但不盲从。上级的想法、做法有时不一定完全对，或是因为知识、技能、水平局限而有疏漏。上级的意旨，有时即使错了，也要先执行。在有问题时，可以善意或者以恰当的方式提出，不宜公开顶撞。下级服从上级，少数服从多数，个人服从组织。对上级不越俎代庖，到位不要越位，否则上级会觉得你擅权越位。

当与上级发生分歧时，不宜正面冲突，但这并不意味着对上级有意见不能提，对上级的错误不能批评。然而，要注意对上级提出意见和批评的时间、地点与表达方式，否则将会事与愿违。

具体来说，应把握这样几个原则：非正式场合提意见比正式场合提意见效果好，私下提意见比公开提意见效果好，在上级心情舒畅时提意见比在其紧张疲惫时提意见效果好，在轻松的氛围下提意见比在严肃气氛下提意见效果好，委婉间接提意见比直截了当提意见效果好。

人来到这个世上，总是要做出一些事情的，期望的不仅仅是物质上的回报，还有心灵的成长和收获。共同的理想、梦想和目标是联结上下级关系的最好纽带。

“积极沟通”“建立信任”是向上管理的两个关键词。没有人愿意成为“一座孤岛”，上下级之间在深度沟通中建立彼此的信任，就可以逐渐转变为志同道合的同人，下级从被动地接受上级管理，到主动地向上管理，再到与上级共同成长、彼此成就，共同参与到促进企业发展的工作中来。

- 真正聪明的员工，都懂得向上管理。
- 向上管理就是“领导领导者，管理管理者”。
- 向上管理的目的在于深度沟通、建立信任、获取资源。
- 在工作中应具备向上管理的能力，尤其是要重视请示和报告，建立沟通互动的机制，主动与上级沟通。

请示报告与指挥检查

在工作中时常会遇到这样的情况：一些下级怕跟上级接触，不敢跟上级反映情况、报告信息，不敢跟上级互动交流，怕直接上级，怕同事不高兴，怕同事说“拍马屁、搞关系”；一些员工越过直接上级，越级请示直接工作；一些员工该报告的信息不报告，上级对于工作进展一无所知；一些上级或只授权给下属，或只布置安排工作，而不去检查工作，不去越级检查执行情况；还有一些上级管理和检查力度不够，导致日常管理失之于宽。

近年来，安利积极开发应用信息化、智能化系统，并积极利用微信工作群、邮件等传递信息、通报情况，目的就是不断精简层级，消除界限和壁垒，倡导无边界组织，提高效率。经营管理者一定要重视报告和请示、管理和检查，实现有效和高效的管理协同、上下互动。

一是下级请示和报告。请示，是下级向上级或上级部门就某项工作或某个问题请求指示、批准，上级或上级部门需作具体答复或指示。一般而言，应事前请示，不越级请示，领导给予答复。

请示的目的有三个。一是准确领会上级对工作的要求。如果对工作标准不清楚、不了解，就会失去工作方向，或者造成“失之毫厘，谬以千里”的误差，劳而无功，甚至南辕北辙。二是得到上级的指导和帮助。自身对工作的一些想法、方式和方法可能不正确、不完善，通过请示，能够得到工作经验丰富的上级的指教和点拨，可以减少差错、事半功倍。三是得到上级的肯定和认可。下级的工作思路、方法和措施，一旦通过请示被领导认同，得到支持和鼓励，就能协调和运用资源推动工作，获得强大的工作动力。

报告，是下级向上级或上级部门呈报重要事情，反映情况，提出意见或者建议，上级或上级部门一般无须作具体的答复或指示。一般而言，可以在事前、事中和事后报告，反映情况、报告信息，不受权限、层级的限制，上级可以不答复，只是知道或了解事情进展。

报告的主要目的是让上级对工作安排和部署有全面的了解与掌握，让领导安心、放心。如果信息报告工作滞后或者不报告，工作就如断了线的风筝，会处于失联或失控状态。

具体来说，对简单事项进行请示报告，应采用微信、短信、面对面交流等形式，对正式或重大事项进行请示报告，应重视会议、材料等形式。下级在请示报告过程中，应汇报工作过程中的关键步骤，告诉上级工作目标是什么、现在进展到哪一步、出现了什么问题、需要哪方面的帮助，让上级了解工作进展情况和需要改进的地方，帮助下级推进工作、解决问题。

在向上级请示报告工作时，应突出重点，简明扼要，逻辑清晰，可以采用“倒叙”的方法进行沟通，可以先说要“做什么”，再说“为什么”，最后说“怎么做”等。

二是下级主动反映情况、报告工作。美国著名管理经营专家马克·麦考梅克曾说，“谁经常向我汇报工作，谁就在努力工作，相反，谁不经常汇报工作，谁就没努力工作”。松下电器的江口克彦在《上司的哲学下属的哲学——我在松下工作三十年》一书中写道：“对于上司来说，最让人心焦的就是无法掌握各项工作的进度……如果没有得到反馈，以后就不会再把重要的工作交给这样的下属了。”华为公司也非常重视员工的汇报意识，任正非经常在内部会议上作工作汇报和总结，并规定员工若是没有及时做好汇报工作就会被扣除部分奖金。

主动报告工作，有助于消除上下级之间因沟通不畅引起的误解。作为员工，不要等着上级问起才报告工作，而是要积极主动反映情况，汇报工作，让上级及时了解工作情况，给予指导和帮助，这样不但可以避免执行跑偏，还能有效地化解工作中的难题。

积极主动向上级报告工作，还能体现出员工尽职尽责、认真工作的职业态度，给上级留下良好印象。而且，上级可以根据员工的工作进展，及时对后续工作做好安排。

积极主动反映信息、报告工作，不受层级限制。不仅向直接上级报告，还应向上级的上级报告工作、反映情况，直至向高层领导、最高领导报告工作、反映情况。

员工做了什么很重要，但让上级知道自己做了什么工作更重要，掌握好报告的方法，才能成为真正优秀的员工。主动报告工作，应该是每一位员工都具备的意识与能力。

不主动报告工作比工作能力低更可怕，这样的员工不仅自身工作方法存在缺陷、自己能力得不到提升，还会影响团队、企业的整体发展。注重培养员工主动报告工作的良好习惯，对工作的推进以及企业的良性发展非常重要。

三是上级指挥和检查。经营管理者在管理、指挥和布置工作任务时，通过其直接下级部署安排，原则上不“越级指挥”、布置工作；一级管理一级，一级对一级负责。否则，越级管理、指挥或布置工作，会造成多头管理、政令混乱，破坏流程和秩序，反而影响效率。

要避免“越级指挥”，首先，企业的目标分解到各层级时要明晰，职责要明确，做到各司其职，避免“抢功劳”现象；其次，管理者对于自己的工作，要能保质保量及时完成，不要引起更高层的管理者的担忧从而“越级指挥”。

上级检查、指导或督查工作，不受权限、层级限制，可以越级，也可以直接到最基层。公司倡导无边界的组织，打破层级限制，打破沟通“壁垒”和障碍，鼓励信息及时流转、流通和共享，以迅速解决问题。

四是上级主动检查工作、监督执行。一些管理者说，上级只要结果，不要过程。这种观点是错误的，任何工作，如果过程失控，就无法取得预期的效果，因此也是危险的。上级应主动对下属的工作状态和进度进行监督、检查，既有布置、指挥，又有检查、督查，重点关注下属有没有去做、是不是按要求去做的、到什么程度了、效果如何、还存在什么问题，确保工作执行到位。

TQM 的思想基础和方法依据就是 PDCA 循环。首先对各项工作制订出计划，根据计划执行，检查工作结果。不仅要有计划和布置，还要有检查。对于没有解决的问题，应提交给下一个 PDCA 循环去解决。PDCA 是质量管理的基本方法，也是企业管理各项工作的一般规律。这 4 个过程不是运行一次就结束，而是周而复始地进行，一个循环完了，解决一些问题，未解决的问题进入下一个循环，阶梯式、螺旋式上升。

总而言之，上级原则上不越级布置、安排具体工作，而是向直接下级安排、布置工作，如果需要多层级的决策、决定，应通过会议形式研究、决策；但上级可以且应该越级检查、指导和监督下级工作。

- 一般而言，下级向上级应事前请示，不越级请示；下级向上级反映情况、报告信息，不受权限、层级的限制。
- 上级原则上不越级布置、安排具体工作，而是向直接下级安排、布置工作；上级可以且应该越级检查、指导和监督下级工作。
- 员工做了什么很重要，但让上级知道自己做了什么工作更重要。

沟通赢天下

公司现在规模大了、信息化手段多了，但仍然有一些经营管理者不善于沟通。有的人抱着"躲进小楼成一统，管他春夏与秋冬"的心态，不善于与人沟通交流，不问世事，自我欣赏、自我封闭，总是抱着一种消极的处世态度；有的人认为搞好专业技术、搞好生产，做好自己的本职工作就行了。这些自以为是、性格内向、不善于沟通交流的人，最好还是离开经营管理岗位。其实，光把工作本身做好还不够，还要学会沟通，通过沟通来协调关系和资源，与同级和下级高效协同，并向上级恰到好处地请示报告工作，进行有效的管理沟通。要知道，沟通赢天下！

管理就是沟通。进入一个企业，就是进入一个团队，需要所有员工坚持合作，走集体奋斗的道路。没有这样一种好的平台，任何人的聪明才智都很难发挥，因此，不善于合作、不善于沟通、不善于集体奋斗的人，等于丧失了进步的机会。

管理工作的核心思想之一，就是沟通、协调，就是沟通赢天下。沟通是人与人之间信息、思想和感情的传递，以及交流和反馈的双向互动过程。沟通是一种态度、一种技能、一种技巧、一种认知、一种艺术、一门学问。

一个人情商高，主要表现为善于沟通，善于交流互动。优秀的经营管理者都善于沟通与协调。经营管理者每天都在与上级、下级、同级沟通，与客户、供应商、党政机关、银行等沟通。管理有组织、计划、协调和考核等很多职能，但是都离不开沟通。可以说，没有沟通，就没有管理。

沟通的基本功能是信息传递，在更高层次上是认识的统一、是情感的交流。我认为，只有沟通了、协调了，别人才会了解，了解才会理解，理解才会产生信任，信任才会取得支持。如果一个人像"闷葫芦"一样，关起门来闷头干，别人不知道你在忙什么，也不好帮你做什么，你的成绩别人不了解，问题也暴露不出来，别人也无法帮你去纠正，你自身也无法得到改进与提高。公司实施了 20 余年的中高层管理人员晨会制度，以及部门 8 分钟晨会制度、经营计划月度例会、专项会议等，目的就是强化沟通。沟通有什么好处？可以让员工了解形势，明确目标，统一认识，统一行动，减少分歧和误解。

环境是复杂多变的，工作也是复杂多变的，社会是不断发展的。沟通有助于解决人的心理障碍，打破有形与无形之间的隔阂，有助于减少误解，促进谅解，增进了解，有利于理解，从而达到和谐关系。越懂得沟通的人，本事越大，适应性越强，进步越快。用个不恰当的比喻，做好工作就是要胆大皮厚，积极主动地去沟通协调。在公司，我是董事长、总经理，看上去似乎位高权重，但在很多时候，从某种意义上，客户、股东、党政领导、债权人等都是我的领导，也要善于沟通协调各方关系，工作也是时时、事事、处处都在沟通。

快速有效沟通。要善于根据事情的轻重缓急，选择恰当的沟通方式，尤其是面对面的沟通。沟通有很多方式，有书面、邮件、口头、短信、微信、会议等，比如，重要的事情既要口头报告，又要书面沟通，还要发邮件、发短信、发微信，所以要根据信息传递的对象选择恰当的沟通方式。对于重要的上级，要善于口头报告。我认为，管理要善于管理管理者，要善于管理上级、协调平级、指导下级。

曾经有一名营销人员告诉我："我已经跟客户打过电话、发过邮件、联系过了。"我开玩笑地说，谈恋爱也要见见面、找找感觉吧，你光打电话，别人就会跟你做业务吗？你不与客户见面、会谈、交流，难道就能产生"触电"的感觉吗？能产生"化学反应"吗？能擦出"爱情的火花"吗？营销人员要想做好业务，就要准确了解客户信息，面对面地与客户沟通，构建和谐、友好的客户关系。要重视面对面的沟通。面对面的互动交流十分重要。每种沟通手段都有各自的利弊，而面对面的沟通有利于减少中间环节。中间环节过多，信息的有效性和时效性就会递减，导致信息变形、失真。

我一直很担心，公司搬进安利工业园宏伟壮观的行政楼、研发楼后，会影响信息之间的快速传递和有效沟通。因此，公司一直主张开门办公，推行无边界组织，就是为了快速有效沟通。公司建立了中高层管理人员午餐交流、高管联系专业技术人员，以及部门团建活动等机制，以加强面对面的非正式沟通，鼓励员工之间、员工与干部之间加强交流互动，增进了解。

此外，沟通交流要快、要及时，信息要真实、完整、准确；简明扼要，拣重点说，把问题说透；语言得体、通俗易懂，还应注意对象和场合。

要平等友好沟通。要坦诚地与人沟通，平等待人，诚实待人，不卑不亢，善于换位思考。撒谎一次，就会形成一次不良的污点，很难再赢得别人的信任。无论对待上级、平级，还是下级，都应该尊重对方，实实在在、老老实实、诚诚恳恳地沟通，有问题谈问题，有成绩谈成绩。无论一个人地位多高，财富多少，权势多大，从事何种工作，人格都是平等的，每个人都期望得到别人的尊重。

批评和表扬员工，比较好的方法是私下批评，公开表扬。员工有缺点，如果当众批评指责他，因为面子问题，员工逆反心理强，不仅心里不接受，而且容易口头上反驳，顶撞上级，即使员工做错了，也不觉得是错了，应尽量选择私下单独沟通。公开表扬是对员工最好的奖赏，是最有效的激励，有利于员工振奋精神，更加积极地工作。

对人提建议和批评应讲究技巧，为了能让对方接受，宜采用“三明治”法，将建议和批评的内容夹在中间层。对事应该辩证客观，建议和批评时别忘了给对方希望和鼓励，以保持良好的关系和愉悦的心情，避免被批评者有被打击的挫折感，从而产生对立情绪和逆反心理。就像吃药目的是治好病，但为了让病人更容易吃下去，药的表面常常先裹上一层糖衣。

总而言之，高明的经营管理者都是沟通的高手、能手。经营管理者要加强沟通、善于沟通。不注重沟通的经营管理者，是不称职的。要多向上级报告，多跟平级互动，多给下级指导。总而言之，沟通比不沟通好，早沟通比晚沟通好，多沟通比少沟通好。

- 管理就是沟通，沟通赢天下。
- 要多向上级报告，多跟平级互动，多给下级指导。
- 沟通比不沟通好，早沟通比晚沟通好，多沟通比少沟通好。

兵贵神速

企业的竞争要素主要是产品、价格、速度和服务。具体来说，就是要“多、快、好、省、优”，即品种多、速度快、产品好、价格平、渠道优。总体而言，安利产品质量良好、品种多、工艺先进、技术含量和附加值高，上市以来公司持续推进的成本整合、费用管控、精益生产、反对浪费、厉行节约等工作，已有成效，但速度不够快，效率不够高，还需进一步提升。公司的核心价值观其中一项是敏捷高效，即敏捷管理、高效运营，就是倡导以快取胜。

速度快能抢占先机。市场竞争是一场运动战，变化很快，有些可以预料，有些不能预料，比的就是反应和响应速度。我国古代和当代一些军事思想，如《孙子兵法》等，都强调“兵贵神速”“速度制胜”。我主持生产经营管理工作20余年来，一直强调追求“速度”，在2000年就提出“敏捷管理、高效运营”的核心价值观，其核心内容就是“效率、紧迫、敏锐、敏捷和敏感”，其他经营发展理念如“以新取胜、以优取胜、以快取胜”，以及倡导的“高速度、快节奏、高效率”，都是强调一个“快”。

古人说，“兵贵神速”“兵贵神奇”。“奇”就是出其不意，攻其无备，让人想不到，就是差异性，不走寻常路，当然“奇”也包括速度，要打胜仗，就必须要快。古人也说，“机不可失，时不再来”，不能“贻误战机”。这个“机”，既包括机遇，又包括速度。“捷足先登”“事不宜迟”“看谁出手快”，强调的都是速度。在军事战斗思想中，胜利的一方并不都是兵力最强和最多的一方。兵力再强，如果没有速度，也赢不了战斗。古往今来，有很多以小胜大、以少胜多的例子，其制胜的主要原因就是以快打慢。

1935年，中央红军在大渡河战役中，迅速做出反应，作战命令由“十万火急”变成“万万火急”。红军边打边走，日急行军240里，在次日清晨快速赶在敌人前面到了泸定桥，赢得了战役的主动权，最终取得了强渡大渡河和飞夺泸定桥战斗的胜利。这样以速度制胜的战斗不胜枚举，有了速度，没有时机，创造了时机；没有战机，创造了战机。总之，有了速度，可以化被动为主动，将战机化为胜机。

毛泽东在《满江红・和郭沫若同志》一词中写道："一万年太久，只争朝夕。"20 世纪 80 年代邓小平提出"时间就是金钱，效率就是生命"，这句口号被誉为"冲破思想禁锢的第一声春雷"，在全国引起轰动，对国人的观念产生了巨大冲击，成为人们的共识和行为准则，改革开放以来，全国都在学习"深圳速度"，借鉴特区经验。

"快变"的企业才能生存和发展。当今是互联网的时代，是新产品、新材料、新技术、新工艺日新月异的时代，是瞬息万变的时代。世界变扁了、变快了，互联网、多媒体社交平台、移动网络、电子商务等快速发展，信息通过互联网、微信、微博等形式迅速传播，缩短了地球时空距离，世界上交往日益频繁便利，整个地球就如同茫茫宇宙中的一个小村落，地球越来越小。可以说，慢人一步，差之千里；耽误一时，落后百年。处于这样快速变化的经济环境和行业环境中的企业，更要追求速度，与时俱进，以变应变，以快取胜。

在这个快速变化的时代，未来的市场竞争，不仅是"大鱼吃小鱼"，更是"快鱼吃慢鱼"。速度就是满意度，速度就是差异化，速度意味着市场份额和利润。客户的需求不断变化，追求个性化、时尚化，产品的"青春期"、生命周期越来越短，更新速度越来越快。面对快速变化的环境，企业的唯一策略就是以变应变，迅速反应，马上行动。企业反应速度快了，意味着客户愿意与你合作，买更多的产品；意味着客户愿意以更高的价钱买你的产品；意味着能降低单位费用，产生效益，减少风险。

顺丰的价格高于 EMS、圆通、申通等，但是很多人仍然愿意花高价选择使用顺丰，因为顺丰的速度要快很多。人们外出旅游或者出差，通常是选择乘坐高铁、动车而非普通的绿皮火车。过去火车的平均行驶速度只有 80 千米 / 小时，现在已达到 200 ~ 350 千米 / 小时，最高可达 500 千米 / 小时。当然，有条件的人更愿意选择飞机。医院的 120 急救车也是如此，分分秒秒都关乎人的生命。

公司机体健康，体质良好，机制健全，素质优良，没有"重疾"，但令人担心的是，企业规模变大了，会滋生出一些"大企业病"，典型的特征就是"老态龙钟""四肢麻木""行动迟缓"，不能对外界变化做出快速、及时的响应，从而变得僵化、古板，没有活力。所以公司在 2000 年制定的核心价值观中，第一项是"市场导向"，第二项便是"敏捷高效"。如果违背公司核心价值观，最终将被淘汰。公司永远都要比别人做得更快一些、更好一些。

公司必须以快取胜。聚氨酯复合材料是一个“快时尚”的行业、为生活创造美的行业，公司下游客户是传递美丽、创造流行、紧跟潮流和时尚的行业，对“快”的要求十分高。苹果、耐克、彪马、艾斯克斯、安踏、李宁、特步、ZARA等国内外品牌企业，都希望公司能加快开发打样放样及生产速度，缩短交期。

然而，公司一些经营管理者还没有充分认识到提高速度的重要意义，还是慢慢吞吞、晃晃悠悠、悠哉悠哉。目前客户对公司抱怨最多的就是速度，交期慢、开发慢、打样慢，速度慢了，不能在短时间内产生效益，对公司来说更是一种浪费。在这个行业，抢“时间窗口”就是续命。谁走在前面，谁就有先发优势。

交期的标准应该是先进的，而不是落后的，产品的交期应随着客户的要求不断提标升级。任何部门、任何人员都不能对交期熟视无睹，之前的交期标准是在全国行业高增长、公司产能不足的情况下规定的，现在常规产品的交期必须缩短；工艺复杂、多工序的产品交期应加快。未来，公司还要进一步提高交期标准。达到先进的交期标准没有任何理由，这不是董事长要求的，也不是营销人员要求的，而是市场、客户对公司提出的要求，公司必须满足市场和客户的要求。当然，交期不只是生产部门的事情，也涉及供应、工程环保等部门，各部门都要提供良好的协同和服务。客户关注的是结果，公司不希望各部门因为满足不了客户交期而找理由和找借口。

我参加过一场关于战略及战略实施的培训学习，其中反复提到“时间点”和“时间窗口”，就是说，战略必须和环境保持一致，环境总是不断在变化，战略必须做出相应的改变，战略改变从识别“时间窗口”开始。当外部机遇或威胁来临时，企业从识别、分析预判、准备，到决策、执行，都要“快”，才能快速聚集资源。

因此，公司要牢固树立“速度制胜”的观念，及时感知变化，快速响应变化，这是经营管理最基本的要求。要保持警觉心态，不能松松垮垮、懒懒散散，觉得太平无事、坐以待毙是最危险的。正如杰克·韦尔奇所说，“我深信如果公司内部变革的速度赶不上公司外部变化的速度，失败就是不可避免的，只不过是时间早晚的问题”。

在全球快速变化的新环境下，一定要只争朝夕，惜时如金，争分夺秒，以快取胜。公司目前资源优良、条件充足、水平良好，犹如一辆开足马力的车辆，行驶在发展的“快车道”上。企业不能像“小毛驴”“拖拉机”一样慢慢吞吞，不能像“小脚老太婆”一样晃晃悠悠、磨磨蹭蹭，不能学“蜗牛爬”，而要做一匹风驰电掣的“千里马”。在生产运营的各个环节，都要牢固树立“快”的思想，先知先觉，先觉先行，立说立行，雷厉风行，快速反应，马上干，马上办，速度快，效率高，才能在未来的竞争中获胜。

- 市场竞争是一场运动战，变化很快，有些可以预料，有些不能预料，比的就是反应和响应速度。
- 一万年太久，只争朝夕。
- 以快取胜、以新取胜、以优取胜。

军令如山

公司发展既是赢在战略，又是赢在执行。“一流的战略、二流的执行”，有时不如“二流的战略、一流的执行”。公司有时开很多会议，发很多文件，定很多制度，可是一些事情还是停留在口头上，以为说了代表做了，做了代表做成了、做好了。其实并没有真正落实下去，没有追踪监督，没有检查和考核。在我看来，问题出在执行不力上，一些部门和干部没有准确领会上级意图，我行我素、各行其是、各自为政；或者执行任务“打折扣”，高兴就执行，不高兴就不执行；或者搞上有政策、下有对策，变相变通，因此公司制定的规章制度有时会被束之高阁、藏于深闺。归根结底，都在于没有上级意识、敬畏意识、执行意识。

企业经营目标的实现，离不开高效的执行力。任何一个组织都存在上下级关系，上级管理下级、下级服从上级天经地义。上级下达的指令，有的人能够不折不扣地完成，而有的人却总是出现这样或那样的问题，究其原因，关键在于执行力不强。中国人常说，“军令如山倒”“军中无戏言”“令出如山，听令而行，依令而动”，就是指上级发布的命令、指令，下级必须贯彻执行，不得违抗。一旦违抗，就要军法处置，关禁闭、撤职，甚至枪决。

一流的企业必须具备一流的执行力。一个企业如果没有出色的执行力，那么再好的发展目标也是镜中花、水中月，再好的管理制度也是一纸空文。没有执行力，企业就是一盘散沙，就没有凝聚力和向心力，也就没有竞争力和发展力。

一个企业的高效运营，就像一支乐队需要有一个指挥一样，企业的高层领导者就像是指挥家，是乐队的灵魂和核心，如果没有指挥家严格统一的领导，就会各吹各的号、各唱各的调，无法正常运转。企业像一台庞大的机器，成千上万的零部件只有依靠主轴的带动、跟上主轴的步伐，才能安全高效运转。

在企业经营管理中，实行“首长负责制”，无论是一个部门、一个系统，还是一个组织，都只能有一个声音、一个调子、一张蓝图、一个方向。就像士兵在训练时，如果同时出现了两个声音，一个喊“向左转”，一个喊“向右转”，士兵究竟该向哪个方向转呢？在公司中必须有令必行、有禁必止，而且倡导“没有任何借口，只有结果”，这体现的是一种完美的执行能力，一种服从、诚实的态度，一种负责、敬业的精神。

上级和公司在做出决策、决定之前，应坚持群众路线，汇集民意、集中众智、博采众长，充分调研，反复研究，不断论证，要民主决策、科学决策、审慎决策，避免自以为是、独断专行。但是，上级和公司决定下来的事情，下级必须不折不扣地执行，不得“打折扣”、搞变通。

提高执行力就是要服从、落实与执行。很多企业、组织并不缺乏伟大的战略和构思，缺的是把战略和设想落实到位的执行力。毕竟，即使公司再小、再不景气，公司也有计划和目标；战略和构想再伟大，也要有人将它实践出来，这一切靠的就是执行力。提高执行力的关键在于员工真正明确和履行各自的岗位职责，在其位、谋其政，心往一处想、劲往一处使，形成执行合力。

一是执行任务前，要先学会服从。军人以服从上级命令为天职。执行高于一切。在企业，如果没有员工的服从，企业的战略和设想就不可能被执行下去，制度和理念就无法得到有效的贯彻落实。服从是行动的第一步，所有员工都严格遵照指令做事，才能确保整个组织业务流程的正常运转。

服从意味着必须暂时放弃个人异议，约束自己去听从上级的安排。作为下属，没有权力去随意判断上级的对错，决不能自作聪明地以为上级的指令不正确、不合理而不去执行；而应该相信自己的上级，并尽快适应上级的领导方式，这样在执行指令时才会得心应手。那些纪律松懈、服从意识差的人，往往是上级感到头疼的“刺头”人物，迟早会被上级像“眼中钉”一样拔掉。

下级必须尊重和服从上级的领导，对上级组织的决议、决定和指示，下级组织必须坚决执行。如果上级的指示、决定有不符合实际情况的，下级可以向上级提出意见或建议，请求改变。如果上级未采纳提出的意见或建议，下级则必须不折不扣地执行，并不得公开发表不同意见，决不允许阳奉阴违、各行其是、变相变通。上级在做出同下级组织有关的重要决定前，应征求和听取下级的意见，一旦形成决议、决定，下级就必须坚决执行。要严格遵守请示报告制度，该请示的必须请示，该报告的必须报告，决不能我行我素、遮遮掩掩甚至隐瞒不报，要少些“迈过锅台上炕”的做法，少些“事后诸葛亮”的行为。

二是忠于职守，敢于担当，勇于负责。执行的最大动力是内心的忠诚度。只有忠诚，才能更好地服从，将任务执行到底。执行落实不到位的最大原因，就是员工不忠诚于自己的上级，不服从领导的安排，把领导的要求当耳边风。服从是一个员工最基本的素质，无论你多么有才华，如果不具备服从的品质，最终都会一事无成。在企业内部，有时可能上级的某些能力比不上一些下级，但这并不能成为下级不忠诚、不服从于上级的理由。

三是落实到位，执行任务不打折。没有完成任务、没有达成目标，原因在于员工执行不力。如果执行不到位，再好的设计也是一纸美好的蓝图。执行不到位，不如不执行。员工缺乏认真执行的精神，会导致实现目标过程中的执行力大打折扣，削弱员工斗志，破坏良好的工作氛围，影响企业的整体利益。

日常工作、上级安排的任务也并没有那么难，所谓工作大部分都是日复一日地重复，要做好它，最简单的就是“认真”二字。各环节都要做到细致周到，实现“无缝对接”，确保工作不“掉链子”，及时准确落实执行到位。“行百里者半九十。”越接近成功，越要认真对待。

要充分认识到服从、落实与执行的重要性，牢固树立纪律意识，讲纪律，守规矩，听指挥，确保政令畅通、令出即行，把“高效执行意识”内化于心、外化于行，体现在实际行动中，落实到工作的各方面。

- “军令如山倒”“军中无戏言”“令出如山，听令而行，依令而动”。
- 没有执行力，企业就是一盘散沙，就没有凝聚力和向心力，也就没有竞争力和发展力。
- 一个企业的高效运营，就像一支乐队需要有一个指挥一样，企业的高层领导者就像是指挥家，是乐队的灵魂和核心，如果没有指挥家严格统一的领导，就会各吹各的号、各唱各的调，无法正常运转。

第五篇

员工为本　团队制胜

企业发展的力量之源

管理的职能是计划、组织、指挥、协调、控制，这是自上而下的。如何去落实计划、组织、指挥、协调、控制？我认为，还是要自下而上，从群众中来，到群众中去，从基层和员工中汲取发展进步的力量。

企业发展依靠员工，发展为了员工。对于企业来说，员工是企业的主人，决定着企业的生存和发展。企业的根基在员工，企业的力量在员工，企业的成败在员工。从字面意义上讲，"企"字由"人"和"止"构成，人是企业的主体，人力资源是企业最宝贵的资源，始于"人"，"止"于人。企业把人放在企业的中心地位，就是要确立员工在企业中的主人翁地位，使员工真正成为企业的主人，最大限度地调动起员工的积极性、主动性和创造性。

发展不仅是企业、组织追求的目标，更是员工的共同需求和愿望。企业的发展必须依靠员工的共同努力。企业不是一个人的企业，而是全体员工的企业、社会的企业，只有集中众智，汇聚众力，充分发挥员工的积极性、主动性和创造性，企业才能更好地发展。企业发展的成果更要惠及广大员工，努力使员工收入不断提高，工作、生活环境不断改善，素质和能力不断提高，努力提升其获得感、归属感、成就感、荣誉感和幸福感。

从员工中来到员工中去。自古以来，中国就有"重民、贵民、安民、恤民、爱民"等传统的民本思想，可以上溯到孔孟，"仁者爱人，民为贵，君为轻，社稷次之"，这是中国传统思想文化的精华。"主权在民"思想在西方有 300 多年的历史，即国家的一切权力来源于人民，每个公民都享有参与国家管理的平等权利。如今"人本思想""主权在民思想"已成为全球社会主流的价值取向。

人民群众是创造历史的动力，不但创造了社会的物质财富、精神财富，而且是社会变革的决定力量。正如毛泽东在《论联合政府》一文中有，"人民，只有人民，才是创造世界历史的动力"。对于企业而言，员工则是力量之源、智慧之源。

在公司生产经营管理过程中，有个别干部在集中员工智慧方面做得还不够好。有的干部自以为学历高、见识广，在员工面前自恃高明、好为人师；有的干部虽知道员工中蕴藏着丰富的智慧，但放不下架子，觉得当干部哪方面都应该比员工高明；有的干部对员工智慧不会过滤、综合、提炼，使员工智慧成了“沉没的宝藏”。

公司经常要求召开基层一线和班组长座谈会及经营管理专项会议，多方面听取员工意见，群策群力，集思广益，一起讨论在产量、质量、成本、效率等方面如何做得更好。企业经营管理的智慧，在百度里搜不到科学答案，在书本里找不到高招妙技。俗话说，“三个臭皮匠，顶个诸葛亮”。遇到问题和困难，问问员工，就有办法了。只要群策群力，集思广益，善于集中广大员工的智慧，就能在解决问题中找到点子、办法和对策，就能使企业做出的决策“八九不离十”。

员工是企业的力量源泉和胜利之本，蕴藏着无穷的智慧和力量，管理进步要坚持问政于民、问需于民、问计于民，真正做到从员工中来，到员工中去。

问政于民，就是通过各种方式和渠道倾听员工的建议和意见，以使管理决策更加暖人心，合民意，有效果。只有通过问政于民，才能知得失，找准影响企业变革发展的困难和问题；才能正举止，对经营发展思路不断纠偏、完善、深化；才能得民心，取得员工的认同，凝心聚力形成促进企业发展的强大力量。

问需于民，就是尊重员工意愿，倾听员工呼声，保证管理决策符合员工的根本利益。只有通过问需于民，从企业员工最迫切的需求出发，才能找准发展定位，才能找到实现可持续发展的动力和源泉。

问计于民，就是在作管理决策前，充分征求员工的意见，从员工中找对策，用民主保证决策的科学性。只有通过问计于民，才能真正把管理智慧的增长、管理能力的提升，深深扎根于员工的创造性实践中。

“问政于民”知得失，“问需于民”知冷暖，“问计于民”知虚实，坚持从员工中来、到员工中去，把员工最关心、最迫切要办的事办好办实，真正让员工得实惠，实现企业持续健康发展。

从基层中来到基层中去。我常说，企业经营管理者要“向下扎根，向上结果”。我也常说，“根深才能叶茂”。“向下扎根”是种子的自然选择，也是一股强大的生长力量，无论生存环境如何，只要有一丝养分，它都会毫不犹豫地把根扎下去，植物的根向着有养分和水分的地方生长，因为在那里，可以积蓄生长力量。对于企业而言，员工是企业发展和制胜的“根”“本”“源”，而最贴近制胜员工的地方，就在基层，只有在员工、基层一线中把根扎实扎牢，企业才能吸收养分，茁壮成长。

坦率地说，平时企业中高层管理者工作很繁忙，但再忙也要抽时间去车间、去现场走走、看看，询问、了解情况，听取员工意见，倾听员工心声，汲取员工智慧。经营管理者不能总是坐在办公室里高谈阔论，坐而论道，高高在上，不能依靠几个人坐在办公室里构思谋划和简单地下命令，更不能把自己想得“高大上”，不要觉得自己很了不起，水平、能力比员工高。员工是最有智慧的。企业必须反对官僚主义、形式主义，必须走出办公室，深入生产一线，重心下沉，管理下移，把问题解决在基层，用自己的眼睛去观察，察看人、机、料、法、环、管，在基层中见微知著，及时发现问题，快速处理和解决问题，群策群力，改善不足，大家一起来，大家一起干，为企业和组织创造价值。

从实践中来到实践中去。经营管理者要想“向上”健康成长，必须要“向下”历经磨炼，在实践中汲取充足的成长养分，不断学习群众的智慧，在实践中磨砺出一身真功夫、硬本领，向实践学习、向群众学习。

毛主席说过“实践出真知”，说明了真正的知识只能从实践中获得。只有在实践后进行总结和反思，并把实践中所学的运用到工作、生活中，才能真正有所收获和提升。认识来源于实践，企业要勇于实践，获取真知；在当今的信息时代，要勇于实践，善于检验认识的真理性；在快速变化的当今社会，要勇于实践，更新认识，以更好地指导实践。

实践出真知，真知促实践。行动是管理的本质，要勤于实践、勇于行动。经营管理者要真正融入日常的实践工作，并且对于一些指令工作或规则，要亲自指导、指引和实践，在实践中了解员工情绪，吸收员工意见，丰富和改正自己的决定，寻找出切实可行的具体办法，亲身感受管理规则的缺陷或不足之处。只有从实践中来，到实践中去，才能真正知道管理的不足，知道决策的弱点与盲点，才能从实践中得到真知灼见，管理才会出效益。

企业攻坚克难、发展前进的最大力量来自员工，来自基层。员工、基层是企业一切管理工作的出发点和落脚点。只有紧紧依靠员工，扎根基层，深入现场和市场，勤于实践，勇于行动，敢于负责，敢于斗争，敢于克服困难，才能取得新的更大进步。

- “企”字由“人”和“止”构成，人是企业的主体，始于“人”，“止”于人。
- 企业经营管理的智慧，在百度里搜不到科学答案，在书本里找不到高招妙技。遇到问题和困难，问问员工，就有办法了。
- “问政于民”知得失，“问需于民”知冷暖，“问计于民”知虚实。
- 员工是企业发展和制胜的“根”“本”“源”，而最贴近员工的地方，就在基层。

成就员工成长

安利的队伍力量不断壮大、强大，可以说是“兵强马壮”“兵多将广”。“兵强”反映在公司员工素质高，“将广”反映在公司基本构建了有序的人才梯队，不是依靠一两个工程师或管理人员来推动企业的成长，而是依靠团队来促进企业的发展。

公司是个优秀的干事创业团队，员工不仅在干事情，更在干事业。干事情简单轻松，没有尔虞我诈、钩心斗角，干事业都在围绕一个目标努力奋斗。当然，安利不是尽善尽美的企业，也不是完美的企业，但总体来说都在干事情、干事业，斗志昂扬、充满干劲。

卓越的团队和优秀的人才，能促进企业良性发展。有时候经营管理者干得很累、压力很大，但是看到这么多员工成长了、进步了，心里又非常高兴，从某种意义上，这是最高兴的事情。尤其是新老交替、新老结合，初步形成了合理的梯队结构、组织机构和专业搭配，公司组织合理，肌体健康，机能健全，就能持续地向前走下去，而且能走得更好、更久、更远。

事业成败在于人。从某种意义上说，谋事在人。小公司做事，大公司做人。办企业就是办人，管企业就是管人。人力资源是第一资源，人力资本胜过物力资本。企业的发展离不开员工的积极性、主动性、创造性，如果企业能把人力资源配置好，使员工在工作中充分发挥潜能，那么企业发展活力和发展动力将大大增强。经营管理者要以大眼光、大格局、大视野，来配置人力资源，绝对不能用静态的、孤立的、片面的和僵化的眼光，来管理和运用人力资源，不能见物不见人，而是要既见物又见人，既要看到有形的资产，更要看到无形的资产。

把员工成长放在企业发展最重要的位置。21 世纪的竞争和发展，不仅要靠先进的设备工艺和雄厚的资金，更多的要靠人力资源。企业之间的竞争归根结底是人力资源的竞争，只有人力资源才具有无可替代的、不能复制的优势。企业在竞争中能否获胜，有一款好的产品、有一项好的技术可能是重要的，然而最根本的是有一支优秀的员工队伍，这是一个企业持续、健康和稳定发展的最重要因素。优秀的企业需要一流的员工队伍、一流的团队，一流的企业也成就了一流的员工、一流的团队，二者是相辅相成、相互联系和相互促进的。

员工好，企业才好。经营管理者要善于组织、开发和利用好人力资源，培养员工。我始终认为，不能培养员工的干部不是好干部；不能带队伍的干部不是好干部。公司既要制造优秀产品，又要培养造就优秀员工，努力营建员工与企业利益和命运共同体，让员工与企业共同成长发展。

公司是员工成长的好平台、好地方，是员工发展的好空间、好环境。公司在人力资源管理上始终有一个指导思想，就是以人为本，始终把“为员工创造机会”放在“四为”使命的首位，积极推行宽带多元的薪酬福利、员工优良工作环境、员工素质提升、员工职业生涯发展规划、员工关爱“五大工程”，这是公司人力资源工作的出发点和立足点。

公司有共同的目标、愿景和价值观，有良好的组织、机制、绩效考核，有良好的制度、文化和竞争环境，以及公平正义、风清气正的干事创业氛围。公司尊重、信赖员工，关心、关爱员工，发展依靠员工、发展为了员工。

一是提供良好的薪酬福利体系，提升员工获得感。公司坚持“让经营发展成果更多、更好地惠及员工”的理念，不断完善科学的绩效考核体系，持续提高员工薪酬福利待遇，让干得好的优秀员工收入增长提高更多，让员工“脑袋”“口袋”两“袋”同步成长，这一直是公司人力资源工作努力的方向。

“脑袋成长”是指通过知识提高、技能进步得到精神愉悦，“口袋成长”是指物质财富的增加、福利的不断提高。物质、知识、精神同样重要，公司发给员工“知识薪酬”，教给员工知识和本领，帮助员工提升能力和素质，与到手的钞票同样有意义，是给予员工最大的财富，努力让员工成为知识技能、思想精神、物质财富三个方面的“小富翁”，既给员工“钱途”又给员工“前途”，让员工既有“面子”又有“里子”，让员工有干头、有奔头、有盼头。

二是建设清晰的职业发展通道，提高员工荣誉感。员工都希望在工作上、事业上有所成就，工作不仅仅是为了改善生活。要为员工提供舞台，做好职业生涯规划，要善于给下属“修路”，把员工个人的发展融入公司的发展，将员工个人价值与公司发展结合起来。

公司注重员工的成长与发展，积极推进专业技术人员和技工技师队伍建设，举办多工种、多岗位技能竞赛，激发员工工作动力和热情，努力使每一个员工都有清晰的成长目标、明确的发展路径、具体的评价衡量标准、相应的培训计划，让员工找到自己的优势，发挥自己的特长，让员工的发展有路可循，以在公司工作为荣。

三是打造学习型组织，建设优秀团队，提高员工成就感。公司致力于打造优秀学习型组织，持续开展全员岗位技能提升培训，组织多形式、多维度的员工培训，培训范围覆盖全员；组织骨干员工到优秀企业考察学习；选派更多员工外出参展、考察、游学、拓展和接受培训；积极申报各类职称、项目评选等；设立团队活动经费，各部门开展丰富多彩的团建活动；不断推进员工素质提升工程，努力增强员工成就感，让员工个人提升和团队建设再上新台阶。

四是推行细致的员工关爱举措，增强员工归属感。近年来，公司多措并举、多管齐下，建立多种沟通渠道，包括定期召开员工座谈会、职工代表大会等，利用微信群、OA 合理化建议、总经理信箱等平台，搭建多方式交流平台和机制，了解员工诉求，急员工之所急，想员工之所想，为员工办最实在的事。同时，加强员工关爱保障，开展爱心互助、慰问帮扶、员工活动、团队建设、民主管理等，丰富员工业余文化生活，让员工感受到关爱和温暖，以愉快的心情全身心地投入工作中，激扬斗志，努力奋斗。

五是推进优化的工作休息机制，增强员工幸福感。公司大力推进自动化、信息化、智能化建设，降低员工劳动强度，不断优化员工交通、就餐、住宿环境，努力为员工提供优良的工作环境和生活环境；调整优化员工作休时间，科学合理作休，尊重员工选择权和个体多样性，让员工劳逸结合，真正实现开心工作、快乐生活。

- 公司既要制造优秀产品，又要培养造就优秀员工。
- 不能培养员工的干部不是好干部；不能带队伍的干部不是好干部。
- 努力让员工成为知识技能、思想精神、物质财富三个方面的“小富翁”，既给员工“钱途”又给员工“前途”，让员工既有“面子”又有“里子”。

做正确的事　正确地做事

俗话说，“男怕入错行，女怕嫁错郎”；“宁可拜错神，不要跟错人”。成功就是举对旗，走对路，跟对人，做对事。经营管理者既要定战略，又要定战术；既要做正确的事，又要正确地做事，也就是方向与方法的问题。

举对旗，走对路，做正确的事。这是解决“是什么、为什么、做什么”的问题，是战略和方向问题。

南辕北辙的故事告诉我们，无论做什么事，都要首先看准方向，然后才能充分利用自己的有利条件。生活中并不缺乏做事“南辕北辙”的人，这种做事不分对错、不分轻重的人，到头来所取得的结果，肯定是与原先定下的目标、计划背道而驰。

做正确的事，首先要做好计划、谋划、筹划和规划，制定正确的战略，正确决策、科学决策，要“想着干”，不要“懵着干”，不能当一天和尚撞一天钟，得过且过，过了今天不管明天。只有在谋划和规划的阶段，把握方向，把住关口，才可以避免未来可能出现的弯路和损失。其次要审时度势，有所取舍，有所为、有所不为。战略与资源要恰当平衡，高效匹配，要突出重点，抓重点、重点抓。还要找对方向与目标，找对客户、市场、产品，发挥长处，扬长避短；要谋定而后动，避免全面出击，避免分散资源，避免什么都去做。

做正确的事，是企业和个人做任何事情的出发点；做正确的事，能让我们在一开始的时候就走向成功的方向；做正确的事，能让我们节约时间，提高效率，取得胜利。

跟对人，做对事，正确地做事。这是解决好“谁去做、怎么做、什么时间完成”等现实问题、细节问题，是战术问题和方法问题。正确地做事，就是采用正确的方式方法做事情，把事情做得有效率、有质量。

正确的战略、方向确定以后，一切都要落在不折不扣的执行上，在执行过程中，随时依据进展情况及客观环境的发展变化，对既定策略、方法进行调整，使策略、方法更趋于科学、适用。正确地做事，主要是掌握科学方法，善于协调关系，善于分析总结，整合资源，狠抓落实，善于选人用人，做好绩效考核，在企业经营管理中统筹处理好人、机、料、法、环、管六要素等。

先做正确的事，然后正确地做事。“做正确的事”是基础和前提，“正确地做事”是方法和保障。也就是说，只有先找到了正确的事去做，才能选择正确的方法去做。相反，只有正确的方法而没有正确的目标和方向，只能是越走越偏。同时，做了正确的事，但如果没有正确地去做，也不会取得好的效果。所以，要在“做正确的事”的基础上再“正确地做事”。正如管理大师彼得·德鲁克所说，“做正确的事情，比把事情做正确更加重要”。

“做正确的事”强调的是确保工作是朝着目标迈进；“正确地做事”强调的是更快地朝目标迈进。有了明确的目标，确保自己是在“做正确的事”，那么接下来就是“方法”的问题了。

“做正确的事，正确地做事”是最重要的做事原则，它能保证我们时刻朝着正确的方向前进。

- “男怕入错行，女怕嫁错郎”；“宁可拜错神，不要跟错人”。
- 举对旗，走对路，做正确的事；跟对人，做对事，正确地做事。
- 在“做正确的事”的基础上再“正确地做事”，做正确的事情，比把事情做正确更加重要。

平静做人

2009年6月，我在合肥工业大学为即将毕业的本科生和研究生作了一次主题为“平静做人”的演讲。我觉得这句话，对企业新入职的大学生未来的成长和发展十分重要。

新入职的大学生在“象牙塔”里学习了四年，有的学习时间更长，甚至读到了硕士、博士，学到了理论知识，提高了个人能力，即将用学到的知识去展示自己的才华，用学到的做人道理去展示个人的人格魅力，实现个人的人生价值。年轻大学生是企业的新鲜“血液”，拥有美好的未来，企业对年轻大学生抱有殷切的期望，将为年轻大学生搭建良好的平台，企业的未来是属于年轻人的。

新入职的大学生都很年轻，富有活力和热情，喜欢新鲜事物，热爱学习，性格开朗，敢闯敢拼，既有传统的素养又有开放的思维，对未来充满希望和憧憬。我们将共同努力，为企业建设添砖加瓦，为自己的理想去努力拼搏奋斗。

然而，由于高校扩招，每年都有大量应届毕业生走上工作岗位，而人才需求却增长缓慢，尤其是最近几年，宏观经济形势复杂多变，大学生就业形势不容乐观。面对严峻的就业压力，有些同学因为缺乏社会经验茫然不知所措；还有些同学走上工作岗位之后，不能适应企业高速、高效的工作节奏而逐渐落后；当然更多的同学能够在工作岗位上勤勤恳恳、踏踏实实做一些事情，同时有些同学可能会遭遇理想与现实的矛盾，比如所学专业与现实的工作关系、薪酬待遇、发展空间、工作扩展面等方面的困惑。

年轻大学生是天之骄子，一路走来，在竞争中取得领先地位，身边的父母、亲戚、朋友、同学都已在无形中给大家烘托出了一种阳光灿烂的气氛。这种气氛可能使年轻大学生产生以下心态。第一种是过于浪漫的心态，对未来充满憧憬和期望，以为自己拥有了美好的社会、美好的人生、美好的工作，以为自己即将迎来绚烂的鲜花、光环和红地毯，更多人的关注和笑脸，以及掌声和成绩。第二种是过度松懈的心态，经过3年初中、3年高中、4年大学，大考小考不下百场，千军万马走到现在，以为终于找到了一份称心或者说得过去的工作，至少可以挣钱了，感觉可以长舒一口气了，可以休息休息、休闲休闲了，从而在一定程度上放弃了原本拥有的勤奋、努力、刻苦、踏实的优良品质。第三种是急于求成的心态，上大学的时候，花费了很多的钱，投入了很多的成本，进入社会后，生活、房子、结婚等方面压力可能会接踵而来，有些年轻的大学生期望一朝功成名就、一夜暴富、一蹴而就。当然，这也和现在一些大众媒体和网络媒体的引导有关，媒体经常介绍一些成功者光鲜亮丽的一面，而往往忽视了其历经坎坷、扎实苦干的创业经历。第四种是与世隔绝的心态，认为社会可怕、竞争激烈，初来乍到要保护自己，用一句流行的话来说就是要“低调”，所谓洁身自好、天马行空、独来独往，这样在无形中为自己加了一层保护膜，不敢也不愿去和别人互动交流，不愿意适应社会、融入社会，每天就是上班我就来，下班我就走，与世无争、悠哉乐哉呀！

以上心态，或多或少会对年轻大学生的工作和生活产生一定的负面影响，长远来讲，不利于其职业生涯发展。那么，刚踏入社会、职场的年轻大学生应该保持什么样的心态呢？我认为，平静做人很重要。

辩证、全面地看待自己、企业和社会。在社会里，更注重竞争、更注重结果，要求人们更务实，而年轻大学生在大学花了 4 年的时间所取得的结果主要是什么呢？主要是学到了基本理论和基本技能，提高了素养和素质。然而，大学里所学到的知识大多是一些基本的方法，在工作岗位上还有很多意想不到的情况出现。

不要把社会和企业想象得那么完美和浪漫，企业不是 24K 金，更不是 48K 金，总是会有这样那样的问题，真正绝对的公平是没有的，不要对某些目标期望太高。在努力者面前，机会总是均等的，只要努力，上级会看在眼里，企业和社会最终会认同和肯定的。要承受得起做好事反受委屈。没有一定的抗压能力，今后如何能挑大梁？命运掌握在自己的手里，社会对于企业的评价，可能是会有误差的，但绝不至于黑白颠倒，差之千里。

人各有才、人各有长。我们身边的领导、同事、伙伴，必然有其优秀的地方。要有系统、有分析地提出建议。草率的建议，对本人和其他人都是不负责任的，也浪费了别人的时间。特别是作为新人，才到公司或刚刚进入某个行业，还不熟悉公司或行业的事情，不要自以为是，哗众取宠，充内行和专家。

无论在什么样的情况下，无论才能、学历多高，给自己的定位都应该是，不要把自己看得过高，不要把自己当成“高富帅”“白富美”，不妨把自己的身份地位放低一点，保持平静心、平常心和平和心。

戒浮躁，丢掉速成的幻想。“戒骄戒躁”，平时人们使用这句话的时候，有的人其实并没有把意思理解全，更多的是强调“戒骄”，而没有很好地理解“戒躁”的含义。青年才俊，心境浮躁是普遍现象。一时浮躁，难免；长期浮躁，可怕。

“躁”字，可做“急躁”和“浮躁”两种解释。一般来说，急躁有时确实是工作责任心强的表现，见到工作上不去，非常着急，溢于言表。但性情急躁并不一定是优点，急躁有时会把事情搞糟。而“浮躁”恐怕就是个大缺点了。既“浮”且“躁”，张张扬扬，跳来跳去，不扎实，没长性，何事可做，何事可成？浮躁还可能发展成为焦躁、烦躁。如果焦躁、烦躁长期不除，不仅事情做不好，还会影响心理以至身体健康，故浮躁是年轻人应该戒除的。

浮躁的直接来源常常是骄傲。自视甚高，觉得自己了不起、本事大，或觉得没有什么事情是值得自己认真一做的，或觉得任何事情对自己来说，都是轻轻松松就可以做成的，于是表现为浮躁。总是在寻捷径、找窍门，而又总是不得要领。手里做着事情，眼睛东张西望，总不能把一件事情做到底，更谈不上做好、做深、做透。

浮躁还来自对自己欲望的无节制。各种愿望都想得到满足，又总是不可能全面得到满足。对自己的工作、岗位和处境时常不安心，不满意，又不能正确处置，有时甚至无端地把火气撒在无关人的身上。

当今社会存在浮躁现象，但是欲速则不达，要有踏踏实实、一丝不苟的敬业精神。在工作和生活中，真正精通某一种技能不是那么容易的。想提高待遇、地位，要把精力集中在一个具体的工作上面，不然就很难熟能生巧。幸运女神总是偏向于踏实做事的人。就像开车一样，速度太快反而容易翻车，应该先把车况弄清楚、技术练好。

克服浮躁的办法，就是对症下药，看自己的浮躁是怎样产生的，采取相应的对策。最根本的办法，当然是调整自己的世界观，努力按照客观规律想事、办事，不见异思迁、怨天尤人，不急于求成、草率从事，保持谦虚谨慎的心态，浮躁自然就减少了。

我们在任何时候都不要以为自己已经知道了一切。不管别人把自己评价得多么高，我们永远要有勇气对自己说“不”，我们还有很多不懂的东西。一知半解的人，多不谦虚；见多识广有本领的人，则一定谦虚。

要牢记毛泽东所说的“虚心使人进步，骄傲使人落后”。谦虚可以使人获得信任和尊敬。工作上虚心向上级及熟练员工请教，虚心听取并认真分析他们的意见和建议，以免自己走弯路。无论我们处于人生的哪个阶段，都要稍安勿躁，谦虚谨慎，不骄不躁。成绩越大，越要谦虚谨慎。

向下扎根，要敢于在艰苦环境中磨炼自我，提高自己的实战能力。“艰难困苦，玉汝于成。”越是条件艰苦、困难较多的地方，越能磨炼人的意志，培养吃苦耐劳、坚韧不拔的品格和作风，对于树立正确的世界观、人生观和价值观，大有裨益。

任何人都不能避免困难和逆境，做大事往往遇到大逆境。心理素质中的抗逆性十分重要。抗逆性决定了一个人能否持续发展。孟子说：“天将降大任于斯人也，必先苦其心志，劳其筋骨，饿其体肤，空乏其身，行拂乱其所为，所以动心忍性，曾益其所不能。”新毕业的大学生应当积极主动到基层中去、到实践中去，勇于接受挑战，克服困难，踏实工作，在实践历练中成长、成才。基层实践对年轻大学生和年轻员工的人生都有巨大意义，年轻大学生和年轻员工要十分认真地去对待现在手中的任何一份工作，积累经验，打好基础，循序渐进，“根深”才能“叶茂”。

年轻的大学生要“拿得起，放得下”，20 世纪 80 年代有一句话，“上得了厅堂、下得了厨房”，这句话也可以理解为理论和实践的优秀结合，不断提高自己的实践和实战能力。一个优秀的公司，不会提拔一个没有基层经验，只会耍嘴皮子、高谈阔论的人做中高层领导。

平等待人、诚恳待人、宽厚待人、依理待人。社会是复杂的，要做事，首先要平静做人。人们经常说“做人难”。发出这样感叹的人，多半是带有委屈情绪，为自己的怀才不遇和不被理解而苦恼。

按理说，做人并不难。老老实实做人，不害他人，不损社会，做到这些，很难吗？可是实际生活没有这样简单。人不是在真空中生活，有时代的大环境，有国家社会的大环境，有单位和家庭的小环境，等等。做人的复杂性就在这里产生。不同的评价，不同的态度，不同的目的，不同的境遇，时时处处在要求、作用和影响我们。这些要求的方向彼此可能并不一致，甚或可能互相矛盾，因此对于“做人”，人们常常有茫茫然的感觉。做人是一生要研究的学问，终身要修炼的功夫。活到老，学到老，不只是外在的知识，更包括内在的做人体验。做人的核心是平等、诚恳、宽厚、依理。

平等待人，就是要一视同仁，尊重别人，不卑不亢；平和平易，可信可亲；对上级，不管是台上还是台下，都要尊重，不要低三下四、点头哈腰。对同级，不管是竞争还是合作，都要团结真诚，不要自以为是、钩心斗角。对下级，不管能力高低、背景如何，都要关心爱护，不要居高临下、颐指气使。不要见到下级像“泰森”，见到领导像“和珅”。在上级和管理者面前，不要曲意逢迎，设法讨好，而是落落大方，不卑不亢。上级和管理者对待员工，不要威风凛凛，高高在上，而应热心指导，助人为乐。

诚恳待人，就是要襟怀坦荡，讲话实在，忠诚可靠；赞扬人，不华丽溢美，真诚实在；听意见，要虚心接受，认真改进；策略灵活不世故圆滑，内外有别，不故弄玄虚；说话要真实，办事要扎实，作风要老实。对他人进步要高兴，要坚持学习别人的优点，对他人困难应同情，要积极努力地帮助。见好办的事、露脸的事、有利的事，要让；遇难办的事、无名的事、无利的事，要抢。

宽厚待人。孔子说，“宽则得众”。求同存异，体谅包容；一时分歧不争论，无伤大体不计较；有话原则上当面讲、公开讲，而不背后嘀嘀咕咕，涉及人与人之间的问题和矛盾，宜私下交流互动或批评，避免激化矛盾；大智若愚，看似糊涂不真糊涂；善解人意，设身处地为对方考虑。要豁达大度，而不是斤斤计较。

依理待人。苏轼说，“成事在理不在势”。坚持原则，以理服人；不急不躁，有理有据，不说教，虚实结合；遵守规矩，不墨守成规，待之以礼，胸有全局，多想“我该如何”，而不是总想“我要如何”。要善解人意，宽谅他人；要坚持自我反思，不断追求，而不盲目自我欣赏，止步不前。

善于体察社会、体察工作和生活，学会“做人”，就能够为企业的发展贡献出自己的一份力量，快乐工作，幸福生活，与企业共成长、共发展。

- 无论我们处于人生的哪个阶段，都要稍安勿躁，谦虚谨慎，不骄不躁。
- 不要把自己当成“高富帅”“白富美”，不妨把自己的身份地位放低一点，保持平静心、平常心、平和心。
- 平等待人、诚恳待人、宽厚待人、依理待人。

热情做事

我始终认为，一个人、一个企业要想成功，就必须保持激情和热忱，热情做事。

我们在生活和工作中也经常感觉到“做事难”。一个人活在世界上，要取得成功，不是那么容易的。年轻时的缺点就是，有时把做事想得过于简单、浪漫。人生前进的道路，不论顺境还是逆境，都要树立平常的心态，鼓足勇气，保持热情的心态，迈开向上的步伐，不畏艰难，永远向上，终能有所作为、有所成就。

首先，敢于挑战未来、超越自我。要敢于挑战未来，永不满足、永不懈怠、永无止境、永不止步。要敢于批判自我、否定自我、超越自我。我们的目标不是胜过别人，而是胜过自己。把一切成功都看作昨天的事情，总是尽一切力量，使自己的明天比今天更好，坚持不懈。

奋斗的过程是艰苦的，必须努力工作，追求进步，持续为未来目标努力奋斗。人生成长的过程没有捷径，没有魔法，没有旁门左道，只有长期艰苦奋斗、拼搏向上。

一个人如果达到相对成功的境界，不可因此而自傲、自满，必须继续向前迈进。千万不要被胜利冲昏了头脑，感到自大、自以为是。要有终身改进计划，不断鞭策、改进，跟上时代，与时俱进。

其次，要有热忱和激情。热忱是进步的原动力，是个人最有价值的特征。不管从事什么职业，从事什么工作，一些很有才干的人之所以失败或者不成功，完全是因为缺乏工作热忱。对工作不热忱，就会显得无力、懈怠，而且无法得到别人的肯定与信赖。

一个缺乏热忱的人，不论才能、知识多么丰富，都不会有昂扬的斗志、自我发展的提升，结果落后或被淘汰就成为必然。反之，尽管才能、知识不是最优秀的，却肯拼命工作，并有强烈的热忱，那么这个人身上会不断产生绩效和成果，即使他本身产生不出来，别人也会帮助他。

一位知名企业家说过，选才用才就要“选用升国旗流泪的人”，热忱胜过才干，热忱能成大事，热忱会激励我们克服困难、勇往直前、充满朝气和活力。

我认为，领导都喜欢有激情的员工，而不喜欢老气横秋、老成持重的员工，不喜欢随波逐流、甘于平庸、安于现状的员工。在当今快速变化的时代，按部就班、循规蹈矩，最终只能换来自我懈怠和退步。

当每件事都很顺利的时候，要保持热忱是很容易的，但一个人能否禁得起考验，要看他在逆境中是否也能保持激情和热忱，是否也能长时间保持激情和热忱。

我们在工作中，倾注全部的热忱和激情去对待每一件事情，向下扎根才能向上生长、向上结果，扎扎实实做好本职工作，在平凡的工作中燃烧激情。最后，我们会发现每天看似平凡、简单、重复的工作生活，竟是如此充实、美好。

最后，做事情要全力以赴。我们要深刻地认识到，全心全意、全力以赴、奋力进取的过程感以及满足感，比事情本身的成败更重要。没有这种认识，就无法领略生活和工作的意趣与乐趣。山东青岛港是世界第六大港、中国第二大外贸口岸，年营收约 502 亿元，提出“拼命干都不一定能干好，不拼命肯定干不好”的口号。中国重型汽车集团有限公司产品出口 110 多个国家和地区，连续 15 年保持全国重卡行业出口首位，年营收约 1743 亿元，提出“不争第一就是在混”。青岛港和中国重汽这么优秀的企业、组织，都在全力以赴、不断超越，我们还有什么理由不努力拼搏，不全力以赴呢?

全力以赴是一种态度，一种愿意去克服种种困难、实现目标的态度。当一个人认为“今天工作得很起劲，做得的确不错”的时候，纵使身体疲惫，也会觉得工作生活是美好的，饮食是美味的，精神是轻松的，心情是快乐的。想到工作能让自己身心愉悦、心满意足，最后就会产生“尽人事、听天命”的安全感、获得感、快乐感和幸福感。

工作状态是像“小绵羊”“小白兔”，还是像“狼”，进取靠的是心态，做事情全力以赴，靠的是 All in 心态。如果不给自己留下很多退路，或者不仅仅是“尽力而为”，而是“全力以赴”，而当我们认为“尽力而为”还不够的时候，我们离成功就不远了。

- 热忱、激情比经验更重要，要有激情、有热忱、在状态。
- 人生成长的过程没有捷径，没有魔法，没有旁门左道，只有长期艰苦奋斗、拼搏向上。
- 青岛港："拼命干都不一定能干好，不拼命肯定干不好。"中国重汽："不争第一就是在混。"

做人做事都要“实”

习近平总书记在第十二届全国人民代表大会第二次会议上提出了“三严三实”的重要论述，“三严”指的是严以修身，严以用权，严以律己；“三实”指的是谋事要实，创业要实，做人要实。这不仅是对全党的要求，对企业也同样适用。

实干精神是一切干成事业、取得成绩的基本精神和基本方法，是企业的治家之宝、发家之宝、传家之宝。关于“实”，我的体会就是要老老实实做人、踏踏实实做事。企业要把思想和工作统一到公司的发展目标上来，要崇尚实干，反对空谈；要少讲空话，多干实事；要点点滴滴、分分秒秒将工作落在实处，放下身段，深入市场、深入现场去调查研究，去发现问题、了解问题、解决问题、办实事、想实招、说实话、出实效。

一是要老实、实在。所谓“老实人”，就是指那些不圆滑也不世故，不张扬更不势利，始终表里如一、言行一致，实实在在做人的人。

20 世纪 80 年代，人们推崇“说老实话，办老实事，做老实人”。在经济社会迅猛发展的今天，我认为企业和社会仍然需要这种老实本分的精神。因为，老实人的最大特点就是有一说一、吃苦耐劳、不搬弄是非、实实在在。老实人大多心地善良，不会去和别人争强好胜，甚至明争暗斗，更不会去做伤害别人、欺负别人的事；老实人大多诚实实在，讲究诚信，不撒谎，不欺骗人，宁愿自己吃亏，也不会去做对不起别人的事；老实人大多苦干实干，上级在与不在一个样，兢兢业业做事，把本事用在做事上，把工作做好，不是用在心计上和阿谀奉承上，更不会在上级面前邀功请赏；老实人说话有一是一，绝不会说得天花乱坠，哄人骗人；老实人办事，对了就是对了，错了就是错了，不会为自己找借口，寻理由，甚至把错误推到别人的身上。

当然，我们要做老实人，不要做老好人。老好人私心重、圆滑，不讲原则，不分是非，像墙头草，看风向、看来头，四处讨好，聚人气、结人缘、损原则、保情面、损他人、保自己。

老实是一种美德，说老实话，办老实事，做老实人，很多时候是成功的“法宝”，是工作取得进步的行动指南。经营管理者要重视关心老实人、正派人、不巴结领导的人，防止任人唯亲、唯近，要大力提倡老实精神，营造一种人人争当老实人，处处尊重老实人的良好风气。说话做事一是一，二是二，是就是，非就非，成绩不夸大，缺点不缩小，错误不隐瞒，有成绩就讲成绩，是失误就讲失误，对公司、对组织、对领导、对同事忠诚老实，言行一致，表里如一。

二是要现实、务实。要尊重现实，认清实力，正确地评估企业的实力，从实际出发谋划事业和工作，使企业的战略、决策、计划、目标和方案符合实际情况，符合客观规律，符合科学精神，与企业现有的条件、资源与能力结合起来，不脱离实际，不好高骛远。

企业经营决不能狂躁盲动，总想轰轰烈烈、惊天动地，总觉得自己钱多、本事大，什么钱都想挣，什么产业、什么领域都想涉足，盲目做大做强，四面出击就可能换来四面楚歌。企业经营不能搞“面子工程”“形象工程”，不能盲目跟风，盲目扩张，更不能贪大求“洋”、好大喜功，要避免急躁冒进、贪大求全。理想高尚，目标远大可以，但是目前能力、条件和资源有限，不能左右摇摆、飘忽不定、心浮气躁、眼高手低，做超越自己能力范围的事情，这都是不务实的表现，结果都有可能一事无成。

三是要踏实、扎实。要静下心来，勤勤恳恳，吃苦耐劳；要扑下身子，放下身段，扎实苦干；人还是老实一点好，本分一点好。企业不能搞“花架子”，不搞假大空、假把式、假动作，不能搞形式主义，作风要深入实际。是坐在办公室里看报表、听报告，还是深入市场、深入现场，与客户和员工一起出主意、想办法，这是两种截然不同的工作方法。

企业要把远大的目标跟脚踏实地的实干精神结合起来。鲁迅曾经说过，“我们从古以来，就有埋头苦干的人，有为民请命的人，有舍身求法的人……这就是中国的脊梁”。毛主席曾在《改造我们的学习》一文中引用过一个对子，“墙头芦苇，头重脚轻根底浅；山间竹笋，嘴尖皮厚腹中空”，用芦苇和竹笋形象地比喻有些人轻狂、浮躁、不踏实。温家宝同志曾经特别对年轻人提出，“既要仰望星空，又要脚踏实地”，意思是希望青年既要有梦想，又要脚踏实地把每一件小事做好。

邓小平说，“空谈误国，实干兴邦”。理论再完美、高尚，如果没有落实，没有付诸实践，没有解决问题，就是不踏实、不扎实的表现。经营管理者更要密切联系群众，密切联系基层，深入现场，深入市场，去调查研究，多听员工和客户的意见。要时刻保持头脑清醒，牢固树立“关键在于落实”的作风，少说空话，多做实事。不能在表态、开会、造声势上做文章，要在解决问题、狠抓落实上下功夫。

踏踏实实干事，要从基础做起。“不积跬步，无以至千里；不积小流，无以成江海。”“千里之行，始于足下。”这些道理说的都是基础的重要性。实干精神，在于不好高骛远，不做不切合实际的幻想，真正从小处着手，从基础工作抓起。踏实干事，还需要关注细节，具备精益求精的精神。从细节抓起，需要在实际工作中全面、客观、深入地去分析和解决问题，认真从细节上服务客户，从小事上关爱员工，精益求精地开展生产经营管理工作，切不可因事小而不为。

四是要实干、实效。要实实在在做事，拿出实绩，干出实效。不能只唱高调，不管实效；不能见到风险躲着走，见到矛盾绕着走，见到困难往回走，喊得凶，抓得松；不能得过且过，“当一天和尚撞一天钟”，上班想着下班，这都不是员工该有的思想。

工作要出实效，公司要出实绩，干部就必须真抓实干，就必须深入实际、深入基层、深入市场、深入员工，狠抓落实。只有针对实际，真正做到一切从实际出发，才能有正确的思路、决策、手段、措施。那些善于走形式的干部“蹲不住”“心不入”，务虚的做法太多，听不到真实呼声，看不到真实情况，了解不到群众的真实想法，往往工作不到位，甚至落了空，也出不来实绩。如果不苦干实干，不狠抓落实，那么任何辉煌的前景、宏伟的蓝图，任何远大的理想、目标，都只能成为水中月、镜中花，不会成为最终现实。

经营管理者要养成身体力行、求真务实的作风，从文山会海中解脱出来，从繁杂的应酬事务中解放出来，努力多做打基础、谋长远的工作，多出禁得起实践的业绩，多出股东、员工和客户满意的业绩，锐意进取，干实事、谋实招、出实效。

安利是一个干事创业的团队，有着共同的目标和利益，20年来公司从濒临倒闭，到重组改制，到成功上市，再到蝉联全国聚氨酯合成革行业第一，离不开脚踏实地的努力和付出。未来要继续发扬艰苦奋斗的精神，发扬崇尚实干、反对空谈的作风，朝着既定的目标奋力拼搏，促进企业持续健康发展。

- 实干精神是一切干成事业、取得成绩的基本精神和基本方法，是企业的治家之宝、发家之宝、传家之宝。
- 既要仰望星空，又要脚踏实地。
- 企业要把远大的目标与脚踏实地的实干精神结合起来。

做事有心有力　做人有情有义

干部和员工应该具备的状态是，做事有心有力、做人有情有义，只有这样，才能把工作干好。

做事要有心有力。心，是指心态、心愿、心智；力，是指学历、阅历、能力、活力、魅力、魄力。

人与人之间千差万别，有的人责任心、进取心、事业心强，但是能力一般；而有的人能力很强，但是责任心、进取心、事业心不强。总的来说，根据人的工作状态，可以大致分为 4 种类型，即有心有力、有心无力、有力无心、无心无力。

有心有力的人总是保持阳光、乐观、积极的心态，充满正能量，很少抱怨、发牢骚，责任心、进取心、事业心强，想干、肯干、愿干、能干、会干，工作成果显著。这类人要大力提拔、重用，在任何公司这类人都会受到欢迎。

有心无力的人责任心强，进取心也不错，做事有热忱，对工作有激情，对企业、对领导忠心，只是本领不强，学历不高，经验不足，能力不够，这样的人是可以选用的，但是需要对其加以培养教育，提高其工作能力。

有力无心的人能力强，学历高，本领大，但是对待工作不认真、不负责，总是自恃清高、老气横秋、不想干活，喜欢敷衍了事。这样的干部能干事只是不肯干，我认为这类人也可以使用，但是必须对其进行思想教育，使其充分认识到责任心、进取心的重要性，使其充分认同公司的价值观，增强责任心和使命感，使其成为想干事、肯干事、能干事、干成事的干部。

无心无力的人能力不大，本领不强，做事缺乏责任心和进取心，做事马马虎虎、糊里糊涂、不求上进。这样的人，公司是不需要的，要坚决淘汰掉，或降级降职或减薪减待遇，直至劝退为止。

干事创业，不仅要“有力”，更要“有心”。我认为，一个人知识、经验不足可以，但是不能没有热情，不能丧失拼劲、闯劲和斗志。学历、知识、文化固然重要，但是责任心、进取心更加重要。有句话说得好，“学历是铜牌，能力是银牌，性格是金牌，业绩是王牌”。学历再高、成绩再好、学校再有名，都不代表“有力”，只有在工作实践中磨炼自己，锻炼才干，干好工作，取得业绩，才是“有力”的表现，才能得到企业和社会的认同。具体来说，做事有心有力，能干事、会干事的人，主要表现在以下方面。

一是有胆有识。胆，胆商、胆量、勇气；识，知识、见识、认识。

同样遇到困难，有的人悲观失望、垂头丧气、怨天尤人、萎靡不振，有的人却知难而进、迎难而上、斗志昂扬、精神振奋。我们常说人要具备“三商”，即智商、情商、胆商。胆商是一个人的胆量及胆识的度量，胆商高也能够成就一个人。胆商高的人有勇有谋，懂得伺机而动，也懂得挑战和突破自己。

任何事物都不是孤立地存在着，而是处于普遍联系中。有的人以孤立、静止、片面、表面、狭隘的眼光看待事物，有的人却用全面、联系、动态、发展、辩证的眼光看待事物，具有远见卓识。

企业经营管理者要善于多向思维，全方位地思考问题，统筹兼顾，正确决策。能够从大看小，放眼整体，总揽全局，站在全局的高度去处理全局与局部、局部与局部的关系；能够从长看短，面向未来看现在，用长远的观点、发展的观点来对待眼前和现实的问题，不能鼠目寸光，要就事论事；能够平衡利弊，既要看到面临的有利条件和拥有的优势，又要看到面临的不利条件和存在的劣势；能够左右照应，既要考虑所要做的事情本身，又要考虑它所涉及的相关因素。

二是有章有法。章，是指准则、规则、制度、思路；法，是指办法、想法、做法。

有的人工作起来没有清晰的思路，缺少系统性、计划性、条理性，主次不分，不能统筹兼顾，“东一榔头，西一棒槌”，不善于归纳、总结和提炼，这都是没有章法的表现。

工作按照轻重缓急，通常分为4个层次：重要又紧急，重要但不紧急，不重要但紧急，既不重要也不紧急。有很多人工作无法取得良好的成效，就是因为把大多数时间花在了次要事情上。

高效的工作需要有序的章法，不能“眉毛胡子一把抓”，要分轻重缓急，建立起优先顺序，时刻将要事摆在第一位。分清轻重缓急，设计优先顺序，要务优于急务，优先选择重要事务，这是高效工作的精髓，也是在工作中应当遵循的章法。

三是有形有果。形，是指过程，阶段；果，是指结果、成果。

在工作中既要关注过程，又要重视结果。企业经营管理的结果非常重要，但是没有过程何来结果？结果是过程发生后形成的，过程不好，结果也一定不会好。

我认为，每一个正确的过程就是结果，每一个结果都是在过程中。彼得·德鲁克说，“当你雇用一双手工作时，还附带了一个脑袋和一颗心”。人很难像机器那样，按照事先规定好的原则和规矩按部就班地去做事。因此，在企业管理活动中，越关注目标，就越需要关注具体做事的人，简而言之，就是要管理员工行为和过程，关注行为结果。

企业不能为了结果而结果，简单地以结果为导向，而忽视了对过程的管控。无论是经营管理者，还是普通员工，都要直面管理问题，并注重过程的精细化管理，正如稻盛和夫所言，“工作现场有神灵，答案永远在现场”。管理，就是改善；改善，永无止境。多关注员工行为，重视过程管控，才能获取良好的结果。

四是有始有终。始，是指开始、开端；终，是指收尾、结尾。

有的人做事刚开始热情满怀、豪情万丈，但是一遇到困难就偃旗息鼓、半途而废，不能善始善终，有始有终。有的人把工作、企业想象得非常浪漫，希望工作起点高、环境好、事务少、薪酬高，但是不苦不累的生活与工作只存在于想象中。有的人希望一步登天、一蹴而就，能干大事，快出业绩、多出成果，但是在实际工作中，更多的是单调和重复的工作。我认为，这些都是心智不成熟的表现，缺少平常心、平凡心、平和心。要在平凡而平淡的工作中，用无比敬业的精神和无比细致的态度投入工作，在“细”字上下足功夫，在平凡的岗位上寻求改进、寻找乐趣。

就像结婚过日子一样，所有事物都会在经历最初的光鲜后变得平常，所有的工作也会在经历了最初的新鲜后归于平淡。从羡慕工作到日复一日地上班，美好的理想开始落地，与现实接触。因此，重要的是做工作应有始有终。

做人要有情有义。情，是指情感、情调、情怀；义，是指理想、信念、抱负。

有情，表现在尊敬领导、尊重同事、爱护下属，密切联系员工、群众。有的人自视甚高，趾高气扬，不懂礼貌，不懂规矩，自我标榜，不尊重领导，不关心员工，在我看来，这是一种自私自利、没有素养的表现，这种人在哪里都不会受到欢迎。

有义，表现在有“精神之钙”，内心有理想、信念、抱负和追求。是混混沌沌，做“行尸走肉”，还是精神抖擞，始终向着明天？如果缺乏理想信念，人生就会失去动力，迷失方向。人在什么时候最恐惧？就是没有方向的时候。有了方向，就有了前进的动力和解决困难的方法。我们要成为什么样的人，要把企业办成什么样的企业，这些都决定了我们能走多远。理想是人生的 GPS，是一个愿景、一个梦想、一个价值观，它能引导人生的方向。具体来说，做人有情有义表现在以下方面。

做人要有表有里。表，表面、表象、表征；里，内里、内涵、本质。

有表有里就是要表里如一，言行一致，知行合一。说真话、说心里话、说老实话，办老实事、做老实人，这是做人最基本的素质，也是做人应有的作风。做人做事要光明磊落，讲真话，办实事，反对当面一套、背后一套。人以诚信为本，事以落实为要。话不一定说得多么动听，事不一定做得多么宏大，关键是讲真话、做实事，言必信、行必果，说到做到，言行相符，言出必行。

- 做事要有心有力，表现在工作有胆有识、有章有法、有形有果、有始有终。
- 做人要有情有义、有表有里。
- 学历是铜牌，能力是银牌，性格是金牌，业绩是王牌。

责任心、进取心、事业心

企业最大的挑战和竞争对手不是别人，正是企业自己，特别是管理干部的问题。大企业最怕的是管理干部思想懈怠、麻痹大意、墨守成规、不思进取，浑浑噩噩混日子。

干部干得好不好、企业经营得好不好，关键在于干部是否具有强烈的责任心、进取心和事业心，这是一个企业基层、中层和高层应具备的心态与状态。如果干部缺少这“三心”，即使水平再高，能力再强，本事再大，想把工作干好也是一句空话。

责任心是保障。责任心是一个人对自己和他人、对企业负责任的意识和认识，以及遵守法律法规、承担责任和履行义务的自觉态度、关注及投入。责任心不仅是一种习惯，也是一种素质，更是一个优秀的人所必备的品质。在企业，责任心是干部最基本的态度。

做人如果缺少责任心，就如同人没有了“思想”，如行尸走肉般活着，不可能有什么结果。做事没有责任心，就会找借口、找理由，缺乏主动，工作不可能成功，企业、组织也不可能发展。

责任心是对基层员工、基层干部最基本的要求。责任心可以改变员工对待工作的态度，而对待工作的态度，决定了员工的工作业绩。基层员工、基层干部要清醒地认识到自己的职责，履行好自己的职责，发挥好自己的能力，克服困难完成工作；要充分了解并承担起自己所肩负的责任，那么工作就会由消极被动，转化为积极主动，并享受工作乐趣，最终感受到取得成绩的快乐。只有勇于负责任的人，才能成为优秀团队中的一员。

有些管理人员的能力、水平和本领不一定很高，但是素养高、责任心强，工作尽职守责，勤勉尽责，所以能把工作干好。工作干得好与坏，最关键的一点就在于有没有责任心，是否认真履行了自己的责任。反之，有的干部刚上班就想着下班，日常工作中装油学痞，懒散怠惰，这是组织容忍不了的，这样的干部也是没有前途的，组织不会重用你，团队不需要你，搭档不愿意与你共事，最终你会被团队所抛弃。

进取心是动力。进取心是一个人锐意进取、不断向上，立志有所作为的决心和信心，是一种积极的心理状态，不满足于现状，具有强烈的赶超欲望和不服输的精神。人们的进取心，来自对未来美好的憧憬和对自身完美的追求。有进取心的人，往往有理想、有志气，积极肯干，不怕困难，勇于开拓。进取心是一个人实现人生价值的重要条件，它可以使人充分挖掘自己的潜能，充分享受人生追求向上的快乐。

进取心是对中层干部基本的要求。一个人如果能认识到自己的不足和缺点，就不会在原地踏步，而是在拼搏的过程中，不断激发自身的潜能，不断成长进步。

作为企业中层管理干部，是安于现状、畏缩不前，还是全力以赴、尽心尽力、勇于向前拼搏，直接关系到能否把工作干好、把企业经营好。公司能走到现在不是偶然，主要是公司的团队敢打敢拼，志向远大，目标明确，不自满、不自大，积极进取，勇于向前冲，不为一点点成绩而沾沾自喜，持续改进，追求卓越。企业发展的道路不是一帆风顺的，作为中层干部要始终保持昂扬向上、锐意进取的精神状态，保持不怕困难、积极向上的工作干劲，保持干不好工作就食不甘味、寝不安席的敬业进取精神，助力企业攻坚克难，实现超越。

事业心是境界。事业心是一个人努力成就一番事业的理想和抱负，全身心投入工作、奋力实现愿景目标的信念和斗志，是一种高尚的情操，是一种崇高的境界。具有事业心的人，认为事业的成功比物质报酬和享受更重要。一个人一旦有了事业心，就会把日常的、具体的工作，当成事业来做，把自己完全融入所从事的工作，自觉地对岗位、对本职工作高度负责，兢兢业业，全力以赴，把事业当作生命的组成部分，从事业奋斗追求中感受到快乐和幸福。

事业心是对高层的基本要求。高管是企业的高层管理者，是干部中的干部，是企业的“领头羊”和“火车头”，高管的事业心，对企业发展有着决定性的影响。没有责任心，就没有执行力；没有进取心，就没有战斗力；没有事业心，就没有凝聚力，企业就不可能有生机和活力，更不可能健康持续发展。

经营管理者要保持谦虚谨慎、戒骄戒躁、踏实勤恳、任劳任怨的作风。讲责任、敢担当是希望干部保持“责任心”，有激情、在状态是希望干部保持“进取心”，有理想、有抱负是希望干部保持“事业心”，谦虚谨慎、不骄不躁是希望干部保持平常心、平和心，此外，干部还要有感恩的心。取得成绩不要只想到自己，可能是组织、上级、同事或者下级提供的机会或帮助，成绩应归功于组织、同事或上级，没有这种感恩的心，就会自我膨胀。企业为经营管理者创造好的平台、机会和空间，经营管理者要怀着感恩的心来对待工作、对待企业、对待社会，把个人价值融入企业价值，让企业价值融入社会价值中。

- 基层要有责任心，中层要有进取心，高层要有事业心。
- 责任心是保障，进取心是动力，事业心是境界。
- 讲责任、敢担当，保持责任心；有激情、在状态，保持进取心；有理想、有抱负，保持事业心；谦虚谨慎、不骄不躁，保持平常心、平和心，此外，还要有感恩的心。

万事只怕有心人

2020年以来，全球经济复杂多变，新冠肺炎疫情全球蔓延，经济下行压力加大，全球聚氨酯合成革行业处于调整的“阵痛期”，竞争激烈，公司与竞争对手面对同样的宏观环境，同处一片天空下。作为上市公司，安利的资源、要素比别的公司更好。所以公司要敢于直面现实、敢于接受挑战。中国有句古话，“世上无难事，只怕有心人”，做事干工作要用心、有心，有多少心，就能办多少事，干多大事。万事只怕有心人。何谓有心人呢？我认为这个“心”包括以下多层含义。

一是热心。心态是影响人生的重要因素。要保持积极、阳光、健康、开朗和进取的心态，拒绝焦虑、失望、恐惧、不满和嫉妒等“灰色情绪”“垃圾心态”。有了负面情绪之后，身体里就会产生一种消极情绪，很难深刻地反思自己的问题，所以，问题经常得不到真正的解决，危害更大。

二是信心。对未来没有信心，对信念缺少执着，自然谈不上奋斗。有信心才能知道自己要做什么，没有信心就会失去方向，失去目标。不能遇到一点困难或挫折就垂头丧气，应不计较一时的得失，不因一时收入的高低、职务的调整等而患得患失、输打赢笑。

企业前进的道路不是一帆风顺的，不可能到处是鲜花、掌声和笑脸，所以不能遇到一点困难或挫折，就垂头丧气。有信心才能知道自己要做什么，如果没有信心就会失去方向，失去目标。人是这样，企业也是如此。

“天生我材必有用，千金散尽还复来。”信心比黄金更重要，要胸有成竹、心中有数、举棋若定、满怀信心、自信不疑、踌躇满志、决胜千里。

三是决心。成大事者，必有大气魄、大决心。做人、做事、做企业，要有一股“冲劲”“拼劲”。其核心是要有信念、有理想、有抱负，并朝着这个目标有激情、有热忱地投身其中，这样才能把事情办好、办成。如果目标不高、境界不高、要求不严，不可能做出什么名堂，干不成什么事，就有可能随波逐流，混日子。

"要，想要，一定要"，"行，能行，一定行"，这三种态度获取的结果是截然不同的。态度决定行为，行为决定结果，做事态度决定了未来的人生高度。没有"一定要、一定行"的决心，是办不成事的。坚强的决心和全力以赴做事的态度，是成功的关键。有坚强的决心、顽强的意志，再大的困难都阻挡不了成功。

毛泽东在《水调歌头·重上井冈山》一词中，写出了"可上九天揽月，可下五洋捉鳖，谈笑凯歌还。世上无难事，只要肯攀登"。这样豪迈的诗句，体现了毛泽东同志敢于斗争、敢于胜利的豪迈气概，以及战胜一切困难和敌人的决心。成大事者，必有大决心、大气魄。

四是恒心。荀子说，"积土成山，风雨兴焉；积水成渊，蛟龙生焉。不积跬步，无以至千里；不积小流，无以成江海。骐骥一跃，不能十步；驽马十驾，功在不舍。锲而舍之，朽木不折。锲而不舍，金石可镂"，是说干事要有恒心。

20 世纪 80 年代，有一年高考看图作文的题目叫《挖井》，漫画中的挖井人在一个地方没挖出水，于是又换了一个地方继续挖，还是没挖出水。很难想象这位浅尝辄止、见异思迁的掘井人能挖出一口井来。"宁打一口井，不挖十个坑"，要做一位成功的掘井人，必须得有求实的精神，锲而不舍的毅力、恒心。

只要功夫深，铁杵磨成针。如果没有踏石留印、抓铁有痕的韧劲，没有咬定青山不放松的定力，是做不成大事的。说到底，就是要有一种干到底的韧劲，要面对困难无所畏惧、勇往直前，义无反顾、百折不挠，持之以恒，坚持不懈，久久为功。

五是专心。专心是指做人、做事、做企业，要专心专注，要有一股"傻劲""痴劲"。"愚公移山""大智若愚"，"傻"并非一无是处。

做一件事，要么不做，要做就做到最好、做到极致。认准的客户、选定的产品，就要聚焦，一以贯之。如果这山望着那山高，飘忽不定，蜻蜓点水，浮皮潦草，又怎么能战胜困难呢？如果是虎头蛇尾、有始无终，做起事来自然也是东拼西凑、马虎敷衍，面对现状时而心满意足，时而又心猿意马，最终只能以失败收场。

诺贝尔生理学或医学奖获得者屠呦呦在当时科研条件异常落后、极端艰苦的环境下，怀着"为国家做贡献"的激情与梦想，全身心地投入工作，日复一日、年复一年，专心致志，历经无数次失败，终于研制出能挽救数亿疟疾患者的青蒿素，获得了诺贝尔生理学或医学奖，赢得了国际社会的尊重。

任正非说，华为成立以来坚定不移地集中“炮火”，只对准通信领域这个“城墙口”冲锋，坚持只做一件事，在一个方面做大，所以华为成功了。

如果没有专心，不能持之以恒，华为能成功吗？有人说华为“痴”，几十年如一日，别人炒房炒股，华为却不为所动。但是，华为把通信行业做专、做深、做透了，所以它成功了。经营企业不能一曝十寒，心神不定，要专心致志，专业专注，一心一意，心无旁骛，全神贯注，聚精会神。

六是虚心。满招损，谦受益。作为经营管理者，要修炼好管理的内功，必须放下自以为是的傲慢，靠过去的一点知识、本领和技能来面对当前快速变化的社会，是不够的。以“吃老本”、侥幸致胜的心理来工作，是行不通的。如果不能谦虚谨慎，自以为非，躺在过去的功劳簿和光荣簿上，就会一事无成。如果用老眼光、老办法，不思进取，安于现状，来应对新形势、新问题，能战胜困难、取得进步吗？虚心为人，踏实做事，既是一种风度，也是一种修养。

七是用心。用心做事是一种负责任的表现，是做事态度和方法的考量，简单地说，就是专注、专心、专一。

“用心做事”其实就是一种注意力、思考力的高度集中，是一种对每一件事情都高度认真负责的态度，是一种不达目的不罢休的坚强意志。它体现为对工作的投入、对做事的激情和全心全意的执行力。认真做事、用心做事，才能把事情做对和做好。

如果工作起来，连心思都不想用，疏于学习，怠于思考，得过且过，患得患失，即使工作会在“量”上完成，工作的“质”也不会好。因此，用心才是做好一切事情的基础和前提。用心的重点在于做到，也就是执行，既要有持之以恒的决心，更要有应对挫折的信心和智慧，绝不能稍有不顺就自暴自弃，半途而废，功亏一篑，而是一旦做起来，就专心、静心地去做，全力以赴，心无旁骛。

八是齐心。我认为，商道即人道，经营企业就是经营人性，就是经营人心，管理企业就是管理人心。上下同欲者胜。公司团队有共同的价值观和愿景，有远大的理想和目标，像一辆坦克，明确的章程、铁的纪律让这辆坦克以不可阻挡之势，向一个方向前进。因此，要管理人心，心往一处想，劲往一处使，团队的每一个成员为了共同、明确的目标紧紧地抱在一起，求大同存小异，排除干扰前行。打造一支同舟共济、齐心协力的团队，是公司基业长青所需之根本。

- “要，想要，一定要”，“行，能行，一定行”，这三种态度获取的结果是截然不同的。
- 世上无难事，只怕有心人；世上无难事，只要肯登攀。
- 做一件事，要么不做，要做就做到最好、做到极致。

阳光心态

海尔的张瑞敏说，现在是一个最好的时代，也是一个最有挑战的时代，如果我们跟上这个时代，它对我们来讲就是最好的时代，如果我们不能跟上，它对我们来讲就是最有挑战的时代。在最好的时代，企业不能有一丝懈怠，在最有挑战的时代，最重要的是要保持阳光的心态，积极行动，努力跟上最好的时代。心态决定胜局，目光决定未来，要想干成事，必须有好的心态，好的心态是做事成功的一半。

在企业，有一些人时常抱怨环境不好、社会不公、别人不配合等，但是不讲自己不好，不谈自己的技能、贡献、水平、本领怎么样。如果看不到企业的优势，整天悲观失望，渲染负面情绪，是悲哀的，更不利于企业的发展。当然，企业应提倡用批判的眼光看待自己、看待企业，暴露自己的问题和企业的问题，但是员工要保持一种健康的、阳光的黄金心态，不是自以为是的心态，而是自以为非的心态，不断地否定自我、批判自我、超越自我，不要总是盯着外面或他人的问题一再挑剔。

焦虑、失望、恐惧、不满和嫉妒等，是潜藏在内心的灰色情绪。当员工有负面情绪之后，身体里就会产生一种反抗的情绪。就算不和领导“公然对抗”，也很难深刻地反思自己的问题，所以问题经常得不到有效解决。因为带着情绪，很可能交流的并非真正的问题。企业的管理层之间同样存在着情绪障碍，而且危害更大。

灰色的心态、垃圾的心理，是要不得的。企业要发展，经营管理者要进步，就要时常给自己“照照镜、正衣冠、洗洗澡、治治病”，开展批判与自我批判。自我批评时要深刻彻底，敢于对自己“红脸”，拿自己“开刀”，向自己“开炮”；批评别人时要客观公正，视批评为善意的帮助，坚持从团结的愿望出发，实事求是，像“绣花”“绘画”，要注意方式、方法。当然，公司不是提倡经营管理者不去批评别人，而是批评别人要从善意角度出发，不要走极端，不要认为自己都是正确的，别人都是错误的；不要总是自我欣赏，别人都是一身毛病，以为自己是24K金、48K金。

什么才是干事创业、获得成功的黄金心态呢？我认为，黄金心态有8种表现。

一是乐观的心态。无论是经营企业，还是个人发展，其过程都不可能是一帆风顺的，困难和挫折在所难免，但机会也总是伴随着困境一起出现。如果没有乐观的心态，就没有办法发挥自己的能量，克服困难，获得成功的机会。

二是自信的心态。面对困难和挑战，自信的人选择接受，充分发挥自己的潜能；自卑的人选择逃避，在自我怀疑中浪费时间。

三是进取的心态。“大鹏展翅，志在千里。”真正成大事者，总是有明确远大的志向和目标。总是想走得更远的人，才有可能走得更远。

四是谦虚的心态。也就是“空杯心态”，永远把自己当成一个空杯子，才能持续接收新的东西，不断成长。如果内心总是被过去和现有的一切塞满，又怎么能汲取更多新的养分，在通往成功的道路上走得更远呢？只有谦虚才能收获更多。

五是坚持的心态。挖井取水的故事告诉我们，只要努力坚持就会有清澈甜美的水流出来。因为辛苦的付出总是会有回报的。有时，只有多坚持一下，机会来的时候你才正好在那里。

六是负责任的心态。有能力的人会被赋予更多的责任，越懂得负责的人，才越会主动地提升自己的能力。因此，认真做好自己的工作，不去抱着敷衍了事、得过且过的态度，脚踏实地地做好自己的本职工作，尽到自己的工作责任，才能称得上是一位合格的员工、合格的管理者。

七是务实的心态。如果只“脚踏实地”，不“仰望星空”，人生就会失去目标，没有前进的动力；如果只“仰望星空”，不“脚踏实地”，人生就会失去根基。所以，无论梦想多么绚烂，都要静下心来，一步一个脚印地去追逐、实现理想和梦想。

八是感恩的心态。在工作中没有别人的帮助，往往无法完成目标，要饮水思源、知恩图报，对他人怀抱一颗感恩的心。

- 灰色的心态、垃圾的心理，是要不得的。
- 敢于对自己“红脸”，拿自己“开刀”，向自己“开炮”。
- 干事创业要有乐观、自信、进取、谦虚、坚持、负责任、务实和感恩的黄金心态。

知行合一

在生产经营管理工作中，有的干部认为自己是“理论派”，有的干部认为自己是“实干家”，将理论与实干割裂开来、对立起来，是错误的。其实，就是“书要读，文要念，高深的功夫靠实践”，知行合一是做好企业经营管理工作的重要方法论。

“知行合一”是明朝思想家王阳明提出来的。他认为，“知是行的主意，行是知的工夫；知是行之始，行是知之成”。简单地说，知与行的关系，是哲学中认识与实践的关系。知是行的出发点，是指导行的，而真正的知，不但能行，而且是已在行了；行是知的归宿，是实现知的，而行的过程中，已自有明觉精察的知在起作用了。知与行是一个功夫的两面，行中有知，知中有行，二者是相互依存的，不能割裂，不能分离。

行重于知，力行在先。企业在发展过程中，会面对许多困惑和难题，是关在屋子里找办法，还是到实践中找办法？是在书本里找出路，还是到实践中找出路？正确的答案只有一个：注重实践，到实践中去。江山是打出来的，成绩是干出来的。不能脱离实践，固守理论，轻视群众，盲从领导，不顾基层，只看上级，离开现实。企业在任何情况下，都不能从本本出发，从理论出发，从经验出发，从想象出发，要从客观实际出发。脱离实践的理论是空洞的理论，没有任何意义。正确的思想、正确的方法，不是在屋子里憋出来、想出来的，而是从实践中产生的；本领只能在“干”中提高，在实践中提高。

中国古话“不入虎穴，焉得虎子”“耳闻之不如目见之，目见之不如足践之”，人们常说的“实践出真知”“实践是检验真理的唯一标准”，以及哲学中的“实践第一”观点，充分说明了“行”的重要性。行胜于言，要始终坚持实践第一的观点，实践的观点是辩证唯物论的认识论之第一的基本观点。实践高于理论，因为它不但有普遍性的品格，而且有直接现实性的品格。知识从哪里来？从实践中来。实践第一，客观第一。企业经营管理要尊重实践，着眼实践，大胆实践，在实践中寻找解决问题、克服困难的办法。“知”必须以“行”来体现，不然不足以谓知为真知。理论脱离实践，是最大的不幸，是最大的错误。

毛泽东在《实践论》中说，“你要知道梨子的滋味，你就得变革梨子，亲口吃一吃”。别人跟你说梨子是酸的，你就确定是酸的吗？你得自己尝一尝，才知道到底是酸的还是甜的。认识和理论是不是正确，不做是不知道的，得亲自去实践一下，才知道这道理是不是说得对、行得通。因此，只有实践了，才能在实践中认识和发现真理，在实践中检验和发展真理；不去实践，即使看再多书，学再多理论，也难以获得真知。

靠实践、靠群众，是企业做好一切工作的基本方法。没有积极的行动，美好的愿景不会成为现实，就像挂在墙上的画一样，只能让人欣赏。因此，企业经营管理离不开先进的经营理念和理论指导，更离不开有效的实践和行动执行，而且要笃行，就是坚持不懈地、扎扎实实地去践行，撸起袖子加油干。

知中有行，以知促行。知和行是相辅相成、相互促进的关系。弗兰西斯·培根说，“知识就是力量”，对于企业来说，知识就是管理力、竞争力。理论的东西，是反映本质带有规律性的东西，具有普遍性、稳定性和再现性。掌握了理论，就可以在千头万绪、纷繁复杂的矛盾中分清主次、抓住根本，在变幻莫测的事物发展中找准方向，在困难和问题面前，找到解决方法。

理论来源于实践，理论指导实践，理论作用于实践，这样才能使行动和实践的结果趋于合理。缺少理论素养，缺少科学知识，就难以形成正确的思想方法，企业就不能从总体上观察和把握事物的发展。在企业工作中，新事多、难事多、急事多，确实很忙，但再忙，还是应该挤点时间读书，学习理论知识，把实际工作和理论学习、理论知识结合起来，做到学习理论、总结经验、研究工作“三位一体”。这是学习的方法、总结经验的方法，也是搞好工作的方法。不学习理论，不调查研究，长期下去就有可能变成一个忙忙碌碌的事务主义者。只有加强学习，提高理论水平，才能脑袋活、眼睛亮、办法多。

在行的过程中，要不断总结反思，促进知的深化和升华。随着工作的实践和经验的积累，要对知有更深的理解。随着实践的深入，人的知识会增长，企业管理的认识就会更加精进，而这种认识的深化，又会反过来让行动变得更通达、更有方向感。

2014 年 1 月，习近平总书记在党的群众路线教育实践活动第一批总结暨第二批部署会议上指出了“认识”和“实践”的关系，强调“知”与“行”是相辅相成的。“‘知’是基础、是前提，‘行’是重点、是关键，必须以‘知’促

‘行’，以‘行’促‘知’。”正确的认知、认识，对行动和实践有着规范、指导和引领作用。只有首先把理论和道理真正弄懂了，行动和实践才能自觉持久；只有行动和实践上落实了，对理论和道理的领悟才能更深入。

学以致用，知行合一。在企业经营管理中，有的人重视“知”，强调“知难行易”“知先行后”；有的人重视“行”，强调“知易行难”“行高于知”，其实两者是互相依存、不可分离的辩证统一关系。只有原则和理论才能揭示事物的本质，但原则和理论必须以丰富和合乎实际的实践为依据，而且社会实践是不断发展的，人的认识是不断深化的，创新活动是永无止境的。

我认为，企业经营管理的知与行有 4 种关系。一是知行统一，既有观念创新，又有行为落实，勤思考、快行动。只有那些敢想敢干的企业，才能真正享受变革的先发效应和成长的后发效应。不仅要敢想敢干，还要快想快干，是实干者。二是有知无行，即只有先进的经营管理理念，但缺乏行动，缺少实干，想得多、说得多，搞很多标语口号、形式主义，高谈阔论，却没有行动落实和积极实践，是理论家、空想者，不能给企业创造价值和绩效。三是不知却行，有的人勤于行动，却没有先进的经营管理理念指导行动和实践，没有掌握充分的信息，没有科学的分析和预测预判，盲目行动，四面出击，“情况不明决心大，心中无数点子多”，凭所谓的“经验”去工作，有勇无谋，是“冒失鬼式”和“莽撞式”的企业经营管理方式。四是不知不行，既没有先进的经营管理理念，也没有掌握信息，又没有相应的行动和实践，对外部环境变化不敏感，知识匮乏，脑袋空空，胸无大志，行动迟缓，在不知不行中，落后了，甚至是倒下了、死掉了，是“糊涂虫式”的企业经营管理方式。

企业经营管理是知行合一的过程，需要有先进的理念和认知作为指导，但仅有先进的理念和认知是远远不够的，更需要及时果断的行动和实践，把理念、计划和目标付诸实践。既不能有知无行，也不能不知却行，更不能不知不行，知与行同等重要，缺一不可，以知导行，行中悟知，以知促行，以行促知。

经营管理者要善于把知付诸行。古人云，“纸上得来终觉浅，绝知此事要躬行”，其道理含义深刻，并不是简单地厚行薄知，而是强调求知是为了行，要学以致用、崇尚实干、积极行动、勇于实践。

企业需要的是立足于实际又胸怀长远目标的实干，而不是好高骛远的空想；需要的是一步一个脚印的实干精神，而不是侥幸成功的投机心理。事业都是干出来的，喊破嗓子不如干出样子，想法再好、本事再大，不干等于白搭。

言不信、诺不践、行不果，知行不一、纸上谈兵，工作上就会挂“空挡”、放“空炮”。

空谈误国，实干兴邦。经营管理者绝不能做空谈者和空想家，不能做语言上的巨人，行动上的矮子，要做实践者和实干家。空谈者和空想家通常坐在办公室里，下车间少，到现场少，接触员工少，接地气不够；有的唯书、唯经验，不唯实；有的故步自封、因循守旧，思想和工作落后于客观形势的要求；有的在困难面前束手无策，光说不做，坐等机会来临，守株待兔，期待不劳而获。实践者和实干家目光远大，不计较一时利益，工作时和时间赛跑，热爱事业，总在想办法解决困难，勤于实践，积极实践，勇于行动，奋力前进，知道行动胜于口号，行动不一定成功，不行动永远不会成功。只有付出才有收获，只有行动才会成功。

知和行的最终目的都是追求果。要把知、行和果三者统一结合起来。幸福不会从天而降，梦想不会自动成真。企业经营管理者要把学到的知识、本领和技能，运用到实际工作中去。知和行始终是在一起的，要着力提高“知行合一”自觉，既做思想观念上的“明白人”，又做干事创业上的“行动派”，还做美好业绩的“创造者”，善于学习、勇于实践，形成学以致用、以知促行、以行促知的良性循环，实现良好的经营管理业绩。

- 行重于知，力行在先。反对空谈者、空想家。坚持“实践第一”的观点。
- 知中有行，以知促行。理论来自实践，理论作用于实践、指导实践。
- 学以致用，知行合一。既做思想观念的“明白人”，又做干事创业的“行动派”，还做美好业绩的“创造者”。

“干”的思维

安利面临的环境和机遇都非常好，市场和目标就在前方，未来可期，竞争的结果将会是行业中优秀的大企业脱颖而出。但是环境、机遇再好，如果不拼搏、不奋斗，再完美的计划也是一纸空文。幸福是奋斗出来的，不是喊出来的，也不是写出来的，更不是 PPT 展示出来的，而是干出来的、拼出来的。困难再大，干就能成功。既要想干、愿干、积极干，又要能干、实干、会干、善于干。

愿干、肯干，明确干之态度。工作态度和立场，决定和影响着工作成效和结果。能干、会干，只表明一个人的能力，并不说明想干、愿干，能干、会干而不想干、不愿干，也只是纸上谈兵。此外，愿干和积极干，是两种不同的态度，积极干表明在状态、有激情，有强烈的愿望、必胜的信心、坚定的决心，成功的机会也更大。如若胸中没有想干事、干成事的强烈热忱，遇到难题往往会畏首畏尾、信心不足、束手无策。只有永葆干事成事的一腔热情，才会在前行的路上逢山开路、遇水架桥，勇往直前、不言放弃。

快干、敢干，把握干之速度。观望等待、畏首畏尾、被动应付、行动缓慢，是不可能抓住机遇的。要有一种“马上就办、马上就做”的精神，一刻也不能耽误，一会儿也不能停留。兵贵神速，要把时间这个最稀缺的资源利用好，以速度抗击规模，形成动能和冲击力，化被动为主动，将商机化为胜机。

会干、能干，掌握干之方法。世界上从来没有两次完全相同的机遇。要以日新精神、精进态度，谋定后动，统筹兼顾，突出重点、突破难点，抓大放小、以大带小，“十个指头弹钢琴”，奏出最美妙的乐章。

这不仅要求我们对自己的工作要热爱、钻研、精通，还要掌握良好的工作方法，比如，加强沟通、协调，细化绩效考核，善于从供应商、客户、竞争对手处获取资源等。此外，还要一起出主意、想办法，集中众智、汇集众意，不要把自己当成“明星”，要发挥团队合作精神，打造雁一样的团队，建立团队相互鼓励、相互支持的良好氛围。

实干、苦干，保持干之力度。我们经常会看到这样一种现象，开展同样一项工作、推进同样一件事情，结果往往是千差万别、相差很多。有的高谈阔论、浅尝辄止，有的虎头蛇尾、有始无终，而有的圆满完成、远超预期。之所以有这样大的差距，关键在于实干。保持干事的力度、强度和韧性，是克服困难、成就事业的重要途径。前紧后松、前强后弱，“三天打鱼，两天晒网”，没有持之以恒的韧劲和稳定的力度，最终的结局往往是事倍功半，留下个“半拉子工程”。

干成、干好，实现干之成效。任何事情，要干就把它干好，认真地去干。与其不认真地去做，不如不做，即使做了，也是浪费时间。事情不分大小，做好了所有的小事，也就成就了一件大事。想做成功一个项目，成就一番事业，经营好自己的人生，就要从做好每一件手上的事情开始。道路是一步一个脚印走出来的，事业是一点一滴做起来的，唯有持之以恒、久久为功，从小事做起、把大事干成，定一件、干一件，干一件、成一件，公司发展的宏伟蓝图才会一步步变成现实。

伟大的事业因奋斗而辉煌，员工个人成长因奋斗而精彩。成绩属于过去，美好的蓝图要靠“干”来变为现实。时代是出卷人，公司是答卷人，员工、客户及社会各界是评卷人，只有愿干、肯干、会干、能干、实干、苦干，把事情干成干好，才能向员工、客户和社会各界，交上一份令人满意的答卷，在竞争中保持领先。

- 只有永葆干事成事的一腔热情，才会在前行的路上逢山开路、遇水架桥，勇往直前、不言放弃。
- 前紧后松、前强后弱，“三天打鱼，两天晒网”，没有持之以恒的韧劲和稳定的力度，最终的结局往往是事倍功半，留下个“半拉子工程”。
- 伟大的事业因奋斗而辉煌，员工个人成长因奋斗而精彩。

干部的角色定位

干部是企业特殊的人力资源。毛泽东说过，“政治路线确定之后，干部就是决定因素”。企业经营得好不好，关键在干部。

“干部”在企业的人力资源、管理体系中，是一个职位统称，但是这个职位很特殊，特殊之处在于这个职位有下级，也可能有上级；而基层员工没有下级，只有上级。

干部这个职位要为三种绩效负责，这是和基层员工有差异的地方。一是为本人绩效负责；二是为组织绩效负责，为部门团队绩效负责；三是为下属绩效负责，下属如果做得不好，就是干部的绩效责任。

干部不是人人可为的，因为有很多能力来自天赋，来自悟性，来自实践，并不是有学历、有资历的人就能当好干部。干部的角色是多元的、复合的，是多种角色的综合体，而且是不断变化、转换的。干部要成为多面手，能胜任多项工作，擅长多种技能，要能在不同场合，认清和扮演好角色，带好团队，做多元化、复合型管理者。

一是当好“传教士”。 要把企业工作做好，首先要上下同欲、目标一致，把员工的思想和“心”管好。所以中高层管理人员首先要当好“传教士”，建立和积极传播企业先进的文化与思想，就像西方忠诚的传教士一样，把“圣音”传到任何可能传到的地方。常言说，“人管人，一条线；制度管人，一大片；思想管人，管全面”。当企业发展到一定规模时，经营管理者凡事亲力亲为，采用“人盯人”的模式是管理不好企业的，被管的人累，管人的人更累。

企业如果没有共同的文化、先进的价值观和理念，以“管、卡、压”的方式，是不可能组织好、管理好员工的。组织管理好员工，不是几个高管或一般的制度就能管好的，因此公司中高层管理者不能满足于做好自己某一方面的工作，满足于自身攻个碉堡、埋个地雷，满足于当个技术专家，而不是当个管理专家，不善于以先进的文化、价值观和愿景统一思想，企业是走不长、走不远的。

管人心、管思想是最重要的。干部要树立规则意识，用制度说话，用规则说话，减少人治，加强法治，用制度、规则激励和约束人，远比“人盯人”的模式效果好。思想认同了，事就能干好。思想认同了，行动就自觉了，就能实现“无为而治”，经营管理就简单了、轻松了。

二是当好“指挥官”。当好指挥官，要能攻城略地，组织队伍占山头、攻碉堡，组织好队伍打胜仗。一个队伍能不能打胜仗，战略战术是否得当，指挥官的作用都是举足轻重的。领导的职能在于计划、指挥、组织、协调、监督，管理好一个部门的工作，一定要指挥好队伍，调度好资源，协调好关系。领导干部要积极做好搭班子、带队伍、定战略，做好强管理、建机制、重考核，处理好“挂帅”与“出征”的关系，重视凝聚共识，协调关系，组织力量，整合资源，创造氛围和做好服务。企业制度建立健全了，体系运作好了，每个人的职责充分履行了，各负其责，各司其职，企业就会发展得好。所以经营管理者都要当好“指挥官”，而不只是依靠个人的魅力来“打仗”、干事。

三是当好“教练”。干部更多的是要善于发动、指导和辅导员工。经营管理企业就像参加足球比赛，领导干部不能把自己当成一名球员，热衷于自己上场表现，拼命踢球。有的管理者干得很认真，说好听一点是“勤政”，但是下级员工积极性没有被充分有效地调动起来，容易养成懒惰，“等、靠、要”的思想，最终下级反而埋怨上级。指导与指挥是不一样的，给员工指明一个方向、指导一个方法，有时可能比亲自指挥员工干工作效果更好。在经营管理过程中，要注意避免简单的行政命令，要多商量讨论，提高员工的技能和团队的水平，发挥团队的力量，共同解决问题。

四是当好“参谋”和“谏臣”。有时，上级不一定能想得到、看得到的事情和问题，下级要能站在领导的角度，为领导出主意、想办法。有的工作，下级推动不了或解决不了，可以主动、积极地向直接上级或上级的上级提出建议。

在贯彻执行上级所交办的事情时，下级并不只是简单地听命于上级，下级要充分发挥作用，重要的是要去听、去看、去问、去想、去做。因为上级的话通常很简单，有时可能就两三句，但上级所要表达的意思肯定不是这么简单，还有更深层次的内涵。上级没有讲清楚的事情，下级需要自己去思考、去丰富、去完善，把上级的话想成九句或十句，把上级没有讲清楚的话、没有点清楚的事、没有说清楚的道理，想清楚、搞清楚、弄清楚，为上级分忧效力。

当好“参谋”和“谏臣”，要具备超前意识，多在“预”字上下功夫，超前思考、超前谋划，提高敏感性和主动性，真正做到“参”在点子，“助”到关键。要充分考虑关键问题和疑难问题，厘清工作思路、进行科学安排，确保每个环节不出纰漏、不出差错。要能认真领会上情、摸清下情、提出意见、组织落实，按照守土有责、守土负责、守土尽责的原则，以责任心和进取心抓好工作落实，勇于担当、敢于负责、独当一面。

五是当好“战友”。工作中，无论是上下级之间，还是同级之间，都要成为真诚合作的“战友”，以大局为重，坚持组织的利益高于一切。第一，不要高看自己。有的人担任了某一管理职务，就自以为高人一等，了不起，盛气凌人。有人一旦听到不同意见，就会暴跳如雷，认为是在挑战他的“权威”。殊不知，“山外青山楼外楼，更有英雄在前头”，“智者千虑，必有一失”，“术业有专攻”，盲目地自我陶醉，过分自高、自傲、自满，趾高气扬、志高意满，必定会“栽跟头”。这就是人们所说的“自高必危，自满必溢”。

第二，不要看低别人。有一则阿拉伯寓言故事：一个船夫，在激流中驾驶小船，船上坐着一位哲学家。哲学家问船夫：“你懂得历史吗？”船夫回答说：“不懂。”哲学家批评说：“那你已经失去了一半的生命了！”接着又问：“你研究数学吗？”船夫回答：“没有！”哲学家又批评道：“那你就失去一半以上的生命了！”话刚说完，一阵狂风巨浪把船打翻，两人落入水中，船夫对哲学家大叫：“你会游泳吗？”哲学家说：“不会！”船夫无限同情地道：“你现在就要失去整个生命了！”哲学家虽然学过历史、外语、数学，但是没有学过游泳，在船翻入水中时，只能坐以待毙；船夫虽然没有学过历史、外语、数学，但是他会游泳，所以能够抵抗风浪、化解风险。这个阿拉伯寓言故事告诉我们，人各有长、人各有才、人各有德，强者不一定都是武林高手，弱者也并不都是低能小儿，不要拿自己的优点和长处去比别人的缺点与短处。只有保持谦虚、平静的心态，才能获得不懂的知识，获得别人的宝贵经验，取长补短。所以，部门之间、上下级之间，都要善于发现别人的长处，“世界上没有垃圾，只有放错位置的资源”，所以不要低看别人，高看自己，一定要加强团结，加强协同，当好战友。

当然，团结不是搞得一团和气，有问题还是要提出来，不要你好、我好、大家都好，不敢正视问题。古人说，“君子和而不同，小人同而不和”。修养好的人，能尊重对方不同于己的意见，又能和谐相处；而修养差的人，只有利益相投才能同处，而一遇利益冲突或意见相左，便不能相互尊重，和谐相处。所以，经营管理者与员工要当好“战友”，坦诚合作、宽容包容，多一些建议，少一些埋怨；多一点理解，少一点指责，彼此之间换位思考，努力建立团结、融洽、和谐的工作关系。

公司一些经营管理者，多是从某个专业技术岗位提拔上来的。经营管理者应该加强自身修养，提高自身水平，改进工作方法，带好自己的队伍，当好“传教士”，当好“指挥官”，当好“教练”，当好“参谋”和“诤臣”，当好“战友”，完成从技术专家到管理专家、从优秀骨干到优秀管理者的角色转变。

- 干部是公司特殊的人力资源。企业经营得好不好，关键在于干部。
- 管人心、管思想是最重要的。思想认同了，行动就自觉了，就能实现“无为而治”，经营管理就简单了、轻松了。
- 干部应该当好“传教士”，当好“指挥官”，当好“教练”，当好“参谋”和“诤臣”，当好“战友”，完成从技术专家到管理专家、从优秀骨干到优秀管理者的角色转变。

排兵布阵

公司的一些中高层管理者，下属从几十人到几百人不等，相当于一个“纵队司令”，责任重大。经营管理者不能热衷于具体的产品、工艺，陷入具体琐碎的事务中，做一些不应该由他自己做的事情。任正非说过，用人要“四砍”，要砍掉高层的“手”和“脚”、砍掉中层的“屁股”、砍掉基层的“脑”。经营管理者要指挥好组织和团队作战，而不是自己卷着袖子和裤脚，下地埋头干活。经营管理者应头脑勤快，而不是用手脚的勤快掩盖思想上的懒惰。经营管理者要确保做正确的事情，保证进攻的方向是对的、进攻的节奏是稳妥的，协调好作战的资源是最优的，整体效能是最好的。

毛主席说过，“领导的责任，归结起来，主要是出主意、用干部两件事”。出主意，想办法，避免犯错，而不是事必躬亲，将精力投注在具体的事务性工作上。此外，必须团结干部，识人、选人、用人。因此，经营管理者最重要的职责就是做好“排兵布阵”和选人用人。

干部要“排好兵”，“布好阵”，搭好班子。1999年时，公司只有500多名员工，是“三五个人、七八条枪”，用的是“游击队式”的作战方法，靠的是“人治”。现在，公司规模扩大，员工增加到2800多人，散兵游勇难成大气候，要全面梳理公司现有的治理结构和内部机构设置，尤其要选好部门的“一把手”、副职，建立一支“正规部队”，兵种齐全、配置完备、协同作战。办企业就像下象棋一样，“车、马、炮、兵、将、士、象”齐全，才能赢得全局。如果不重视组织建设、团队建设，即使今天做好了，明天也未必能做好，发展不具有可持续性。

组织建设是企业内控和发展的首位因素，是企业内控制度18项指引的第一条。搭班子就是加强组织建设，细分组织、团队和目标，集合众智，发挥众力。企业应加强组织设计、组织创新和组织变革，要细分“管理单元”或“组织单元”，以“小单元”“小团队”运行，处理好集权与分权的关系，集中与统一的关系，要实行民主集中制，充分做好委任与授权，做好部门之间的职责分配，妥善处理好统一领导、分层负责、分工管理、分级管理的关系，明确职责，横向到边，纵向到底，人人有事干，事事有人管，梳理好各自部门、车间和班组的结构、人员、目标和职责，不能形成职责的空白。

要改变过去“正三角”（金字塔）式、官僚式的组织结构，打造“倒三角”（倒金字塔）式、扁平式的组织结构，全员对客户负责，一切为客户服务。要避免组织臃肿、反应迟钝，要使企业组织层次分明、系统简洁高效，管理幅度科学，权责界定明确，工作流程规范，协同配合高效。

干部要选好人，用好人，带好队伍。毛泽东说过，领导的主要职责一是决策，二是用人。俗话说，“一个篱笆三个桩，一个好汉三个帮”。人力资源是第一资源，是组织重要而稀缺的资源，是组织创造价值的重要源泉，是形成企业竞争优势的一个必备条件。人力资源作用的发挥、优势的形成要通过人力资源管理来实现。人力资源过剩，可能会导致资源浪费、效率低下；人力资源不足或缺乏，会导致战略目标实现较慢或无法实现；人力资源结构不合理，或开发机制不健全、激励约束制度不合理，或关键岗位人员管理不完善，就可能导致滋生不良习气、人才流失、士气不振或凝聚力不足等问题。

管理的艺术，是要知人善任，用人之长。金无足赤，人无完人。唐僧团队能取得真经，在于他善于利用孙悟空、猪八戒、沙和尚各自的一技之长；梁山泊一百零八将也是各有所长，在宋江的领导下形成了集体的合力。经营管理者带出的团队应有集体智慧，德才兼备；发挥个人专长，优势互补；相互取长补短，内化为统一的意志和规范，以及共同的行为准则，让组织成员做到年龄、风格、知识和能力互补，让成员的角色与功能优化组合、合理搭配，建立互补结构，集众人之长，从而发挥企业、组织的“合力”。

好的队伍是带出来的、训练出来的。曾国藩的治兵之道，让我们感触很深。他认为“带勇之人，第一要才堪治民，第二要不怕死，第三要不计名利，第四要耐受辛苦”，这 4 条标准只是一般性用人标准，而重要的、关键的岗位，仅有这 4 条标准是不够的。为此，他提出一个最高的衡量人才的标准，“忠义血性乃上上之选”。不怕苦，不怕死，敢打硬仗，有朝气，有斗志，有血性，企业经营管理者要带出这样的队伍，而不是丧失意志、丧失斗志、松松垮垮、懒懒散散、混混沌沌的队伍。

用人还要努力构建一个“赛马”机制。配置好人力资源，让干部和员工去 PK，能者上、平者让、庸者下，选用想干事、会干事、能干事、干成事的人，让员工有奔头、有想头、有盼头。在竞争中，做到干部能上能下，岗位能高能低，收入能多能少，避免“铁交椅”“铁工资”“铁饭碗”。反对论资排辈，不唯学历、资历作为选拔人才、聘任干部的标准，而是以能否给公司创造价值、带来贡献作为评判标准。只有这样，企业才能充满活力，持续健康地发展。

- 经营管理者最重要的职责就是做好排兵布阵和选人用人。
- 经营管理者应头脑勤快，而不是用手脚的勤快掩盖思想上的懒惰。
- 衡量人才的标准，“忠义血性乃上上之选”。
- 努力构建一个“赛马”机制，让能者上、平者让、庸者下。

搭班子　带队伍

一些经营管理者在组织建设、岗位设置和团队建设的过程中常有这样一种倾向，根据“人”来确定岗位，根据员工有什么长处、擅长做什么来设置岗位，以人定岗，因人设岗。这种做法是错误的，没有按照科学的组织建设原则，进行组织设计，明确分工与岗位职责，影响工作效率和工作质量。如果企业不重视组织建设、团队建设，或者忽视组织变革，组织和团队没有建设好，即使今天工作做好了，明天也未必能做好，不具有可持续性。因此，企业要加强组织建设，发挥团队作用，提高经营管理效率和水平。

组织建设是企业内控和发展的首位因素。组织建设是否合理，对于企业的生存发展起着至关重要的作用。搭班子就是加强组织建设，细分组织、团队和目标，明确职责分工，强化绩效考核，集合众智，发挥众力。组织的构建就像一座建筑的设计，设计得好，建筑美观，功能合理，配置齐全，作用发挥优良，反映在组织建设中，即组织分工合理，职责清晰，办事高效，实现“千斤重担众人挑，人人身上有指标”，确保整个组织管理流程的畅通，提高组织绩效与管理效率。反之，则组织臃肿低效、人浮于事，或功能缺失、职责不清、职责交叉，从而导致工作推诿扯皮。

组织建设首先要解决的是责任、权力与利益关系是否匹配、和谐的问题。因此，在组织结构设置上首先要考虑，如何对工作任务进行分配、分工和协调合作。在组织设计上，要遵循几个重要原则，一是因事设岗，因岗选人，而不是因人设岗；二是定编定岗，以岗定责，权责利匹配、和谐；三是统一领导，分工协作；四是考核有章、激励有度。

因事设岗，因岗选人。岗位是企业、组织的基本构成单位，是连接企业、组织与人的基本单元。岗位是组织建设中的站点，随着组织设计、流程设计的改变而改变，所有岗位的设置组成组织结构。岗位是相对稳定的，但不是一成不变的，它随着组织目标、流程设计变化而变化。

战略目标决定组织，组织决定结构，结构决定岗位，岗位决定职责，再根据职责和能力要求，选聘合适的人员，绝不能本末倒置。战略目标告诉企业现在在什么地方，要干成什么事，完成什么任务，将要实现什么目标，这是第一位的。如果企业决定去做某件事情，就决定了结构和人员，到底是直线制、直线职能制、矩阵制，还是事业部制、子公司等。而后，这样的结构又决定了组织、岗位，再依据已经确定的战略、结构、组织和岗位，配置人员，因事定岗、因事设岗、因岗定责、因责选人，而不是因人设岗。简单来说，就是首先有了事情；其次考虑做事情的组织、岗位和人员；最后让这些事情和这些人很好地组合，以更好地实现组织的目标。

孙子的“先胜后战”理念反映在管理上，就是战略、组织、计划要先行。管理者绝不能用静止的、孤立的、片面的观点来设置组织。对于组织设计和岗位规划，要根据未来的战略、目标和远期的任务来设计、规划，根据未来的目标来配置现在的资源，是“先胜后战”“先终后始”；而不是“先战后胜”“先始后终”，根据现有的组织和岗位，去适应、匹配未来计划实现的组织目标。因为，一方面，企业当下拥有的资源有限，未来面临的挑战很多，如果根据现在的资源来做未来的事情，就会输在起跑线上，肯定是做不好的；另一方面，人才的培养需要一个过程，不是招聘进来就能立即胜任某个岗位的。所以要警惕组织建设中容易出现“因人设岗”和“先始后终”这两个错误，要因战略设岗、因任务设岗、因事设岗，因岗选人，而不是因人设岗。

定岗定编，以岗定责。定岗、定编、定责是人力资源管理的重要基础工作。定岗是明确企业所需要的岗位；定编是明确需要多少适合企业发展的个人，定责是把责任细化到工作中各个环节，将责任落实到每个人。在企业管理中，定岗、定编、定责的不合理会导致岗位职责不明确、工作分配不均，出现问题相互推诿，责任无法界定与追究等问题。因此，科学合理地定岗、定编、定责，能有效提升组织和个人绩效，降低运行成本，防范企业经营风险，提升管理水平。

企业要更多地分析研究，岗位职责是不是纵向到底，横向到边；是不是人人有事干，事事有人管；是不是人人做事到位，事事都能做好。而不是有事没人管，有事没人做，组织、岗位、人员交叉重叠，或者管理缺失、人浮于事、苦乐不均。岗位职责的设定，不是由某个员工的特长和能力所决定的，而是由在流程中所需完成的工作任务决定的，即职责大小决定权力大小，权力要与职责挂钩，杜绝位高、权重、利丰、责轻和任务轻的现象。要实现流程化管理，让职责与流程相匹配，职责与岗位相匹配，权力与责任相匹配，利益与权责相匹配，利益与贡献相匹配。

随着组织变大、机构增多、任务变重，需要尽快推进流程梳理和组织变革。如果光靠一人一马当先、冲锋在前，是管不过来的。通过梳理组织结构，明确了岗位职责，落实了责任目标，管理起来会轻松很多。通过科学合理的定岗、定编，优化人力资源配置，达到岗、人、事三者之间的合理匹配，做到“人尽其才，才尽其用”。

统一领导，分工协作。“科学管理之父”、美国管理大师泰勒认为，为了使管理进一步规范化，每个管理者只承担一两个管理职能，同时拥有指挥监督权。泰勒的职能组织机构思想，促进了管理的专业化，在职能分工的基础上，强调统一指挥，在后来的管理实践中又不断丰富，形成了目标决定原则、统一指挥原则、有效管理幅度原则、分工协作原则、执行与监督分置原则等。

为了实现某一共同目标，组织必须分工与协作，寻求对个体力量进行汇聚和放大，避免集合在一起的个体力量相互抵消，要使整体功能大于部分之和，团队作用大于个人作用，达到“1+1>2”的效果。

企业要防止个人英雄主义，而崇尚事业英雄主义、团队英雄主义。因为管理的要求是团队有效协同作战，而不是个人英雄主义的“耍单帮”。

管理者要统一领导什么？要统一领导目标，确定战略、目标、任务、文化、思想、愿景和价值观、机制、流程，也就是常说的搭班子、定战略、带队伍。在这个过程中，管理者起着至关重要的作用，提供统一思想的方向，控制、消除统一过程中的不和谐思想。如果管理者不能统一领导，团队就会成为一盘散沙，没有凝聚力。

管理者要带好兵，首先要构建良好的制度和机制，保障组织运行。从根本上讲，管理者的角色应该是“造钟”，而不是“报时”。“报时”是管理者直接替员工给出答案，“造钟”是启发员工做事情和思考问题的途径与方法，让员工自己提出做事情的思路和方案，提高员工解决问题的能力。管理者不能因为怕员工解决不了问题，什么事情都替他们包办了，以为这是对员工的关心、关怀和关爱，实则不然，在管理者庇护下的员工，能力得不到提升，会失去独立完成工作的能力，这对于员工来说并不是一件好事。

其次是分工协作，在领导、组织、计划、指挥、协调、执行、监督、反馈等各个环节，把有关部门和员工有机地组织、协调起来，形成合力，做到人尽其才、物尽其用、财尽其力，实现整体效果。要能把责任、任务分解下去，自己带头干的同时，带领、指导下属一起干，确定管理者应该做什么，下属应该做什么，做到各负其责，各司其职。不会分配职责，或者错误地分配职责，不是一个有效的管理者。

如何分工协作？一是靠目标管理，抓主要矛盾，清楚组织要完成什么目标。二是靠激励约束机制。干得好了，给相应的奖励、职务，配置一定的资源和条件，还要注意各部门的协同和连接。“分”不是目的，而是手段，以统一协调的行动，实现整体的目标，干哪些事，怎么干，谁去干，干好了给予什么奖励，这些都是管理者要去做的，而不是过度地陷于事务性工作中。

加强组织设计、创新和变革。企业组织不是一成不变的，要随着社会发展、企业外部环境的变化、企业经营策略的调整而不断演变。组织如同企业的骨架，制度与机制如同神经和血液，骨架健全了，才能保证这个企业的完整，再配以合适的制度和机制才得以健康发展。

1999 年，我刚主持公司生产经营管理工作时，首先对营销组织结构进行了改革创新，改变过去官僚式、“正三角”（金字塔）式的组织结构，把组织压扁，优化调整为扁平式、“倒三角”（倒金字塔）式的结构，让客户位于金字塔的塔尖，一切为客户服务，销售按区域、品类进行细分，激发销售人员活力，强化目标责任考核。在经营管理中倡导无边界组织，打通部门之间的边界，消除组织之间的沟通障碍，以“无边界工作方式”行事，坚持简单、速度和效率。实践证明，这个方法是正确的。

在组织建设过程中，以集权与分权为核心，以管理分工为基础，以管理规范为保障。要细分“管理单元”或“组织单元”，推进全员自我管理、“群雁式”的管理。

改革开放初期，邓小平提出的分田到户、包产到户、责任到人的思想，充分调动和激发了全中国人民的创造性与活力。稻盛和夫提出阿米巴经营的管理方法，将一个整体划分为很小的经营单位和经营主体，让员工都参与公司的经营管理，实现群策群力，发挥每名员工和每个阿米巴组织的积极性与创造性，使得企业规模越来越大、经营主体越来越小。

20 世纪七八十年代，经常能听到“大河有水小河满，小河汇聚大河奔腾”这句话。小河不奔腾，大河如何充满活力呢？因此，要设计更加扁平化的组织结构，搭建良好、有效的平台，让组织中的个体可以获得更有效、更多的授权，实现自主管理，自我管理，高效运营。

- 因战略设岗、因任务设岗、因事设岗，因岗选人，而不是因人设岗。
- 管理者的角色应该是“造钟”，而不是“报时”。
- 以集权与分权为核心，以管理分工为基础，以管理规范为保障。要细分“管理单元”或“组织单元”，推进全员自我管理、“群雁式”管理。

以上率下

俗话说，“火车跑得快，全靠车头带”。有好的干部，才能带出好的队伍。因此，管理干部要当好表率，以上率下。

一是当好坚定理想信念的表率。理想、信念是一个人的骨骼、灵魂和支柱，没有理想、信念，或者理想、信念不坚定，就会“缺钙”、长不大，就会得“软骨病”，就会迷失方向。公司经营管理者绝不能庸庸碌碌、浑浑噩噩，“当一天和尚撞一天钟”，要围绕“力争成为全球最优秀的聚氨酯复合材料企业”的愿景来开展工作，努力让公司成为百年企业，一个基业长青的企业；努力把公司打造成为让员工信赖和自豪、受社会尊敬、具有国际竞争力和影响力的企业。这是“安利梦”，每个人都应该围绕这个梦想来工作，不能小富即安、小胜即满，而要有大境界、大格局和高远的目标。任何与公司使命、愿景、核心价值观相违背的行为，都是不能容忍的。企业不允许个人自行其是，原地踏步，停滞不前，必须不断超越，朝着公司的远大目标不断前行。要围绕共同的目标，高标准，严要求，有理想，有信念。如果没有理想、信念，就会犹如行尸走肉，工作乏味，活着也就没意思了。我相信，只要企业的干部有了远大的目标、正确的价值观，就能感召人心、凝聚人心，不断进步，员工也会信心百倍，充满激情和热忱工作。

当然，经营管理者不要以为自己是干部，因职务晋升而感到满足，而是要服从公司的大环境，围绕公司的大目标，努力干更大的事情、实现更大的理想和抱负。随着公司规模的不断扩大，公司的组织架构会进一步调整，今后还有可能在境内外并购、设厂，经营管理者都有机会做个“旅长”“师长”“军长”。公司计划目标不该是空想，应该分解到每一年、每个月、每一周，分解到每个部门、每个岗位、每个人。我相信，公司目标一定能实现。

二是当好团结奋斗的表率。干部各有所能、各有所才，都有自己所擅长的本领和技能，但是不能脱离这个组织、团队和集体，否则将会一事无成。“鱼儿离不开水，瓜儿离不开秧，万物生长离不开红太阳。”没有优质肥沃的土壤，种子很难生根发芽成长。干部的本领和技能要放到服务企业、组织的大背景下，才能充分发挥，跟随公司的成长而成长，把个人目标融入组织、企业的发展目标中来。企业应倡导集体主义奋斗精神。干部个人脱离了组织，即使一身本事，也得不到成长和发展。不要以为自己是“武林高手”，别人都是“低能小儿”；不要认为别人都不行，自己才华横溢、一身本事。公司是一个大平台、大团队，我们共同干事创业。公司没有“明星”，更没有“超级明星”，公司不需要“明星”，更不需要“明星队”，而是需要大家围绕共同目标，团结奋斗，努力使公司成为“冠军队”。我们要精诚团结，密切合作，共同奋斗，共同发展。

三是当好服务大局的表率。大局、全局、整体之所以重要，是因为它从根本上决定着事物的发展方向。每一名干部都要有“一盘棋”思想，不搞“小圈子”，不要只看着小团队、小集体、小范围，忽略了公司的大局。要顾大局、识大体，想问题、办事情要多提“我们”，少提“自己”，要树立整体观念和全局思想，要统筹考虑，统观全局，从整体出发。工作不要单打一，更不能走极端，要弹好“钢琴”，不要忽视整体工作，要紧跟公司大局，心里装着大局，统揽发展全局，不顾此失彼；要坚持企业整体利益最大化，上下同心，共谋发展大局。

只有把握了大局大势，才能把握好牵动全局的重大问题，干起事情来才更有主见、更自信。只有胸怀大局，才能审时度势，因势利导地推进工作；才能正确对待公司的重要决策，做到政令畅通，创造性开展好各项工作；才能把握好局部和全局、个人和整体、短期和长远等利益关系。

四是当好敢于担当作为的表率。在中共中央政治局2020年1月召开的“不忘初心、牢记使命”专题民主生活会上，习近平总书记说，“当干部就要有担当，有多大担当才能干多大事业，尽多大责任才会有多大成就。”责任不落实，工作就落空。每个干部都要认清自身的工作任务和职责，以高度的使命感和责任感，恪尽职守，克服“懒、散、庸”，做到“勤、能、廉”，紧紧围绕公司发展大局，高效率、高质量地履行好自己的职责；要勇于担当，主动靠前，而不是遇事推诿扯皮，邀功诿过。

一个人能不能进步，要看他敢不敢负责、能不能站在上级的角度考虑问题，推诿扯皮、推卸责任，不敢担当、不敢作为的人是不会进步的。责任意识非常重要，没有责任意识，不会得到上级的肯定、同事的信任。

五是当好激情干事的表率。上级喜欢想干事的人，员工有了激情和热忱，即使做错了，上级也会包容、宽容。当然，如果员工想干事、能干事、干成事，上级就会十二分地喜欢。一个人如果没有激情和热忱，就不会有昂扬的斗志，不会快速提升。热忱、激情往往比经验更重要。我始终认为，一个人可以没有经验，但不可以没有激情；可以知识不足，但不可以没有热忱。一个人经验、能力不足，但是有激情、有热忱，只要加以锻炼和培养，通常会胜过能力强但缺少激情和热忱的人。

公司的事业是充满希望的事业，是大有可为的事业，是大家的事业，是年轻人的事业。公司的未来是属于全体员工的，更是属于年轻人的。经营管理者要把思想、行动统一到公司的发展中来，调整好心态和状态，积极投身公司的发展事业，与公司共同成长、发展，共同创造更加美好的未来。

- 没有优质肥沃的土壤，种子很难生根发芽成长。干部的本领和技能要放到服务企业、组织的大背景下，才能充分发挥。
- 干部要当好坚定理想信念的表率、团结奋斗的表率、服务大局的表率。敢于担当作为的表率和激情干事的表率。

用人有道

企业内控和发展的重要因素之一是人力资源建设，企业要打造一支具有责任感、归属感、使命感和自豪感的员工队伍，不断增强组织的凝聚力和向心力，就需要管理者善于带兵和用人。企业的经营管理者有些是从一线或专业技术岗位走向管理岗位的，其中有一部分人善于“自己干”，善于自己“当兵”，还不太善于“带兵”。“带兵用人”是一门大学问，带好兵、用好人，可以充分调动员工的积极性，激励更多的人奋发进取，形成风清气正、心齐劲足的干事创业氛围。因此，要努力提高“带兵用人”的科学与艺术。

精神聚众。人是需要点精神的，企业、组织更是这样，应该关心员工，为员工创造良好的物质财富，创造良好的工作、生活和发展环境，应反对精神的“乌托邦”，反对“空想社会主义”，脱离物质、脱离实际，虚无缥缈。但企业绝对不能走向另外一个极端，绝对不能陷入金钱至上、唯利是图，绝对不能陷入歌舞升平、贪图享受、贪图安逸，绝对不能陷入极端个人主义和极端利己主义。企业必须反对一切“向钱看”，反对拜金主义，反对追名逐利。只靠金钱去激励，是无法长期有效地激发人的积极性和创造性的，实现不了组织和企业的长久发展。如果一个企业、一个组织一切讲金钱，一切“向钱看”，就会像吸食毒品一样上瘾，产生腐蚀性，产生毒性，就会像癌症一样损伤机体，会走入歧途，走入死胡同。没有金钱就干不好工作，这样的企业和组织队伍是没有生命力、没有朝气的，人心会涣散，企业最终是走不远的。

人需要有信仰、有理想、有信念和有抱负。有信仰，人才能有意义地活下去，才能活得多姿多彩、有意义。有信仰，社会才能发展下去，才能绚丽多彩。要带好兵，首先要倡导先进理念和远大目标，明确共同的理想、共同的目标和共同的利益，要倡导艰苦奋斗、持续奋斗和共同奋斗。一个没有信仰、没有理想、没有信念和没有抱负的干部，不会得到别人的认可和拥护，带不出能打胜仗的队伍。

确立先进的企业文化，才能精神聚众。确立企业的使命、愿景与核心价值观，就是明确“为谁当兵、为谁打仗”的问题，就是明确“从何而来、现在何处、将去何方”的问题，就是明确“举什么旗，走什么路，干什么事”的问题，标志着企业最重要的方面，决定员工在组织中的地位和所扮演的角色，是企业所有人都格外关心和倡导的理念。只有企业将这些关键理念厘清，才能去统一思想，建立组织，打造一支有信念、有活力、有斗志的不败之师。

“带兵的人”要认同、理解和宣扬公司的一切主张，以身作则，率先践行，影响、带动员工认同接受，最终为这一理想、信念而努力奋斗。在这里，“带兵的人”很重要，是公司理念的传播者和践行者。因此，只有让员工在企业核心问题上能正确判断是非、好坏和对错，达成共识，形成全体员工认同和共享的使命、愿景与核心价值观，才能凝聚所有员工，集中资源配置，展开战略规划，使企业上下结成利益共同体、事业共同体，并最终成为命运共同体，朝着共同的愿景目标奋斗。

知人善任。这是一个领导者最重要的能力，是“带兵用人”的一个重要原则。作为企业的经营管理者，不一定要具有良好的专业知识，但要懂得领导和管理谋略，无非就是选人、识人、用人、育人、留人。人们常说，可以不识数，但不能不识人。尺有所短，寸有所长，人各有长处，也各有短处。知人，就是要了解人的长处和短处，认识人的品德和才能，知道他擅长什么、不擅长什么。善任，就是善于用人，对人要使用得当，合理地授权、分派任务，把人安排到适当的岗位上去，让他们充分地发挥自己的特长、施展才干。学历、资历、能力和态度固然重要，但是要选用合适的人，放在合适的岗位，高配不对，低配也不对，要岗能匹配，岗责匹配，责权利相匹配。

用人之长。古人说，“金无足赤，人无完人”，“君子用人如器，各取所长”。改造或改变一个人的性格或缺点，不是管理者的任务；优秀的管理者，会认识了解一个人的弱点和缺点，关注人的优点，并想尽一切办法把一个人的优点发挥出来，让合适的人干合适的事情。人各有才，人各有长，作为管理者，要善于“带兵用人”，要着眼于人的优点和长处，用人所长，而不是用人所短，盯着别人的短处，批评别人的缺点。只有这样才能发现人才，用好人才，留住人才。如果求全责备，对下属总是横挑鼻子竖挑眼，就会人心离散。管理者“带兵用人”，只有用人之长，各得其所，员工才能心情舒畅，团队效率才会不断提高。用人的核心原则是用人之长，包括用同事之长、用下级之长、用上级之长和用自身之所长。优秀管理者用人决策，不在于如何克服人的短处，而在于发挥人的长处。

刘备既无显赫的身世，也无雄厚的实力，但他有求贤若渴的胸怀和气度，闻听诸葛亮很有才能，隐居于隆中，携关羽、张飞兄弟二人先后三次登门拜会，最后一次才得以相见，请诸葛亮出山辅佐。此后，三顾茅庐的故事被传为佳话。

梁山好汉出身不同、背景不同，性格上也各有特点，比如，林冲忍辱负重，鲁达生性莽撞，李逵性情急躁等，还有鸡鸣狗盗之徒时迁，但是他们各有各的本领，宋江善于发挥他们的优点和长处，把他们培育成了一支纪律严明、求同存异、百战百胜的梁山大军。

企业要用人之长，记人之功，容人之过。不要总是抱怨下属这不行、那不行，这没干好、那没干好，而要归功于外，归责于内。当自己取得成绩后，应把成功的原因多归结于他人的支持和帮助；当工作不尽如人意或出现差错时，应把其中的责任归咎于自己。经营管理者要善于授权，多给员工表现的机会，把员工“往上推”，让员工操起心来，让员工多干事情，让员工变得能干起来。只有这样，员工才有空间，企业才有发展。

信任激励。这不仅仅是反映一个人的素质问题，更是“带兵用人”的一条原则。员工不仅需要应得的酬劳，更需要尊重和信任。

管理学有 X 理论、Y 理论、Z 理论。依据 Y 理论和 Z 理论，公司对员工提出目标并进行管理是完全必要的，同时也要尊重员工，引导他们自觉地工作，对员工进行一定的纪律约束。然而，在工作过程中，难免会发生矛盾冲突，要就事论事，析事明理，在工作中坦诚地表达自己的意见或者建议，诚实、诚恳、诚信，以心换心，将心比心。在批评教育员工时，要用合适的方式，在合适的场合，表达合适的意见。

尊重人性。人们都希望得到别人的重视和尊重，希望得到一种自我发展与认同，依据马斯洛需求层次理论，这种高层次的需求超越了生理需求、安全需求、社交需求、尊重需求，占主导位置，这就是自我实现的需求。

善于“带兵用人”，了解和懂得一个道理十分重要，就是“每个人自我感觉都是良好的，都希望得到别人的尊重和关心”，这是一种“看不见的信号”，因此，要努力让每个员工都感觉到自己重要，得到重视与尊重。要知道，使别人觉得重要，别人就会重要；你要别人对你怎样，你就要对别人怎样。这是管理的金科玉律，也是人的本性和天性。

企业经营管理者要时刻回应这种“看不见的信号”。赏识员工，鼓励员工，提高他们的自尊和士气，让员工觉得自己对公司来说很重要。要聆听员工的意见，尊重员工的想法和需求，让员工有机会表达自己的意见，让员工尽可能参与到管理中来，获得成就和尊重。要经常表达对员工的赞赏。所谓“良言一句三冬暖，恶语伤人六月寒”，谁都不可避免地会犯些错误，员工都是要“面子”的，人都希望把最大的欣赏留给自己，因此要在公开场合为他人留有余地，以正面激励为主。如果上下级之间、同事之间关系紧张，你看不惯我、我瞧不起你，一言一行、一举一动，都可能是一场矛盾的导火索，那么在这样的工作环境里，谁还会将心思真正用在工作上？用真心，换真情，员工有了被尊重的心理满足感，会转化为强大的工作动力，以此增强组织的凝聚力，提高活力和战斗力。

赏罚分明。赏是用人的激励机制，而罚则是纠正机制。赏与罚是管理的两大“利器”，会让干事者干事更有动力、更有激情，强化干事的决心，会让不干事者和犯错违纪者提高警惕、纠正整改。适度的奖励能激励人心，必要的惩戒能让员工更加自律。该奖的不奖，对立功者不公平；该罚的不罚，对守法者不公平。只有真正做到赏罚分明才能让人信服，既有激励作用，又有警示作用，促进员工成长进步。

根据亚当斯公平理论，只有公平的报酬才能使员工感到满意，并起到有效的激励作用。报酬是否公平并非取决于绝对值，而是取决于员工自我感受中所进行的社会比较。这种社会比较包括了自己与他人的比较，也包括了自己现在与过去的比较。如果企业能做到公平公正，员工对企业的认同感和归属感就会大大增强。

宽严并济。企业要始终有大家庭、大学校、大熔炉的思想，员工之间应该像兄弟姐妹一样相处，平等、自由、博爱，求大同，存小异，在工作中，充分协商，充分民主，力求共识，集中众意，发挥众智。“带兵用人”，要把严格要求和充分关心结合起来，在工作上严格要求，在生活上充分关心，充分理解、关心、尊重、爱护、信任和善待员工，帮助员工成长，在思想上激励、工作上支持、待遇上保障，让员工成为爱岗敬业、活力迸发的源泉，不断增强员工的获得感、归属感、荣誉感和幸福感，增强企业的向心力、凝聚力和战斗力。

- “带兵的人”要认同、理解和宣扬公司的一切主张，以身作则，率先践行，影响、带动员工认同接受，最终为这一理想、信念而努力奋斗。
- “每个人自我感觉都是良好的，都希望得到别人的尊重和关心”，这是一种“看不见的信号”。
- 把严格要求和充分关心结合起来，在工作上严格要求，在生活上充分关心。

以情带兵

2017年，公司生产一线员工离职率有一定程度的升高，部分车间又抱怨一线员工配置不足，公司招了几批年轻的新员工，其中一些人以“不能适应公司管理”“不想上夜班”为由离职了。从外部来看，现在中国人口老龄化加剧，年轻劳动力减少，中国人口红利已逐渐消失，中国经济快速发展给年轻人带来的就业机会增多、选择增多，一些年轻人不愿意从事制造业，更不愿意上“三班”。从内部来看，这与公司所处的行业、工艺设备条件、作休时间、工作环境、薪酬待遇和管理方法等有关。

生产一线人员离职率相对较高，主要原因在于部分管理者和班组长对员工的管理方式不当。100多年前，三位全球著名的管理大师泰勒、法约尔和梅奥，就在生产员工管理方面进行了大量的实践研究，大师们分析，在同样的设备和劳动强度下，员工管理得好，员工参与度高，员工离职率较低、忠诚度较高；反之，员工管理不当，员工参与度低，员工离职率较高、忠诚度较低。

有人分析，“员工离职的原因林林总总，只有两点最真实：钱，没给到位；心，受委屈了”。公司的薪酬待遇并不低，有些部门生产一线员工离职相对较多，很大一部分原因可能是员工心里受委屈了。有些部门管理者和班组长对生产员工疏于关心、关爱和关怀，对生产员工不够重视，有的管理者和班组长甚至错误地认为，反正中国人力资源过剩，“旧去新来”是规律，“新人”进来好摆弄、听指挥。部分管理者和班组长对生产员工没有诚意，如此下去，何谈企业凝聚力和向心力？

管理者要厚道，员工就地道。中国人口红利消失这个大环境企业改变不了，当前一些年轻的员工不愿意从事制造业的意愿企业改变不了，企业能改变的就是对生产员工的管理方式和方法。企业要认真思考如何改进管理，让生产员工真正地爱岗敬业，增强企业的凝聚力和向心力，从而增强企业活力。

马斯洛需求层次理论把人的需求分为生理、安全、社交、尊重和自我实现五个层次。管理者要了解员工不同的需求层次及其变化，采取相应措施，引导和管理员工行为，尤其是重视员工的尊重和自我实现需要。赫兹伯格提出的保健、激励双因素理论，强调对员工的内在激励，以充分调动员工的积极性。管理者要持久而高效地激励员工，必须重视对员工进行精神激励，给予表扬、认可和尊重，重视给员工以成长、发展和晋升的机会。

再回顾一下100多年前泰勒、法约尔、梅奥三位管理大师是如何改进生产员工管理的。泰勒《科学管理原理》一书的核心观点，即管理是一门建立在明确的法规、条文和原则之上的科学，科学管理的根本目的是追求最高劳动生产率，最高的工作效率是管理者和工人达到共同富裕的基础。泰勒提出了科学管理四项原则，第一项是管理是一门科学，对工人操作的每个动作进行科学研究，用以替代过去单凭经验工作的办法；第二项是科学地挑选工人，并进行培训和教育；第三项是与工人亲密协作，以保证一切工作都按已发展起来的科学原则、规则去办；第四项是管理者和工人之间在工作与职责上几乎是平等的，管理者把自己比工人更胜任那部分工作承揽下来。泰勒强调，管理者要重视并承担起对工人培训教育的责任，劳资关系必须从对立走向协作，实现利益共享。

法约尔在《工厂管理原理》一书中提出，在管理中要贯彻“公平”原则，在公平、公正、公道的基础上，善意地对待员工。管理者还要确保并提高员工在工作场所的士气，培养个人和集体积极的工作态度，通过团结协作来达成组织目标。

梅奥在《工业文明的社会问题》一书中创立了人际关系学说，第一次探讨了影响员工生产积极性的社会与心理方面的因素，以及人际关系因素在生产与管理中的作用。梅奥提出，人是“社会人”，而不是单纯追求经济利益的“经济人”；企业中除了“正式组织”之外，还存在着“非正式组织”。管理者要提倡“民主管理”，通过增加员工“满足感”，来提高员工的士气，从而达到提高效率的目的。

100年多来，这些管理大师在生产员工管理方面的思想、理念，为企业提供了优秀的管理方法和指引，包括强调民主管理，营造良好氛围，改进管理方法等。管理者要向生产员工传递积极、正面的信息，而非消极、负面的信息，避免造成员工的恐惧和不安。对员工不能简单地用“胡萝卜加大棒”的方式去管理，以为环境、条件就能搞定一切，以为待遇就能搞定一切。人不是“经济人”，而是“社会人”，要从重视“物”转变为重视“人”，既要见“物”，又要见“人”，不仅要认识到人力资源是第一资源，还要把尊重员工落实到管理行动中，不断提高管理能力与水平，从而提升劳动效率、组织效率与个人效率。

要“以情带兵”，坚持尊重人性，换位思考。只有对员工有了感情，带着感情与员工相处、共事，才会时时刻刻想到员工的利益，才会想员工之所想，急员工之所急，才会把员工的冷暖寒热、酸甜苦辣和喜怒哀乐放在心中，才会与广大员工一起“感同身受”，管理者和员工之间的联系才会越来越密切，关系才会越来越巩固。具体来说，“以情带兵”要做好以下“六个改变”。

一是改变根本态度。对待员工的根本态度，要真正贯彻“以人为本”“爱兵如子”的思想，尊重员工、关心员工、爱护员工。

毛主席视群众为“真正的英雄”“诸葛亮”，他把党的路线概括为“人民的路线”，指出脱离群众的严重危害——“将一事无成”，只有依靠群众，才能攻坚克难，战胜强敌。由于共产党人从上到下信奉群众，坚持群众观点，延安时期密切联系群众的作风才蔚然成风，赢得民心。

在这方面，毛主席有两个基本观点：一是士兵是军队的基础，二是官兵一致。企业里，员工即士兵，管理者即官，只有官兵关系好了，心齐气顺、团结一致，员工队伍的稳定与和谐才有坚实的基础，才能“军民团结如一人，试看天下谁能敌”。

国民党部队装备精良，弹药粮饷充足，但仍军心涣散，不得民心，而共产党部队装备落后，粮秣弹药短缺，却仍组织严密，纪律严明，军民融合，寓军于民，执行力非常强。所以毛泽东在《论持久战》中说，“很多人对于官兵关系、军民关系弄不好，以为是方法不对，我总告诉他们是根本态度（或者是根本宗旨）问题，这态度就是尊重士兵和尊重人民。从这态度出发，于是有各种的政策、方法、方式。离开了这态度，政策、方法、方式也一定是错的，官兵之间、军民之间的关系便决然弄不好”。

明朝宰相张居正说，“治理之道，莫要于安民；安民之道，在于察其疾苦”。中国有句古话，“上下同欲者胜”。就企业来说，经营管理者要反思自己，对待员工的根本态度，到底是全心全意、一心一意，还是半心半意、三心二意。即使工作环境再好，工艺装备再精良，待遇再高，如果管理者不能与员工同甘共苦、打成一片、“察其疾苦”，就无法走进员工的内心，得不到员工的认可，团队、组织也会失去战斗力。

一些管理者和班组长，见到领导像“和珅”，低声下气，点头哈腰；对待员工像“泰森”，颐指气使，趾高气扬，这是一种以官为本、以官为贵、以官为尊的官本位价值观在作怪，企业要坚决反对。管理者和班组长要以一个普通员工的姿态出现在基层和员工面前，决不可自高自大，“摆架子”、显官威，而要“苦兵之苦，乐兵之乐”，真正做到“知民心、懂民情、解民意”，毛泽东“官兵一致”的管理思想，在军队中体现为“干部只有在战士当中，才能在战士心中”。

带队伍就是带人心。孟子说，“得人心者得天下”。海尔的张瑞敏说，“企业对员工忠诚，员工反过来就会对你忠诚；对员工负责，员工反过来就会对你负责”。因此，以情带兵的关键在于深怀爱兵之心，要端正对员工的根本态度，做到“对上以敬，对下以慈，对人以诚，对事以真”。

二是改变工作方法。带兵就要爱兵。人是万物之灵，是讲感情的。中国人特别看重一个“情”字，讲究“士为知己者死，女为悦己者容”，“为朋友两肋插刀”。一些经营管理者和班组长在管理方式上有军阀习气、土匪作风，态度冷漠，语言生硬，工作方法简单粗暴，加上正面宣传不够，甚至过度渲染、夸大公司一些风险，造成员工对企业的认知错误，以及内心的畏惧与不安，以致生产一线员工没能深入了解和适应公司环境。

管理重在服人，不是压人。以身作则，以理服人，简单罚款不是好办法。领导力不是管理他人、命令他人，而是感染他人、帮助他人、成就他人，让团队不是为你干，而是跟你干，是为共同的目标、共同的利益去干。经营管理者和班组长要尊重员工的人格，官兵平等、上下一致，以员工利益为重，反对军阀主义、土匪习气，反对不苟言笑，板着个脸，反对言语污辱，对员工动辄训斥。管理者的架子越大，员工越不买你的账。

老话说，“种瓜得瓜，种豆得豆”。因此，经营管理者尊重、理解和善待员工，员工也会尽可能努力工作回馈公司；企业对员工好，员工也会热爱我们的企业。一个优秀的经营管理者要有热情、有激情、有感情地投入工作中，要与员工打成一片，和员工做朋友，而不是去做“侦探”，去挑刺。经营管理者和班组长的工作方法要有人情味，通过定期召开座谈会、恳谈会、一对一谈心等方式，与员工加强沟通，增进了解，与员工交心、交朋友，在思想上、工作上、生活上关心关爱员工，为他们排忧解难，做到思想先行，精神聚众，不断改进工作作风。

三是改变工作环境。通过工艺改进、精益改善、岗位布局优化等，不断改善“硬环境”；营造和强化人文关怀的“软环境”，使员工的劳动强度更低，工作环境更好，工作氛围更优。大家一起来，大家一起干，成绩归功于员工。

四是改变工作待遇。工作待遇包括物质和精神上的待遇，适度将工作待遇向离职率较高的岗位倾斜，工作劳动强度大、技能要求高的岗位，员工工资、津贴和奖金应重点提升。通过提高技工技师比例，实施“传帮带”“以师带新”等制度，提升员工技能，提高员工的荣誉感，实现岗位与薪酬的平衡。

五是改变作休制度。保障员工的合理作休制度，优化员工作休时间，让员工劳逸结合，提升员工满意度。

六是改变考核制度。改变态度是做好人员管理的第一步，而考核制度是对人员管理结果的保障。人事部门应定期通报人员流动情况，对员工管理优秀的部门予以奖励，对员工管理表现较差的部门给予处罚，使员工管理与部门绩效考核挂钩。

要以情带兵，坚持“宽严并济、张弛有度”。“带兵用人”，有两个极端不可取：一是不管不问，听之任之，放弃管理；二是以罚代管。管理者的行为可以分为两个维度，对员工的管理要求和对员工的关心，二者之间存在四象限的关系。一是对员工漠不关心，对工作放弃要求。这类管理者是贫乏型领导，既不关心人，也不关心生产，只要维持现状就可以了。二是对员工充分关心，对工作放弃要求。这类管理者是“乡村俱乐部型”的领导者，与员工“哥俩好”，只注重支持和关怀下属，表现出对员工关怀备至，创建一种舒适友好的工作氛围，但是根本不关心生产工作任务和效率。三是对员工漠不关心，对工作严格要求。这类管理者是“军阀式、霸权式”的任务型领导，管理者只注重生产工作任务，而根本不关心员工的需求、个人成长和职业发展，对人的因素基本上采取漠视的态度。四是对员工充分关心，对工作严格要求。这类管理者是团队型领导，既关心工作也关心人，宽严并济、刚柔并济、张弛有度，在组织内部形成一种相互信任和依赖的氛围，员工的士气和工作效率都得到提高。

当然，“以情带兵”，以人为本，并不是溺爱、宠爱、放松和放纵员工，并不是不敢向员工提要求、给任务，而是宽严并济，将严格要求与充分关心、关爱和关怀结合在一起。严与宽是对立统一的，要有效结合起来，灵活处理。宽不是把员工宠着、哄着、捧着，不敢严明纪律，不敢严格要求，纵容迁就；严不是冷面铁心，简单粗暴地对待员工，而是“无情的纪律，无情的制度，有情的领导”，做到该严则严，当宽则宽，严中有宽，宽中有严，宽严有度。所以，宽与严是相辅相成的，缺一不可。

一个优秀的管理者和班组长，一定是一个会“带兵”的管理者，在管理过程中，能处处以理服人，以诚感人，以情动人。只有坚持“晓之以理，动之以情”，与员工真诚相待、平等相处，才能带好团队、凝聚人心。

公司致力于成就员工“两袋”（“脑袋”“口袋”）和“两途”（“钱途”“前途”）的成长目标，充分关心员工、严格要求员工，为员工创造机会，成就员工成长，把员工的成长目标跟企业的发展目标结合在一起，把员工个人的自我价值融入企业的社会价值，把员工的个人追求融入企业的长远发展，不断增强企业的凝聚力和向心力，营造企业与员工利益命运共同体，思想上同心同德，目标上同心同向，行动上同心同行，最终实现共赢共享。

- 对上以敬，对下以慈，对人以诚，对事以真。
- 无情的纪律，无情的制度，有情的领导。
- 将严格要求与充分关心、关爱和关怀结合在一起，该严则严，当宽则宽，严中有宽，宽中有严，宽严有度。

从一线选拔战将

有新入职的员工问道："安利会重用什么样的员工，新入职的员工应该朝着什么方向去努力？"这个问题问得很好。我认为，德才兼备，是企业选拔人才的基本要求。"小企业做事，大企业做人。"企业重用什么人、提拔什么人，会形成一种导向，其他人就会努力往这个方向走。企业要大力重用、提拔深耕市场、扎根现场，在基层和一线锻炼、成长起来的员工。

坚持在基层一线培养锻炼干部。基层和一线是施展才华的大舞台，是成长成才的"练兵场"。在基层一线，可以摸清一个人有没有实干精神，也可以检验一个人到底有没有工作能力和创新能力。要注重在公司基层一线发现、培养、使用干部，让干部经历市场、现场的磨炼。要把市场一线、技术一线、生产一线和管理一线作为展示员工最好的舞台，让他们在合适的岗位上施展才华、增长才干。

温室里长不出参天大树，实践是让员工成长成才、培养好干部最管用、最有效的办法，干部要经风雨、见世面，接地气、增底气，在实践锻炼中砥砺品质、提高本领。一个人本事再大，本领再高，如果不贴近基层和一线，不深入市场和现场，脱离基层、脱离实际，工作就会成为无源之水、无本之木。在基层工作中直接面对员工和客户，面对现场和市场，在矛盾多、困难多、挑战性强的地方，不仅是锻炼打磨的最好舞台，更是成长发展的最佳平台，让员工和干部在基层一线这个大熔炉里发挥优势、补齐短板、快速成长。

中国有句古话，"宰相必起于州郡，猛将必发于卒伍"。意思是，贤臣良相都是从地方官提升起来的，骁勇善战的将领都是从士卒提拔上来的。为什么呢？因为这些人来自基层，更了解百姓的疾苦和战场的形势，也就能够更好地制定方针政策。

俗话说，"万丈高楼平地起"，"基础不牢，地动山摇"。一个人想要成长、成才、成功，绝非一朝一夕、一蹴而就之功，需要付出艰苦的努力，打牢基础。学历再高，本事再大，没有扎实的基本功、基本知识和基本技能，也不会走得长远。没当过排长连长的人，让他直接去当军长、司令，能做得好吗？显然不能。只有在实践和实战中练好基本功，才能提高能力，熟能生巧，才能游刃有余，炉火纯青。

美军有一套严格的晋升制度，首先在第一线服役人员中筛选，有没有进入过危险地带，进入危险地带后有没有接触敌对火力，与对方发生交火行为后有没有受过战伤？他们的军官提拔依据这样的优先级：第一级是在前方打过仗、受过战伤的，第二级是接触过敌对火力的，第三级是进入过危险地带的，第四级是在前方总部服役的。至于在后方五角大楼或参谋长联席会议服役，就只能排到第六级了。把一个没有战争经验的人，直接放到将军的位置上，是危险的。

所谓“西点好战”现象也来源于此：美国西点军校毕业生想去危险地带听枪响炮声，想去前线打仗。并非他们不惜命，而是要想晋升，就必须到前方、到战场去。没有经历过危险体验，没有面对过敌人，没有扣动过枪的扳机，没有带过兵、打过仗、负过伤，是不会得到提拔重用的。

作为美国五星上将之一的艾森豪威尔，虽然是平民出身，但通过自己的努力，戎马半生，战功卓著，也是唯一当上总统的五星上将。他从西点军校毕业后，选择了菲律宾作为服役地点，在多次重大军事演习中表现出色，指挥有方，显示出“军人外交家”的本领，受到了上级关注。1952 年他当选美国第 34 届总统，主持白宫达 8 年之久。

鲍威尔是美国历史上首任黑人国务卿。他没有显赫的家族背景，也没有世袭的财产，他的家庭甚至不是当年美国主流社会里的一分子。他从军后，在战场上久经考验，并展现出卓越的能力。从他们的晋升之路可以看出，真正经受过战火考验的，才能成为真正的将军。

坚持从基层一线优先选拔干部。企业的战场就是市场一线、技术一线、生产一线和管理一线，没有真正接触、服务过客户，没有从事过具体的开发，没有在一线解决过生产问题，无法成长为一名优秀的干部。

公司优先重用提拔奋战在市场一线、技术一线、生产一线和管理一线的员工，而不是那些只会在办公室里高谈阔论、耍嘴皮子的人。坐在办公室工作的员工，只有在基层积累了工作经验，从事过具体事务，才能更好地在工作中独当一面。

近年来，一些来公司时间不长的专业技术人员得到了重用提拔，为什么破格提拔他们？因为他们能够沉下身子，在一线磨炼了扎实的基本功，能吃苦耐劳，有献身精神，勤奋敬业，满怀激情和热诚，十二分地投入工作。这是公司所倡导的：优先选拔上过战场，打过仗、打过胜仗的人，坚持从战场上选拔将军，将军只能在战场上产生。

初创时期的华为，抓住西方巨头都不愿做战略投入非洲和拉丁美洲市场的机会，克服重重困难，在非洲和拉丁美洲市场做到了第一的位置。非洲条件艰苦人所共知，任正非说："我们要在艰苦地区，培养一批优秀的干部，这是公司的既定方针。但是上甘岭是不会自动产生优秀干部的，但优秀的干部必然产生在艰苦奋斗中。"

千琢成器，百炼成钢。多样性的实践环境和角色锻炼，有利于干部的成长成才。要把真正经过实践检验的干部，敢闯敢干、善作善成、任劳任怨，有基层工作经验的"战将""良才"选出来、用起来。

- 温室里长不出参天大树，实践是让员工成长成才、培养好干部最管用、最有效的办法。
- 把一个没有战争经验的人，直接放到将军的位置上，是危险的。
- 企业的战场就是市场一线、技术一线、生产一线和管理一线，没有真正接触、服务过客户，没有从事过具体的开发，没有在一线解决过生产问题，无法成长为一名优秀的干部。

亮出“成绩单” 大家来评判

事业成败在于人。一个企业做得好不好，主要取决于中高层管理干部的能力和状态。干部做得好，员工就做得好。企业昂扬向上的士气、求真务实的风气、只争朝夕的干劲、攻坚克难的闯劲、永不懈怠的韧劲，都要靠中高层管理者去带动。

为了让干部有心有力，有激情、在状态，公司积极借鉴学习并推广应用公开述职和全视角评议，让经营管理人员在“期中和年度大考”中，通过“德、能、勤、绩”四个维度，公开亮成绩、比业绩、查不足、明方向，以“亮出成绩单、大家来评判”的述职评议，为勇于担当、敢打敢拼、苦干实干的干部搭建展现自我风采、接受公开评议的舞台，努力提振各级干部干事创业的精气神。

第一，公开述职和全视角评议，有利于增进了解、增强互动交流。公司现有 2800 多名员工，发展任务重，部门多、人员多，然而无论是同级与同级之间，还是上级与下级之间，都希望彼此了解，得到别人的尊重、理解、信任、关心和支持。

增进了解，促进理解，围绕共同的目标和愿景努力奋斗，最有效的方法之一是加强沟通。公开述职与全视角评议，就是一个加强沟通、增进了解的好办法。“打完仗”必须复盘。通过促进上下级之间、部门之间、经营管理层与员工层之间的总结分析、交流互动，从而增进了解，减少误解，促进理解，进而达到互相支持、互相配合的目的。

第二，公开述职和全视角评议，有利于加强监督、科学评价。绩效考核作为生产经营管理工作中的重要环节与关键环节，应该强化，公开述职和全视角评议就是加强考核与监督一种较好的方式。

过去公司对经营管理人员的监督，更多是上级对下级的监督，这是不够全面和充分的，其实同级之间、上下级之间也应该互相监督，内部客户之间更应该互相监督。干部干得好不好，通过公开述职，全视角、全方位地评议，多元化、多维度地评价，更加客观公正。一年下来，“照照镜、洗洗澡、正正衣”，有利于干部成长。

不要狭隘地认为，只有中高层管理人员需要公开述职，安利是公开上市公司，作为公司法定代表人、董事长和总经理，我也要向董事会、股东大会作《总经理工作报告》《董事会工作报告》等，接受董事、独立董事、监事、股东及社会各界的监督与评价。各级管理人员都必须接受来自上级、同级、下级和内部客户的监督、支持与协同，董监高还要接受股东、媒体和社会的监督。

第三，公开述职和全视角评议，有利于强化以客户为中心的服务意识。公司的核心价值观第一项就是“市场导向”，绝对不能脱离市场办工厂。高管不是公司的最高领导，市场、客户才是最高领导。没有客户，企业将无法生存。

海尔的张瑞敏说：“在传统经济时代，员工听上级的；在当今时代，老板听员工的、员工听客户的。”公司不希望在公司内部形成“正三角”式的官僚关系，不希望员工简单地向上级负责，甚至取悦上级，面向上级开展工作。而是希望建立一个“倒三角”式的关系，全员支持营销，服务客户，面向客户开展工作。此外，公司内部组织是一个市场链、价值链，要营销围着客户转，生产围着营销转，供应围着生产转，职能部门围绕着产、供、销运转，所有的资源、系统、员工都围绕客户来转，下一道工序是上一道工序的客户。因此，在公开述职和全视角评议中，公司特别加强了内部客户及下一道工序的评分权重。

第四，公开述职和全视角评议，有利于经营管理方式由“对人负责”向“对事负责”转变。有些企业的干部，只唯上、不顾下，不唯实、不唯真，把对上级负责放在重要位置，把工作、任务和目标放在次要位置，而且对同事、下级不够尊重、友好和协同，以此换取个人利益和资本，这是大错特错的。上级的评价是重要的，但只是一方面、一部分，应广泛接受来自同级、下属的评价，更应接受内部客户的评价。只有这样才能更好地对事负责，对流程负责，对客户负责，对公司的发展负责。

公开述职和全视角评议，不是简单的汇报工作，也不是简单的“走马观花”式述职，而是通过述职，营造干部“在其位、谋其政、司其职”的良好氛围。组织内部不要“卿卿我我”，搞个人主义、小团体，工作绩效好不好，职位是否调整晋升，薪酬是否增减，不是一两个上级说了算，而是科学评价说了算。下级不要以为与某位上级搞好关系，就可以晋升加薪、投机取巧、安稳度日了。阳光可以灭杀细菌，在公开、公正、公平和透明的环境下，细菌无处逃遁，可以杜绝滋生腐败。所以公司坚持采用“阳光下的”公开述职和全视角评议，对事负责、对流程负责，而不是简单地对人负责、对上级负责，努力营造风清气正、心齐劲足的干事创业氛围。

- “打完仗”必须复盘。一年下来，“照照镜、洗洗澡、正正衣”，有利于干部成长。
- 干部干得好不好，必须接受来自上级、同级、下级和内部客户的全视角、全方位的评议，多元化、多维度的评价。
- 阳光可以灭杀细菌，在公开、公正、公平和透明的环境下，细菌无处逃遁，可以杜绝滋生腐败。

团队制胜

随着公司的发展，员工队伍壮大，工作变多，公司有的部门领导冲锋陷阵、身先士卒，这种精神是值得肯定的，但是光有这种精神不一定能带领好队伍、管理好队伍。组织管理者能否成功，不是看他个人能做多少事，而是看他能不能带领团队做事。“火车跑得快，全靠车头带。”然而，如果车身不上轨道，车头再能干，也带不动车身这个庞然大物。

事业成败在于人，管理者要处理好“带兵”与“当兵”的关系，在以身作则的同时，带好队伍，集中众志，集合众力，群策群力，充分发挥团队的力量，改变创业初期“草根式”“游击队式”的管理发展模式，向系统化、科学化的“正规部队”和团队作战制胜的管理发展模式转变。

团队就是力量。要知道，单靠一个人永远做不成大事，大事不是一个人就能完成的。个人的力量是有限的，团队的力量才无穷大。所谓团队和团结，就是大家为了共同的目标聚集在一起。团队里的每个人都应该是一种“胶”，相互间可以很好地粘连。而如果一个人把自己看作“油”，把他人看作“水”，那么“油”将会孤独地漂浮在上面，遇到风吹浪打，就会被拍得七零八落。正如有首歌所唱：“团结就是力量，这力量是铁，这力量是钢，比铁还硬，比钢还强！”只要团结一致，心往一块想，劲往一处使，在企业中，就没有办不成的事情。

《淮南子》中有：“千人同心，则得千人之力；万人异心，则无一人之用。”如果一千个人同心同德，就可以发挥超过一千人的力量，可是，如果一万个人离心离德，恐怕连一个人的力量都比不上了。“三个臭皮匠，赛过一个诸葛亮”，“众人拾柴火焰高”，“一箭易断，十箭难折”等，都说明了团队和团结的重要性。

随着市场竞争日益激烈，企业要想在竞争中占据一席之地，靠什么？是靠企业家、高管的个人英雄主义，还是靠少数人的单打独斗？都不是。只有通过团队协同才能完成任务，团队之间紧密合作才能赢得胜利。一千个不成功的企业，可能有一千个不成功的理由；但一千个成功的企业，必然会有一个重要的成功因素，那就是有上下同欲、左右同心、精诚合作的团队。

经营管理者不是必须样样都拿得起来，样样都比下级强，才能服众，才能使团队组织有效。关键是要善于以“团队建设”取代“权威管理”，取代“个人管理”，关键是要打造一支能打胜仗的团队。

狼从来不会单独作战，靠团队制胜，这是狼群的生存之道。即使是在极度饥饿的时候，狼群中的个体也不会离开自己的团队独自去觅食，无论团队处在什么环境中，每一匹狼都能够与狼群共进退、同患难。华为公司之所以能取得骄人业绩，华为人的总结中有一条就是“狼性精神”，其核心就是团队精神、进取精神。狼有 3 种特性：反应敏捷、善于发现猎物、集体攻击。华为公司员工有一个共同的理念：“胜则举杯相庆，败则拼死相救。”任正非总结为：我们公司唯一的武器是团结，唯一的战术是开放。华为认为“狼性”是企业应有的精神，要向狼学习“狼性”，团队制胜永远不会过时。

上下同欲者胜。孟子说，“天时不如地利，地利不如人和”。战争的胜利，必须靠将帅士卒同心协力，团结奋战，即“上下同欲者胜”。企业管理也是如此，只有企业上下紧密地团结在一起，企业内部同心协力，企业才能更好地发展。上下一心，是企业发展的关键因素。如果团队中的成员各自为政，互不协同，整个企业的战斗力就会受到影响。人心涣散、有令不遵、各行其是，这样的团队是没有任何战斗力的。

企业如何做到“上下同欲”？我认为，主要是做到“四同”，即目标同向、价值同一、行为同步、工作同力，心往一处想、劲往一处使，大家一起来、大家一起干，营造企业与员工的利益共同体、命运共同体。同心山成玉，协力土变金。成功，需要攻坚克难的精神，更需要团队协作的合力。

团队利益高于个人利益。个人利益应服从团队利益。团队的对立面是英雄主义、个人主义、自由主义，刚愎自用，独断专行，听不得不同意见；爱出风头，居功自傲，自以为无所不能，所向披靡，主观武断；轻视集体智慧和力量，把个人的作用凌驾于集体之上。集体主义主张个人利益应当服从团队、组织和企业的集体利益，是一种团队精神，是大局意识、服务意识和协作意识的综合体。不论时代如何发展，集体主义精神都不会过时。

没有完美的个人，只有完美的团队，必须在维护团队利益的前提下，发挥个人能力。如果过分强调个人英雄主义，就会缺乏合作精神，各自为政，目标各异，团队利益被淡化，整个队伍会成为一盘散沙，不堪一击。

有一本书《蓝血十杰》，说的是二战后美国十名退伍空军后勤校官英雄的故事，他们是朋友，忠诚拥护彼此的使命，抱着“要去就十个人一起去，要么就不去”的想法，组成了一支前所未有的团队，他们共同应聘，集体加入美国福特公司。他们曾建功“战场”，又立业“商场”，统一意志，荣辱与共，凭借团队的智慧和力量，把数字化管理引入企业，使福特公司从低迷不振中重整旗鼓，扭亏为盈，再现辉煌。他们被称为“蓝血十杰”，又被称为美国现代企业管理、美国商业史第一团队。

人聚在一起叫聚会，心聚在一起才是团队。公司核心价值观其中一项是团队制胜。我多次说过，公司是一个“干事业的团队”，而不是“干事情的团伙”，更不是一个松散的团组。团组或团伙是以自己或者小圈子的利益为重，随机、短视行为多，为了一点小利就可以忘记组织的目标，把组织纪律、章法抛在脑后。而公司是团队作战，有共同的价值观和愿景，有远大的理想和目标，团队中的成员为了共同、明确的目标紧紧地抱在一起。

团队“1 + 1>2”，团伙“1 + 1<2”。团队力量方向一致，力可叠加，呈现乘法效应；团伙力量方向各异，力在递减，呈现递减效应。不团结、各自为政、组织内耗，是企业最大的经营成本，而且这种成本损耗是潜在的、看不见的，是巨大的。因此，打造一支团结一致的组织团队，是企业持续健康发展的根本。

优势互补，合作共赢，造就强大团队。合作是当今社会的主旋律，不管是个人、组织还是国家，无一不是在进行各种形式的合作。单靠个体的力量很难成功，即使有所成功也很难发展、做大。合作是把彼此的资源和优势整合到一起，形成远远超出个体的力量，取得成功或快速发展。

中国有个成语，叫“狼狈为奸”。这个成语虽然是贬义词，但是给了我们一些启示。狼和狈，是两种长相十分相似的野兽，不同的是，狼的两条前腿长，两条后腿短；而狈却是两条前腿短，两条后腿长。它们经常合作觅食，先由狼骑到狈的脖子上，然后狈站起来，把狼抬高，再由狼越过羊圈把羊偷出来。后来，人们就根据这种现象总结了“狼狈为奸”这个成语，用来形容那些相互勾结干坏事的人。但是，从另一个角度看，狼和狈是一个优势互补的组合，为了共同的目标走到一起，并且学会了合作的技巧，懂得取长补短，相互利用对方的优势资源弥补自身缺陷。

人各有才，人各有技，人各有能。一个人的力量是有限的，依靠团队的力量才能做成大事。管理的本质就是把“我”变成“我们”，知人善任，用人之长，容人之短，不求全责备。

《西游记》就是团队制胜的典范，有意志坚定的领导者唐僧，有战斗力超群、攻坚克难的孙悟空，有左右逢源、善于“取巧”的猪八戒，有任劳任怨的沙僧，以唐僧为首的取经团队，靠唐僧的人格魅力和执着精神，组成了最佳的互补团队，经历九九八十一难，最终取得真经，修得正果。其成功的关键在于团队的成员优势互补、能岗匹配，都能发挥自己的效用和最大潜能，形成了一个坚强的团队。

汉高祖刘邦曾说，“论运筹帷幄之中，决胜于千里之外，我不如张良；论抚慰百姓供应粮草，我不如萧何；论领兵百万，决战沙场，百战百胜，我不如韩信。可是，我能做到知人善用，发挥他们的才干，这才是我们取胜的原因”。刘邦知人善任，合理组合人才，在成就大业的过程中，众多文官武将纷纷投奔他的队伍。在团队成员的辅佐下，刘邦建立了汉王朝。

梁山一百零八位好汉背景不同，志向各异。起初水泊梁山整个组织班子松散，经历了王伦、晁盖等不同头领的领导指挥。王伦心胸狭窄，不善管理；晁盖缺少价值主张。而宋江义不及卢俊义，谋不过吴用，勇不如鲁智深，但是以“忠义”统率全军，吸引聚集了各路英雄好汉，如箭术过硬的小李广花荣，勇猛无比的黑旋风李逵，熟谙水性的浪里白条张顺，日行千里比赤兔马还快的戴宗、能飞檐走壁的鼓上蚤时迁等，组成一支各有所才、各有所长、优势互补的梁山大军。

在一个企业内部，要想做成事业，完成重要工作，很难靠某一个人完成，往往是靠一个团队。企业的经营管理层需要一个目标和价值观一致、能力优势互补的核心团队，人不是全能的，只有形成一个团队，发挥各自的优势和长处，才能把整个企业经营管理好。我常说，组织中的职能部门和员工个体，如同散落的珍珠，干部的作用就是那根线，要把散落的珍珠串起来，组成一串美丽的项链，形成和提高整体价值。

企业需要鹰一样的个人、雁一样的团队。鹰是天空的强者，具有“刚强、坚强、迅敏、进取”的性格，具有强大的单兵作战能力。雁具有“协作、信服、服从、关爱”的禀性，能够很好地开展团队协作，雁组队飞行比独自飞行速度提高，耐力提高。

企业不仅需要鹰一样的个人，更需要雁一样的团队；不仅需要猎鹰振翅的能力，还需要群雁的团结翱翔，即团队成员既要拥有强大的个体单兵作战能力，又要具有很好的整体团队协作精神，以团队制胜。

企业需要“冠军队”，而不是“明星队”。企业像一支球队，目标是像比赛一样赢球，赢得生存和发展。一支优秀的足球队，不仅有经验丰富的领队和教练，还有技术精湛的前锋、中场、后卫、守门员等，只有每个人都能各司其职，互相配合，特别是做好彼此之间的传球、卡位、补位，整个球队贯彻教练意图，整体运转，协同作战，才能在比赛中获得胜利。当球队中个人过度自我表现，不去实现团队优势时，比赛往往会以失败告终。

企业不应倡导个人英雄主义。如果员工过分追求个人优秀，希望自己成为英雄，就会只关注自己，而忽略周围的人。这种个人英雄主义会导致整体失调、失衡，互相协同、协助减少。企业不需要个人英雄主义，需要的是“英雄连”“英雄团”，需要的是英雄集体，反对个人刷存在感，反对个人逞能，反对个人显示自己、表现自己。应倡导淡化个人色彩，虚怀若谷，提倡集体主义，立足企业发展大局，树立企业利益至上的意识，充分协同，真正做到资源共享、信息共享，发挥整体效能。

小处尊重个人，大处尊重团体；小成功靠个人，大成功靠团队。公司没有“专家”，没有“明星”，更没有“超级明星”。只要每个员工和谐奋力配合，开展团队合作，发挥整体价值，就会成为企业、组织的“冠军队”。公司要围绕共同目标，统一思想，统一认识，统一行动，同心同德，同向同行，同频共振，打造企业竞争的“冠军队”。

- 如何做到“上下同欲”？主要是做到“四同”，即目标同向、价值同一、行为同步、工作同力。
- 企业的员工个体、职能部门如同散落的珍珠，干部的作用就是那根线，要把散落的珍珠串起来，组成一串美丽的项链，形成和提高整体价值。
- 企业不仅需要鹰一样的个人，更需要雁一样的团队。

将公司利益放在首位

作为经营管理者，一定要明白一个道理：公司的利益永远是第一位的。在工作中绝对要不得半点得过且过和偷奸耍滑的行为。只有公司发展了，经营管理者才能获得施展才华的土壤，得到更好的发展机遇。企业经营管理者要不忘初心，牢记使命，遵章守纪，勤勉尽责，恪尽职守，忠诚于自己的岗位，忠诚于企业，忠诚于公司的事业，始终把企业利益放在首位，追求企业价值最大化。

一是“受人之托，忠人之事”，始终把公司利益放在首位。接受了别人的委托，就要忠实地去办理。无论是在企业还是在政府工作，不管从事什么岗位，都要忠诚于法律，忠诚于事业，忠诚于组织，忠诚于职守。在企业中，就是要忠于股东之托、上级之托、客户之托、同事之托，这是一种美德，是一种信誉和一种责任，是经营管理者应该遵守的基本职业道德和行为准则。

一个人做到了“受人之托，忠人之事”，就会得到别人的信任和尊重。一个企业如果能够做到，那么它得到的不仅仅是良好的经济效益，更是无价的诚信和社会效益。

在工作中要把公司利益放在首位。首先，不能自私自利，中饱私囊，损公肥私，违法乱纪，不能做损害公司利益的事情，这是最起码的要求；其次，要努力减少公司风险，维护公司利益，追求公司利益最大化。这是公司的使命所在，职责所在，义务所在。如果经营管理者都不考虑公司利益，不始终把公司利益放在首位，又怎么会得到公司重用，公司又怎么会考虑你的利益?

二是“恪尽职守，勤勉尽责”。这是全球企业对经营管理者提出的基本素质要求。“勤勉”，要求企业经营管理者勤奋、敬业、忘我、投入，在状态、有激情；“尽责”，要求企业经营管理者不能“当一天和尚撞一天钟”，不能得过且过、混日子，而是在其位，司其职，谋其政，有作为，忠于职守，守土有责，守土尽责，积极担责。

有为才有位，有位更须有为。对于企业经营管理者来说，就是要实干与作为。干事创业容不得慵懒懈怠，企业发展容不下“不为”。干部、干部，就是

“干”字当头，既要想干、愿干、积极干，又要能干、会干、善于干，其中想干、愿干、积极干又是最重要的。“在其位不谋其政”，是企业、组织系统的“癌细胞”，必须清除，不能因为个人的懈怠和懒散而损害整个组织的效率及利益。

作为企业经营管理者，应该始终把公司利益放在首位，始终把公司之托当作信任、当作责任、当作使命，始终以高昂的热情、积极的心态，全身心地投入干事创业中，想为、敢为、善为，一级做给一级看，一级带着一级干，公司队伍就会风清气正，心齐劲足，战无不胜，攻无不克。

- 受人之托，忠人之事；恪尽职守，勤勉尽责。
- 有为才有位，有位更须有为。
- 一级做给一级看，一级带着一级干。

第六篇

发展为要　因势作为

企业中的“第一”

企业生产经营管理是环环相扣的，每个环节都十分重要，因此在企业经营管理中，产生了很多关于“第一”的理念。“创新是第一动力”“科学技术是第一生产力”“人力资源是第一资源”“市场为根”“客户第一”，还提出“质量第一”“信誉第一”“安全第一”“环保至上”等，都是非常精辟的论述。

这些“第一”之间是一种平等并列的关系，几个要素之间“和而不同”，既相互明显区别，又彼此密切联系。可是要进一步明确，“发展是第一要务”，与创新、科技、人才、客户、市场、质量、安全和环保等“第一”的理念，是并列关系。这些“第一”的理念，都以促进企业高质量发展为目的，以实现良好的经济效益、生态效益和社会效益，促进企业持续健康发展。

“科学技术是第一生产力。”这是邓小平同志在 1988 年提出的关于科学技术发展趋势和现状的论断，科学技术是现实的、直接的生产力，能够与生产力诸要素全面融合，促进生产效率的大幅提高。改革开放以来，从中国改革开放总设计师邓小平提出“科学技术是第一生产力”，到习近平总书记提出“创新是引领发展的第一动力”，40 年多来，科技和创新已成为一个国家兴旺发达，一个企业、一个组织持续发展的不竭动力，国家的一切发展成就，企业、组织的一切发展进步，都与科技、创新紧密相连。

“人力资源是第一资源。”随着知识经济时代的来临，人力资源已上升到第一资源的重要位置。“人力资源”的概念最早由管理学家德鲁克于 1954 年提出，中国人力资源管理专家也指出，人力资源是企业最宝贵的资源，“人力资源是第一资源”，“人力资本是第一资本”。人力资源之所以为第一资源，是因为人具有主观能动性。人力资源对生产力的发展起着决定性作用，对企业发展战略和经营策略的实施起着保证作用。企业能否在日益激烈的竞争中生存和发展，关键在于企业是否具有核心竞争力，而核心竞争力主要来自人。松下幸之助说，“事业成败在于人”。企业成败取决于人的能力、素质、激情和热忱。人才强、创新强，才能实现管理强、企业强。一句话，市场上一切的竞争，归根结底是人才的竞争。要想成为优秀的企业，就必须有能够经营优秀企业的人才。

“市场为根”“客户第一”。市场与客户是企业存在的唯一理由。市场是企业最高领导，客户是企业最高标准。在企业经营过程中谁最大？不是董事长、总经理最大，也不是公司副总、总监、部门经理最大，更不是公司内部的某个部门最大，而是市场最大、客户最大、消费者最大，只有客户才能给企业订单，有了订单，企业才能获取利润。企业经营要以市场为导向，以客户为中心，一切围绕市场办工厂，一切听市场的、听客户的、听消费者的。

“质量第一。”质量是企业的生命，市场经济中，什么都可以变，唯独“质量第一”的要求不能变。不管做什么产品，不管在什么时候、什么情况下，都要坚持以“质量第一”为价值导向，牢固树立“质量第一”的强烈意识，坚持优质发展、以质取胜。

“信誉第一。”诚实守信是“立人之本”“立企之本”。信誉是企业的灵魂，有了它，企业才能生存和发展；信誉是品牌的基础，良好的信誉是品牌的前提。产品 = 人品，质量 = 道德，企业要持续发展，做大做强，必须始终把依法合规、诚信经营和规范运作放在首位。

“安全第一。”安全是 1，其他为 0，有了安全，就是 10000；没有了安全，其他的 0 再多也没有意义。一步登不上高山，一步可以走下深渊；万无一失，一失万无；一着不慎，满盘皆输。管理者切实履行安全生产管理，是法律法规赋予的职责，也是企业从事管理工作的职责，管生产必须管安全，管业务必须管安全，事前预防，事中管控，就是抓住安全的根本。

“环保至上。”《中华人民共和国环境保护法》明确规定“环境保护坚持保护优先、预防为主、综合治理、公众参与、损害担责的原则”，将保护优先作为五项原则之首，意味着当经济利益与环境利益相冲突时，应优先考虑环境利益，经济发展不应当超过环境自身的承载能力，社会经济的发展不能以牺牲环境为代价来换取。环保工作应守土尽责，守土有责。

发展是企业的第一要务。“发展是第一要务”，发展是企业的本质要求和根本任务。毛泽东思想、邓小平理论、“三个代表”重要思想、科学发展观，以及习近平新时代中国特色社会主义思想，指导了中国社会主义革命和建设，也形成了中国共产党人的发展观。毛泽东说，落后就要挨打。邓小平说，发展是硬道理。2002 年，我党提出，必须紧紧抓住发展这个党执政兴国的第一要务。2003 年，我党又提出，聚精会神搞建设，一心一意谋发展。近年来，习近平总书记旗帜鲜明地指出，中国特色社会主义进入新时代，并多次在讲话中强调“必须坚持以发展为第一要务”。

中国共产党和几代领导人的讲话，都紧紧抓住“发展是第一要务”这一主题，带领党和国家坚持以经济建设为中心，使祖国实现了从“追赶”到“引领”的跨越。但是需要看到，我国仍处于并将长期处于社会主义初级阶段的基本国情没有变，是世界最大发展中国家的国际地位没有变。“发展是硬道理”，“发展是第一要务”，是解决我国一切问题的基础和关键。

公司 1994 年成立，20 多年来，面对复杂多变的宏观形势，以及快速变化的市场环境，一直批判“恐快”“恐大”，不思进取、小富即安、小胜即满的错误思想，变革创新，追求发展，从小到大，从弱到强，战胜重重困难，成长发展为全球聚氨酯复合材料行业的领导品牌，于 2011 年 5 月在深交所公开上市。可以说，公司的创业史，就是一部发展史。实践证明，“发展是硬道理”，是企业的“第一要务”。

- 企业发展中有很多关于“第一”的理念。这些“第一”之间是平等并列的，几个要素之间“和而不同”，既相互明显区别，又彼此密切联系。
- “发展是第一要务”，与创新、科技、人才、客户、市场、质量、安全和环保等“第一位”的理念，是并列关系。这些“第一”的理念，都以促进企业高质量发展为目的。
- “发展是第一要务”，发展是企业的本质要求和根本任务。

发展是第一要务

一个企业要想做大做强，要有持续存活下去的能力与适应力，首要任务是生存与发展，能够活下来，比别人发展得长久，就是成功者。如果一个企业、组织没有强烈的发展意识，在面对宏观形势下的诸多压力和困难、风险与挑战时，就会惶恐和退缩。因此，成长和发展是企业一切经营管理工作的出发点与落脚点，是企业的终极目标。从一定意义上说，企业逻辑就是成长逻辑，就是发展逻辑。

党的十九大报告提出，“必须坚定不移贯彻创新、协调、绿色、开放、共享的发展理念”。2015 年 10 月，习近平总书记在《关于〈中共中央关于制定国民经济和社会发展第十三个五年规划的建议〉的说明》中指出：“发展理念是发展行动的先导，是管全局、管根本、管方向、管长远的东西，是发展思路、发展方向、发展着力点的集中体现。发展理念搞对了，目标任务就好定了，政策举措也就跟着好定了。”

公司经营管理过程中，存在发展不平衡不充分问题，这些问题是发展中的问题，是前进中的问题，是成长中的烦恼，必须在发展中得到解决。

又好又快发展。科学发展观对于企业经营管理有着非常重要的指导作用，其第一要义是发展，核心是以人为本，基本要求是全面协调和可持续，根本方法是统筹兼顾，追求又好又快发展。

在企业经营管理中，创新、人力资源、客户、质量、安全、环保等，与发展不是矛盾对立的关系，而是辩证统一的关系，是相辅相成、相互促进的关系。创新和客户是资源，人力资源、质量是保障，创新、客户、人力资源和质量等是企业的立身之本与发展之基，只有抓好创新、人才、客户、质量和管理等，强本固基，才能在激烈的市场竞争中掌握主动权，企业才能行稳致远。安全、环保是企业不可触碰的红线和底线，是不能逾越的“生命线”，只有牢牢守住这道防线，在发展中管安全、抓环保，在管安全、抓环保中促发展，才能实现企业发展与资源、环境相协调，实现经济效益、社会效益和生态效益的和谐统一。创新、人力资源、客户、质量、安全、环保等是强调发展中的“好”，只有发展得“好”，才能发展得“快”，才能实现又好又快发展。

速度、规模、质量与效益统筹发展。增长与发展不是同一概念。增长是量的变化，体现为速度和规模，由小变大，由慢变快。发展是质的变化，体现为质量和效益，是企业在速度和规模增长的基础上，由小变大，由大变优、变强、变好。增长是发展的基础，没有规模和营收的增加，没有市场覆盖面和影响力的扩大，就谈不上发展。

企业发展既要追求速度，又要坚持以人为本，坚持统筹兼顾，追求有市场、有技术、有质量、有活力和有效益的发展，坚持不断优化结构，好中求快，优中求精，坚持全面、协调和可持续的高质量发展。

发展是全面、协调和可持续的发展，发展既要规模，更要质量；既要速度，更要协调。不是盲目追求高速度、高成长，盲目追求跨越式发展、跳跃式发展，盲目做大、做“胖”，“身体笨重、反应迟钝”，更不是追求所谓的“技术领先”“产品领先”，而是正确认识和处理当前发展与长远发展、局部利益与全局利益、发展的平衡与不平衡的关系。

速度、规模、质量和效益，在企业经营管理中是有机统一的整体。速度是基础，效益是目的，质量是前提，规模是手段，四者必须保持动态的协调发展。要建设资源节约型、环境友好型企业，切实走新型工业化道路，坚持集约发展、清洁发展、安全发展，实现可持续的高质量发展。要依靠科技进步和员工素质提高，依靠管理能力进步，大力提高原始创新能力、集成创新能力和引进消化吸收再创新能力。促进和谐关系是公司发展的重要目标和必要条件，应坚持效率优先、兼顾公平，使员工共享发展成果。

当今世界正在发生广泛而深刻的变化，当代中国也正在发生广泛而深刻的变革，机遇和挑战前所未有，机遇与挑战并存，机遇大于挑战。必须抓住和用好战略机遇期，坚持发展是第一要务，聚精会神搞建设，一心一意谋发展，求真务实，锐意进取，不断超越和取得新的成绩。

- 发展是全面、协调和可持续的发展，既要规模，更要质量；既要速度，更要协调。
- 只有发展得“好”，才能发展得“快”，才能实现又好又快发展。
- 速度、规模、质量和效益，在经营管理中是有机统一的整体。速度是基础，效益是目的，质量是前提，规模是手段，四者必须保持动态的协调发展。

环保至上

20 世纪以来，全球环境问题呈现出扩张和恶化趋势，如臭氧层破坏、全球气候变暖等，已逐渐演变成全球性问题，关系到人类的生死存亡。60 年代，美国一位生物学家写了一本书叫《寂静的春天》，书中写到农民为了提高农作物产量而使用杀虫剂，农药把虫子杀死了，鸟吃了虫子也死了，结果原本鸟语花香的春天变成了寂静的春天。在全球生态危机的严峻现实面前，保护生态环境已经刻不容缓。

我国在 20 世纪 80 年代初就提出了经济发展、社会发展和环境发展同步进行，经济效益、社会效益和环境效益协调统一的发展观，提出并确立保护环境为基本国策，可持续发展为国家战略，建设资源节约型和环境友好型社会，生态环境保护的战略地位不断提升。特别是党的十八大以来，我国把生态文明建设放在更加突出的位置，将生态文明写入了宪法和党章，习近平总书记将污染防治列为三大攻坚战之一，国家全面打响了蓝天、碧水、净土保卫战，生态环保被提到了前所未有的高度。

企业经营管理要素中，安全、质量、技术、成本、人力资源十分重要，然而应该切实把生态环保放在十分突出和重要的位置。企业坚持绿色发展，我认为，主要工作有以下几点。

一是提高站位。创新、协调、绿色、开放、共享的新发展理念中，绿色发展的本质就是要处理好发展中人与自然的关系。作为节约资源、保护环境的重要主体，企业更要承担起重视环境保护、重视生态环境的社会责任，争当生态文明建设的主力军和排头兵，满足人民群众对建设美好环境和美丽中国的需要。因此，企业要把生态环境保护放在生产经营之前，放在盈利之前和之上。

党的十九大报告指出，“人民美好生活需要日益广泛，不仅对物质文化生活提出了更高要求，而且在民主、法治、公平、正义、安全、环境等方面的要求日益增长”。随着人民生活水平的不断提高，人民群众的需要更加多样化、多层次和多方面，只讲“物质文化需要”，显然已经不能真实全面反映人民群众的愿望和要求，人民群众期盼有更舒适的居住条件、更优美的环境、更丰富的精神文化生活。可以说，过去讲“温饱”，现在讲“环保”；过去重“生产”，现在重“生态”。习近平总书记多次强调“我们既要绿水青山，也要金山银山。宁要绿水青山，不要金山银山，而且绿水青山就是金山银山。我们绝不能以牺牲生态环境为代价换取经济的一时发展”，“保护生态环境就是保护生产力，改善生态环境就是发展生产力”。绿水青山既是自然财富、生态财富，又是社会财富、经济财富。绿色、生态，就是保护自然价值和增值自然资本，就是保护经济社会发展潜力和后劲。

党的十八大以来，国家坚持用最严格的制度、最严密的法治保护生态环境，目前，国家关于生态环境方面的法律 20 余件，行政法规 30 余件，部门规章 80 余件，强制性环境标准 200 余项，形成了完善的法治框架体系，立法力度之大、修订次数之多、执法尺度之严，前所未有。

红线不能碰、底线不可越，企业要坚决贯彻党和国家的重大决策部署，自觉严格遵守国家法律法规，知法、懂法、遵法、守法，统筹处理好生态保护与企业发展之间的关系，持之以恒地坚守生态保护红线，严守环境质量底线，谨守资源利用上线，才是守住了企业发展的“生命线”，才能让企业绿色颜值更美，效益成色更足。

企业、组织和自然人一样，在成长发展过程中，会形成自己的品格。这种品格，是企业在经营管理活动和社会交往中体现出来的品质、作风、境界、格局、追求和情怀。一个企业、组织，要想长期生存、发展，不仅要遵守法律法规，更要遵守一定的道德规范。企业、组织经营得好不好，取决于它的意识、道德和品格。重视生态环保，坚持绿色发展，是企业最主要的优秀品格之一。作为发展中的中小民营企业，必须站在道德的高地上来经营企业。

公司生产经营不仅追逐利润，更追求企业价值最大化，是经济效益、社会效益和生态效益的和谐统一，唯有如此，企业才能生存和持续健康发展。企业经济效益重要，环境价值更重要。公司效益理念是综合的、全面的、和谐的，企业坚持正确合理的效益价值观，促进企业持续、健康和稳定发展。

二是提标升级。公司始终高度重视生态环保工作，始终坚持“经济效益、社会效益和生态效益和谐统一”的效益理念，积极推行绿色生产工艺。从 2010 年开始，公司就坚定不移、持之以恒地布局具有国际先进水平的水性无溶剂工艺技术，积极开展水性无溶剂材料开发生产，得到苹果、耐克、丰田、宜家、

ZARA 等众多国际知名品牌青睐，打造绿色、生态的核心竞争力，支撑企业不断获取可持续竞争优势。

公司公开上市以来，累计投入 2 亿多元引进先进的环保技术和工艺设备。2020 年，公司新增投资约 1200 万元，新增两套先进的 RTO 废气治理设施，减少挥发性有机污染物 VOCs 排放，提高环境质量。公司还投入 300 多万元，自主安装厂界 VOC 在线监测设备，自主引进走航监测车辆，24 小时实时向社会公众主动公开公示主要特征污染物在线监测数据，在环保工作方面主动、自觉接受政府和社会公众的监督。公司的这些举措，是在坚持绿色发展中的自发行为、自主行为、自觉行为，是以更高的标准、更严的要求提升和推进生态环保工作。

三是提升管理。时至今日，必须懂得生态、绿色和环保也是企业的绩效。过去，有一些企业认为，环保投入会增加企业运行成本，影响企业利润。但是，随着人们对环境问题的认识不断深入，人们的观念开始发生根本性转变，企业主动承担环保责任，加大环保投入和环境保护力度，成为提升企业形象和企业竞争力的重要因素。注重生态、绿色和环保的企业更受市场青睐。此外，资源的循环利用还大大降低了企业的生产成本。企业承担生态环境责任，其实是一件“名利双收”的好事情，不是只有投入，还能为企业带来“阳光下的利润”、可持续发展的利润。因此，追求生态绿色发展没有任何讨价还价的余地，必须做好，否则难以生存，更谈不上发展。

绿色、生态、环保工作只有起点，没有终点，永远在路上。企业高度重视绿色、生态、环保，走可持续发展之路，不是一朝一夕的事情，需要持续投入，需要全员、全方位、全过程参与。企业要有这样的大局观、整体观和长远观，筑牢红线意识、底线意识，增强危机感、责任感和使命感，尤其是经营管理者要达成高度共识，大力调整产品结构、变革生产方式，加大生态环保投入和绿色技术的开发与应用，实行“四个抓”，不断提升绿色发展水平。

一是“一把手”抓，落实“管理同责、一岗双责”。环保管理是“一把手”工程，公司建立健全环保领导组织，扛牢、压实责任，做到“管业务必须管环保、管生产必须管环保”，主要部门的“一把手”，要亲自抓、负总责，切实履行环保管理工作第一责任人职责，宁可事前负责也不事后追责。

二是一起抓，各个部门和全员都要抓。环保管理工作不是单靠环保管理部门抓起来的，而是靠全员行动、团队的力量，齐抓共管、综合治理，实现环保信息共享，提高环保管理协同关系。

理念是行动的先导，是发展思路、发展方向、发展着力点的集中体现。只有认识提高，才能形成行动自觉。要牢固树立环保至上、生态优先、绿色发展的理念，在思想观念、工作标准和行动举措上来一次彻底的自我革命，坚持做绿色发展的推动者、践行者，要像爱护眼睛一样爱护生态环境，积极营造环境保护、人人有责、从我做起的浓厚氛围。

三是一体抓，软硬结合，抓管理、抓工艺。末端治理是低层次、低水平的，先污染后治理这条路是走不通的。企业要在环保投入持续加大的前提下，加强源头设计，积极采用新装备、新工艺、新材料和新技术，积极开发应用水性无溶剂工艺技术，大力开发硅基、生物基、可回收、可降解等绿色生态产品，努力实现低碳和绿色生产，推动企业生产经营与生态环境保护相协调、相促进，促进全球同行业的技术进步和转型升级。

在此基础上，加强过程控制，积极推行清洁生产，实现循环经济的减量化、再利用和资源化，严格管控生产过程与末端治理，以“零容忍”态度，坚持不懈地抓好废水、废气、废渣、余热等减量排放、综合利用和循环使用。充分利用自动化、信息化、智能化系统，为生产管理提供支持，促进形成低消耗、可循环、低排放、可持续的生产运行方式，显著提升生态环保工作的智能化控制水平。

四是一线抓，在一线发现问题、落实任务、推进工作。一些干部和员工对身边环境问题的小事不以为然、视而不见，甚至不去纠正，对污染防治存在“头痛医头，脚痛医脚”的现象。实际上，班组长和员工最了解现场环境及设备的运行状况和“脾气”，最应该对污染源和存在的隐患心知肚明。经营管理者要深入现场，深入一线，获取第一手信息，掌握真实情况；要加强环保宣传，做好舆论引导，培养员工的环保意识，提高敏锐性，炼就一双“慧眼”，及时发现并消除隐患，努力减少污染对环境造成的影响。

环境保护并不是发展的包袱，而是推动企业高质量发展的重要抓手，抓环保就是抓发展质量，就是抓可持续发展。要坚定不移地走绿色、生态、低碳和循环发展的阳光大道，成为绿色发展坚定的实践者，让绿色成为公司高质量发展的亮丽底色。

- ✦ 持之以恒地坚守生态保护红线，严守环境质量底线，谨守资源利用上线，让企业绿色颜值更美、效益成色更足。
- ✦ 重视生态环保，坚持绿色发展，是企业最主要的优秀品格之一。作为发展中的中小民营企业，必须站在道德的高地上来经营企业。
- ✦ 环保管理工作要“一把手”抓、一起抓、一体抓、一线抓。

胸怀全局“一盘棋”

2020 年，全球宏观经济形势严峻复杂，全球新冠肺炎疫情的演变、中美关系的走向、欧洲债务危机、地缘政治等都具有较大的不确定性，世界处于百年未有之大变局，世界政治经济面临前所未有的挑战。变局之下如何开新局？我认为，首先要用辩证的、联系的、发展的眼光看待形势，胸怀全局，走好“一盘棋”，处理好企业发展的几项关系。

一是处理好“危”与“机”的关系。在困难和挑战面前，大多数人首先想到“危”，感觉天要塌下来了，有“灭顶之灾”了，就悲观失望、消极等待、听天由命、听之任之了，过度放大问题和困难。其实困难并不可怕，可怕的是自己被自己吓倒了。

毛泽东在《新民主主义论》中说，“不破不立，不塞不流，不止不行”。从另一个角度来看，危机何尝不是一件好事呢？就像感冒会唤醒一些沉睡的免疫力一样，要自省、自觉，更要自信。危机的到来是苦练内功，提升管理，增强免疫力和抵抗力的一个绝好机会。

当前，中国正处于百年未有之大变局，变局中“危”与“机”同生并存，克服了“危”就是“机”。因此，要正视危机，不能以偏概全，只讲“危”不讲“机”，杞人忧天，或者只讲“机”不讲“危”，高枕无忧，而是要集中精力做好自己的事情，危中见机，危中寻机，化危为机，赢得先机，于危机中育新机，于变局中开新局。每一次危机都是一次重新洗牌的机会，对于一个企业来说可能就是一次“弯道超车”的良机，企业只要谋划得早、应对得准、落实得快，就能率先走出危机，抢得先机。

二是处理好“稳”与“进”的关系。稳中求进，稳是主调，稳是大局。公司生产经营管理的各个环节、各个方面都要以稳为基础，以稳为底线。只有稳了，才可以求进；只有稳了，才能向好。稳中求进，是以稳求进、以进促稳，使稳和进良性互动，从而促进企业发展中各种关系的协调与平衡。

当前宏观经济形势复杂多变，有的经营管理者畏难止步，对困难躲着走、绕着走；有的甚至消极应付，说起来天下无敌，做起来有气无力。思想上懈怠，行动上疲软，措施上乏力，本质上是思想问题、作风问题。一味求稳，反而不稳，消极被动地求稳怕乱是企业变革发展的大忌。如果只有“求稳思维”，没有“进取精神”，就会导致决策“走偏”，战略“泡汤”。

“稳”是企业做好生产经营工作的总基调，是主基调，是大局，强调稳字当头，就要扎实做好稳客户、稳开发、稳生产、稳投资、稳员工、稳收入等工作，抓重点、锻长板、补短板，实现稳增长。

稳中求进，进是方向，进是目标。发展是硬道理，发展是企业第一要务。没有发展、没有进，就不可能真正实现稳。进，必须立足实际、把握规律、科学发展；进，必须是科学的进、理性的进、协调的进、高质量的进。进，要质量第一、效益优先，要协调推进、有序推进，不能单兵突进、盲目冒进；进，要诚信经营、规范运作，要品牌引领、创新驱动，要以人为本、和谐发展，要生态优先、绿色发展。

中国有句话，“逆水行舟，不进则退”。如果不努力向前，就会在原地踏步，别人都在进步，我们就是在退步。“逆水行舟用力撑，一篙松劲退千寻。”思想上松动一寸，行动上可能就会相差一尺。因此，决不能有“打好一仗，就一劳永逸”的想法，不能有“初见成效，见好就收”的想法。经营管理工作没有完成时，只有进行时；经营管理工作永远在路上，永远没有休止符。成绩来之不易，公司的发展正在“爬坡过坎”，公司不能退，也退不起，必须坚持稳中求进，持续提升发展质量和经营效益，奋勇前进，昂首前进。

三是处理好“好”与“快”的关系。“好”是指发展的质量和效益，“快”是指发展的速度。公司发展至今，综合实力雄厚，行业地位领先，但是应清楚地认识到，公司发展不足、发展不强、发展不平衡的矛盾依然存在，资产、资源没有充分利用，较大的投入没有实现较大的产出和较高水平的增长，规模优势没有充分发挥。做大做强仍是公司未来一段时期的发展主题。

公司设备、土地、人员、市场等资源都配置良好，具备又好又快发展的条件，因此，要立足于“快”，做大规模，以高市场占有率、高市场覆盖率作为支撑，在此基础上，积极转型升级，推进高质量发展，追求“好”。这个“好”，是基于“品牌引领、创新驱动、智能制造、智慧管理、绿色生态”的“好”，一切评价标准都要反映在业绩上，反映在良好的、可持续的利润上，从而实现有价值的发展、可持续的发展，创造超额的贡献，为员工、客户、股东和社会创造良好的回报。

当然，“快”不是一键按下快进键，盲目追求高速度、高成长的增长，欲速则不达；“好”也不是为和谐而和谐，追求平平稳稳、四平八稳的发展。而是在重视发展速度的同时，更要重视发展的质量和效益，把创新、质量和效益放在更加突出的位置，“好”字当头，以好带快，好中求快，好中做强，又好又快，持续健康发展，实现质量、效益和速度统筹发展。

四是处理好“远”与“近”的关系。远与近是指纵向的时间跨度。要统筹好当前与长远的关系，防止只顾当前、不顾长远，或者奢谈长远、脱离当前，真正做到抓当前、想长远。

一方面，做好长远规划与阶段性目标的有机结合，加强对宏观形势与经济运行的深层次分析研究，为公司未来发展打下更好的基础；另一方面，兼顾好当前利益和长远利益，摒弃短视效应、防止急功近利，立规划、定计划、作决策，都要从长计议，当前有成效、长远可持续的事要放胆去做，当前不见效、长远打基础的事也要努力去做。

总而言之，公司经营管理者要牢固树立高度自觉的系统思维和全局意识，自觉从全局看问题，把工作放到大局中去思考、定位，去认清局势、服务全局、贡献大局，把思想和行动统一到发展大局中，努力做到目标同向、价值同一、行为同步、工作同力。

- 每一次危机都是一次重新洗牌的机会，对于一个企业来说可能就是一次“弯道超车”的良机，只要谋划得早、应对得准、落实得快，就能率先走出危机，抢得先机。
- 稳中求进，是以稳求进、以进促稳，使稳和进良性互动，从而促进企业发展中各种关系的协调与平衡。
- “好”字当头，以好带快，好中求快，好中做强，又好又快，持续健康发展，实现质量、效益和速度统筹发展。

企业发展的“力”

在某年度安利网上业绩说明会上，有股东提问：“安利的竞争对手是谁？”我的回答是，“公司最大的竞争对手不是别人，正是我们自己”。因此，面对客户的要求和自身的成长，公司要持续提高能力，永不懈怠、永不自满、永远向前，不断超越。

海尔曾总结分析到，经营管理企业就像推球上坡。企业如同斜坡上的球体，承受着外部市场竞争的压力，以及内部资源、条件和能力不足，还有员工懈怠的下滑力。为了让球体在斜坡上不下滑且向上移动，必须对球体施加推动力和拉动力。否则，球体会下滑，企业发展会陷入停滞或下滑。

下滑力是企业发展的阻力。斜坡上的球体，有着自然向下的趋势。这种向下的力量包括：一是外部环境的压力，根据波特五力分析模型，有 5 种力量的不同组合变化，最终影响企业的竞争战略和利润变化，分别是供应商的议价能力、购买者的议价能力、潜在竞争者的进入能力、替代品的替代能力、行业内竞争者的能力；二是内部资源、条件和能力的不足，以及员工懈怠带来的下滑力，归根结底是态度、能力和管理问题。

如果球体在斜坡上没有推动力、拉力或牵引力，或者动力不足以抵消下滑力和阻力，球体必然滚下。因此，经营管理企业，就是要想方设法对球体施加推动力、拉力或牵引力，来对抗企业外部竞争压力和内部懈怠阻力，使动力大于阻力，避免球体下滑。

推动力和牵引力形成企业发展的合力。为使企业在斜坡上保持不下滑，且加速向上移动，需要赋予球体向上移动的动力，从而形成企业发展的合力，合力越大，球体上升越高，企业发展越快。具体来说，企业向前发展的动力包括：一是增强管理力与执行力，强化管理，加强流程重组和变革，提高组织效率；二是增强创新力与运营力，积极开发应用新设备、新工艺、新技术，积极开发新产品、新品种、新品类，适应市场和客户不断变化的需求，加强观念创新、组织创新、技术创新、营销创新、管理创新、体制和机制创新，最终实现系统创新、综合创新和持续创新；三是增强产品力与服务力，快速响应客户需求，坚持以高性价比的产品，为客户提供增值服务；四是加强营销力与品牌力，积极整合渠道，密切客户关系，加强品牌宣传和促销推广；五是增强凝聚力与向心力，不断提高员工薪酬福利待遇，为员工做好职业生涯规划，增强员工自豪感、幸福感和获得感，提高员工素质，建设高效团队；六是增强学习力与思考力，转变自身观念，主动适应变化，加强学习，提高能力；七是增强生命力与活力，加强企业文化建设，不断创新，追求卓越。

以上“七力”也可以从三个维度概括为“三力”，加强管理。“三力”是营销力、产品力、管理力，是企业经营管理的“铁三角”，三者相辅相成，缺一不可。具体来说，要在把握市场需求，了解市场动态，适应客户需求，为客户创造价值上下功夫；在拓展渠道，密切客户关系，提升客户满意度和信任度上下功夫；在开发优化产品上下功夫；在深化管理、降本减耗、提质增效、流程再造上下功夫。

企业中的每个人应该成为经营管理发展中的一个支点，瞄准目标，心往一处想，劲往一处使，提高内力和能力，保持定力和耐力，提升魅力和活力，才能形成企业发展向上的合力与核心竞争力，促进企业健康稳定和持续成长。

要化压力为动力。斜坡球理论带来了一些启示，即面对外部市场竞争的压力和内部的管理懈怠，企业要保持危机感和紧迫感。我常说，“有危机感的企业没危机，没危机感的企业有危机”。我们应对变化和危机，要有明确而深刻的认知，辩证地看待“危”与“机”，把危机感转换为鞭策自己不断奋进的动力。

青蛙效应告诉我们，如果把一只青蛙放到热水锅里，它就会因为感受到巨大的痛苦而像触电般迅速跳出锅；如果把青蛙放进冷水中慢慢加热，它就会因为惰性不会立即跳出锅，而是慢慢适应惬意的水温，等水温高至无法忍受时，它已经来不及或者没有能力跳出锅了。人天生有惰性，不到迫不得已不会改变现有的、还说得过去的行为和做法。如果一个经营管理者、一个部门、一个企业，安于现状，反应迟钝，麻木不仁，就像温水煮青蛙，等危机到来时就晚了，来不及或者没有能力变革了。

“生于忧患，死于安乐”，经营管理者要对市场和环境变化时刻保持敏感和警觉，及时感知变化、快速响应变化，尽早地变、主动地变、积极地变，重视点点滴滴的变化和变革，从而带动影响整体、全局性的变化，积小胜为大胜，形成强大的变革和创新的力量，增强企业的适应能力和竞争发展能力。变则通，通则达，唯有变革才能“活”得长远，唯有创新才能“活”得更好。

- 经营管理企业就像推球上坡，要想方设法对球体施加推动力、拉力或牵引力，来对抗企业外部竞争压力和内部懈怠阻力，使动力大于阻力，避免球体下滑。
- 营销力、产品力、管理力是企业经营管理的“铁三角”，相辅相成，缺一不可。
- 提高内力和能力，保持定力和耐力，提升魅力和活力，才能形成企业发展向上的合力与核心竞争力，促进企业健康稳定和持续成长。

功力和定力

公司优势明显、体系健全、成长可期。总体而言，挑战与机遇并存，机遇大于挑战，公司处于良好的战略机遇发展期，未来大有可为。面对复杂严峻的宏观形势，公司要有定力和担当，要敢于冷静应对经济下行压力，敢于面对艰难险阻，敢于容忍和承受短期调整的“阵痛”，去谋求更长、更好的发展；同时，需要积极自我磨炼与修炼，涵养相应的功力，不能惊慌失措，把当前的形势既看作挑战，也看作机遇。

公司要提高功力，坚守定力，一以贯之坚持走自己的发展道路。只要道路选择正确，不怕路远，不畏坎坷，最终能达到终点，实现公司远大的理想和目标。

首先，要提高功力，增强战略意识。“功力”是指内功和力量。战略决定成败，如果一个企业战略缺失，那么这个企业是走不长、走不远的。而且，一个企业的规模在发展、变化，如果经营管理者的思想、观念不变，能力、水平不变，不能适应企业发展的需要，企业也走不长、走不远。就像一个人长高了，还在穿过去的裤子和鞋，肯定是不合适的。因此，经营管理者要加强学习，不断提升素质与能力，与公司发展的规模、速度相匹配。要根据环境的变化，在实现目标的过程中，对阶段性小目标、行动计划等中短期目标规划，进行适度调整修正，但是公司的发展战略和愿景目标不得简单、随意改变。先实现一个一个的小目标，随着时间的推移，实现长远目标一定是水到渠成。

要提高功力，苦练内功，不仅要有激情、有热忱、有素质，还要有战略思维和头脑，有目标、有计划，善于排兵布阵、布局谋篇。中国有句古话，“人无远虑，必有近忧”。古人的先训告诉我们，要处理好长远利益与眼前利益的关系，敢于舍弃小利而图大利，舍弃枝叶而图根本，审时度势，深谋远虑，未雨绸缪，从容应对；要处理好全局与局部的关系，全局在胸，宏观在握，才能使自己处于主动地位，立于不败之地；要处理好系统与要素的关系，追求整体效益，分清主次、轻重、缓急，有所为、有所不为。谋势重于谋事，进退有序，攻守有节。

其次，要坚守定力。成功源于目标，目标源于行动，行动源于措施。如果只有目标，没有行动，再美好的愿景也不会成为现实，就像挂在墙上的画一样，只能让人欣赏。要耐得住寂寞，禁得住辛苦；要有把战略执行到底的定力、耐力、毅力；要有决心、恒心、专心、耐心。从容坚定地朝着既定的目标持续奋斗，永不言败，永不放弃。

中国有句古话，“水滴石穿，绳锯木断”。《荀子·劝学》中有一句话，“蚓无爪牙之利，筋骨之强，上食埃土，下饮黄泉，用心一也”。蚯蚓没有锋利的爪牙，坚强的筋骨，却能上吃泥土，下饮地下水，可以在地面和地下自由活动，这是专心致志的缘故。

实现目标的过程是“痛苦”的，需要毅力、耐力、耐心和坚守。坚守定力，要“熬”。有一首歌唱得好，“没有人能随随便便成功”，“不经历风雨，怎能见彩虹”。成功来自努力、卖力，来自勤奋、拼搏和奋斗。对于认定的目标，选准的事情，要排除一切干扰、争取一切机会，将成功的可能变成成功的现实。

“行百里者半九十。”我们都有登山的经验，虽然已经爬得很高了，看到顶峰就在不远处，但往往这是最艰难的时候，很多人常常在这个时候坚持不住，退了下来，结果失去了登顶的机会。所以说，在制定了正确的战略之后，就要重在执行、贵在坚持，要按照既定的目标，遇山开路，逢河架桥，不断解决前进路上各种各样的问题。只有毫不动摇，持之以恒，有定力和耐力，执着前行，战略目标才能实现，才能看到更美丽的风景。

- 提高功力，坚守定力，一以贯之坚持走自己的发展道路。
- 看到顶峰就在不远处，往往是最艰难的时候，很多人常常在这个时候坚持不住，退了下来，结果失去了登顶的机会。
- 在制定了正确的战略之后，就要重在执行、贵在坚持，要按照既定的目标，遇山开路，逢河架桥，不断解决前进路上各种各样的问题。

企业发展辩证法

世界上一切事物都处于相互联系中，没有任何孤立存在的事物。正如生物的发育生长，离不开阳光和水分，而水的形成又离不开氢元素和氧元素。毛泽东在《矛盾论》中指出：“一切事物中包含的矛盾方面的相互依赖和相互斗争，决定一切事物的生命，推动一切事物发展。”他还说，“事物矛盾的法则，即对立统一的法则，是自然和社会的根本法则，因而也是思维的根本法则。”

季节有冷暖，经济有周期，行业有波动。外部世界千变万化，挑战众多。外部的环境、形势，是企业无法改变和决定的，能做的就是改变自己，加强内部企业管理，促进企业管理进步。工作千头万绪，不能“眉毛胡子一把抓”，事无巨细、事必躬亲，那就是有“三头六臂”也招架不了。经营管理者应该善抓工作，统筹管理，统筹好全局与局部、重点与一般、当前与长远的关系，弹好发展的“钢琴”。

一是要抓全局，带局部。企业的全局工作是什么？企业与客户、供应商，与债权人、股东，与党政机关、银行等社会各界的关系，是全局；企业内部产、供、销、人、财、物的关系，是全局；企业各职能部门之间的关系，也是全局。什么工作是局部？公司产品开发改进、降本减耗、提质增效等专项工作，是局部；公司各职能部门的具体工作，是局部。

在实际工作中，一些经营管理者视野狭隘，“头痛医头，脚痛医脚”，认为只要做好局部工作就可以了，不具备全局性的战略眼光。举个简单的例子，某项成本是下降了，效率却降低了，质量也跟着出问题了。因此，局部的改善，并不意味着全局的改善。如果没有全局的分析预判，就会迷失方向。管理就像在“救火”，只注重局部和细节，而忽视全局的现象不改变，即使工作得再辛苦、再劳累、再疲惫，战略和目标也难以实现。

古人云：“不谋万世者，不足以谋一时；不谋全局者，不足以谋一域”，这是讲全局观的重要性，企业必须具备全局视野，胸怀全局，统观全局，善抓全局；必须从全局出发，做好局部，不能单打一，更不能走极端。就像人的体内要和谐，任何营养元素过量都会导致体内失衡，一旦失衡，身体就会出问题。总体来说，要用系统全面的观点，来组织好企业经营管理工作，不能顾此失彼，不能视野狭隘，陷入直线思维。

二是要抓重点，带一般。企业的重点工作是什么？重点市场、重点客户、重点产品，是重点；重点产品开发改进项目，重大工程技改项目，重大降本减耗、重要质量提升项目，是重点。古人说，"举网以纲，千目皆张；振裘持领，万毛自整"。毛泽东说过："有句古语，'纲举目张'。拿起纲，目才能张，纲就是主题。"这告诉我们做事要抓住关键，抓住重点，解决了主要矛盾，其他问题就会迎刃而解，事半功倍。

弹钢琴不能十个指头一起弹，否则就会不成调子，做工作不能"眉毛胡子一把抓"，否则就会乱了头绪。要从错综复杂的工作中，进行分析比较，找出对全局影响最大、最有决定意义的主要矛盾和矛盾的主要方面，抓重点、重点抓，集中力量去解决，并且在抓重点过程中应小心谨慎、深思熟虑，如登楼攀高的阶梯，只有稳步循序渐进，依次拾级而上，才能顺利到达目的地。

抓重点工作的同时还应分清"轻重缓急"。一般人习惯于做自己喜欢的事、感兴趣的事，或者范围之内的事，简单易做的事，以及条件资源都具备的事，这种做事方法是错误的。

其实，正确地做事要抓住关键，首先是"轻重"，其次是"缓急"。重要又紧急的事情，一定要全力以赴、积极解决；重要的、非紧急的事情，放在第二解决；紧急的、非重要的事情，放在第三解决；非紧急的、非重要的事情放在最后解决。

以前公司客户资源少，"捡到篮里就是菜"，现在客户不断增多，要把客户按照重要性、贡献率来分类，战略性的 A 类客户要重点支持和保护，要倾斜资源、政策。在公司发展的不同阶段，主次矛盾不尽相同。1999 年，我刚主持经营管理工作的时候，资金是主要矛盾，要重点抓。而现在主要矛盾是提高效益，当务之急是多接订单，使资产得到充分发挥和有效运作，降低费用，提高利润；重中之重是做好常规产品的降成本，以及战略客户的积极开发和培育。

三是要抓当前，想长远。企业的长远工作是什么？员工队伍培养，人才梯队建设，是长远；产品、客户和技术构思与储备，是长远。要在做好当前工作的同时，兼顾长远的工作，不能只盯着今天，不看明天；或者只做好当月的工作，不考虑未来几个月甚至几年的工作。

国内有些中小民营企业为什么做不好，或者时好时坏，就是因为抓机会、炒短线、玩概念、挣快钱，急功近利，过分看重眼前的利益，缺少战略规划，“脚踏西瓜皮，滑到哪里是哪里”，因而不能持续发展。在生产经营管理过程中，有些干部常常用静止、僵化的眼光看问题，对材料、设备、技术、客户和人才储备情况缺少预测分析，缺少超前谋划意识，总认为“已经够了”，结果导致断料缺料、人员不足、设备故障、资源短缺等。

高手下棋，总能比别人多看一步或两步。松下幸之助有著名的“水坝”理论，资金、产品、人才、技术、客户和设备等都要有“水坝”，就是用发展的眼光看问题。就像人一样，过胖、过瘦都不好。同样地，任何资源都不宜过多或过少，既不能形成浪费，更不能造成短缺，要有一定的安全储备量，要适时、适地、适量、适质。经营企业就像持家过日子一样，控制开支，平衡资源，资源不过量是对的，但资源绝不能不足，一定要有合理储备。如果没有一定的余量、准备和储备，一旦遇到问题，就会仓皇失措，影响企业整体资源要素的发挥。

企业要加强分析、计划与预测，不能简单地用过去的资源、条件来平衡现在的工作，不能简单地用现在的资源、条件，去规划未来几年的工作及目标；要用未来的计划、目标，去规划和计划现有及将要投入的资源。

《吕氏春秋》中有一个《刻舟求剑》的寓言故事：楚国有一个渡江的人，他的剑从船上掉进了水里，他赶紧在船上刻了一个记号，说“我的剑是从这里掉下去的”，船停止了，他就从做记号的地方下水去找剑。试想，船已经走了，剑却没有走，像这样去找剑，不是很糊涂吗？企业做任何事情，都要善于运用辩证的思维谋划发展，思考在前，计划在前，预测在前，行动在前。只有立足当前，着眼长远，才能未雨绸缪，防患于未然。

- 抓全局，带局部，不能“头痛医头，脚痛医脚”。
- 抓重点，带一般，要“纲举目张”，分清“轻重缓急”，不能“捡到篮里就是菜”。
- 抓当前，想长远，如高手下棋，总能比别人多看一步或两步，才能未雨绸缪，防患于未然。

“九位一体”统筹发展

未来，企业面临的经营环境依然复杂多变，面对新形势，要增强忧患意识，保持战略定力，坚定必胜信心，把外部压力转化为变革创新、持续发展的强大动力，集中精力办好自己的事，在各种挑战、风险面前“不畏浮云遮望眼”“乱云飞渡仍从容”，抢抓机遇，乘势而上。公司经营管理要以经济效益为中心，外抓市场，内抓管理，提质增效，坚持“‘九位一体’统筹发展”的总方针。

一是速度与效益统筹。坚持速度与效益并驱。充分发挥公司资源优势和规模优势，提高产能利用率，保持产销量、营收规模上的中高速增长。坚持依靠技术创新、管理提升和员工素质提高，促进技术进步，增强公司竞争力，实现更好的经济效益和社会效益，实现速度、质量和效益统筹发展，高质量发展、可持续发展，坚持稳中求进，好中求快，又好又快。

二是增量与提质统筹。坚持客户转型与产品转型并重。一手抓大众市场和常规产品的增产增量，充分利用资产，避免资产闲置，稳定扩大常规产品销售，增强发展后劲，增份额、摊费用、扩销售；一手抓高技术含量、高附加值产品的开发销售，坚持中高端市场定位，加大开发国内外头部企业客户业务，以新优产品参与全球市场竞争，努力扩大优势产品、新兴产品的开发销售，提高效益。在做大总量的同时，不断调整优化结构，统筹规划核心、开发、种子三层业务体系，巩固提升核心业务，积极发展开发业务，创新培养种子业务，提升公司核心竞争能力，提升发展质量，增强发展后劲。

三是增收与节支统筹。坚持开源与节流并举。坚持一手做“加法”，上质量、上品种、上规模、上效率、上收入、上效益，努力提高销售收入；坚持一手做“减法”，减成本、减费用、减能耗、减低效富余人员、减不合理流程、减不合理制度、减无效开发、减不合理产品设计、减不具有成长性的客户、减不合理资金占用等，努力降低采购成本、生产制造成本、能源成本、配方设计成本、管理运行成本，提高资产利用率，提升盈利能力。

四是开发与营销统筹。坚持对内整合要素，提升能力，整合好产品、质量、成本、价格、交期、服务，增强盈利能力；对外积极培育拓展客户，努力整合渠道关系，做好促销和产品推广，注重产品开发改进及营销策略组合，开发服务营销和客户，适应不断变化的市场需求。

五是国内市场与国际市场统筹。立足国内国际两个市场，充分利用国内国际两种资源。对内开发国内市场，对外拓展国际市场，实行差异化竞争，巩固传统市场保存量，开辟新兴市场上增量。

六是市场与现场统筹。坚持外抓市场与内抓管理并行。对外加大市场开拓力度，积极拓展渠道关系，努力培育和发展客户，密切客户关系，提高客户满意度，扩大销售收入。对内强抓管理，加强变革，不断提高自主创新能力、增强员工素质；更加注重管理变革、流程重组、组织再造，积极推进自动化、信息化和智能化建设。

七是企业管理与管理企业统筹。坚持产品运营与资本运营并重。建立健全公司内部控制体系，管好队伍、管好纪律、管好过程，理好关系、理好组织、理好目标、理好资源、厘清职责，统筹配置好资源，做好“产、供、销”和“人、财、物”等要素的整合协调，改进提升企业管理。进一步规范企业法人治理结构，因势利导做好资本重整重组，坚持以企业可持续发展和企业价值最大化的原则来经营管理企业，努力提高公司市值，提高公司法人治理水平和风险防范能力。

八是内涵提升与外延扩大统筹。坚持内部提升与外部拓展并进。坚持科技革新、提速增效与素质提升，坚持“战略导向、品牌引领、创新驱动、智能制造、智慧管理和绿色生态”发展理念，促进企业技术进步和管理进步，优化资产和资源配置，努力实现更好的经济效益；提升安利俄罗斯公司管理运营水平，努力实现盈利；安利越南公司争取早日建成投产，积极构建规避关税壁垒的跳板，适应下游国际品牌产业产能转移的趋势，搭建新的发展平台，实现更好的全球化布局发展。

九是增利与增薪统筹。坚持货币资本与人力资本并聚。坚持以经济效益为中心，努力为股东和社会创造更好的回报。在生产效率和经济效益提高的基础上，坚持以人为本，为员工提供更好的薪酬福利体系，更清晰的职业发展通道，更细致的员工关爱举措，更优化的工作时间机制，不断提高员工的获得感、荣誉感、归属感和幸福感，让员工“口袋”和“脑袋”双增长，让员工工作和生活芝麻开花节节高。

- ✦ 增强忧患意识，保持战略定力，坚定必胜信心，把外部压力转化为变革创新、持续发展的强大动力，集中精力办好自己的事。
- ✦ 在各种挑战、风险面前“不畏浮云遮望眼”“乱云飞渡仍从容”。
- ✦ 以经济效益为中心，外抓市场，内抓管理，提质增效。

加快发展要有一股子精气神

2008年底，在国际金融危机爆发的严峻形势下，安徽省、合肥市的有关党政领导，在问政、问需、问计省人大代表，调研安利时说，“公司的发展成绩令人信心倍增”。在不利的外部形势下，公司仍然稳步发展，靠的是志气、靠的是底气。志气体现在敢于在挑战中捕捉机遇，加快发展，提高核心竞争力上；底气体现在多年苦练内功，拓展发展空间，占领更大市场上。所以良好的精神状态是非常重要的。只有提振精气神、昂扬斗志，打好攻坚战，才能迈上新台阶。

要有志气。志气就是志向、方向。有志气才能有前进的目标和动力。要志存高远，立远大目标。《论语》中有：“取法乎上者，仅得其中；取法乎中者，反得其下；取法乎下者，无所得矣。”我认为，立大志者成大志或中志，立中志者成中志或小志，立小志者不得志，即大志大得，无志不得。志气就是要争一流、争第一。2000年，公司曾经提出“国内一流，国际领先”的目标；2005年，公司调整提出了“国内争第一、国际创一流”的目标，后来更加旗帜鲜明地提出“力争成为全球最优秀的聚氨酯复合材料企业”的远景目标。这就是志气。一个人只要境界高、自我要求高，有持之以恒的行动，就一定能取得好的结果。

古人说，“三军可夺帅也，匹夫不可夺志也”。要修炼志气，要不甘落后，不安于现状，积极进取；要有气不可馁、志不可丢、志在必得的精神，去拼搏、去奋斗；要有干大事、干实事的决心和志向。如果目光短浅，把自己局限在狭小的范围中，就看不到远处的风景。志不可丢，志不可懈，就是每个部门、每个人都要有志气，在公司的每个小范围、每个小系统内，都奋力追求成为国内第一乃至国际第一。

要有霸气。在公司快速发展期面临诸多挑战的现实面前，必然需要强势的管理和管理者，管理者应该多一点舍我其谁的霸气、底气，保持自信心、决断力、意志力；对于公司发展中的问题，敢于严明纪律，严格管理，严抓狠管，敢于担当，敢于负责。当然，这种霸气绝不是霸道，不是牛气、匪气。现在，一些干部在管理过程中有些霸道，有些匪气，有些军阀习气，工作作风简单、粗暴，一定要改变这样的工作作风，要关心、尊重和爱护员工，要宽严并济，把严格管理和充分关心、爱护结合起来。

要有锐气。锐气就是有一股子干劲、闯劲、冲劲和拼劲，就是一种不服输的精神，一种永远向上的进取态度，一种高昂的工作热情和工作韧劲。锐气是有百分之一的希望，会有百分之百的拼搏进取。要牢记责任，想干事、干好事、干成事，尽心尽力、尽职尽责，决不能死气沉沉，老气横秋，意志消沉，作风漂浮，松松垮垮，懒懒散散，疲疲沓沓；决不能抱着“不求有功，但求无过”的思想；决不能找理由、找借口，混时间、混日子，把“不行、不要、不能、不可”挂在嘴边，而是干工作时心里时刻想着“行，一定行；要，一定要；能，一定能”。

要有底气。底气是一个人干好工作必须具备的能力素质。俗话说：“没有金刚钻，不揽瓷器活。”底气来自锤炼，经营管理者要不断提升学习能力，向书本学习，向实践学习，向客户学习；要“搭得上话”“知得了情”“交得了心”；在客户面前要善于展现自己的优势和实力，充满信心，这就是底气。

要有胆气。胆气，就是有胆量和勇气，遇到问题无所畏惧，保持乐观，充满信心，敢于向前，不怕困难，迎难而上，毫无畏惧，相信未来会朝好的方向发展。“胆子要大，步子要稳”，这是邓小平提出的工作方针。有胆气的管理者，就是要有“敢入虎穴，才得虎子”的敢劲。要“敢”字当头，敢闯敢试，以“狭路相逢勇者胜，勇者相逢智者赢”的气概，闯出一片天地，开创一番事业，展现精气神。敢说敢做，有勇有谋，有干事的热情、挑战的激情。在企业生产经营管理过程中，不可能事事如意，顺风顺水，在困难面前，是让是退还是往前冲？敢不敢快速扩大营收，敢不敢把能耗和成本降下来，敢不敢把产销量和效率、速度提上去，敢不敢争第一？要学习景阳冈上的武松，“明知山有虎，偏向虎山行”，敢打硬仗，敢于攻坚克难。

要大气。大气，就是包容、宽容、大度、大量，是虚怀若谷，是一种海纳百川的胸襟，一种从容不迫的气度，一种容人容事的雅量。雨果说过：“世界上最宽阔的是海洋，比海洋更宽阔的是天空，比天空更宽阔的是人的胸怀。”要当好一名经营管理者，最重要的一条就是大气，做到有容人之心、容事之器，能正确对待他人、对待工作、对待自己，做到处人要大气、处事要大气。

要记人之功、容人之过、用人之长，待人以诚，胸怀坦荡，公道正派；不要容不得别人的长处，也不要容不得别人的短处，要多看到别人的长处和自己的短处，严于律己，宽以待人，这是对别人大气的表现。敢于承担社会责任也是一种大气，加快发展，积极纳税，促进就业，保护生态，节能减排，推进行业技术进步，这是对社会大气的表现。

- ✦ 经营管理者应该多一点舍我其谁的霸气、底气，保持自信心、决断力、意志力，敢于严明纪律，严格管理，严抓狠管，敢于担当，敢于负责。
- ✦ 向书本学习，向实践学习，向客户学习，要“搭得上话”“知得了情”“交得了心”。
- ✦ 记人之功、容人之过、用人之长，待人以诚。

思路决定出路

2016年，全球宏观经济形势延续复杂严峻的态势，国内聚氨酯合成革行业竞争激烈，出现了两极分化现象，用四个词、八个字来概括形势和趋势的特征，就是“下行、变化、混沌、分化”。一是经济下行，成为宏观形势的最主要特征。中国经济面临一次长周期调整，与全球经济周期调整大致同步。二是变化，这是一个快速变化的时代，新知识、新工艺、新技术、新模式比以前变化更多、更快。过去人们写日记怕被别人看，现在发微信、发微博就怕别人不看，都希望别人点个赞；过去穷人吃粗粮，现在富人吃粗粮；过去聚氨酯合成革行业广泛运用湿法生产工艺，现在随着网布、飞织布的兴起，一些复合皮、透气皮产品工艺发生了变化。三是混沌，当前国内外形势复杂多变，不是一因一果，而是多因一果，让人看不清、看不透。四是分化，改革开放后中国聚氨酯合成革行业高歌猛进的时代、总体较好的局面，已经变成强者愈强、弱者愈弱的两极分化局面。过去粗放式经营、靠抓机会谋发展的路子走不通了，公司转型升级任重道远。

每一次宏观环境的变化、调整，都会淘汰一批落后产能，一些体质弱的企业难以为继，同时也让一批体质好、素质硬的企业脱颖而出。20世纪90年代中期，由于市场疲软、需求低迷，一批企业垮下去了，而海尔、海信、华为等企业，都是在当时的逆境中成长起来的。没有夕阳的产业，只有夕阳的产品；没有疲软的市场，只有疲软的思想。在不利的环境中，不是所有企业都做得不好，一部分企业由于肌体机能健康，思路清晰，方向正确，目标明确，在不利环境中突破重围，实现了高增长。市场竞争的法则就是优胜劣汰、适者生存，谁的适应能力、生存能力更强，谁就能存活下去。思想有多远，道路就有多长。理念的创新，是一切创新之本。

在不利的宏观环境中，对于一些企业来说，危机可能意味着危险；对于另一些企业来说，危机可能就是机遇。危中有机，企业要危中见机，危中寻机，化危为机。

财务上，要更加谨慎，更加稳健。要更加严格控制非生产经营性固定资产投资，不能贸然扩张、盲目投资。企业自身财务状况的安全性及雄厚的资金实力，是企业持续健康发展的前提条件。目前，经济下行的阴云还未散去，盲目扩张存在巨大风险。1997年亚洲金融危机爆发时，一些受到政府特殊照顾、享受了较多政策红利的企业，因为滥用资金杠杆、盲目扩张、畸形发展，从声势显赫的企业变成效益低下的泥足巨人。

一个企业，以有限的资金盲目投入兼并、重组，以及扩建厂房、增加设备等扩充规模，势必造成经营战线拉长、资金短缺，抵御风险的能力将大幅度降低。扩张本身没有错，但企业自有资金与能力，扩张的时机、条件和理由是十分重要的，应当慎重选择时机，不能操之过急。宏观形势复杂多变，公司应更加谨慎地经营和发展，适当调整对外拓展的步伐。当前，现有的营销、贸易都没有做好，又谈什么再投资和再扩张呢？应贸易先行，营销先导，要“贸工技一体化”，利用好当前资源，实现良好效益，再去谈扩张发展。

市场上，要更加贴近客户。市场、客户是企业的“衣食父母”。尽管客户的要求是多样的、多变的，甚至是“苛刻”的，企业也要尊重客户，及时响应客户需求，快速、精准地经营开发产品，提升经营服务质量，否则客户就会远离我们。一切评价标准都要落在能否接到有价值、有效益的订单，能否为客户创造价值上来，所以营销人员要积极服务客户，其他职能部门都要积极服务于营销。

产品上，要两手抓，一手抓中高端产品，一手抓高性价比产品。在宏观经济形势不好的时候，经营开发产品，不要总想着“顶天立地”“阳春白雪”。经济学上有一种说法叫“口红效应”，也叫作“低价产品偏爱趋势”，是指每当经济不景气时，口红的销量反而会直线上升。因为人们认为口红是一种比较廉价的消费品，在经济不景气的情况下，人们仍然会有强烈的消费欲望，所以会转而购买比较廉价的商品。经济学中还有一种现象叫“土豆效应”，是指在经济萧条时期，消费者舍弃高端奢侈品而转向中低端产品，对中低端产品的需求上升。

产品价格和质量有着四象限的关系，即低质低价、低质高价、高质低价和高质高价。品质和价格都是硬道理。在经济形势好、宏观经济形势景气的情况下，公司多开发经营优质优价的“高大上”产品，但是在经济形势不好的情况下，下游客户更多的是追求性价比。当前，公司在开发产品时，要把性价比、成本放在重要位置，多开发经营“质优价廉”的产品。

过去，“德国产品”就是价低质次和山寨的代名词，屡屡被英国人嘲笑，而今德国产品物美价廉，在一定程度上超越了英国。就像在汽车市场，人们常说“开宝马，坐奔驰”，性价比高的德国品牌宝马、奔驰，比英国品牌路虎、捷豹更受欢迎。当然，注重成本不是意味着定位下移，也不意味着要做次货、烂货，而是在价格不变的情况下，品质比别人好一点，或者在品质一定的情况下，价格比别人便宜一点，这都是高性价比的表现。

行动上，要快速反应，积极行动。在宏观经济不景气的大背景下，无论是下游经销商还是终端客户，都不敢有太多存货，只有快速反应，才能活下去。未来的市场竞争，不是“大鱼吃小鱼”，而是“快鱼吃慢鱼”。速度就是满意度，速度就是差异化。在当今这个瞬息万变的时代，客户的需求在不断变化，产品的“青春期”“寿命期”越来越短，客户追求个性化、时尚化，因此产品生命周期短、更新快。客户不但有更多的要求，也更容易改变自己的想法，互联网和电子商务的发展，使客户的选择机会变多，客户需求越来越快速多变。要应对这种改变，企业的唯一策略就是马上行动、迅速反应、以变应变。

- 理念的创新，是一切创新之本。
- 没有夕阳的产业，只有夕阳的产品；没有疲软的市场，只有疲软的思想。
- 未来的市场竞争，不是“大鱼吃小鱼”，而是“快鱼吃慢鱼”。

行动胜于口号

人们常说，态度决定一切，有好的态度是一个好的开始。可是在工作和生活中，常见的情况是，态度是不错的，就是没有行动来证明他的态度。想法很多，说得也很多，就是迈不开第一步，总是“前怕狼、后怕虎”，怕做错，或者做得不好。然而，没有错，何来对？做错不怕，错了也是一个经验，为做对积累资源；做得不好也不怕，关键是积极去做，去干，在干的过程中提高。

子曰：“君子欲讷于言而敏于行。”许多人做事有先天优势，但不一定会成功；有的人先天不足，并不意味着将一事无成。经营企业，经营人生，不是靠美丽动听的语言，而是实实在在地付诸行动。

“立即就干”是一种责任担当。紧要关头，“立即就干”，展示了一种勇于负责、敢于担当的状态。对于勇于负责、敢于担当的企业经营管理者来说，总有干不完的工作、忙不完的事情，他们总在与时间和生命赛跑，“一万年太久，只争朝夕”,“不宜拖延、不要拖延、不能拖延”。“立即就干”成了他们的必然选择。而那些缺乏责任担当者，想不到、看不到自己该做的事情，没有动力去“立即就做”，就算任务再压头，哪怕火烧眉毛了，他们也只是一副“胜似闲庭信步”的模样。

当前，公司正处在市场、技术转型升级的关键时期，面临宏观经济形势复杂多变和转型升级的双重压力，各项工作时间紧迫、任务繁重，需要经营管理者积极探索和思考办法，要做到胸中有数，而不是“拍脑袋”决策，要“多谋善断”。既要看到当前公司发展态势稳中向好，稳中提质，又要清醒地看到公司规模优势有待于充分发挥，速度、效率与客户要求相比仍有差距，部分销售和管理能力相对不足，部分产品成本和质量仍需优化改进提升等问题。

“喊破嗓子，不如干出样子。”聚焦问题，“立即就干”应该突出问题导向，从最突出的问题、最关键的环节改起，即知即改，立行立改，脚踏实地，争分夺秒干，干出好效果。

“马上就办”是一种务实精神。一分部署，九分落实。制订出一个好的计划、规划，只是万里长征走完了第一步，关键在于“落实”二字。马上就办不是“虚办”“假办”，有的经营管理者口号喊得响，表态很动听，“讲起来天下无敌，做起来有气无力”，对于工作职责手上“耍太极”，对于困难问题脚下“绕着走”。

落到实处的“马上就办”，是企业经营管理者能沉得下去、钻得进去，讲求工作实效，提高办事效率。“马上就办”绝不等于盲目蛮干，需要进行深入细致的调查研究，制定着眼长远的发展规划。“滑肩膀、踢皮球”的虚招不行，“下面看上面”“大眼瞪小眼”的惰性不行，遇事攀比磨洋工、做虚功唱空文的惯性也不行，要深入市场和现场，贴近客户和一线，摸清情况，找准问题，一项一项抓落实，一件一件拼速度。

“积极行动”是一种效率追求。孙子说：“不可胜者，守也；可胜者，攻也。守则不足，攻则有余。”要在市场竞争中赢得主动权，就必须积极行动，采取积极进攻的作战形式。

企业中，没有人能够单纯依靠被动的、消极的防御取得成功。听天由命，安于现状，随波逐流，消极等待，被动适应，必然会丧失竞争主动权，最终导致经营的失败。任务紧急、时间紧要，迫在眉睫、刻不容缓，容不得我们瞻前顾后、慢慢悠悠。看准的事情，做出的部署，要立说立行、争分夺秒，决不允许找种种理由搪塞而“不作为”，不能让“慢作为”贻误时机、降低效能，更不能让“乱作为”乱了前行步伐、坏了发展大局。

华为有“狼性”精神，除了强调团队精神外，更强调拼搏进取、不甘于落后、永远向前的精神。企业经营管理者如果坐在办公室里坐而论道，纸上谈兵，找理由、找借口，缺少“狼性”，是做不出业绩的。我常说，“行动胜于口号，行动不一定成功，不行动永远不会成功”。能打胜仗的队伍，一定是一支积极进攻、敢于进攻，“不叫苦、不畏难、不惧险、不怕死”的队伍。

有两类员工，企业要坚决摈弃。一是“野狗”，是指为了目的不择手段而没有下限、品德存在缺陷而工作能力或绩效良好的人。这类人脑子活能拿结果，但是在实现高绩效的同时，贪污腐败、损公肥私、违法乱纪，会给公司造成巨大损失。二是“小白兔”，是指比较老实听话甚至有些“小资情调”的员工，缺少“狼性”和进攻性，导致业绩不达标。他们的缺点很明显，一个是破坏企业风气甚至还挖企业墙脚，一个是只想多领工资而少干活或不干活。这两类人都是公司不能容忍的。

企业经营管理者只有少一分“等、靠、要”思想，多一分“闯、冒、试”劲头，立即就干，马上就办，积极行动，持之以恒地用心实践，成功才会水到渠成。

- “立即就干”是一种责任担当，“马上就办”是一种务实精神，“积极行动”是一种效率追求。
- 企业要坚决摈弃“野狗”式和“小白兔”式的员工。
- 少一分“等、靠、要”思想，多一分“闯、冒、试”劲头。

因势作为

经营企业要善于分析和研判各类形势、态势，要符合、顺应各类发展态势、趋势。作为经营管理者，如何判断、把握和运用各类“势”，是一门艺术和学问。

生意场上有句话，“小”老板做事，“中”老板做市，“大”老板做势。这里的“大、中、小”是一种态度，并无褒贬之分。“小”老板做事，更多地关注产品和技术，作风踏实，务实低调，处理好手头工作，做好一家企业；“中”老板做市，更多地关注市场和项目，善于管理，勇于尝试，始终保持着旺盛的斗志；“大”老板做势，更多地关注形势和资源，视野开阔，心胸宽广，具有系统思维和全球眼光，统揽全局，统筹管理，重视无形资产的增值与服务，洞察把握宏观经济环境下的态势与走向。

在激烈的市场竞争中，面对同样的“事”和“市”，身处同一大环境中，有人成功，有人失败，其主要原因是“势”不同。成功者主要是占有优势。

凡事都有“势”。所谓“势”，是指事物形成的趋势或态势，或外部的各种有利条件，可以理解成形势或者势力，是外部的大环境和内部的资源。所谓国有国势、家有家势，每一个行业、每一个企业本身的发展都有其“势”的存在。

“势”由多种因素形成，比如，战争中由士气、斗志、无畏、勇敢等形成的“气势”；锣鼓喧天形成“声势”；由兵力、火力、速度等形成的“攻势”；由地形、地貌形成的“地势”；由季节、天气、气候、温度等形成的“天势”；两者相争，占上风的叫“强势”，处下风的叫“劣势”；等等。中国许多成语都说明了“势”的重要性，比如,“势不可当”“势在必行”“势所必然”“势关成败”“因势利导”“审时度势”“洞察大势”“时势造英雄”等。

“取势”“谋势”有时比能力和才干更重要，唯有谋势者才能站得高，看得远，高屋建瓴，纵横捭阖。在有利的形势下，正确把握“势”就能事半功倍，“势如破竹”“势不可当”，达到预期的目的；与“势”不符，轻则事倍功半，重则贻误时机，一事无成，导致“大势已去”“势败如山倒”。

一个成功的经营管理者，善于运用“势”，其“势”，既包括社会发展大势和行业发展大势，也包括企业发展大势，更包括消费者需求的发展大势，主要表现为识势、借势、蓄势、造势和顺势。

识势而谋。中国有句古话，“识时务者为俊杰”。美国新闻记者、《华尔街日报》创始人和道琼斯公司创立者之一查尔斯·亨利·道提出的道氏理论，是反映市场总体趋势的“晴雨表”。他认为，决定企业盈利的有三个重要因素，即企业内在价值、宏观经济形势和行业发展前景。其中，宏观经济形势和行业发展前景是最重要的因素。

企业必须把握三种“势”，即宏观大势、行业形势和企业态势。识势有两层含义，一是了解外部的大环境，即全球经济形势、国家局势、行业环境等，这是企业力量难以改变的；二是明白内部的小气候，即公司的定位和拥有的资源、条件和能力等，这是企业力量能够改变的。

企业要善于分析、把握、识别事物发展变化的大势、局势、态势、趋势，识势、任势，因势而谋，应势而动，观大势、识大局、谋大事。反之，如果不知势、识势，背势而行、逆势而动或者急躁盲动，就会做不好工作。因此，善于科学思考、超前谋划，有较强的洞察力、敏锐的判断力、果断的执行力，才能更好地识势、知势谋远。

借势而行。借势，讲究的是要善于借助外部的资源和力量，壮大自身的实力，来求得生存、发展，寻求竞争优势。借势，不失为一个企业在竞争中实现快速发展的捷径。

荀子在《劝学》中道出了借势的影响：“登高而招，臂非加长也，而见者远；顺风而呼，声非加疾也，而闻者彰；假舆马者，非利足也，而致千里；假舟楫者，非能水也，而绝江河。君子生非异也，善假于物也。”古人云：“小智者，借物；中智者，借钱；大智者，借人；超智者，借势。”胡雪岩说过，做事情与其待时，不如借势，借势而起，借力而发。

中国人常说，“势利势利，有势就有利”，“先取势，后取利；先造势，后求利”。会做生意的人，除了能够很好地把握和利用机会外，还精通借势、取势和用势。尤其是善用公共关系、行业地位、企业实力所起的作用，能够形成强大的“势能”，由“势”转“力”，由“势”转“利”，“势力”“势利”，有“势”就有“力”和“利”，有“势”就形成“力量”，有“势”就获得“利益”。借势强调的是“因势利导”“借势借力”，将“势”导向有利于自己的一方。牛顿曾说，他取得成功是因为站在了巨人的肩膀上。借船出海，借水行舟，借梯登楼，借鸡生蛋，借花献佛，草船借箭，狐假虎威，以及“搭便车”“蹭热点”，其实说的都是要善于借助外力，来实现自己的目的。

蓄势而发。当有“势”借不得，无“势”造不成时，要韬光养晦，积蓄能量。这是一种积极的、有准备的潜伏，时机一旦成熟，就能如鱼得水了。鲤鱼之所以能够跳过龙门，是因为鲤鱼积蓄了足够的力量，并且把这力量在顷刻之间爆发出来。经营企业，要想迈过高槛，克服难关，冲出重围，也必须广积人缘，寻求帮助，积攒力量，蓄势积能。待蓄势成形后，便能厚积薄发。

造势而起。造势是通过一定的方法和技巧渲染气氛，营造氛围，引导行为，提高知名度和影响力。造势是将未成为“势”的力量，放大为“势力”，让“势能”转换为“势力”和“势利”。造势往往制造出一些对自己有利的因素，创造对自己有利的局面，化被动为主动，转劣势为优势，以巧破力，扭转乾坤，转败为胜或如虎添翼。

孔明初出茅庐后，非常善于造势、借势和用势。孔明在七星坛上借东风，大造声势，造势的目的在于用势。好酒也怕巷子深，明珠也怕灰尘堆。对于公司来说，造势要从大处着眼，小处着手，通盘考虑，有所为有所不为，有需求之“势”便去满足这个市场；无需求之“势”便去开拓这个市场，制造需求之“势”，从而引导需求。要通过加强宣传、广告与推介，让别人了解、理解，学会推销自己，宣传企业的优势、核心竞争能力，占领客户心智，增强客户信任，密切客户关系。

顺势而为。顺势是度天时、识地利、重人和，顺应大势所趋，响应民心所向，顺应时代大潮而动，顺着主流发展的方向，制订一切对自己有利的计划。逆势而上，事倍功半；顺势而为、乘势而上，机会来了抓住它，就会势如破竹，事半功倍，容易成功。

孙中山有句名言，“天下大势，浩浩荡荡，顺之者昌，逆之者亡”。“势”是动态的、变化的、发展的，企业经营重要的本领，就是让企业的发展顺应规律、顺应社会潮流，即使企业只是一叶扁舟，只要是顺流而行也不易被掀翻。反之，哪怕企业是航空母舰，逆流而上也有翻船的可能。乘势而上是一种智慧，顺势而为才能水到渠成，唯有水到渠成才能得势而成。

- 企业必须把握三种“势”，即宏观大势、行业形势和企业态势。
- “势利势利，有势就有利。”有“势”就有“力”和“利”，有“势”就形成“力量”，有“势”就获得“利益”。
- “天下大势，浩浩荡荡，顺之者昌，逆之者亡。”乘势而上是一种智慧，顺势而为才能水到渠成，唯有水到渠成才能得势而成。

好风凭借力

2020年6月以来，公司发展态势良好，形势喜人。人们常说“形势”，到底什么是“形”，什么是“势”？“形”是静态的，大小、高矮、胖瘦，反映的是状态、实力、规模；“势”是动态的，是由高度和速度产生的一种强大的推动力和冲击力，一股强大的潮流和动力。势是力量的放大器。同样的资源，放在不同的“势”中，可以发挥出完全不同的效能。经营企业经常要分析形势，进行行业环境分析，包括行业竞争性分析、行业生命周期分析等，进行企业资源与能力分析，进行SWOT分析、形势分析，总结自己的优势、劣势、机遇和挑战，寻求科学合理的经营策略。“势”有时比“形”更重要，要抓住机遇，因势利导，顺势而为，乘势而上，实现公司又好又快的发展。

一是时势是决定战略成败的最大变量。孙子认为，要对道、天、地、将、法5个因素进行分析比较，来预测战争的胜负。其中，“天”是昼夜、阴晴、寒暑、四季更替，是天时，也是时势、大势、趋势、态势、局势，是恰逢其时，恰在其地，几种合一而成的大趋势，以及大的战略趋势所释放出来的大的战略机会。

孙子说，“激水之疾，至少漂石者，势也”，“善战人之势，如转圆石于千仞之山者，势也”。湍急之水，飞快奔流，以至于能将巨石冲走，这就是积蓄的巨大能量而一发不可遏止的客观态势。同样一块石头，在平地不会产生冲击力，而处在一定的高度，势能就可以转化成动能，这是“势”赋予它强大的推动力和冲击力。

中国有句古话，“时来天地皆同力，运去英雄不自由”。时运来了，天地同力；时运去了，英雄都无力回天。凡事都要讲机会和时运、时势和运势，一切为“时”和“势”所节制、制约。时不可为，就会事倍功半，花更大的资源成本也不可为；时如果可为，就可以事半功倍，好风凭借力，送我上青云。

二是识势、明势，把握有利态势。兴也大势，败也大势。潮起潮落，阴阳寒暑，大势的变化不以企业的意志为转移。因此，做生意、经营企业，永远不要忘记大势，永远不要逆“天”，要善于分析时势，揣测大势，善于抓住大势以及大势的变化所带来的战略机会。大势到来时，保持清醒的意识，关注哪些才是长远的、根本的、代表未来走向的大势，借助势，顺应势，审时度势，时至而动，顺势而为，把握好企业的长远命运。

公司早在2010年就布局水性无溶剂材料开发研究，并实现重大突破。目前，公司的水性无溶剂工艺技术走在全球前列，深受苹果、耐克、丰田、宜家等国际知名品牌客户青睐。公司高度重视环保工作，坚持绿色发展、清洁发展、低碳发展。近年来，公司在生态环保和清洁生产方面累计投入2亿多元，2020年又投入2000万元左右。此外，公司在越南投资建厂，适应下游国际品牌产业产能转移的趋势，搭建新的发展平台，实现更好的全球化布局发展。

公司超前谋划，提前布局，为未来发展积蓄能量，打下良好基础，客户与产品结构持续升级，核心技术全面发力，已经占领了全球行业的市场高地和技术高地。公司发展战略是正确的，坚持“战略导向、品牌引领、创新驱动、智能制造、智慧管理、绿色生态”，走的是一条与众不同的高质量发展之路，而不是低质低价的恶性竞争之路。现在机会来了，积蓄已久的强大能量正在释放，将产生巨大的动能和冲击力，公司已步入高速、高质量发展通道。

“机不可失，时不再来。”“与其待时，不如乘势。”企业经营管理者应有战略性眼光，把握良好态势所带来的战略性机遇，促进企业实现高质量发展。

三是乘势、任势，发挥有利态势。在企业竞争中，对“势”的把握和利用，是企业取胜的关键。竞争取胜的重心在于乘势而上、任势而为。任势，就是最大限度地建立和发挥有利的战略态势，从而实现最佳的战略成果。高明的经营管理者，善于借助各方面的有利条件，来形成最有利的态势。竞争取胜的关键在于“任势”，找到“势”，把握“势”，切入“势”，并加以充分利用，“势”就会推动着组织向前走，使组织获得巨大的驱动力量。一种好的“势”，可以让组织势在必得，放大资源效能，成为组织超常规发展的动力来源，完成单凭自己的资源和力量所无法完成的事情。

然而，企业的“势”是变化的，有起有落。“兵无常势”，任何有利的态势总是短暂的，所有的大势都可能过去。企业抓战略机遇期要有紧迫感，决不能有松松劲、喘喘气的思想。如果懈怠了、骄傲了、自满了，就会错过时机。只有抓得早、抓得紧、抓得实，善于借势、用势、乘势、任势，发挥有利的态势，才能抢占先机，赢得优势。

孙子还说，“其势险，其节短”。势险，就是在作战中，要么不打，要打就要在关键的地点，积蓄其巨大的攻击力量，给对手造成一种压倒性优势。节短，就是要抓住机遇，一旦发起攻击，速度要快、节奏要快，以迅雷不及掩耳之势取得突破，将优势转化成竞争的胜势。

企业不能陶醉于大势所带来的势如破竹，满足于顺势而为所带来的虚幻的力量感，而要保持高度的紧迫感、责任感、使命感。在有利的态势下，主动出击，以速度制胜。通过能量爆发，形成突然、有力、干脆和摧毁性的攻击力量，与竞争对手迅速拉开差距，利用社会潮流之势、重大事件之势、产业变动之势，找到快速发展的动力来源，充分发挥、运用自身优势和有利态势，乘势而上，顺势而为。

择人任势，扩大战果。孙子说，“故善战者，求之于势，不责于人，故能择人而任势”。意思是，善于指挥打仗的将帅，他的主导思想应放在依靠、运用、把握和创造有利于自己取胜的形势上，而不是去苛求手下的士兵，因此他就能从全局态势的发展变化出发，选择适合担当重任的人才，从而使自己取得决定全局胜利的主动权。

当前的形势和态势对公司非常有利，国内外知名品牌积极与公司开展合作。营销人员要善于“任势”，乘势而上，扩大成果，把握主动，放大资源效能，只有这样才能抢占先机，牢牢把握决胜权。

孙子认为，战争的胜负取决于敌我双方力量的大小，要想战胜敌人，就必须在力量对比上使自己处于绝对优势，造成一种迅猛不可抵挡之势。除此之外，还要等待敌人可以被自己战胜的有利时机，善于抓住敌人的弱点，这样就能轻而易举地战胜敌人。

在企业经营管理中，“势”则意味着大势、态势、趋势、局势、商势，要能“求之于势”。“求势”的根本出发点是“取势”，即在充分利用把握势态的发展变化中，能够识势、明势、借势、用势，以势蓄势，获取竞争优势。

- “形”是静态的，大小、高矮、胖瘦，反映的是状态、实力、规模；“势”是动态的，是由高度和速度产生的一种强大的推动力和冲击力，一股强大的潮流和动力。“势”有时比“形”更重要。
- 时来天地皆同力，运去英雄不自由。
- 竞争取胜的关键在于“任势”，找到“势”，把握“势”，切入“势”，并加以充分利用，“势”就会推动着组织向前走，使组织获得巨大的驱动力量。

紧抓“时间窗口”

当今世界是一个快速变化、快速变革的世界，看清、看准、看透当前的形势，顺应形势，从林林总总的表象中发现本质，是非常重要的。

一是公司目前处于大有可为的重要机遇期，是黄金发展期。从客户来看，公司客户结构持续优化升级，数量增多，信任度提高，合作愿望增强。从产品和技术来看，公司核心技术全面发力，产品技术含量和附加值提高，与竞争对手拉开一定差距。从内部管理来看，公司资源要素整合变好，运营效率提高。从外部环境来看，国家对安全生产、环保、职业健康要求更严，节能减排标准更高，给公司这样的优势大企业带来机遇。

总体而言，公司优势大于劣势，机遇大于挑战，公司目前处于大有可为的重要战略机遇期。

二是机不可失，时不再来。要充分认识到机遇的重要性。中国有句古话，“识时务者为俊杰”。只有认清时代潮流并把握机遇的人，才能成为出色的人物。不要以为机会会第二次敲门。俗话说：“过这个村，就没这个店。”成功者与失败者的区别就在于是否抓住了机遇，利用好了机遇。没有认识到机遇，是悲哀；认识到机遇，却没有把握住，更是悲哀。

邓小平同志曾指出，“我国在历史上失去机遇太多，如果再不抓住机遇，后果不堪设想”。机遇千载难逢，机遇稍纵即逝，机遇不仅是“机”更是“遇”，要抓住了、用好了。正如农民种庄稼一样，农民深知“时机”，什么时候播种，什么时候施肥，什么时候浇水，在他心中都有一本账。

有一种说法叫“菜农理论”。菜农的特点，就是“天黑赶路，天亮进城”，醒得早、下床早、起步早，天黑赶路，天亮进城，抢先一步，占领市场，捷足先登，争取主动。企业生产经营不仅要醒得早、下床早，还要起步早，不能醒得早，不下床，睡在床上，空思考。什么叫抢抓机遇？就是在别人打瞌睡的时候，率先把事情办好了。如果等大家都看明白了再动手，那么抢抓到的肯定不是机遇，顶多是个机会，有时甚至连机会都算不上。

企业发展也是如此，面临各种“时间窗口”，竞争就是抓住机遇，抓住“时间窗口”，优势往往在抢抓机遇中扩大，差距也往往在机遇的抢抓中拉开。可以说，抢抓机遇是成功的关键。

事物的发展往往取决于关键的几步，取决于难得的机遇。关键几步如果走好了，机遇抓住了，以后的路就好走了；否则，一步落后，就有可能步步落后。有的人因为抓住机遇而“柳暗花明又一村”，摘取成功的桂冠；有的人因为与机遇擦肩而过，还在“山穷水尽疑无路”，甚至为错过机会而抱憾。

三是要抢抓机遇，乘势而上。中国有一句成语“与其待时，不如乘势”。要学会研判形势，洞察形势，分析形势，把握大势，掌握趋势，才能站得高，看得远，听得见，行得通；才能头脑清，方向明，思路正，发展好；才能事半功倍。许多看起来难办的大事，只要抓住大势，乘势而上，往往都能顺顺当当地办成。取势靠本事，乘势则靠眼光及发现机会，有当机立断和说干就干的胆识与气魄。

中国人常说，“做事要恰逢其时、其势”。会做生意的人，能够很好地把握和利用机会，特别精通借势、取势、用势和乘势。

世界每时每刻都在发生变化，在当前的竞争环境下，企业要乘势而行、乘势而上、乘势而发，顺乎大势，才能将势能释放或转化为动能，形成冲击力，从而形成竞争优势。

抓住了机遇，就有可能实现跨越式发展，成为时代发展的引领者；丧失了机遇，则会不进反退，成为时代发展的落伍者。历史的机遇，正等待坚定者、奋进者、搏击者。

时代潮流，浩浩荡荡，唯有弄潮儿能永立潮头。历史车轮滚滚向前，唯有奋斗者能乘势而上，赢得先机。

- 没有认识到机遇，是悲哀；认识到机遇，却没有把握住，更是悲哀。
- 企业生产经营不仅要醒得早、下床早，还要起步早，不能醒得早，不下床，睡在床上，空思考。
- 竞争就是抓住机遇，抓住“时间窗口”，优势往往在抢抓机遇中扩大，差距也往往在机遇的抢抓中拉开。

第七篇

理想为先　奋斗超越

知难而进

企业经营管理，总是与“难”相伴的。困难无时不在，时时存在，事事存在。没有一个成功的企业，是在掌声和鲜花中轻松取得成功的，几乎都是在挑战和困难中，经历了重重考验才走向成功。

孟子说：“天将降大任于斯人也，必先苦其心志，劳其筋骨，饿其体肤，空乏其身，行拂乱其所为，所以动心忍性，曾益其所不能。”毛泽东在《关于重庆谈判》一文中指出：“什么叫工作，工作就是斗争，哪些地方有困难、有问题，需要我们去解决。我们是为着解决困难去工作、去斗争的，越是困难的地方越是要去。”

古往今来，将才良相大都是经历过艰苦环境的磨炼而成长起来的，越是艰苦的环境，越能磨炼品质，考验毅力。“艰难困苦，玉汝于成。”要成大器，必须经过艰难困苦的磨练。只有在挑战困难、战胜困难中，才能体现个人的能力与价值。

面对企业经营管理中的困难和问题，经营管理者要用正面积极的、发展的、辩证的眼光看待，不要过度紧张，不要过度放大问题，不要觉得天要塌下来了。前进的道路从来不是一帆风顺的，调整的“阵痛”在所难免，是暂时的。可以讲困难，但是不要被困难吓倒，不要在困难面前畏首畏尾，更不要因为困难而找理由、找借口。任何时候，都要保持良好的心态和状态，都要迎难而上，拼搏奋斗，积极行动。

人类社会发展进步的历程，总是与“难”相伴的。电气的发明，飞机的诞生，生物制药技术的进步，农业科技的推广，信息技术的发展等，都是在克服了种种困难后，才实现了技术的进步，实现了人类生活的极大改善。“铁人”王进喜率领钻井队艰苦创业，以“宁可少活二十年，拼命也要拿下大油田”的顽强意志和冲天干劲，打出了大庆第一口油井，为我国石油事业立下了汗马功劳。邓稼先、钱三强、钱学森等“两弹一星”的元勋们，在科研条件十分艰苦的条件下，一头扎进沙漠里、深山中，隐姓埋名，克服困难，潜心研究，终于研制成功原子弹、氢弹和人造地球卫星，使我国国防力量大大增强。

从全球来看，不管是美国微软、苹果，还是韩国三星、中国华为这样的优秀企业，没有哪个企业是靠运气，或者是在优越的条件下轻而易举取得成功的。安利也是在不断克服重重困难的过程中，一点点进步和发展的。1999 年，公司面临资金短缺、产品少、客户少、观念落后、人心浮动等重重考验，难道不难吗？改制重组，推进上市，协调各种关系，难道不难吗？从老厂搬迁到安利工业园，实行集中指挥、统一管理，难道不难吗？如果不“难”，怎么能凸显公司的价值呢？现实生活中遇到的困难不是最大的困难，最大的困难是自己心中放大的困难。

世上无难事，只要肯登攀。迎难而上，真抓实干，克服困难，战胜困难，这是成功的唯一途径。前进的道路从来不是一帆风顺的，不怕挑战，不畏困难，是公司不断前进，走在前列的不竭动力。

千困难万困难，真抓实干就不难。困难面前，不应该消极畏难，无所作为，而要以“走遍千山万水，说尽千言万语，想尽千方百计，吃尽千辛万苦”的精神，把压力转换为动力，勇敢走出一条新路。困难是一道分水岭，就像鲤鱼跃龙门，跃过去，就是一片新的天地，进入一种新境界。

毛泽东曾在中共七大致闭幕词时，引用“愚公移山”这个典故，告诉人们如何正视困难、克服困难。愚公家门前有两座大山挡着路，他决心把山平掉，另一个老人智叟笑他太傻，认为不能。愚公说：我死了有儿子，儿子死了还有孙子，子子孙孙是没有穷尽的，两座山终究会凿平。天帝为愚公移山的诚意所感动，就派了两个神仙下凡背走了那两座大山。从此以后，再也没有大山挡路了。

中共七大时，中国共产党的力量弱小，装备落后，在那样困难的条件下，中国共产党还是有必胜的信心，排除万难，带领中国人民推翻帝国主义、封建主义、官僚资本主义“三座大山”。毛泽东有关“愚公移山”的讲话，是想说明一个道理，无论多么困难的事情，只要坚定信心，排除万难，挖山不止，有恒心、有毅力地坚持做下去，就一定能办到。

徽商是近代最著名、最成功的商帮，在中国商业史上占有重要地位，经营范围涉及食盐、粮食、木材、茶叶、典当等。人们一谈起徽商，往往艳羡他们的富甲一方，惊奇他们的成功与辉煌，却很少有人注意到他们在成功背后所经历的种种困苦和辛酸。在徽州西递村古民居内有着这样一副楹联：“读书好，营商好，效好便好；创业难，守成难，知难不难。”徽商认为，做任何事情和生意，都要坚定信心，坚韧不拔，都是在战胜困难中完成的。成功者中大都经历了家境困顿、立志经营、历经艰险、百折不挠、艰难起家的经商之路。正是因为知道没有什么是不难的，没有什么是好干的，所以明清时代徽商凭借坚韧不拔、迎难而上的精神闯出了一片天地，赢得了“徽骆驼”的美誉。

在宏观经济形势下行、复杂多变的情况下，要敢于直面现实、自觉接受挑战。如何正确看待困难，克服困难，主要在于以下两个方面。

公司难，别人也难，别人更难。公司与竞争对手身处同样的经济环境，同处一片天空下，到底是公司难，别人不难，还是公司难，别人也难，别人更难？这个风险是系统的，还是非系统的、公司独有的？很显然，很多风险和挑战是全球聚氨酯合成革行业企业共同面临的，是系统的、共同的。既然公司难，那么别人也难，别人更难，而且公司的资源、条件、能力又好于别人，那为什么还要喊难呢？

公司在攻坚克难、迎难而上的过程中体现价值。容易的事情做好了，能体现什么水平和含金量，又能体现什么价值和能力呢？没有门槛的事情都能做，公司容易，别人也容易。一些营销人员遇到难联系、难发展的客人，就闪了、退了、绕道了，要知道公司开发、销售产品容易，别人也容易。相反，越是难的事情，公司把它攻克下来，就越能凸显公司的价值。全球知名企业无一不是通过克服巨大困难，而形成自己核心竞争优势的。

抗美援朝中两个“特级英雄”之一的杨根思，有个“三不相信”的英雄宣言：在革命战士面前，不相信有完不成的任务，不相信有克服不了的困难，不相信有战胜不了的敌人。2018 年 1 月，习近平主席到中部战区陆军某师视察，在观看反映该师抗美援朝期间激战松骨峰情况的展板时，他感慨地说，“我军历来是打精气神的，过去钢少气多，现在钢多了，气要更多，骨头要更硬”。

困难不可怕，如果干事创业的过程都是那么顺风顺水，那还需要企业经营管理者做什么？如果生意都好做，企业价值何在，又如何去赢得别人的尊敬？

观念一变天地宽，办法总比困难多。心态阳光了，观念解放了，一切问题都会迎刃而解。一切进步的根源在于思想和观念的创新。在思想上不解放、不变革，墨守成规，故步自封，讲困难，摆条件，这不是企业应有的态度。可以讲困难，但是不要被困难吓倒，不要在困难面前畏首畏尾，更不要因为困难而找理由、找借口，这才是企业应有的心态。

企业经营管理中，没有任何事情是轻轻松松、敲锣打鼓就可以实现的。干事创业中的任何困难，都不应该成为阻止工作进步的理由，都不应该让企业止步不前；相反，要努力战胜困难，创造奇迹，体现能力和价值，要相信没有比人更高的山，没有比脚更长的路。

- 困难无时不在，时时存在，事事存在。没有任何一个成功的企业，是在掌声和鲜花中轻松取得成功的，几乎都是在挑战和困难中，历经了重重考验才走向成功。
- 观念一变天地宽，办法总比困难多。
- 心态阳光了，观念解放了，一切问题都会迎刃而解。
- 没有比人更高的山，没有比脚更长的路。

冬尽春来

2017年，国内聚氨酯合成革行业遭遇了严峻考验，市场低迷，充满挑战，可以说是行业的冬天。然而，冬天更有利于身体棒、体质好的优势企业发展，这既是自然界的规律，也是经济界、企业界的规律。

冬天来了是好事，不一定都是坏事。冬天会有寒潮、大雪和严寒冰冻，天寒地冻，会造成免疫力下降，易发呼吸道感染和多种心血管疾病，但是可以杀灭病虫害，净化空气，让农作物、植物在来年可以更茁壮地生长，让人的身体机能适应性更强。同样，经济的冬天也可以淘汰一批落后产能，一些体质弱的企业将难以为继。国内聚氨酯合成革行业可能会有一批企业倒下去，或被环保逼倒，或被资金拖倒，或因经营不善而累倒，或因担保关联而绊倒，或因战略错误而跌倒，或因制度缺失而滑倒，或因文化不健全而病倒，等等。市场竞争的法则，就是优胜劣汰、适者生存。谁的适应能力、御寒能力强，谁就能存活下去。严寒和暴风雪会让一些经营不规范，以牺牲环境、浪费资源换取发展的企业，暴露出虚弱的体质和致命的弱点而消亡，这是公正的。因此，要辩证地看待冬天的两面性。

过冬是挑战。机会与问题面前人人平等。企业法人同自然人一样，在冬天会出现机体免疫力下降，需要防灾抗病。当前，全国行业面临的是产品多品种、小批量，客户要求质量高、价格低、交货快，以及要素成本上升等系统风险。“这个订单做不做无所谓，交货速度快不快无所谓，这个订单生产麻烦”等观念，在过去宏观形势好的时候，勉强能说得过去；但是在当前宏观形势不好的情况下，要尽可能地多接订单，不能挑三拣四。公司要积极应对各种挑战，这是考验公司能力与水平的时候。应对这些挑战，要转变观念，调整优化组织结构，配置好人员，深入了解客户需求、细分产品品类等，快速反应、快速变化、快速调整。

体质好、身体棒的企业更有能力过冬。公司犹如自然人，处于青少年时期的企业，充满青春活力，朝气蓬勃，机体健康，机能健全，机制灵活，素质优良，在管理、技术、市场、品牌等方面都有良好的积淀，综合优势明显。有的企业犹如嗷嗷待哺的婴幼儿，缺资金、缺技术、缺设备、缺人才、缺管理经验；有的企业犹如步履蹒跚、老态龙钟的老人，观念陈旧、设备落后、人员老化；有的企业犹如病痛缠身的患者，战略缺失，管理混乱，士气低落。安利与这些问题企业相比，综合优势要好得多、健康得多，抗风险能力和成长性也强得多。

意大利聚氨酯合成革行业鼎盛时期，一共有70多家企业，现在只有10家左右。美国汽车行业鼎盛时期，共有两三百家汽车制造厂，现在又有多少家？中国家电行业在20世纪80年代鱼龙混杂，企业众多，现在真正有生命力、竞争力和影响力的大企业少之又少。

像安利这样的优秀企业，条件更好、机会更多、资源更加突出，未来将引领全球聚氨酯合成革及复合材料行业的发展，各级经营管理者要有这样的底气、志气、胆气、霸气和锐气。2013年，中国轻工业联合会领导到公司调研时说，“看到安利的工艺装备先进、自动化程度高、环保水平高，令人欣慰，看到了中国未来聚氨酯合成革行业发展的希望，希望安利能走出一条创新发展的路子，引领中国聚氨酯合成革行业的发展”。

企业要增强信心，做好过冬的准备。冬天来了不可怕，可怕的是不知道冬天即将来临或者已经来临；盲目地认为形势一片大好、一派歌舞升平；不知道冬天有多冷、多久；面对寒冬感到过度恐惧、慌张，丧失信心、悲观失望、怨天尤人，自己乱了方寸；在物质上和精神上没有做好越冬的准备，未战先败。

信心比黄金更重要。信心虽然不能直接改变危机，但是信心可以改变人的思想，而人的思想可以改变危机；有信心不一定有未来，但没有信心，肯定没有未来。信心不是万能的，但没有信心是万万不行的。狭路相逢勇者胜，勇者相逢智者赢。士气低落、涣散比什么都可怕。系统风险对于每个企业都是一样的。全国这一行业中有的企业面临的风险可能比安利更大、更突出。面对经济寒冬，企业应坚持“深挖洞、广积粮、强身体、拼未来”，“弹药足、粮食多、棉衣厚”，充分做好过冬的准备，就没有什么好慌张的。

行业的冬天即将过去，春天即将来临，公司未来更美好。荀子说，“岁不寒，无以知松柏；事不难，无以知君子”。不经过一年中最寒冷的时候，无法知道松柏是最后凋谢的；不经过艰难的考验，无法知道一个人是不是真正的君子，无法知道一个企业是不是真正的强者。

鹰是世界上寿命最长的鸟类，它的寿命可达70年。当鹰活到40岁时，它的爪子开始老化，无法有效地抓住猎物；它的喙变得又长又弯，几乎碰到胸膛；它的羽毛长得又浓又厚，翅膀变得十分沉重，飞翔十分吃力。它只有两种选择：要么等死，要么蜕变。它在悬崖上筑巢，用喙击打岩石，直到喙完全脱落；再用新长出的喙，把指甲一根一根地拔出来；当新的指甲长出来后，它们便再把羽毛一根一根地拔掉。5 个月以后，新的羽毛长出来了，鹰开始飞翔，重新再过 30 年岁月。

相传凤凰每 500 年自焚为灰烬，再从灰烬中经历烈火的煎熬和痛苦的考验，获得重生，循环不已，获得永生。如雄鹰重生、凤凰涅槃一样，企业也必须在困境和逆境中艰难地做出抉择，不畏痛苦，迎接挑战，义无反顾，不断追求，直到重新飞翔。

大浪淘沙始见金。经营企业既是短跑，又是长跑；意气风发不在一时，持续成功才是英雄。得意失意不必在意，顺境逆境切莫止境。过去的让它过去吧，不管是成功、喜悦，还是痛苦、遗憾。让我们开始新的征程，翻开新的一页，面向新的未来。

“冬天来了，春天还会远吗？”经济寒冬终会过去，行业发展是波浪式前进、螺旋式上升的。只要做好准备，度过寒冬，就会迎来鲜花盛开的春天，迎来更加美好的未来。

人间自有公道，努力付出终会得到社会的肯定。“宝剑锋从磨砺出，梅花香自苦寒来。”冬天，百花凋零，一片萧条，然而梅花却坚韧顽强，凌寒独开，傲雪怒放，独领风骚。企业也应该具有这种不畏寒霜、迎风斗雪的坚贞品质，为了企业美好的明天而奋斗拼搏！

- 体质好、身体棒的企业更有能力过冬。
- 信心比黄金更重要。狭路相逢勇者胜，勇者相逢智者赢。
- 经济寒冬终会过去，行业发展是波浪式前进、螺旋式上升的。只要做好准备，度过寒冬，就会迎来鲜花盛开的春天，迎来更加美好的未来。

阳光总在风雨后

2020年上半年，新冠肺炎疫情在全球加剧蔓延，世界经济贸易遭到严重冲击，国内聚氨酯合成革及复合材料行业上下游总体产能大幅下降，全球经济陷入衰退，形势非常严峻。企业面对的是不同以往任何时候的困难和危机，这次危机对众多民营企业经济影响更大、更广、更长久。

"覆巢之下，焉有完卵"，面临系统风险、全局风险，公司不可能独善其身。何况，公司成长发展的道路，从来不是充满掌声、鲜花和笑脸，一帆风顺、一马平川、一路高歌猛进的。季节是交替变更的，不可能永远是春天，也不可能永远是冬天。企业的风险和困难是暂时的，前进和发展是永恒的。

要保持必胜的信念和信心。毛泽东写《长征》，开篇就是"红军不怕远征难，万水千山只等闲"。李白《行路难》写得好："多歧路，今安在？长风破浪会有时，直挂云帆济沧海。"只有信念坚定、信心十足，才能站稳脚跟，困难再大也无所畏惧。安利经历过种种困难和挑战，但从未被打倒，反而愈挫愈勇，不断在磨难中成长、奋起和发展，其中一个重要原因，就是拥有坚韧不拔的必胜信念。一个人有了信念和信心，不一定会赢；但是没有信念和信心，一定会输。信心决定成败。

毛泽东在《水调歌头·游泳》一词中说："不管风吹浪打，胜似闲庭信步"。遇到问题和困难，恐慌焦虑于事无补，从容淡定方能进退有据。刘禹锡说，"沉舟侧畔千帆过，病树前头万木春"；陈毅在《青松》一诗写道，"大雪压青松，青松挺且直。要知松高洁，待到雪化时"。困难是暂时的，挫折是暂时的，胜利是必然的，前进是永恒的，要有乐观的心态和从容的气度。

中国人常说一个词"危机"，听起来似乎困难重重，但其中蕴含机遇。对于那些并非永久性、暂时的困难，正像冬天的寒冷孕育了春天的勃发一样，要能认识到危中有机，能危中见机、危中寻机，善于从困难中寻求机遇，积极工作，从而转危为机。沃伦·巴菲特说过，"如果你等到知更鸟唱歌再找春天，那么春天也就快结束了"。危中寻机绝不是等到一切都恢复平静再行动，而是在挑战中抢先一步，主动作为。

在困难的形势下，更要善待员工。追求企业整体价值最大化，首先要把员工利益放在重要位置。我始终认为，人力资源是第一资源，人力资本胜过货币资本，谋事在人，事业在人。企业是船，员工是水，水能载舟，亦能覆舟。企业在竞争中，要争产品创新，争市场创新，但首先要争民心，得民心者得天下。企业追逐利润，更要赢得民心，因为效益是员工创造的。企业在任何时候都要尊重员工，善待员工。在全球新冠肺炎疫情影响下，更要如此，只有充分发挥员工的积极性、主动性和创造性，才能成就企业的成功。

在困难形势下，企业要更加善待员工，对所有与企业并肩作战的员工负责，把员工利益放在重要位置，与员工价值共守、精神共通、情感共流和命运共担。

在当前全球新冠肺炎疫情蔓延，影响重大，不确定、不稳定且复杂多变的环境中，公司生产经营总体指导思想是，追求利润，但不要太在乎短期的利益，不要太计较一时的得失，而要寻求企业长期的竞争优势。以变应变，增强经营管理的弹性、柔性和适应性，积蓄能量，迎难而上。具体来说，企业经营管理工作要做好“两个合理”“三个稳定”“八个加大”。

一是“两个合理”，在当前订单相对不足的情况下，合理安排作休、合理组织生产，做到有张有弛，劳逸结合，合理有序安排好生产任务。

二是“三个稳定”，稳定生产、稳定工作、稳定薪酬。善待员工，贯彻员工至上的宗旨，在保证企业整体价值最大化和持续发展的前提下，让员工都有班上、有活干、有钱挣，“留得青山在，不怕没柴烧”。同时，坚决反对金钱至上、唯利是图和极端个人主义，倡导拼搏奋进、团结合作、锐意进取，与公司同患难、共甘苦，适当降低领导干部的薪酬。公司尊重员工，努力提高员工的物质生活水平、改善工作环境，在当前形势下，对于薪酬水平相对较低，以及工作业绩突出的员工，不仅不应该降低他们的薪酬，还要根据按劳分配原则，适当提高他们的薪酬待遇。

三是“八个加大”，即加大技术开发，加大技术攻关，加大技改维修，加大样品制作，加大员工培训，加大公司各层级、各部门的互动交流，加大客户服务，加大管理变革和重组再造。“八个加大”的本质是“刀刃向内”，抓住当前订单相对不足、时间较多的有利条件，狠练“内功”，提高素质，提升企业经营管理水平，增强企业竞争力和发展后劲。

阳光总在风雨后，不见风雨怎见彩虹。沧海横流，方显英雄本色。要保持昂扬斗志和状态，坚定理想与信念，坚定信心，迎难而上，积蓄力量，厚积薄发，一定能战胜困难，迎来胜利！

- 企业的风险和困难是暂时的，前进和发展是永恒的。
- 企业要更加善待员工，对所有与企业并肩作战的员工负责，把员工利益放在重要位置，与员工价值共守、精神共通、情感共流和命运共担。
- 阳光总在风雨后，不经风雨怎见彩虹。

天道酬勤

勤奋是人生第一要义。勤奋，是一种积极向上的人生态度，是成长成才的必经之路，是个人、团队生机与活力的集中表现。勤奋是每个人最大的资本，也是每个上级都欣赏的工作态度和品德。要想成就一番事业，必须具备勤奋的工作态度；没有勤奋的工作态度，再美好的愿望也是空谈。

古人说，“天道酬勤”，“勤能补拙”，“业精于勤荒于嬉，行成于思毁于随”，“一日之计在于晨，一年之计在于春，一生之计在于勤”。鲁迅曾说，“哪里有天才，我是把别人喝咖啡的时间都用在写作上”。这些充满哲理的名言警句，道出了勤奋工作的重要性。中国上市公司董监高的基本义务，就是 2 句话、8 个字，即“恪尽职守，勤勉尽责”，对于企业经营管理者，这也是最基本的要求。如果管理干部能拿出十二分的努力、十二分的斗志，企业还有什么理由做不好呢?

我认为，勤奋是成功者的通行证，懒惰是失败者的墓志铭。勤奋的人，懂得抓紧时间；懒惰的人，却在消磨时间。懒惰的人不可能成就大事，因为懒惰的人总是贪图安逸，遇到一点风险就吓破了胆，他们缺乏吃苦实干的精神，总存有侥幸心理，总在等着天上掉下馅饼来。懒惰的人缺少行动，他们是思想上的巨人，行动上的矮子。他们懒于学习，不求上进；等、靠、依赖，无所用心；怕苦怕累，标准不高；得过且过，安于现状；墨守成规，因循守旧。总之，失败的人，一般离不开“懒、惰、逸、骄”四个字。而勤奋能提升士气，蓬勃朝气，鼓舞斗志，所以经营管理者要时刻提醒自己：“成事在勤，谋事忌惰。”

我看过一篇关于“怎样当好师长”的文章，这是我党早期军事领导人对自己红军时期作战指挥的一个小结，共有 9 条，其中第一条就是“要勤快”。他说不勤快的人办不好事，更不能当指挥员，凡是自己能亲手干的事，一定要亲自过目，亲自动手，他说指挥员切忌懒。因为懒会带来危险，会带来失败。其作战秘诀大多源自曾国藩的军事思想和修身准则。相反，与勤奋相对的是“懒惰”“懈怠”“安逸”。晚清四大名臣之一的曾国藩，一生奉行“以勤奋为第一要义”，主张凡事要勤俭廉劳，不可为官自傲。曾国藩办事认真，心思缜密，后期更是位高权重，日理万机。最后升至总督，官居一品，在官场上获得了巨大的成功。

勤奋工作就是要“五到”，即“心到、身到、眼到、手到、口到”。我主持生产经营管理工作20多年来，曾国藩提出的“五到五勤”等为人处世之道、带兵治兵之道，让我受益匪浅。

“心到”，就是“精诚所至，金石亦开；苦思所积，鬼神迹通”。企业经营管理者每天应对的新事物、新问题、新矛盾层出不穷，要求他们什么都懂也不可能；那么在有限的时间里，如何能多干事、干好事、干成事，“心到”至关重要。要用心脑去想，要善于系统思考，具有世界眼光、全球思维，不仅要思考优势和劣势，思考风险和机遇，思考问题与对策，还要善于通过交换、分析、比较，总结工作中的规律，厘清思路和目标，厘清战略和组织，厘清制度和文化。

“身到”，就是“险远之路，身往验之；艰苦之境，身亲尝之”。我始终认为，到场就是成功的一半。经营管理者要做到“三贴近”，即贴近现场，贴近客户，贴近员工。要扑下身子，亲临市场和现场，身临其境，身处一线，亲身体验，靠前管理，调查研究，才能及时发现问题、研究问题、解决问题。

“眼到”，就是“遇一人，必详细察看；接一文，必反复审阅”。企业经营管理者的主要职责便是统领全局，运筹帷幄。要正确决策，不能“拍脑门”或搞“一言堂”，除咨询论证、民主商议外，还要“眼观六路”“眼见为实”。既要“耳闻”，还要“目睹”，不能坐在办公室里看材料、听汇报、开会议、下指示。不能道听途说、人云亦云，而要亲自巡视探访，善于观察，善于透过事物的现象看本质。此外，“眼到”，还要能“慧眼识人”，经营管理者可以“不识数”，但不能“不识人”。在与人打交道的过程中，不能光听“一面之词”，还要通过对方的言谈了解他的性格、品质以及内心情绪，观察他的神态和举止，从对方的表情、面相、打扮、动作以及看似不经意的行为，敏锐细致地观察，在第一时间掌握对方的意图，了解对方的内心世界，从而随机应变，做出正确判断。

“手到”，就是“易弃之物，随手收拾；易忘之事，随笔记载”。在企业经营管理过程中要多动手，随手收拾，事之关键，随笔写记，定期总结。中国有句话，“好记性不如烂笔头”。一个人的记忆力再好，恐怕也记不住所有事情，还需常动笔，记下“身到”“眼到”之所闻，记下“心到”之所悟，总结工作得失。除了重视口头上的互动沟通外，还要用书面和短信，OA和邮件，微信和微博等多种方式，及时记录、传递信息，报告情况、发布指示，协调关系、协调资源。

“口到”，就是“待同僚，则互相规劝；待下属，则再三训导”。企业经营管理者要善于把工作中的情况，及时向上级请示、汇报，让上级了解情况，给予重视和支持，并让上级安心、放心。对待同事要互相劝诫，积极与同事沟通，尊重同事的想法，加强协调、协同，互相支持彼此的工作。对待下属要积极引导指导，宽严并济。“口到”，还要善于动员和宣传。动员和宣传不能只靠文件、命令、媒介，要深入实际去宣讲解读，让员工对公司的规章制度、目标计划、企业文化等明白知晓；还要经常深入一线去关心问候员工，善于利用面对面交谈、一对一谈心等方式，耐心细致地做员工思想工作，这样才能更好地协调关系、化解矛盾、理顺情绪、增进感情，更好地开展生产经营管理各项工作。

勤奋工作的员工不要担心自己的努力会被忽视。大多数企业经营管理者都是明智的，当员工全身心投入和勤奋努力工作的时候，你的上级、同事终会注意和认同肯定的。“种瓜得瓜，种豆得豆”，社会总体来说是公正的，要相信一分耕耘、一分收获。

- “天道酬勤”“勤能补拙”，“业精于勤荒于嬉，行成于思毁于随”。
- 一日之计在于晨，一年之计在于春，一生之计在于勤。
- 勤奋工作就是要“五到”，即“心到、身到、眼到、手到、口到”。

激情与热忱能成大事

我相信境由心生，心中蓝图在拼搏奋斗中能成现实。就是说，“无论如何也要达成目标”这一愿望的强烈程度，正是事情成败的关键所在。工作状态是“干了”“努力干了”“全身心投入干了”，还是“竭尽全力、全力以赴去干”“拼命去干”，其结果一定不同。计划目标的实现，需要满怀激情与热忱去工作，有激情、有热忱、在状态。

人力资本价值 = 能力 × 热情。企业本质上是个能力集合体，是有形资源和无形资源的有机结合。有形的物质资源包括土地、厂房、建筑物、原材料、设备、器具、存货等，无形的资源包括企业内部的规章制度、企业文化、社会资源、公共关系、人力资源、员工素质等。有形与无形两种资源，如鸟之双翼，缺一不可，且“无形胜有形”，企业要更加重视无形资源的培育与运用，这是企业最核心的竞争能力。

在企业核心竞争能力中，“人”是最关键的因素。人力资本和知识资本是重要的资本，人力资本胜过货币资本。人力资本价值主要取决于两个方面，一是组织、团队和员工的能力，二是组织、团队和员工的热情。“人力资本价值 = 能力 × 热情”。能力与热情有四象限关系。能力弱、热情低的组织、团队和员工，能力一般，做事缺乏激情、热忱，是不可能完成任务的。能力强、热情低的组织、团队和员工，有能力，但缺乏激情、热忱，并不能很好地完成任务。能力弱、热情高的组织、团队和员工，虽然能力一般，但是做事有激情、热忱，可能较好地完成任务。能力强、热情高的组织、团队和员工，做事有能力，充满激情、热忱，能很好地完成任务。公司重用能力强、热情高的组织、团队和员工。

激情、热忱能成大事。激情与热忱是一种超常情感，是一种被激发出来的高昂状态；能调动身心的巨大潜力，全心投入、创造奇迹。激情与热忱是永不自满、永不放弃、永不懈怠、永远向上、永远乐观；激情四射，富有朝气与活力；把所有精力都集中在工作上，持续创业和创新；对公司、工作和同事充满了热爱；以积极的心态面对困难和挫折，不轻易放弃；不断自我激励、自我完善，寻求突破；不计得失，全身心投入，关注怎样做好，而不是做了什么；有追求卓越的精神，挑战目标、挑战世界、挑战未来；始终以乐观主义精神影响同事和团队。

激情和热忱比才干、资历和经验都重要。一个人可以没有知识，没有经验，没有资产，没有技能，这些都可以通过学习和奋斗而积累、总结和提高，但是一个人不能没有激情和热忱，激情和热忱有时胜过能力和才干。

艾默生说，“缺乏热忱，难成大事”；曾国藩的用人标准则是“具备忠义血性是上上之选”，即选用那些有血性、有胆量、敢冲锋、不怕死的人。这些大师的观点如出一辙，满怀激情与热忱的人是受欢迎的，应得到提拔和重用。相反，一个人本事再大、技能再高、本领再强，如果没有激情和热忱，就什么都发挥不出来。

然而，一些企业中个别人却有负面情绪：老气横秋、四平八稳，缺少一股精气神；搞三分钟热度，稍微遇到一点挫折就垂头丧气；习惯找理由、找借口，文过饰非；不能正确看待自己的职位、待遇，牢骚满腹；拈轻怕重、眼高手低，大事干不了、小事不愿做；夜郎自大，沾沾自喜，飘飘然、昏昏然，忘乎所以；混日子，得过且过，不求有功，但求无过；认为这也不好、那也不好，就是不说自己不好，这也不行，那也不行，就是不说自己不行。这就是人生观、价值观不正确，没有认识到自己的不足，没有明确自己到底为什么工作。保持激情和热忱，是公司重要的企业文化之一。如果有人总是带来负能量，那么终究会落伍或被淘汰。

我主持公司生产经营管理工作 20 多年来，唯一不变的就是对工作和事业的一腔热血和热忱。总感到时间不够，还有很多问题没有解决，必须只争朝夕，去拼去闯。我认为，阳光的心态和积极的行动，比什么都重要。企业的问题需要团队和个人共同努力去改进、解决，要保持激情和热忱，勤奋工作、忘我工作。当然，激情和热忱来源于兴趣、爱好等多个方面，但更多是来自一个人的精神寄托。反之，一个人缺少激情，就会精神空虚、信仰缺失。

人们活在世上是为什么而工作，是为自己、为企业还是为社会？其实，每个人的工作，既是为组织、企业和社会，也是为自己。不要以为只是为上级而工作，为企业而工作，为社会而工作。在为他人工作的同时，更多的是为自己工作。要知道，工作不仅能拿到薪酬，还能获得知识，提升技能，实现自我价值。

有激情和热忱的人，更容易把工作做好。好的态度是一项工作的良好开端，激情和热忱是最有效的工作方式。如果拿出百分之百的激情和热忱，来对待百分之一的事情，而不去计较它是多么“微不足道”，就会发现，原来每天平凡的工作是如此充实、美好。充满激情和热忱，比获得成就、获取功名更重要，它使一个人快乐、进步，富有活力。

激情更多会激发一种对未来的渴望，使人在面对困难和挑战时，可以变得更加勇敢，获得更多愉悦和幸福。热忱是一种巨大的精神力量，能让人们为了自己的梦想而不断奋斗。热忱可以激励人们积极主动地工作，有了这种态度，再枯燥的工作也会使人兴趣盎然；有了这种勇气，困难的工作也会变得简单易做。有热忱的人会不断进步，成就大事。

一个全身心投入的员工，肯定是一个有明确目标、忠诚态度和奉献精神的员工，对生活和工作充满希望，把工作当作一种乐趣，专心做事、用心工作，并能够感染他人，点燃周围人的工作热情。

持之以恒的激情和热忱，是“看不见”的重要信号。激情和热忱是一种持之以恒的态度，可以相互感染。充满激情和热忱的干部，能够感染团队，极大地增强组织活力。充满激情和活力的组织、团队与员工，是企业的榜样和力量，在激情和热忱这个“看不见”的重要信号的感染、传递、再激发下，消极的人能发现自身不足，迷茫的人能重新找到方向，它还能消除组织、团队中不和谐的声音和行为，产生更强的激情氛围，从而造就一个团结向上、充满活力与希望的战斗集体。

在企业中，激情不是矫揉造作，而是发自内心并外化的执着和热忱，就像磁铁一样具有磁性，具有很强的“看不见”的感染力。对工作有火一般的热情，不仅可以提高自己的工作效率，还能够带动周围人更好地完成工作。同样是干一份工作，是否满怀激情，会产生两种截然不同的效果。满怀激情，会让人更有活力，工作干得有声有色，创造出许多超人的业绩。而缺乏热情，则会让人变得懒散，对工作漠不关心，当然就不可能有什么创造，潜在能力也无从发挥，只会让人更加垂头丧气。

只有凭借超越他人的激情，培养对工作的狂热追求，才能把枯燥无味的工作变得生动有趣。只有凭借激情，才能感染周围的同事，获得员工的理解与支持，拥有良好的人际关系；只有凭借激情，才能释放出潜在的巨大能量，拥有比别人更多的成长和发展机会。

干部首先要充满激情和热忱。激情和热忱具有一种看不见的力量，可以吸引和感染周围的人。领导干部作为“一方诸侯”，企业、组织内的员工时刻都在关注我们，干部的一言一行、一举一动都影响和感染着员工。干部的言行举止，是“看不见”的重要信号，对员工的影响非常大。有了十二分的热忱和激情，就能克服一切困难，工作起来就会充满活力。如果干部本人都死气沉沉，那么能带出好的队伍吗？

干部是带领团队和干好工作的关键。工作干得好不好，关键在于干部是不是能够以身作则、昂扬向上、永不放弃，是不是充满热爱、充满激情。我们要知道，你想别人怎样对你，你就要怎样对别人。干部有激情、在状态，员工就会在干部的感染下热忱地工作。干部和员工之间形成了强大的精气神，遇到困难和问题就能迎难而上、开动脑筋，拥抱变化、迎接挑战。

稻盛和夫说，“经营战略最重要，经营战术不可少，但是我认为，除了拼命工作之外，不存在第二条成功之路，要想成功经营企业，前提条件是要付出不亚于任何人的努力，做不到这一点，任何愿景都是空中楼阁”。因此，经营管理者应保持不变的激情与热忱，带着这“看不见”的重要信号去工作，去感染和影响周围的员工，打造高水平、能战斗、能战胜困难的组织和团队，拿出干劲、拼劲，保持昂扬的斗志，保持良好的精气神，带领团队投入工作，围绕公司计划目标奋力拼搏，干好每一天，为荣誉而战，为事业而战，为使命而战。

- 人力资本价值 = 能力 × 热情。
- 一个人可以没有知识，没有经验，没有资产，没有技能，但是不能没有激情和热忱，激情和热忱有时胜过能力和才干。
- 持之以恒的激情和热忱，是“看不见”的重要信号，就像磁铁一样具有磁性，具有很强的“看不见”的感染力。

爱拼才会赢

"更快、更高、更强、更团结"是奥运精神的核心理念。很多人喜欢看奥运会，其原因不在于奥运会本身，而是奥运竞技赛场上不断超越自我的精神境界。其实，奥运精神与企业精神是相通的。在企业经营管理过程中，也需要以"更快、更高、更强、更团结"的核心理念为支撑，汇聚强大精神力量，不断焕发企业内在生机活力，以应对各种风险挑战，保持竞争优势，敢拼敢赢。

企业经营过去和现在拥有优势，如果不能时刻保持战战兢兢、如履薄冰的危机意识，松劲懈怠了，未来就不一定能一直保持优势。**因此，企业不能骄傲，不能松劲，要永远保持干事创业的斗志。**不要把企业的荣誉当成自己的荣誉，不要把企业的光环当成自己的光环。体育界有句话："走下领奖台，一切从零开始。"我非常赞同。要戒骄戒躁、再接再厉，不要以为过去公司有些产品做得好，要知道别的公司也在进步。过去生产经营得好的产品，现在也有可能生产经营得不好。如果松劲了、懈怠了、麻木了，公司就会出问题。如果有谁懈怠了，不去拼了，公司就要坚决将其淘汰。反之，有心有力的员工要坚决重用。

20 世纪 80 年代初，女排以拼搏精神赢得三连冠的成绩，是我们那个年代的骄傲，激励着一代中国人顽强拼搏、奋发图强。2016 年的里约奥运会上，中国女排不畏强手、英勇顽强，时隔 12 年再夺奥运金牌，充分展现了女排精神，让全国人民再次热血沸腾。"女排精神"激励一代又一代人不断奋勇向前。公司要学习"女排精神"。我认为，学习"女排精神"主要有四重内涵。

一是特别英勇、特别能打硬仗的拼搏精神。经营管理者是安于现状，畏缩不前，还是勇于向前拼搏，全力以赴、尽心尽力，直接关系到能否把企业经营好。公司能走到现在不是偶然，主要是因为公司团队敢打敢拼，志向远大，目标明确，不自满、不自大，不为一点点成绩沾沾自喜，积极进取，一切向着前方，一切为了胜利。

2016 年 8 月，习近平主席在人民大会堂会见里约奥运会中国体育代表团时说，"在奥运会这样高水平的竞争场合，争第一、拿金牌奖牌很不容易，拿到金牌奖牌的，值得尊敬和表扬。同时，只要勇于战胜自我、超越自我，即使没有拿到金牌奖牌，同样值得尊敬和表扬”。

这让我联想到共产党为什么能战胜国民党。因为国民党官僚主义严重，贪污腐败，骄奢淫逸，贪图安逸，贪图享受，官气十足。虽然共产党武器装备落后，小米加步枪，但是官兵一致，艰苦奋斗，昂扬斗志，深得民心，能吃苦，不怕死，能打仗，打好仗，打胜仗。

二是肯吃苦，坚持住，扎实苦干，积小胜为大胜。中国女排在比赛中，敢打敢拼是获胜的前提，一拼到底、永不放弃则是获胜的基础。一步一步走，一球一球拼，一分一分顶，一关一关过，不到最后一刻决不放弃。

“女排精神”不是喊出来的，它的实质是踏踏实实做好每一天，以及平时一点一滴的积累。企业不要总想着干什么惊天动地的大事，更不要想着一步就可以登上高山，而要从点点滴滴的细节做起。今天进步一点，明天进步一点，这样日复一日地付出，会为日后的成绩与进步奠定坚实的基础。

要学习女排稳扎稳打、一步一步往前走、一分一分与对手较劲的精神。在明确了道路方向之后，要有把车拉到终点的勇气和毅力，沉下心、俯下身，踏实地向前走。持之以恒，一定会做出成绩。

三是强烈的获胜欲望和自信洒脱。经营企业一定要有底气、志气、霸气、锐气和胆气。要志存高远，立远大目标，要争一流，争第一。要敢于承认差距而不甘落后，不安于现状，积极进取，要有气不可馁、志不可丢、志在必得的精神，去拼搏、去奋斗。要有干大事、干实事的决心和志向。

在公司快速发展期，面对诸多困难和挑战，应正视现实，多一点霸气、底气，保持一种自信心、决断力和意志力。对于公司发展中的问题，敢于严格管理，敢于担当，敢于负责。要有一股子干劲、闯劲、冲劲和拼劲，还要有一种不服输的精神，一种永远向上的进取态度，就是一种高昂的工作热情和工作韧劲。有百分之一的希望，就要百分之百地拼搏进取。

四是精诚团结、团队合作。中国女排主教练郎平善于调兵遣将，把年轻的女排姑娘培养成了一支团结、顽强、积极乐观的队伍。一个优秀的领导者绝不是只传授技术就能打赢比赛，还要把组织的愿景，个人的创造力、情感、承诺与团队结合在一起，激发每个人的创造力、荣誉感和潜在的力量，这样的团队才会激情投入，才有可能实现目标。

在安利的生产经营工作中，员工个人不能把自己当成“明星”，安利也没有“明星”。不屈不挠，顽强拼搏，在逆境中敢于胜利，在掌声中继续奋斗，“女排精神”令企业受益，这也是公司应该具备的精神力量。在工作中不要找困难、找理由，要调整好心态，保持阳光、乐观、积极、进取和拼搏的心态，努力将工作做得更细、更扎实，公司事业将无往而不胜。

- 走下领奖台，一切从零开始。
- 今天进步一点，明天进步一点。这样日复一日地付出，才能为日后的成绩与进步奠定坚实基础。
- 有百分之一的希望，就要百分之百地拼搏进取。

自以为是与自以为非

20 世纪 80 年代后期至 90 年代初，安利快速发展，人均产值、效益和纳税位居合肥工业企业前列，一度是合肥地区的“明星企业”，获得过众多荣誉。然而，90 年代中期，安利有些自以为是、自我陶醉了，在全球行业高增长、竞争者稀少、需求十分旺盛的环境下，在公司工艺设备全球领先的情况下，公司对外部环境变化不够敏感，内部管理方法不当，反应迟钝，效率低下，经济效益出现严重滑坡，年销售收入仅 1 亿多元，有高达 9000 多万元的银行贷款逾期。

1999 年，安利接待室的整面墙挂满了奖牌。我主持公司生产经营管理工作后不久，就做了一个重要举动，把公司之前获得的奖牌全部撤下收起来。当时很多人不解，这个做法意味着什么？我说，“安利要自以为非，告别过去”。奖牌代表着成绩、代表着荣誉、代表着辉煌，但如果总是沉浸在过去的荣誉中，就会自以为是、骄傲自满，公司发展就会受到局限。

诺基亚曾是手机中的老大，但是它对自己的行业地位过于自信，习惯于以固有的资源、模式来面对变化，对变化不敏感、不响应、不变革，最终在智能手机市场上落后了。王安电脑公司曾是美国 IT 界的商业神话，开发出功能强大、体形小巧以及价格相对低廉的计算机，但成功后滋生了自满情绪，不再关注外部世界的变化，由于一连串的重大失误，公司陷入困境，从兴盛走向衰退。

历史上有很多企业，因自以为是，过去是“明星”，今天变成了“流星”，甚至不在了、消亡了，从领先者变成了失败者。故步自封、抱残守缺，吞噬掉了许多曾经利润丰厚、家喻户晓的明星企业，而倒下仅仅是一瞬间的事情。因此，只有告别过去，自以为非，才能不断地挑战自己、超越自己。

自以为是之“非”与自以为非之“是”。自以为是，表现为为人处世刚愎自用、自我感觉良好，似乎有一种与生俱来的优越感，喜欢盯着自己的优点陶醉不已，对自身知识、能力、修养等方面的不足，浑然不觉，看不清自己身上的问题和毛病，飘飘然、昏昏然，不接受质疑和批评。正是因为自以为是，对周围变化了的事物，缺乏敏锐的洞察力、鉴别力，视而不见，容易陷入主观主义、经验主义。办事情、做决定，率性而为，听不进别人的意见，总认为只有自己的看法、意见是正确的，喜欢做老师，喜欢高谈阔论，喜欢一意孤行，不撞南墙不回头；甚至栽了跟头，还要找出一堆理由自我安慰，寻求自我解脱。

自以为非，表现为为人处世虚怀若谷，善于理性思考和自我反省，有一种强烈的责任感和自我约束意识，敢于否定和自我否定，敢于挑战和超越自我。在成绩和荣誉面前，能保持头脑清醒。对自己的学识、能力，有清醒客观的认识。

自以为是与自以为非，一“是”一“非”之间，二者的表现，以及所产生的效应、带来的后果，却截然相反。自以为是者，体现的是一种自大、自满、自傲和自负；自以为非者，彰显的是一种自谦、自警、自省和自砺。

历史上自以为是者比比皆是。吴王夫差拒纳伍子胥之谏，狂妄自大，骄奢淫逸，最终国破身死；马谡自负其才，不听诸葛亮之令，不屑副将王平之谏，扎营孤山、一意孤行，举动失宜、自乱阵脚，结果痛失街亭。

历史上也有很多敢于自以为非者。汉高祖刘邦认为自己运筹帷幄不如张良，安邦定国不如萧何，统率大军不如韩信。正是这种自以为非的胸怀和气度，促成了刘邦一统天下的伟业。中国共产党在其发展历程中，勇于自我修正，勇于变革，勇于创新，永不僵化，永不停滞，与时俱进，禁受住了历史的考验，被人民所信任和拥护，领导全国各族人民浴血奋战，实现了人民当家做主，在当代更是使中国发展成为世界第二大经济体。

如果企业经营管理者还停留在过去的思维方式、行为习惯里，故步自封、因循守旧，无法应对外部的环境变化，思想就会“僵化”，方法就会“老化”，能力就会“退化”。要进行自我批判，找差距、找对策，要自己“打倒”自己。

自以为非的本质，是否定自我、批判自我、超越自我。在成绩与进步面前不要沾沾自喜，要时刻保持谦虚谨慎的作风，戒除自满，避免自满带来的失败。面对成绩和进步，要有“归零”的心态，不能把公司的荣誉当作自己的荣誉，把公司的光环当作自己的光环，公司做得好，不代表你个人或者你的团队做得好。如果沉湎于过去的荣誉，就会迷失方向和目标，失去前进的动力。要铭记，人人都有改善的能力，事事都有改善的余地。

- 自以为是者，体现的是一种自大、自满、自傲和自负；自以为非者，彰显的是一种自谦、自警、自省和自砺。
- 自以为非的本质，是否定自我、批判自我、超越自我。
- 人人都有改善的能力，事事都有改善的余地。

归功于外与归责于内

1999年，我刚主持公司日常生产经营工作时，读了管理大师彼得·圣吉撰写的《第五项修炼》，书中指出组织中存在的学习障碍之一便是“归责于外”，同时提出了建立学习型组织的关键，其中第一项修炼就是自我超越。这些观点让我深受启发。

归责于外与归责于内。当事情出问题时，有些人往往倾向于归责于外、“甩锅”于外。归责于外实际上是思考局限的一种体现，是以片面的方式来看问题的结果。当有问题出现伤害到自己，还误认这些问题是由外部引起的。归责于外的心态是不好的。批评与自我批评，自责与他责，我认为应该先自责，再他责，先自我批评，再批评别人。归责于外者，在工作中常常把个人失败归责于他人不配合，或合作者无能，或是运气太差，等等。事实上这是在为自己的失败找理由、找借口，是推卸责任、逃避责任的表现。

在生活和工作中，经常会听到这样或那样的理由和借口，说一些不能做某事或做不好某事的理由，而且这些理由都显得冠冕堂皇，有时甚至连自己都相信了。球踢不好，怪球不圆、天气不好；球队成绩不好，怪教练；产品做不好，归责于设计不好；营销做不好，归责于没有产品，市场竞争激烈；供应做不好，归责于资金付款不及时等。

每一个理由和借口背后，都隐藏着丰富的潜台词，只是不好意思说出来，甚至不愿意说出来，其实质就是回避矛盾、推卸责任。借口可以让人暂时逃避困难和责任，获得些许心理慰藉。但长此以往，就会因为有各种各样的借口可找，而使人疏于努力，不再想方设法争取成功，而是把大量的时间和精力，放在寻找一个合适的借口上。最终，使人消极颓废、不思进取，离成功越来越远。

归责于内者，常常“眼睛向内”，从自身找原因，把工作失误的责任归咎于自己，总是跟自己过不去，找差距、找问题，找对策、找办法、找思路。

在美国西点军校，作为新生，不管什么时候遇到学长或军官问话，只能有四种回答，“报告长官，是”；“报告长官，不是”；“报告长官，没有任何借口”；

“报告长官，我不知道”。除此之外，不能多说一个字。其要求说明了什么？当你接受一个任务的时候，你只有两种答案：是，不是。如果回答“不是”，那么这件事你不必去做了，即使做了也会有这样那样的借口；如果回答“是”，那你就要做到，按时按量完成，不存在任何借口，一切用行动说话。

“你若不想做，会找到一个借口；你若想做，会找到一个方法。”美国西点军校能够培养出众多的优秀人才，驰名世界，最重要的一点，就是它把“没有借口”作为学员最基本的行为准则，使每一名学员在任何一个团队，都能表现出良好的团队精神和超强的合作能力。

优秀的员工不为失败找理由，总会尽心尽力做好每一件事，从不推脱；总会为成功找方法，善始善终地完成好每一项任务，解决好每一个执行中的问题；不论遇到什么难题，都会迎难而上，直面困难，积极主动地找方法、找措施、找对策，主动破解。

因此，企业经营管理者应归责于内而不要归责于外。坚决克服遇到困难“往外推，往上推，往下推，往过去推”等顽瘴痼疾，真正做到人人尽责，而不是处处推责。如果能少一些牢骚、抱怨，多一些检讨、反思，少一些误解、指责，多一些理解、配合，就能从已经发生的事中吸取经验、教训，引起警惕，避免重蹈覆辙，找到更多解决问题的办法，提高执行能力。

归功于内与归功于外。归功于内者，当自己取得成绩后，把成功的原因多归结于自己的努力。除了“天上掉馅饼”“瞎猫碰上死耗子”之外，任何一种成功都离不开个人的努力。把成功的原因归结于自身努力属于内归因，内归因有益于个人成长。

然而，在企业经营管理中，靠单打独斗做成、做好一件事是很难的，更多是依靠团队合作。如果完全归功于内，那么在成功面前的沾沾自喜，失败后的百般解释，都将是很自然的条件反射。特别是，有的人成功越多，自大之心增长越快，自信心爆棚之后的盲目自大会导致自己失败。

归功于外者，当自己取得成绩后，把成功的原因多归结于他人的支持和帮助，对外有感恩之心，对内有谦卑之心。如果害怕别人成功，那么自己也不可能成功；如果嫉妒别人成功，那么自己更不可能成功。赞美别人、肯定别人并不会让自己变得不如别人。自己做不到，又不肯为别人鼓掌的人，同样无法得到别人的认同。

当我们赞叹别人的时候，应该希望自己能够向他学习。我们把值得感动的事，或者是感动的心情传递出去，这是对自身所处环境的一种积极、正面的能量。

因此，企业经营管理者要归功于外而不要归功于内，遇事多“责己”，多从自己身上找原因，多看到别人的长处和优点，更深层次地认识、反省、复盘和重塑自己，成就别人，也造就自己。

- ✦ 企业经营管理者应归责于内而不要归责于外。少一些牢骚、抱怨，多一些检讨、反思，少一些误解、指责，多一些理解、配合。
- ✦ 企业经营管理者要归功于外而不要归功于内，遇事多“责己”，多从自己身上找原因，多看到别人的长处和优点，更深层次地认识、反省、复盘和重塑自己，成就别人，也造就自己。

好为人师与好为人徒

人有“口”有“耳”，有的人喜欢多说话也喜欢听别人说话，与总喜欢发表自己的意见，而不善于倾听的人，形成了鲜明对比。公司有的人“善说”，在听对方说话之前，常常先把自己的主张摆出来，试图借此显示自己博学多才，而不善于倾听学习，喜欢“侃”，“口若悬河”“滔滔不绝”，以为这就是“口才好”和“有口才”。而有的人“善听”，倾听的本领强，善于听人说话，学习能力强。

人有一张嘴巴、两只眼睛、两只耳朵，眼睛、耳朵比嘴巴多，就是告诉我们要多看、多听、少说，要善于观察、学习，少输出、多输入。企业经营管理者要少用“口”，不以对别人说为重点，不要热衷于把自己的东西传播出去、教给别人；要多用“耳”，放低姿态，学习吸收他人的优点。

孟子说，“人之患，在好为人师”。“好为人师”者，常常觉得自己无所不知、无所不能、无所不晓，爱摆老资格，自我炫耀，喜欢做别人的老师，挑剔别人以显示自己的博学。这些人放不下架子，喜欢当别人的老师，喜欢指指点点而无所顾忌，喜欢指责别人的过失及错误，不顾实际情况而大谈自己的经验、知识。

与之相反，“好为人徒”者，虚心好学，总是感到自身存在不足，俯下身子，审视自己，虚心请教和倾听别人的建议。比如，武侠小说家金庸在文坛成就显著，名满天下，地位显赫，而他仍然有志向学，虚怀若谷，高龄读博。

抗战胜利前夕，毛泽东在《批评与自我批评》一文中写道：“房子是应该经常打扫的，不打扫就会积满了灰尘；脸是应该经常洗的，不洗也就会灰尘满面。一个人的思想，我们党的工作，也会沾染灰尘的，也应该打扫和洗涤。”我们不要以为自己貌赛西施、智胜孔明、勇比子龙、巧越鲁班。金无足赤，人无完人，每一个人都有自己不足的一面，谁也不能保证自己是完美的。

中国有句古话，“见贤思齐，见不贤而内自省”。见到好的榜样就要向他看齐，见到不好的就要以他为反面教材来反省自身的缺点，进行自我批判。一个人如果不经常“照照镜子、洗洗脸、洗洗澡”是容易生病的，就像穿着“皇帝的新衣”，看不到自己丑陋的一面。

大学时，我的辅导员曾说过一句话“船高靠水捧”；我的母亲也曾对我说，“红花需要绿叶扶，坐在轿子里还要人抬”。这两句话始终警示着我，对我影响很大。我想，何况我们还不是红花，还不是坐在轿子里，也没有资格坐在轿子里。我们要清醒地看待自己的能力、素质，不能孤芳自赏、顾影自怜，不要一副“举世皆浊我独清，世人皆醉我独醒”的样子。

“好为人徒”要反省自我，认清差距，虚心学习，选准参照系很重要。不仅要纵比，还要横比，与国内外优秀企业比，发现别人的优点，审视自己的缺点，取长补短。要对照标杆找差距，时刻将自己置身于更高的参照系，分析差距在哪里，找准问题在哪里，实事求是地进行自我剖析，从思想作风中找不足，从工作效率中找差距，从存在问题中找教训。

企业经营管理者不要好为人师，而要好为人徒。做到好为人徒，**一是持续学习。**当今世界是一个快速变化的世界，知识以海量速度增长。不学习，无进步。要对新技术、新工艺、新材料、新业态和新知识、新动向，保持敏感敏锐和好奇心，加强学习，不断提高自身修养，敢于接受新事物，敢于学习新事物，敢于挑战新事物，不要躺在过去的“成绩簿”上，要把实现自我价值融入实现企业价值的过程。

二是怀有谦卑之心。企业取得的成绩不是某些部门、某些人的功劳，是外部机遇、股东支持、客户信任以及全体安利人共同努力的结果。然而，一山还有一山高，要有战战兢兢、如履薄冰的危机意识，常怀谦卑的心态，时刻保持清醒，更加勤奋努力，才能取得更大的进步。

三是善于吸取经验教训。在前人先辈走过的路上，不仅要看到成功历史，更要关注他们是如何避免失败，如何从困境中崛起的，其中有值得安利借鉴的防范风险、避免犯错的经验，要善于从平时的工作中归纳、总结经验教训，在以后的工作中加以改进提高。

- 一个人如果不经常“照照镜子、洗洗脸、洗洗澡”是容易生病的，就像穿着“皇帝的新衣”，看不到自己丑陋的一面。
- “红花需要绿叶扶，坐在轿子里还要人抬。”
- 敢于接受新事物，敢于学习新事物，敢于挑战新事物，不要躺在过去的“成绩簿”上，要把实现自我价值融入实现企业价值的过程。

问题意识

在这个世界上，没有哪个企业不是在解决问题、迎接挑战和战胜困难中前进的，没有谁的成功是轻而易举的，没有谁的成功是一蹴而就的。我经营管理企业20余年来，每年都会遇到各种各样的困难，几乎是三年一小“考”，五年一大“考”。2020年，刚经历过新冠肺炎疫情的大战大考；2021年又面临原材料大幅涨价，环保、节能减排政策趋严，经营成本大幅上升等挑战。但是，在克服困难的过程中，公司抗风险能力、管理能力、盈利能力和发展能力不断提升，反映在公司行业地位突出，越来越多的国内外品牌与公司深化合作，公司总体态势、趋势向好。可以说，时已来、势已至，公司已走在大路上。

当前，在公司生产经营管理中总是会有这样那样的问题。问题出现了，就要想办法解决，企业经营管理者就是要解决问题的。我常说，干部、干部，先干一步，要有责任担当和问题意识，多讲一点说不出口的问题，少讲一些拿得出手的成绩。

问题的“三无”定理。所谓“问题”，毛泽东在《矛盾论》中强调问题意识，“问题就是事物的矛盾，哪里有没有解决的矛盾，哪里就有问题”。矛盾存在于一切事物中，存在于一切事物发展过程的始终，旧的矛盾解决了，新的矛盾又产生了，这个新的矛盾就是问题。人类认识世界、改造世界的过程，就是一个发现问题、解决问题的过程。

问题有三大特点，或者说存在问题“三无”定理，即问题无处不在、无时不有、无人不有。没有发现问题不等于没有问题，有问题长期发现不了、解决不了，往往会出大问题。问题无时不在，老问题解决了，新问题又会产生。

问题就是差距，是现实、现状与某种标准，或者现实、现状与目标、期望、理想状态的差别程度。这种“差别程度”，体现为某种不足、短板或者弱项。因此，找差距可以看作找不足、找短板、找弱项，从根本上说，都是找问题。

问题有两种，“改进型问题”和“优化升级型问题”。现实、现状与某种标准间的差距，产生“改进型问题”，即在现有标准之上改进。旧的问题解决了，再提高标准、要求、目标和期望，那么改进之后的现实、现状，又会与新的标准、要求、目标和期望之间存在差距，产生“优化升级型问题”。问题自然会带来一种无形的压力，企业既要直面问题、承认差距，更要看到差距里所蕴含的动力和潜力。

对待问题的三种错误认识和态度。问题意识很重要，正确的“问题意识”是敏锐发现问题、勤于分析问题、善于解决问题的能力，是敢于正视老问题、勇于直面新问题的勇气。问题意识是敢不敢于正视问题，是意识和态度问题；善不善于发现和解决问题，是能力和水平问题。

绝大多数领导干部是爱动脑筋、想问题的，但有个别人问题意识和责任意识淡薄，主要表现为三种错误态度。一是熟视无睹。无视问题存在，不想解决问题，以为不闻不问，问题就会自己消失。二是麻木不仁。虽然看到问题了，但从未想过去解决问题，把问题当作绊脚石，遇到问题绕道走、碰到困难往后退，以为不触碰问题就能越过问题，能推就推、能躲就躲，不负责任、无所作为。三是束手无策。看到了问题，也想去解决，但不知该如何下手。这些都不是正确的“问题意识”，是意识上、态度上出了问题，必须解决改进。

对问题熟视无睹、麻木不仁，是因为格局不大、站位不高、要求不严，设定的目标、期望或理想状态低，与现实、现状之间没有差距，所以才会觉得现实理所当然，现状一切正常。对问题束手无策，是因为本领不强、水平不高，缺乏与时俱进的知识、技能和经验，导致无的放矢地乱忙、瞎忙，漫无目的地盲目、盲从，以及缺乏计划性和预见性的茫然、慌乱。

没有问题才是最大的问题，没有危机感才会有危机，没有比意识不到问题的人更有问题。没有“问题意识”，就个人而言，做不好本职工作；对企业来说，会掩盖问题、回避矛盾，小问题演化成大问题，问题越积越多，成为发展前进的更大阻碍。

从某种意义上说，经营管理者就是要积极主动去解决问题，解决不好问题就不是称职的经营管理者。因此，带着问题意识去工作，敏锐发现问题，辩证认识问题，科学分析问题，及时解决问题，既是推动当前各项工作的必然要求，更是经营管理者做好工作的重中之重。

一是敏锐发现问题。能发现问题，是经营管理者干好工作、推进事业的前提。矛盾是问题产生的根源，哪里有矛盾，哪里就有问题、有差距。面对各种纷繁复杂的矛盾，只要用心去观察、分析，用心去调查、访谈，开展“头脑风暴”，就会发现问题，就能找到问题的根源，看清问题的本质。这就需要经营管理者强化问题意识和责任担当，善于观察分析出现异常的地方，发生瓶颈的地方，产生浪费的地方，常出错误的地方，常有紧急状况的地方，去分析观察和发现费时、费力的工作；就要善于对标找问题，对标国内外优秀企业的做法，找出经营管理工作中的薄弱环节，带着解决问题的决心去做好工作。

经营管理者要善于在实践中发现问题，转变作风，“眼睛朝下”，深入现场、深入一线、深入基层，实际调查研究，做到贴近实际、贴近现场、贴近员工，才能及时发现问题、正视问题、解决问题。员工处在实践的第一线，对问题的感受最直接、最真切，对情况的了解也最清楚、最准确。只有深入现场，才能看到问题、找准病因、对症下药。

二是辩证看待问题。很多人都见过苹果落地，但只有牛顿问了为什么。机会，往往蕴藏在问题中，工作的问题，就是企业改进提升的机会；客户的问题，就是企业优化产品与服务的机会；竞争对手的问题，就是企业做大做强的机会；上级的问题，就是下属积极解决并获得信任的机会；同事的问题，就是彼此提供支持建立合作的机会；自身的问题，就是个人成长的机会。因此，问题点就是创新点、改进点和增长点。

辩证地看待问题，需要大局意识。大局意识包含“谋大局”和“顾大局”两个方面。“谋大局”就是把一个问题放到全局中去思考和谋划；“顾大局”就是顾全大局，服从和服务大局。局部得利而对大局不利的事坚决不做，局部受损而对大局有利的事要有魄力去做。“会当凌绝顶，一览众山小。”看待问题“向上一层”，就会拥有更高一层的视野，就会看到更大的系统，问题的脉络往往会变得清晰和简单。这不仅是一种态度，更是一种能力，也就是常说的“身在兵位，胸为帅谋”。

辩证地看待问题，需要长远眼光。有些同志缺乏长远眼光，“竭泽而渔”式地解决问题，在“远见卓识”与“短期效应”之间迷失方向；有些虽然有“远见”，但是为了眼前立竿见影的效果，对由此给未来带来的问题视而不见。

坚持问题导向需要与目标导向相统一，需要保持战略定力，不能因走得远而忘了为什么出发。如果目标是“一流”，就要对标一流、追求卓越，多做“一流”的事，少做“二流”的事，反对“不入流”的事。在不断解决问题的过程中，要对照蓝图和既定目标，不断检视自身工作，停滞或放缓前进步伐的事情坚决不做，偏离正确方向或道路的事情坚决不做，背离或妨碍实现目标的事情坚决不做，确保工作不跑偏、不懈怠、不走样。

三是科学分析问题。问题不是抽象、简单存在的，而是渗透在形形色色、各种各样的具体事物中，需要由此及彼、由表及里，通过对现象的归纳、分析、概括、提炼，找准反映事物本质的问题。

面对形形色色的问题，绝不能“眉毛胡子一把抓”，而是要将关注的重点始终聚焦在“全局问题”上，要学会运用逆向思维，多问几个“为什么”，善于在平常工作中识别风险，在取得成绩时看到不足，辨别哪些是真问题，哪些是假问题，哪些是现象问题，哪些是本质问题，哪些是事关全局的重大问题，哪些是局部的细枝末节问题，哪些是亟待解决的问题，哪些是可稍缓解决的长远问题，等等。要具体问题具体分析，抓重点，带一般，抓当前，想长远，善于抓住主要矛盾和矛盾的主要方面，分清问题的主次、轻重、缓急，达到事半功倍的效果。

四是有效解决问题。能够发现问题是有水平，善于解决问题则是高水平。在处理矛盾问题时，把问题考虑得细致些，把工作做得扎实些，把措施定得周全些。切忌坐而论道、纸上谈兵、避实就虚、避重就轻。要集思广益，群策群力，真刀真枪、真抓实干，真正有效解决问题。

发现问题的敏锐，直面问题的担当，解决问题的办法，归根结底取决于自身的能力和素养。认识好、解决好问题，唯一的途径就是增强本领、提升能力，寻找可能解决问题的各种方法，进行分析、评估和决策。能力不是固有的，本领也不是天生的，必须切实加强学习。善学者智，善学者强，善学者胜。只有持续学习、不断充电，完善知识结构，才能拓宽视野、提升本领能力，敏锐发现问题、有效解决问题。

对于一个持续改进、追求卓越的企业而言，关键不在于自身存在多少问题，而在于是否能识别、分析、正视，进而有解决问题、消除差距的勇气与能力，这就意味着企业必须利用 PDCA 循环，随时寻找自身的弱点、弱项和短板，详细分析问题产生的原因，提出客观、可行的解决问题的措施，并迅速解决，最终达到持续改进、不断提高的目的。

树立问题意识第一步是拉高标杆，拉高标杆的实质就是“同自己过不去”，向高手学习，向自己挑战。第二步就是立即行动，积极解决，尤其是中高层管理者要深度参与，从提高自己的责任心开始，从自己身边的小事做起，每天进步一点点，每天都要超越昨天。

- 问题“三无”定理，即问题无处不在、无时不有、无人不有。
- 现实、现状与某种标准间的差距，产生“改进型问题”；改进之后的现实、现状，与新的标准、要求、目标和期望之间存在差距，产生“优化升级型问题”。
- 多讲一点说不出口的问题，少讲一些拿得出手的成绩。

取法乎上

《论语》中有句话："取法乎上者，仅得其中；取法乎中者，仅得其下；取法乎下者，无所得矣。"说的是，一个人制定了高目标，最后有可能只达到中等水平，而制定了一个中等的目标，最后有可能只达到低等水平。

俗话说，一个不想当将军的士兵不是好士兵。一个企业的定位不高、目标不高，能实现好的经营成果吗？企业的战略格局，来源于企业家与高管的眼界、视野、胸怀和知识结构，思想与格局起着关键作用。那些小胜即满、小富即安，患得患失，斤斤计较，缺乏优秀管理者思想素质和胸怀的人，是不可能成就大事业的。只有给自己设定一个更高的目标，去自我加压，高标准、严要求，才能取得令自己满意的成果。

赢在格局。格局是企业的胸怀、情怀和目标，一个人、一个企业到底是不是真正地拥有大的境界、大的格局、大的胸怀、大的目标，往往能影响甚至决定其走多远、行多稳，挑多重的担子、做多大的事。

我们的目标是把公司打造成为全国行业第一、全球行业第一，还是混混日子，哼着小歌，唱着小曲，安于现状？如果目标不高、境界不高、站位不高，缺乏发展意识、忧患意识，不高定目标，是难以成就大事的，就会甘于平庸，只求过得去，不求过得硬，习惯于找理由、找借口，习惯于自己跟自己比、跟比自己弱小的竞争对手比，就会导致公司没有进步或者进步得很慢。

企业可以容忍干部犯错误，但是绝不能容忍干部不干事，只想当官，不想担责，求稳怕乱，得过且过，"当一天和尚撞一天钟"，甚至"当一天和尚不撞钟"，虽然不犯错，但是不干事、不谋发展，其行为比干事、犯错误的干部更严重。如果经营管理者没有大目标、大格局、大胸怀和大魄力，没有雄心壮志，没有理想、信念与抱负，是带不好队伍的。

高标准、严要求。经营管理者必须用一流的标准、一流的要求去衡量和推进工作，在各个方面都敢于瞄准一流、争先进位，在每项具体工作中精益求精、追求卓越。要认识到"标准一低，都是成绩；标准一高，都是问题"。因此，要拉高标杆，对标对表。

高标准、严要求实质上就是不断否定自我，批判自我，超越自我，追求卓越。要随时质疑自己，打破现状，随时寻求改进的空间，随时保持永不满足的进取精神，瞄着高标准，选择高起点，采取科学的工作方法，提高工作水平，达到事半功倍的目的。卓越其实只需要多前进一步。只有不断进取，自我加压，“自己跟自己过不去”，永不满足，把每件事情都做得更好一点，长期坚持和积累，才能积小胜为大胜。

远大的目标都是“设计”出来的。只有拥有远大目标的人，才能形成巨大的感召力，取得伟大的成功。只追求低目标的人，其结果只能是低层次的。如果自己设定了远大的目标，那么只要朝着这个目标全神贯注、全力以赴，就能走向成功。

在世界百年未有之大变局下，中国经济面临前所未有的挑战。公司各级经营管理者要用辩证的、联系的、发展的眼光，来看待当前的经济发展环境，更要提升认知，看清局、把握势、高标准、严要求，通过持之以恒、坚韧不拔的努力，创造更加美好的明天。

- 取法乎上者，仅得其中；取法乎中者，仅得其下；取法乎下者，无所得矣。
- 一个人、一个企业到底是不是真正地拥有大的境界，大的格局，大的胸怀，大的目标，往往能影响甚至决定其能走多远、行多稳，能挑多重的担子、做多大的事。
- 标准一低，都是成绩；标准一高，都是问题。

树立“差距观”

为做好工作，经营管理者在心智、心态上，要树立正确的“差距观”，持续改进，不断超越，追求卓越。有什么样的“差距观”，就有什么样的“发展观”。

有人认为，说差距容易否定成绩，对自身形象不好。其实不然。人的认识水平越高，事业心越强，工作标准越严，看到的差距就越大。从一定意义来说，能不能看到差距，看到多大的差距，与谁比差距，体现了一个人、一个组织的胸怀和视野。

2009 年 8 月 3 日，《人民日报》发表文章《发展，永无止境》，报道了中国人民解放军总医院树立“差距观”推动医院科学发展纪实。中国人民解放军总医院（301 医院）是中国综合水平最好的医院之一，实力雄厚，人才济济，在国内外都有很高的知名度。2004 年，301 医院对医护人员的种种自大心理进行了疏理：“皇帝的女儿不愁嫁”，总以为医院不愁病源，看不到其他医院的技术优势；“夜郎自大”，总以为自己在国内同行业中是“老大”，看不到其实别人已经领先；“参照系”错位，认为本学科在国内外仍有优势，发展紧迫感不强；医护人员把医院的光环当作自己的光环，把医院的优势当作自己的优势，把医院的地位当作自己的地位……

301 医院清醒地认识到，过去的优势未必是现在的优势，现在领先未必将来领先，因此，要敢于从否定自我中追求更高的发展境界。他们在 2009 年提出了“差距观”的理念，居安思危，永不满足，瞄准国际、国内一流水平，以“归零”心态找差距、促发展。

中国最好的医院——301 医院都在对外对标，积极“找差距”，公司更要“找差距”。企业经营管理者不要把公司的光环当作自己的光环，不要把公司的优势当作自己的优势，不要把公司的地位当作自己的地位，要树立正确的“差距观”“发展观”，有全球视野、全球格局，有胸襟、胸怀，与国内外优秀企业对标找差距，不断否定自我，批判自我，超越自我。

“谦虚使人进步，骄傲使人落后。”如果在心态上、心智上，总是和自己纵比，就会飘飘然、昏昏然，就会躺在过去的“功劳簿”上，就会止步不前。只有将自己放到全球市场、社会层面上去比较、去竞争，才能明白自身不足，不断进步。要敢于同先进比高下，同更强、更高的对手较量，同自我较劲，“不是最好就学习最好”，要自觉找准自己的学习标杆，持续改进提高。

- 有什么样的“差距观”，就有什么样的“发展观”。
- 要树立正确的“差距观”“发展观”，要有全球视野、全球格局。
- 要敢于同先进比高下，同更强、更高的对手较量，同自我较劲，“不是最好就学习最好”。

对内优化　对外对标

对标学习和改进是一项长期性、系统性的工作，是检验工作业绩、管理水平、队伍素质的一把尺子，是企业实现精益管理的有效途径。具体来说，就是要进行对标管理。对标管理主要包括四个方面：一是内部对标。企业、组织内部不同的部门有相似的功能，通过比较这些部门，找出内部经营管理活动的运行标准。二是竞争性对标。对企业、组织来说，最直接的对标对象，是同行业优秀的竞争对手，因为拥有相似的产品和市场。三是行业或功能对标。就是企业、组织与处于全球不同行业、不同市场的优秀企业、组织对标。四是与不相关的公司就某个管理流程进行对标，即类属或程序对标。

对内优化，是纵向比较。对内优化，就是将企业、组织内部的最好水平，作为内部标杆进行横向比较，以及与过去的自己进行纵向比较，分析、总结和复盘，对问题与教训、成绩与经验进行总结提炼、成果固化及推广应用，不断改进提升管理能力和水平。

经营管理者“自己要跟自己过不去”，要不断优化进步、改善提升。对内提升，是要“刀刃向内”，找差距，批判自己，否定自己，挑战自己，跟自己较劲，永不自满，永远向着更好，永远向着明天。企业管理工作重点，是提高员工素质，整合流程，提高信息化、智能化水平，提高效率，降本减耗，提质增效，提高经营管理水平，促进技术进步，不断增强企业综合竞争力。

对外对标，是横向比较。对外对标就是要紧紧盯住全球聚氨酯合成革及复合材料行业，瞄准国内外优秀企业，与世界一流的企业对标。明确与竞争对手、与优秀企业的差距，站在巨人的肩膀上，借鉴、学习它们先进的管理模式和经验，找差距，定措施，抓落实，做到取长补短，加强长板，补齐短板。从某种意义上来说，对外对标比对内优化更重要。横比是一个大的格局，以天地、世界为格局，而格局就是胸怀，是抱负，是理想，是追求。

思路决定出路，格局决定结局。公司的格局是什么？自己跟自己比，也许是进步的；把自己放到行业中、地区中、全球范围内，跟优秀的竞争对手、优秀的上游供应商和下游客户比，公司还是有很大改进提升的空间。举个简单例子，欧洲、美国的乒乓球冠军，放到中国，可能连四五十名都排不上；清华、北大、复旦在中国数一数二，但与国际名校牛津、斯坦福、剑桥相比，仍有差距。公司经营管理水平与行业中的中小企业相比，是不错的，但是如果跟苹果、丰田、华为等优秀企业相比，水平还是不够。

对内优化，对外对标，是战略，是理念。山外有山，天外有天，人外有人，强中自有强中手。一个企业、一个组织，只有不断地把自己放到高手云集的环境中，才能成长、进步得更快，只有瞄准了自己的标杆对手后，才能让自己发展得更快。就像爬山一样，只有征服了一座又一座的高山之后，才会不断激发自己去挑战又一个更高远的目标。

通过对标，向已经成功的优秀企业看齐、学习，看看它们成功的道路上，有哪些优势和长处，哪些劣势和短处；哪些地方该学，哪些地方不可学；哪些可以为我所用，哪些应引以为戒；等等。对内优化，对外对标，就是学习借鉴优秀企业的管理原则、要素、方法、工具、经验等，在此基础上进行扬弃和创新，去粗取精、去伪存真，取其精华、去其糟粕，消化、吸收为自己适用的东西，创建、传承自己特有的东西。

- 对内优化，是纵向比较，“自己要跟自己过不去”，永不自满，永远向着更好，永远向着明天。
- 对外对标，是横向比较，与行业中的优秀企业对标，与世界一流的企业对标，借鉴、学习它们先进的管理模式和经验，找差距，定措施，抓落实。
- 从某种意义上来说，对外对标比对内优化更重要。

向优秀企业学习

作为面向生活、紧跟时尚、传递美丽，变化多、变化快的行业，经营开发与消费者联系密切的高分子复合材料企业，安利与苹果、耐克、丰田、宜家、长城、比亚迪等国内外知名品牌合作，能看到优秀企业的共同特质：优秀的管理，与时俱进的创新，深厚的企业文化，超越利润的追求，等等。安利要学习优秀企业的成功之道，尤其是它们的敏锐敏感，以快制胜，在未雨绸缪中抢占先机。

一是学习优秀企业紧密团结、密切协作协同的精神。安利在与国际知名电子品牌客户合作过程中发现，在其团队中，无论是前辈还是后辈，吃饭前都会手搭手发自内心地高喊口号“发展！发展！”和“加油！加油！”，这种团结协同、昂扬向上的态度，令人震撼，给安利经营管理人员留下了十分深刻的印象。通过很多小事，可以看出该国际知名电子品牌内部的集体主义精神，团队合作意识很强。

一些企业的协同协作意识，还表现在对供应商的整合上，品管、技术、采购密切合作，及时沟通，信息共享。对待工作，他们不是一两个人在行动，而是所有人、所有部门积极参与，全球范围内随时随地协同合作。

二是学习优秀企业勤奋工作的敬业精神。优秀企业的管理者时刻保持激情和热忱，昂扬向上，时刻想着今天总要比昨天多做一些、做快一些、做好一些，只争朝夕，夜以继日。曾经，某品牌客户中国公司总经理，为了协调订单，连夜驱车赶至合肥，第二天很早起床，顶风冒雪到安利工业园考察，接着赶回公司金寨路厂区会谈，当天下午又马不停蹄地飞往越南河内，时间紧、任务重、节奏快。在优秀企业中，不仅是管理者以身作则，在没有领导监督的情况下，一般职员也是充满热忱、热情勤奋工作。曾有国际品牌客户的采购人员、技术开发人员在春节假日期间，舍弃休息，常常在公司奋战到凌晨三四点，质检人员时常发货至夜里九点、十点；还有全球领先的电子品牌客户的项目经理，为了确保产品质量，连续数月，每天深入公司生产车间查看工艺流程，甚至有几次在凌晨去车间“跑参数”。

坦率地说，和优秀企业相比，安利的干部队伍中仍有一些图享受、图安逸，懈怠懒惰的不良习气。对于干部，安利要提倡一种“血性忠义”的精神，不怕苦，不怕累，敢打硬仗，有拼劲、有闯劲、有干劲，以身作则，全力以赴，有激情和热忱，一心一意投入工作，而不讲理由、不讲条件、不讲报酬、不讲待遇。我深刻地感到，学习优秀企业勤奋敬业的精神是非常重要的。

俗话说，“勤能补拙”，“天道酬勤”，“天才出自勤奋”，“一分耕耘一分收获”。上帝是公平的，勤奋刻苦的人总会得到回报。天上不会掉下馅饼，世上没有免费的午餐。所以，安利的干部要摈弃一点娇气，克服一点傲气，多一点勤奋，多一点打拼，坚持每天多做一点，每天做得更快、更好一点。

三是学习优秀企业紧盯主要目标的工作方式。优秀企业在品质上精益求精，追求卓越。管理很简单，就是紧紧围绕 QCD 展开，即品质（Quality）、成本（Cost）、交期（Delivery）。其实，有客户对公司聚氨酯复合材料的易去污、耐黄变、耐刮、耐磨等性能，以及花纹清晰度、饱满度等要求十分严格，总是追求更好、更高的品质，派质量专员在安利进行严格的质量管控，不良品绝不出厂。

优秀企业在成本上精打细算，精细核算。安利能受到众多国内外知名品牌客户青睐，很大程度上取决于公司产品的高性价比。安利要学习优秀企业的成本管控意识，开源节流，增收节支，厉行节约，反对浪费。做企业要盈利，就要投入少、产出大，产品卖得多、卖得贵、卖得好。实现企业产出大、销售多，取决于外部条件，企业不是很容易决定和控制；而投入少、浪费少，却是企业内部能够决定和控制的，控制好就是实实在在的利润。

优秀企业在时间和交期上总是保持紧迫感。安利核心价值观之一是敏捷高效，是效率、紧迫、敏捷、敏锐和敏感。但是，与优秀企业相比，安利做得还远远不够。在与某品牌客户洽谈时，我们告诉对方，安利开发新产品的时间是 7 天，后来客户问能不能缩短为 2 天，最后又精准到小时，同时要求公司开发速度、物料进仓时间、空运时间等都精确到小时。优秀企业只争朝夕、夜以继日，高速度、高效率、快节奏，令人尊敬。速度战胜规模，安利公司不仅要以新取胜，以优取胜，更要以快制胜。

成功的企业都是相似的。疲软的市场，不疲软的企业。“他山之石，可以攻玉。”优秀企业是安利学习的榜样。

- 今天总要比昨天多做一些、做快一些、做好一些，只争朝夕，夜以继日。
- 公司经营管理者向优秀企业学习，要摈弃一点娇气，克服一点傲气，多一点勤奋，多一点打拼，坚持每天多做一点，每天做得更快、更好一点。

持续学习进步

2020 年以来，公司多次邀请中国科学技术大学、合肥工业大学、安徽大学等多所高校的教授，为公司经营管理和专业技术人员讲授企业管理基本知识等课程。企业经营管理者所学专业不同，各有所能，各有所长，有着良好的专业知识素养和专业技能。然而，所谓“经营管理的高手”，正是那些“一专多能”的高手，在某些方面有着深厚的理论功底，知识全面且经验丰富的经营管理者，谦虚好学、博采众长，具备良好的综合素质与丰富的专业知识和技能。

企业经营管理是一个系统工程，注重综合能力的均衡发展，可是一些管理人员在解决和处理问题时，常常从狭隘的个人经验主义和主观的情感、愿望、意志出发，看问题不够全面，看到了点，却忽视了线和面。比如，生产人员只把产品生产出来，不考虑效率、成本和质量；技术人员开发产品不考虑市场，也不考虑产品的成本、效益，市场是否接受，是否适销对路；营销人员只忙着销售产品，不考虑产品贡献、资金回笼；工程人员购买生产设备，却忽视投资回报率……

经营管理者不能仅仅局限在自己的专业领域，要在思想上树立持续学习、终身学习的理念，加强理论修养，把学习和工作结合起来，做到理论联系实际，理论指导实践。

一是树立持续学习、终身学习的理念。经营管理者思想观念的改变，思维方式的转变，要靠不断学习。与时俱进要靠学习，学习永无止境，不是一个人生命中某一阶段的事，而是一种持续的行为、终身的行为。

当今社会处在一个快速变化的时代，企业要适应环境的变化，必须不断吸取新信息，获得新知识，掌握新技能，向一切可以学习的人学习，向一切可以学习的事学习，这样才能不断提高自己的素质、能力与水平，积极应对新挑战。

毛泽东说过，“一个没有文化的军队是愚蠢的军队，而愚蠢的军队是不能战胜敌人的”。这句话强调了学习教育的重要作用。一些干部是从基层中成长起来的，有丰富的实战经验，但缺乏系统的理论知识，在处理事务和解决问题时，容易受到“惯性思维”和“经验主义”的影响，以旧观念、旧模式，应对新问题、新形势，干工作难免有主观性、局限性和片面性，眼光不远，站位不高，缺乏长远眼光和全局意识。如果这些干部飘飘然地认为自己水平不错，满足于自己的那点知识，不思进取，就会像“皇帝的新衣”一样，自以为身穿华丽的新装，其实漏洞百出、问题重重。

学习是人生发展的基础。学习不只是在学校里学，工作和生活当中的点点滴滴，都是学习的对象，不但要学习，而且要领悟其中的道理。树立终身学习的理念，养成终身学习的习惯，通过勤奋学习充实自己，提高自己的能力。

好的东西，并不在于它的完美，而在于它能够不断自我完善。所谓“生命力”，就是新陈代谢能力，吐故纳新能力。没有可塑性，不勤于学习、善于学习，故步自封，水平再高也要落后。善于学习，有可塑性，现在水平不那么高，也会“后来居上”。

工作中要潜心钻研业务，勇于探索创新，不断提高业务水平。成功的秘诀，就是每天比别人多努力一点。在工作中埋头苦干，不断学习、不断创造新的东西，能够坚持“终身学习”、坚持“终身批判”、坚持“终身微笑”，进步一定是无止境的。

我认为，“先有‘才’，后有‘财’；‘脑袋’先充实起来，‘口袋’才能富裕起来”。没有本钱，但是有本领、本事，也能把握机会，发展进步。在人的一生中，工作是一个长期拼搏奋斗的过程，学习、工作也像马拉松长跑一样，需要不断、适时地调整节奏，反复审视自己的状态，才能成功完成比赛，战胜一个又一个的困难，取得一个又一个的胜利。

企业应认识到“文凭不代表水平，能力不代表实力，过去不代表现在，现在不代表未来”，社会不重文凭，不重资历、身份和职称，只重结果和业绩，社会认同的是努力取得的结果。

经营管理者要成长进步，必须加强理论修养和学习，提高自己的综合能力。生产人员学一些工程和技术方面的知识，技术人员学一些营销和生产方面的知识，营销人员学一些生产、技术和财务方面的知识，财务人员学一些工程和生产方面的知识，工程人员学一些财务和生产方面的知识……不断提升自己的专业能力、管理能力和人事能力，只有这样，才能开阔视野和思路，认清自己的不足与差距，找到提升能力的方法和路径，充实自我，提高自我，完善自我。

二是脚踏实地、持之以恒地学习。企业经营管理者平时工作都很繁忙，一些人认为自己工作量大、心理压力大，没有时间、没有心境看书学习。学习是个苦差事，不然就不会有“头悬梁，锥刺股”的历史故事。坦率地说，这么多年来，无论工作多么繁忙，下班回去多晚，我都一直保持着看书学习的习惯。我曾看过一句话，“一个人的前程，往往全靠他怎样利用闲暇时间，闲暇定终生。除了工作的 8 小时，睡觉的 8 小时，如何利用下班的时间，决定了你人生的高度”。我们身边许多优秀的人或成功人士，并不都是天资聪颖、出身名门、智力超凡，他们只是把娱乐消遣的时间，用来提升自己。时间长了，彼此之间就逐渐拉开了差距。这种差距会越来越大，其原因也许就是每天下班后，两三个小时的学习积累。

天道酬勤，学习需要坚强的毅力，做到脚踏实地和持之以恒。学习是一个长期积累的过程，来不得半点虚假，也不能有半点“花架子”。要克服急功近利的思想，切忌心浮气躁，切实静下心来，减少不必要的应酬，排除一切干扰，坐得住，钻得进，集中精力学习。长此以往，就会有所收获、有所心得、有所提高。

三是学以致用，知行合一。南宋诗人陆游有一句诗，“纸上得来终觉浅，绝知此事要躬行”。学习的目的在于应用，一定要让学习在工作中真正产生成果，这就是“知行合一”。经营管理者只有在实践活动中不断发现问题，用所学习的知识和理论来思考问题，并根据不同情况，采取不同措施，才能把问题解决好。

《庄子》里有一个“庖丁解牛”的故事，说的是一位厨师为文惠君宰牛，刀刀到位，他对牛的筋骨脉络十分清楚，已达到“目无全牛、游刃有余”的境界。牛与牛各不相同，但不管是什么牛，它们的肌理都是一样的。庖丁因为熟悉了牛的系统、原理和肌理，自然懂得何处下刀，下刀省、下刀快、效果好。工作也一样，只有具备了全面、丰富的理论知识和良好的素养，经过反复实践，掌握了事物的原理和客观规律，才能和庖丁一样，做到目中有牛又无牛、化繁为简，做事得心应手、运用自如。

企业是人，企业靠人，企业是一个能力结合体，这个能力包括专业能力、管理能力和人事能力，其中人事能力是善于组织、协调、调动人的能力，善于协调人际关系、与人打交道的能力，也就是“情商高”，充分调动员工的积极性、主动性和创造性。

安利的一些竞争对手，设备、工艺和条件落后于安利，但是其线产、班产和总体产能高于安利，这里面可能有产品结构的因素，但不完全如此。个别部门对新员工过问少、培训少，简单地安排新员工打扫卫生，对他们“放养”而不是“培养”。这反映出个别管理者的人事能力有问题，不善于组织人、培养人、关心人和用人，对人不够尊重，管理有些简单，员工没有归属感。作为管理干部要时常反思，自身的管理能力、人事能力是不是那么好，是不是要改进提升。

美国管理学家泰勒认为，越是中高层领导，管理能力的要求所占比重越大；同时，不同规模的企业，其领导人必要能力的构成也各有侧重。一般来说，小型工业企业领导人侧重于技术能力，中型企业领导人专业技术能力和管理能力的构成大致相等，大型企业领导人管理能力居主导地位。管理学家梅奥认为，中高层领导的人事能力非常重要，更要掌握一些常用的、基本的管理原则、要素和方法，加强学习，提高管理能力和人事能力。

企业经营管理者要把学习和工作有机结合起来，既作为一种基本的工作态度和工作方式，又作为一种基本的学习态度和生活方式。只有在企业范围内形成浓厚的学习风气，经营管理者的素质提高了，本领增强了，企业各项管理和战略计划的贯彻落实才能有保障。

- 许多优秀的人或成功人士，并不都是天资聪颖、出身名门、智力超凡，他们只是把娱乐消遣的时间，用来提升自己。
- 先有“才”，后有“财”；“脑袋”先充实起来，“口袋”才能富裕起来。
- 只有具备了全面、丰富的理论知识和良好的素养，经过反复实践，掌握了事物的原理和客观规律，才能和庖丁一样，做到目中有牛又无牛、化繁为简，做事得心应手、运用自如。